THOMAS VAŠEK

Seele. Eine unsterbliche Idee

THOMAS VAŠEK

Seele.

Eine unsterbliche Idee

Warum wir mehr sind
als die Summe unserer Teile

LUDWIG

Hinweis: Um die Lesbarkeit zu erleichtern, wurden alle Zitate in die neue deutsche Rechtschreibung umgewandelt.

FSC
Mix
Produktgruppe aus vorbildlich bewirtschafteten Wäldern und anderen kontrollierten Herkünften
Zert.-Nr. GFA-COC-001262
www.fsc.org
© 1996 Forest Stewardship Council

Verlagsgruppe Random House FSC-DEU-0100
Das für dieses Buch verwendete
FSC-zertifizierte Papier *EOS*
liefert Salzer Papier, St. Pölten, Austria.

Lektorat: Johann Lankes, München

http://www.ludwig-verlag.de
Umschlaggestaltung: Eisele Grafik-Design, München
Umschlagfoto: plainpicture / Millennium / Hill Kelly
Satz: C. Schaber Datentechnik, Wels
Druck und Bindung: Pustet, Regensburg
Printed in Germany 2010

ISBN: 978-3-453-28019-9

Meinen Eltern
und meinen Brüdern Alexander und Markus

Inhalt

Vorwort

Es ist der Blick. Wenn ich meinen Vater begrüße, wenn ich zu ihm spreche oder ihm über den Kopf streiche, öffnet er die Augen und schaut mich einfach nur an, bis er irgendwann wieder wegdämmert. Manchmal runzelt er dabei die Stirn, als wäre er verärgert – oder auch nur verwundert, was da um ihn herum passiert. Aber was sieht er wirklich? Erkennt er mich? Hat sein Blick überhaupt noch etwas zu bedeuten?

Seit zehn Jahren leidet mein Vater unter frontotemporaler Demenz. Mit Persönlichkeitsveränderungen fing es an, da war er Mitte 50.

Er begann sich zurückzuziehen. In Gesprächen wiederholte er sich, beharrte immer wieder auf den gleichen Dingen. Oft war es Kritik an mir. Wie schlecht meine Artikel seien. Dass er sie seit langem nicht mehr lese. Wir stritten sinnlos und laut. Bis ich ging, weil ich es nicht mehr ertragen konnte. Oder er ging. Vornübergebeugt, seufzend, ohne ein Wort zu sagen. Später gerieten seine Sätze ins Stocken. Es wurde anstrengend, mit ihm zu telefonieren. Er machte lange Pausen, wiederholte immer wieder die gleiche, längst beantwortete Frage. Oft verlor ich die Geduld und legte auf. Oder er legte auf. Es war nicht mehr möglich, mit ihm zu kommunizieren.

Erst dachten wir, der Vater sei schwerhörig, vielleicht auch depressiv.

Doch er, der Journalist, der Mann der Sprache, fand einfach die Worte nicht mehr. Am Ende brachte er kaum noch etwas heraus. »Es regnet«, sagte er irgendwann. Dann hörte er ganz auf zu sprechen. Lief nur noch rastlos in der Wohnung herum.

Wie viele Demenzkranke konnte er seine Impulse nicht mehr kontrollieren. Manchmal wurde er aggressiv, schlug plötzlich zu, mit verzerrtem Gesicht und ungeheurer Muskelspannung. Die Aggression war Ausdruck seiner Hilflosigkeit. Später wurde sein Gang schwerfällig und unsicher. Schließlich konnte er auch nicht mehr gehen. Eines Tages lag er zusammengekrümmt neben dem Bett. Und schaute. Aus eigener Kraft kam er nicht mehr hoch. Heute ist mein Vater in der finalen Phase der Krankheit. Ein Pflegefall. Magensonde, künstliche Ernährung, alles was dazugehört. Die Ärzte zucken nur noch mit den Schultern.

Es ist der Blick, der geblieben ist. Lächeln kann er schon lange nicht mehr.

Oft frage ich mich, was im Inneren meines Vaters vorgeht. Ob da überhaupt noch etwas vorgeht. Sind da noch Gedanken, Erinnerungen oder Gefühle? Was ist mit seiner Seele? Hat er noch ein Selbst – oder ist da einfach niemand mehr?

Meine Mutter ist davon überzeugt, dass mein Vater noch irgendwie »da« ist. Und sie muss es wissen. Schließlich pflegt sie ihn seit Jahren rund um die Uhr. Nur sie kann die unmerklichen Nuancen seiner Mimik deuten. Seinen Blick. Niemals habe ich ihr widersprochen. Und doch gebe ich zu, dass ich oft Zweifel hatte.

Im Blick meines Vaters spiegle ich mich selbst. Immer habe ich mich als rationales Wesen gesehen, ja als Intellektuellen und Geistesmenschen. Und mich dabei unglaublich wichtig genommen. Meine Gedanken, meine Sprache, meine innere Welt. Als Demenzkranker, so dachte ich, würde ich mich umbringen: Ohne unseren Geist können wir nicht existieren. Ohne Erinnerungen, ohne Sprache sind wir niemand. Doch wenn ich über den Zustand meines Vaters nachdenke, spüre ich eine Art metaphysisches Unbehagen. Mein rationales Selbstbild kommt mir fragwürdig, ja anmaßend vor. So zu denken heißt letztlich, Menschen wie meinen Vater für tot zu erklären. Heute glaube ich, dass meine Mutter Recht hat. In diesem Buch versuche ich zu begründen, warum.

Es ist meine Suche nach der Seele, jenseits von religiösen Überzeugungen und esoterischen Theorien. Mein Weg führt durch 2500 Jahre Geistesgeschichte – von Platon über den Buddhismus und die Theologen des Mittelalters bis zur Quantenphysik. Es geht um Unsterblichkeit und Seelenwanderung, um Weltseelen und Schamanismus, um außerkörperliche Erfahrungen, Zombies und bizarre philosophische Gedankenexperimente, die sich damit beschäftigen, was bei Teleportationen mit dem Selbst passiert.

Für die Menschen der Antike war die Seele eine von den Göttern eingehauchte Lebenskraft. Platon hielt sie für das rationale Wesen des Menschen. Die christlichen Denker des Mittelalters suchten in ihrem »inneren Menschen« nach Gott. Der französische Philosoph René Descartes sah die Seele als denkende Substanz, die unabhängig vom Körper existieren kann. Philosophen des 18. Jahrhunderts unterminierten schließlich den Seelenbegriff. An die Stelle der Seele setzten sie Bewusstsein und Selbst. Doch das 20. Jahrhundert hat unser Menschenbild ein weiteres Mal grundlegend verändert.

Von der Seele will die Wissenschaft schon längst nichts mehr wissen. Aus Sicht der meisten Philosophen lässt sich nicht einmal mehr der Begriff sinnvoll verwenden. Allenfalls als Metapher scheint das Wort noch brauchbar zu sein.

»Seele« – was für ein zerzauster Begriff. Wie ein Schiff ohne Besatzung treibt er auf den »Wellen der Sprache« (Wittgenstein). Der Mainzer Philosoph Thomas Metzinger versteckt die Seele in seinem Buch »Der Ego-Tunnel« sogar in einer Fußnote: Es sei zwar »nach wie vor logisch möglich, dass Seelen existieren«, meint Metzinger: »Allerdings würden wir für die Zwecke der Wissenschaft oder Philosophie den Begriff einer Seele nicht länger benötigen; die Seele würde in einer rationalen, empirisch fundierten Theorie des menschlichen Geistes nicht mehr vorkommen.« Immerhin meint Metzinger, es bleibe »immer möglich, dass wir eines Tages einen neuen Sinn entdecken, in dem die Seele alles andere als ein leerer Begriff wäre«[1].

Aus Sicht der modernen Hirnforschung beruhen alle geistigen Phänomene auf neurobiologischen Prozessen – unsere Entscheidungen, unsere Persönlichkeit, unser Verhalten. Unser Geist ist nichts anderes als das Gehirn. In diesem Bild ist kein Platz mehr für eine immaterielle Seele, die womöglich den Tod überdauert. Und viele Hirnforscher und Philosophen halten heute nicht nur die Seele, sondern auch das Selbst für eine allenfalls nützliche Fiktion. »Es scheint, als müssten wir der Tatsache ins Angesicht schauen: Wir sind *selbstlose* Ego-Maschinen«, glaubt Metzinger.[2] Wenn das tatsächlich so ist, dann frage ich mich allerdings, wer sein Buch geschrieben hat.

Es ist das Bild von Metzinger und anderen, das ich zutiefst unbefriedigend finde. Natürlich zweifle auch ich nicht daran, dass geistige Vorgänge und Hirnprozesse zusammenhängen. Die Beweise dafür sind überwältigend. Doch bis heute kann die Neurowissenschaft nicht ansatzweise erklären, wie aus elektrochemischen Vorgängen Geist und Bewusstsein entstehen. Den Blick meines Vaters kann die Hirnforschung nicht entschlüsseln.

Zugleich scheinen die meisten von uns zu wissen, was sie mit dem Begriff Seele meinen. Und wir zweifeln auch nicht daran, dass wir ein Selbst besitzen. Nichts scheint so real zu sein wie unsere subjektiven Erfahrungen, unsere Ich-Perspektive. Umgekehrt fällt es uns unglaublich schwer, uns als »neuronale Wesen« zu sehen – als »Ansammlung von Nervenzellen«, wie der DNA-Entdecker und Nobelpreisträger Francis Crick einmal meinte.

Ich bin weder Hirnforscher noch Philosoph. In diesem Buch folge ich nur einer Intuition, die mich seit Jahren beschäftigt. Mein Gefühl ist, dass an dem Menschenbild der Hirnforschung etwas nicht stimmt. Dass dieses Bild auf fundamentale Weise unvollständig ist – und womöglich sogar gefährlich. Nicht zu Unrecht fordern Denker wie Thomas Metzinger eine neue »Bewusstseinsethik«, damit wir als Gesellschaft mit den neurowissenschaftlichen Erkenntnissen klarkommen. Die Frage ist allerdings, ob das neue Menschenbild, das manche Hirnforscher mit geradezu triumphalem Gestus propagieren, überhaupt richtig ist.

Mein Gefühl ist, dass diesem Bild die »Seele« fehlt.

Und das meine ich nicht nur im metaphorischen Sinn.

Mir ist klar, dass ich mich damit auf dünnem Eis bewege. Womöglich ist die Seele ja wirklich nur ein Trugbild, eine vorwissenschaftliche Illusion – wie der Glaube, dass sich die Sonne um die Erde dreht, statt umgekehrt. Doch ich glaube, dass diese Analogie in die Irre führt. Für unser Selbstbild, für unseren Umgang mit anderen ist es schlicht gleichgültig, ob das heliozentrische Weltbild stimmt oder nicht. Würde sich morgen herausstellen, dass es doch andersherum ist, wären wir zwar vielleicht in unserer Vorstellung vom Kosmos verunsichert – aber für uns persönlich würde es relativ wenig bedeuten.

Bei der Seele ist es anders.

Die meisten von uns halten ihre Seele für ihr tiefstes Inneres, für einen höchst intimen, verwundbaren Bereich. Mit anderen Worten: Wir sehen unsere Seele als unser ureigenes Wesen – was auch immer das genau ist. Und ich behaupte, dass es einen Unterschied macht, ob mein Vater noch eine Seele hat oder nicht.

Um das verständlich zu machen, muss ich in diesem Buch einen riesigen Umweg gehen. Zumindest in einem Punkt haben die »sprachkritischen« Philosophen Recht. Man kann das Wort Seele nicht einfach unbefangen verwenden. Ich tue das in diesem Buch trotzdem auf intuitive (hoffentlich verantwortbare) Weise, auch wenn ich mir dadurch den heiligen Zorn einiger Fachphilosophen zuziehe – allerdings glaube ich, dass aus dem jeweiligen Zusammenhang klar wird, was ich eigentlich meine. Die »Seele« Platons kann man schlechterdings nicht mit jener Spinozas oder Kants in einen Topf werfen, und noch viel weniger lassen sich die westlichen Seelenvorstellungen mit jenen in der indischen Philosophie vergleichen. Meine Seelen-Suche folgt deshalb über weite Strecken dieses Buches einer gewissen, wenn auch losen Chronologie. Natürlich erhebe ich dabei keinerlei Anspruch auf geistesgeschichtliche Vollständigkeit. Meine Auswahl der Denker und Ideen ist höchst subjektiv und von eigenen Sympathien und Antipathien bestimmt. Allerdings habe ich mich bemüht, einen gewissen »roten Faden« beizubehalten. Die Titel der ersten vier Teile (»Leben«, »Geist«, »Ich« und »Gehirn«) sollen den jeweiligen Seelenbegriff, um den es geht, andeuten. In Teil V (»Seele?«) geht es dann noch einmal um die grundsätzliche Frage, ob und inwiefern die Seele tatsächlich existiert. Im letzten Kapitel dieses Buches versuche ich schließlich, eine sehr persönliche Antwort auf die Frage der Seele zu geben – und zu begründen, warum wir mehr sind als unser Gehirn. Warum unser Selbst keine Fiktion ist, sondern tatsächlich existiert. Warum ich glaube, dass auch mein Vater noch ein Selbst hat – und warum es nicht unvernünftig ist, auf ein Weiterleben nach dem Tod zu hoffen. Allerdings habe ich das Gefühl, dass dieses Selbst nicht unser manchmal riesig aufgeblähtes intellektuelles Ego ist, sondern ein irgendwie kleineres, bescheideneres Selbst.

Ein Selbst, das gerade groß genug ist, um uns darin wiederzuerkennen.

Es ist der Blick meines Vaters, der mich auf dieser Suche begleitet. Ich glaube, dass hinter diesem Blick etwas steht, das die Menschen seit Jahrtausenden umtreibt. Ein Etwas, das wir nicht berühren, riechen oder schmecken können – und doch macht es uns zu Menschen. Ein Etwas, das wir Seele nennen.

DANKSAGUNG

Es gibt Gespräche, die einem Schreiber in schwierigen Situationen die Augen öffnen. Ein solches hatte ich mit meinem Kollegen und Freund Bernd Lüdtke – und dafür bin ich ihm herzlich dankbar. Besonders danke ich außerdem allen, die meinen Seelenzustand während der Arbeit an diesem Buch ertragen mussten. Es war bestimmt nicht einfach mit mir. Mein Dank gilt auch Johann Lankes für sein umsichtiges Lektorat meines Textes. Erwähnen möchte ich an dieser Stelle zwei gelehrte Bücher, die mir eine unverzichtbare Orientierungshilfe bei meiner Seelen-Suche waren. Das eine stammt von den US-Philosophieprofessoren Raymond Martin und John Barresi und trägt den Titel »The Rise and Fall of Soul and Self« (Columbia Univ. Press). Nicht minder wertvoll war »History of the Concept of Mind« (Ashgate) von Professor Paul S. MacDonald. Ich empfinde es als bedauerlich, dass es keine vergleichbaren Werke in deutscher Sprache gibt.

TEIL I Leben.

KAPITEL 1

Ein Hauch von Leben

Mein Vater atmet. Er bewegt seine Hand. Manchmal öffnet er die Augen und schaut. Sonst ist da nicht mehr viel. Seit Jahren hat er kein Wort mehr gesprochen. Seine Mimik ist vor langem erstarrt. Im Rollstuhl dämmert er vor sich hin. Meine Mutter ernährt ihn per Magensonde.

Da ist nicht mehr viel. Und doch ist es etwas Entscheidendes.

Etwas, das den Unterschied macht.

Mein Vater lebt.

Er ist nicht tot.

Er atmet. Er hustet. Er schaut. Meine Hand spürt die Wärme auf seiner Stirn. Ärzte könnten seine Vitalfunktionen messen – seinen Blutdruck, seinen Puls, die Hirnströme in seinem Kopf. Sie würden alle physiologischen Anzeichen von Leben finden. Teile seines Körpers funktionieren noch. Sein Geist hat sich schon vor längerem verabschiedet.

Unglaublich zäh sei er, sagt meine Mutter. Einfach nicht unterzukriegen. Der Vater hat schon alles Mögliche überstanden. Lungenentzündungen, Fieberschübe, irgendwelche Infekte. Jedes Mal dachten wir, dass es zu Ende gehe. Eigentlich lebt er nun schon länger, als es die Statistik erlaubt.

Eine Demenzerkrankung ist gnadenlos. Unaufhaltsam zerstört sie über die Jahre das Gehirn. Was mit Gedächtnislücken oder Persönlichkeitsveränderungen beginnt, führt schließlich zu völligem Verfall. Sukzessive brechen neben den geistigen auch die körperlichen Funktionen zusammen – Motorik, Schluckreflexe, Stoffwechsel. Wenn das Gehirn nicht mehr funktioniert, stirbt auch der Mensch irgendwann. Das ist die einfache und brutale Botschaft einer Demenz: Ohne unser Gehirn sind wir nichts.

Und doch: Mein Vater lebt. Ich kann es fühlen. Ich begrüße ihn, streiche ihm über den Kopf, rede zu ihm. Zugleich höre ich die Leute sagen, dass das doch kein Leben mehr sei. Jedenfalls kein lebenswertes Leben. Was soll ein Leben ohne Geist, ohne Sprache, ohne Erinnerungen und ohne Selbst? Ein Leben, das nur noch aus Leben besteht? Was unterscheidet ein solches Leben vom Totsein?

Ich weiß nicht, ob mein Vater noch Gedanken, Erinnerungen oder Gefühle hat. Ob er noch etwas empfinden kann. Ob er mich überhaupt noch erkennt.

Es ist nicht gerade viel, was ich weiß.

Meine Suche nach der Seele beginnt mit Ratlosigkeit. Ich habe nicht die leiseste Vorstellung davon, was im »Inneren« meines Vaters vor sich geht. Ob da überhaupt noch etwas vor sich geht. Niemand kann das wissen. Unter dem Magnetresonanztomografen könnte man vielleicht sehen, wo in seinem Gehirn noch Nervenzellen feuern. Doch seinen subjektiven Zustand zeigen die Bilder der Hirnforscher nicht. Wir würden trotzdem nicht wissen, was er denkt, was er fühlt.

Die Seele meines Vaters ist mir nicht erschienen. Ich habe zu ihr auch keinen übersinnlichen Kontakt. Ich weiß eigentlich nichts. Dafür habe ich viele Zweifel. Die Neurowissenschaftler und die meisten Philosophen sind gegen mich: »Die Seele – ein naives Konstrukt aus vorwissenschaftlicher Zeit!« Es kann gut sein, dass ich einem »Hirngespinst« nachjage. Das Wort sagt schon alles: Selbst Gespinste brauchen das Gehirn. Alles was ich habe, ist eine einfache Tatsache. Und eine vage Intuition.

Mein Vater atmet.

Er lebt.

Wenigstens das weiß ich genau.

Meine Intuition hat mit dem Leben zu tun – und mit dem Unterschied zwischen Leben und Tod. Ich glaube, dass Leben etwas Besonderes ist und zugleich eine Grenze, über die wir nicht schauen können. Das Leben trennt uns von verstorbenen Menschen. Es trennt uns vom eigenen Tod. Es trennt uns aber auch von den Dingen. Mein Computer mag intelligenter sein als ich. Und doch lebt er nicht. Mein Computer ist genauso tot wie der Tisch, auf dem er gerade steht. Mein Vater hingegen lebt. Und ich lege Wert darauf, dass es »mein Vater« ist – und nicht bloß sein Körper. Dass »mein Vater« mehr ist als sein devastiertes Gehirn.

In vielen frühen Kulturen war die Vorstellung einer Seele unmittelbar mit dem Leben verbunden. Die Seele war schlicht das, was einen lebenden Menschen ausmachte – was ihn unterschied von einem Toten. Häufig assoziierte man den Begriff mit dem Atem. Das hebräische Seelen-Wort »nepesh« etwa bezeichnet die Kehle, es bedeutet aber auch Verlangen und Lebenskraft. Das griechische Wort »psyche« wiederum hängt etymologisch mit dem Verb »psychein« (blasen, atmen) zusammen. Auch das indische »atman« bedeutet eigentlich Atem.

Schon in prähistorischer Zeit muss den Menschen aufgefallen sein, dass Sterbende irgendwann zu atmen aufhören. Vermutlich glaubten sie, mit dem letzten Atemstoß entweiche auch die Seele in den Himmel. In den frühen Seelenvorstellungen dreht sich alles ums Atmen, um das Fliegen und um den Wind. Die Ägypter stellten sich die Seele symbolhaft als Vogel vor, die frühen Griechen als Schmetterling – oder als Rauch, der zischend den Körper verlässt. Manche dieser Vorstellungen waren rührend naiv. Auf einer griechischen Vase sieht man, wie eine Seele in der Gestalt eines bewaffneten Zwerges über dem Leichnam eines Helden schwebt.

Ich glaube nicht, dass es irgendwo ein »geheimes Buch« aus uralten Zeiten gibt, das alle Wahrheiten über die Seele enthält, nützliche Anleitungen für das Leben nach dem Tod inklusive – eine Art spirituellen Schatz, den wir nur zu bergen brauchen. Genauso wenig denke ich, dass die Menschen der frühen Kulturen einen Zugang zu »übernatürlichen« Phänomenen hatten, der uns zivilisatorisch verblendeten Menschen heute verwehrt ist.

Es sind vielmehr die einfachen, unbefangenen Intuitionen der Frühzeit, die mich bewegen. Dazu gehört vor allem die Vorstellung, dass »Seele« und »Leben« miteinander verbunden sind, dass es ohne Seele kein Leben gibt. Dass der Mensch stirbt, wenn seine Seele den Körper verlässt.

Manchmal frage ich mich, wie die Menschen der Vorzeit den Zustand meines Vaters empfunden hätten. Wie sie überhaupt dachten über Leben, Krankheit und Tod. Diese Menschen wussten nichts über Demenz, über Hirnströme und Körperfunktionen. Was empfand ein Steinzeitmensch, wenn wieder einmal ein Verwandter bei der Jagd umkam? Wie ordnete er den Tod in sein Leben, in seine Gefühlswelt ein? Und welche Vorstellung hatte er davon, was nach dem Tod geschah?

Die Welt muss unseren Vorfahren zutiefst geheimnisvoll, ja beängstigend vorgekommen sein. Überall waren sie mit Gefahren konfrontiert – mit Naturgewalten, die sie weder durchschauen noch beherrschen konnten. Schon der Himmel, der sich über ihnen wölbte, muss ihnen als schicksalhafte Macht erschienen sein, jedes Gewitter als Wirken böser Geister. Alles war für sie »übernatürlich«, durchdrungen von Zauber und Magie. Vielleicht hätten sie meinen Vater für einen Besessenen gehalten.

Schon die Menschen des Paläolithikums glaubten wohl an eine Fortexistenz nach dem Tod. In frühesten Zeiten bestäubte man die Leichen mit Ocker, als Symbol des Lebens, und man richtete die Toten nach Osten aus. Der rumänische Religionswissenschaftler Mircea Eliade deutete das als die »Absicht, das Geschick der Seele mit dem Lauf der Sonne zu verbinden, also die Hoffnung auf eine ›Wiedergeburt‹, auf ein Weiterleben in einer anderen Welt«.[3] Wahrscheinlich träumten die Steinzeitjäger von den Toten. Überhaupt muss der Tod für sie sehr präsent gewesen sein. Bei der Jagd standen sie Lebewesen gegenüber, die ähnlich aussahen wie sie selbst, deren Blut floss wie ihr eigenes. Vielleicht hörten sie im Traum die Schreie der verwundeten Tiere.

Heute wissen wir, dass Träume im Gehirn entstehen. Doch den frühen Menschen erschien der Spuk in ihren Köpfen wahrscheinlich wie eine zweite, immaterielle Realität. »Wir können uns keine Zeit vorstellen, in der der Mensch nicht Träume und Wachträume gehabt hätte, in der er nicht in ›Trance‹ gefallen wäre, in einen Zustand der Bewusstlosigkeit, der als Reise ins Jenseits gedeutet wurde«, schrieb Eliade.[4]

Meister der Ekstase

Irgendwo im westlichen Amazonasgebiet lebt ein Volk, das heute noch an die Seele glaubt. Genau genommen, glauben die Cashinahua-Indianer nicht bloß an eine Seele, sondern an viele davon. Die »wahre Seele« ist nach ihren Vorstellungen einfach die Lebenskraft. Daneben kennen sie auch eine Traum-Seele, die während des Schlafs aktiv wird. Die »Körper-Seelen« sind für Bewusstsein, Erinnerung, Denken und Gefühle zuständig und machen die Individualität eines Menschen aus. Der Geist sitzt für die Cashinahua nicht in einem bestimmten Organ. Das Gehirn selbst hat kein eigenes Wissen – im Unterschied zu Händen, Augen oder der Haut. Die Körper-Seelen sind an den Körper gebunden, und sie sterben auch mit diesem, genauer gesagt verwandeln sie sich in einen gesichtslosen Baumgeist ohne jede Erinnerung. Die »wahre Seele« hingegen kann den Körper schon während des Lebens verlassen – und nach dem Tod weiterexistieren.[5]

Die Cashinahua-Indianer praktizieren den Schamanismus, eine der ältesten religiösen Formen der Menschheit. Schon bei prähistorischen Jägervölkern galten die Schamanen als Spezialisten für das Unsichtbare – als Menschen, die besondere Kontakte zur Welt der Geister und Dämonen unterhielten. Der Religionswissenschaftler Eliade nannte sie »Meister der Ekstase«.[6] In Trancezuständen konnte ihre Seele den Körper verlassen, um andere Ebenen der Welt zu bereisen und eine höhere, unsichtbare Wirklichkeit zu schauen. Dank ihrer spirituellen Fähigkeiten konnten sie, wie es heißt, durch entfernteste Himmelsregionen ebenso schweifen wie in die Unterwelt hinuntersteigen.

Schon in paläolithischen Höhlenkultstätten finden sich Darstellungen von Menschen mit Vogelmasken – wahrscheinlich zeigen sie Schamanen auf ihrem spirituellen »Flug« in den Himmel.

Bei südamerikanischen Indianervölkern wirken Schamanen bis heute als Heiler und Medizinmänner. Sie sollen die flüchtigen Seelen von Kranken wieder einfangen und zurückholen. Zugleich geleiten sie die Seelen von Verstorbenen in die Unterwelt.

Schamanische Heiler halten eine Demenzerkrankung für eine Art »Seelenverlust«. Ich muss gestehen, dass ich mich dieser Interpretation nicht ganz entziehen kann. Natürlich weiß man heute, dass es sich bei Demenz um eine neurodegenerative Erkrankung handelt, die zum Abbau von Hirngewebe führt. Allerdings liegen die Ursachen immer noch im Dunklen. Meine Mutter ist davon überzeugt, dass es eine schwere berufliche Enttäuschung war, die letztlich die Krankheit bei meinem Vater ausgelöst hat. Wissenschaftlich lässt sich das natürlich nicht beweisen. Aber was meinen Vater betrifft, hat meine Mutter schon einmal gegen die Ärzte Recht behalten. Als sich bei ihm schon dramatische Persönlichkeitsveränderungen und Ausfallserscheinungen zeigten, als man sich kaum noch mit ihm unterhalten konnte, erklärte ihr ein führender Demenzspezialist nach der Untersuchung herablassend, was sie denn eigentlich wolle – es sei doch alles in Ordnung. Meine Mutter konnte das nicht glauben. Kurze Zeit später diagnostizierte ein anderer Arzt eine fortgeschrittene frontotemporale Demenz. Seither nehme ich die Intuition meiner Mutter in Seelen-Dingen sehr ernst.

Für die Vorstellung, die Seele meines Vaters könnte in eine unsichtbare, spirituelle Welt abgetaucht sein, fehlt es mir an Fantasie. Und ich glaube auch nicht, dass ein schamanischer Heiler den Geist meines Vaters wieder zurückholen könnte. Allerdings halte ich es für möglich, dass Schamanen über eine besondere Intuition für seelische Vorgänge verfügen, die wir mit rein rationalen, wissenschaftlichen Methoden nicht erfassen können.

Einige Wissenschaftler halten schamanistische Erfahrungen sogar für den Ursprung der Seelen-Idee, die unsere abendländische Kultur so sehr geprägt hat.[7] Trancen, Träume und ekstatische Erlebnisse könnten zur Vorstellung eines unkörperlichen »zweiten Ich« geführt haben. Der Philosoph Thomas Metzinger von der Universität Mainz führt die Entstehung des Seelenbegriffs auf »außerkörperliche Erfahrungen« zurück – auf Phänomene, bei denen Menschen bei vollem Bewusstsein der höchst realistischen Illusion erliegen, ihren eigenen Körper als eine Art »ätherisches Double« zu verlassen. Heute glauben die Wissenschaftler zwar, dass es sich dabei um eine vom Gehirn produzierte Täuschung handelt. So ist es sogar gelungen, außerkörperliche Erfahrungen durch gezielte Hirnstimulation auszulösen. Davon wussten unsere Vorfahren natürlich noch nichts. »Angesichts des Wissensstands der frühen Menschheit war es hoch rational, an die Möglichkeit einer unkörperlichen Existenz zu glauben«, schreibt Metzinger.[8]

Sehnsucht nach Unsterblichkeit

Zu allen Zeiten waren die Seelenvorstellungen eng verbunden mit der Frage, was nach dem Tod mit uns passiert. Schon die ägyptische Hochkultur hatte ausgesprochen komplexe Vorstellungen von Himmel und Unterwelt – und sogar von einem Totengericht.

Die frühesten Belege für den Glauben an ein Leben nach dem Tod waren Beschreibungen des königlichen Totenrituals. Jeder verstorbene Pharao wurde post mortem zum unsterblichen Gott erhoben. Die Pyramidentexte beschreiben seine Himmelfahrt in Gestalt eines Vogels, eines Skarabäus oder einer Heuschrecke. Im Himmel empfängt ihn der Sonnengott – und der Pharao setzt seine irdische Herrschaft glanzvoll fort.

Eine besondere Rolle in den ägyptischen Jenseitsvorstellungen spielt der Totengott Osiris. Nach dem Mythos wird er von seinem Bruder Seth ermordet. Doch seiner Frau Isis, einer Zauberin, gelingt es, sich vom toten Osiris befruchten zu lassen. Nachdem sie ihren Mann bestattet hat, bringt sie ihren Sohn

Horus zur Welt. Der besiegt Seth, steigt in die Unterwelt hinab und erweckt Osiris von den Toten, indem er seine »Seele in Bewegung setzt«, wie es in den Texten heißt – der erste Auferstehungsmythos der Weltgeschichte. Osiris selbst war für die Ägypter nicht bloß Totengott und Totenrichter, sondern auch Quelle der Fruchtbarkeit – und damit allen Lebens.

Die Ägypter sahen den Tod als eine Art Metamorphose nach dem Vorbild von Osiris, als Verwandlung des unbedeutenden Menschen zu einer höheren, unzerstörbaren, »wissenden« Geistperson.[9] Die sogenannten Sargtexte, magische Sprüche, die an den Innenseiten von Särgen angebracht wurden, sollten den Toten dabei nützliche Hinweise vermitteln.

Ein Totenreich kannten auch schon die ältesten indischen Texte. Unter anderem verknüpfte man das Weiterleben nach dem Tod mit dem rituellen Feueropfer an die Götter. Die »Seele« stellte man sich als Feuer vor – als belebende Energie, die man durch Rituale und Atemtechniken beeinflussen konnte. Auch die Inder hatten bereits die Vorstellung von einem Totengericht. In einem Text wird berichtet, dass die Seele des Toten zur Sonne gelangte und erklären musste, wer sie sei. Nur wenn sie richtig antwortete, dass ihre wahre Identität in der Sonnensphäre liege, ließ man sie in den Himmel ein – andernfalls wurde sie in die vergängliche Welt zurückgeschickt.[10]

Faszinierende Vorstellungen von einer »Seelenreise« gab es auch in der iranischen Religion. Da musste die Seele Flüsse und Seen durchqueren, sich einem Totengericht stellen und schließlich die Brücke über einen kosmischen Berg überschreiten, der die Erde mit dem Himmel verbindet. Unter den Schritten der Gerechten, so heißt es, wurde die Brücke breiter, doch wenn ein Gottloser darüberlief, wurde sie schmal wie ein Rasierklinge. Auf ihrer Reise begegnete die Seele nicht bloß den Göttern, sondern sogar ihrem eigenen Selbst. Guten Menschen trat es in der Gestalt eines schönen Mädchens entgegen, den Schlechten jedoch als schreckliche Megäre.[11]

Die Angst vor dem Tod muss die Menschen schon zu Urzeiten umgetrieben haben. Bereits das babylonisch-sumerische Gilgamesch-Epos handelt von der Suche nach der Unsterblichkeit. Der Held Gilgamesch war wohl eine historische Persönlichkeit, ein sumerischer König, um den sich schon zu Lebzeiten Legenden rankten. Das Epos beschreibt ihn als vollkommene, allwissende Heldengestalt – zu zwei Dritteln Gott, zu einem Drittel Mensch. Doch Gilgamesch ist auch ein rücksichtsloser Despot, der Frauen schändet und seine Untertanen brutal knechtet. Auf das Drängen der Bewohner von Uruk erschaffen die Götter ein riesiges Wesen namens Enkidu, das es mit Gilgamesch aufnehmen soll. Im Kampf bleibt Gilgamesch Sieger. Der Held macht den Unterlegenen zu seinem Gefährten und zieht mit ihm durch die Lande, um gemeinsam Abenteuer zu bestehen.

Dabei stirbt Enkidu.

Sein Tod löst bei Gilgamesch eine Wandlung aus. Sieben Tage und sieben Nächte beweint er den Verlust seines Freundes. Klagend streift er durch die Steppe. Der einstige Despot bekommt Angst vor dem eigenen Tod. »Auch ich werde sterben! Werde ich nicht werden wie Enkidu?« Seine Heldentaten können ihn nicht mehr befriedigen. Gilgamesch will nur noch dem eigenen Tod entrinnen. Irrsinnig vor Angst macht er sich auf, um das Geheimnis der Unsterblichkeit zu ergründen. Auskunft erhofft er sich von Utnapaschtin, einem berühmten Helden der Sintflut-Sage. Doch auf seiner Reise muss Gilgamesch eine Reihe von Prüfungen bestehen. Unter anderem versperren ihm gefährliche Skorpion-Menschen den Weg, »deren Anblick den Tod bedeutet«. Oder er begegnet einer Nymphe, die ihn von seinem größenwahnsinnigen Plan abzubringen versucht. »Gilgamesch, wohin läufst du? Das Leben, das du suchst, wirst du gewiss nicht finden. Als die Götter die Menschheit erschufen, da bestimmten sie der Menschheit den Tod, behielten das Leben in ihrer eigenen Hand.«[12] Die Nymphe rät ihm, er solle sich lieber an seinem Leben erfreuen: »Du, Gilgamesch – dein Bauch sei voll, Tag und Nacht magst du dich ergötzen, feiere täglich ein Freudenfest, tanze und spiele bei Tag und bei Nacht. (...) Die Gattin freue sich oft über deine Umarmung, denn das ist die Bestimmung des Menschen, der da lebt auf dieser Welt.«[13]

Gilgamesch schlägt den Rat in den Wind. Schließlich findet er Utnapaschtin. Der hält eine weitere Prüfung für ihn bereit. Sechs Tage und sieben Nächte lang soll der Held wach bleiben. Doch Gilgamesch sinkt sofort in den Schlaf. Utnapaschtin spottet: »Sieh den Mann an, der das ewige Leben erstrebt: Der Schlaf hauchte ihn an wie ein Nebel.«[14] Als Gilgamesch erwacht, wird ihm bewusst, dass auch er nur ein sterblicher Mensch ist. Schließlich offenbart ihm der Weise doch noch das »Geheimnis der Götter« – den Ort, an dem eine Pflanze wächst, die Unsterblichkeit verleiht. Gilgamesch taucht ins Meer hinunter und pflückt sie. Doch letztlich misslingt ihm auch diese Prüfung. Als er auf dem Heimweg ein Bad nimmt, frisst eine Schlange das Kraut. Reumütig kehrt er in seine Heimatstadt zurück. Auf seiner langen Reise hat Gilgamesch gelernt, dass Menschen eben keine Götter sind. Selbst ein unbesiegbarer Held wie er kann das menschliche Schicksal nicht überwinden.

Was mich an der Gilgamesch-Geschichte am meisten berührt, ist, wie der einst unbezwingbare, hochmütige Held von Todesangst übermannt, ja völlig durchgebeutelt wird. Wie er förmlich um sein Leben bettelt. Wie er rastlos umherirrt, sich völlig aufreibt und zerrüttet bei seinem Versuch, den Tod zu besiegen. In diesen Passagen wird der Held Gilgamesch plötzlich sehr menschlich. Dabei ist es nicht die Angst vor dem Sterben, vor qualvollem Leiden, die ihn so in Panik versetzt. Es ist die Angst, einfach nicht mehr zu existieren – die Angst vor dem Nichts: »Würde ich nicht wie er daliegen, mich nicht mehr erheben auf immer und ewig?«

Schon als Kind hatte ich oft lähmende Angst vor dem Tod. Eigentlich war ich mir sicher, dass ich keine 30 werden würde. Bei jedem Arztbesuch fürchtete ich irgendeine niederschmetternde, fatale Diagnose. Etwas von der Art: »Wir haben da was gefunden. Sie haben noch sechs Monate. Tut uns leid. Machen Sie das Beste daraus.« Und wenn meine Eltern abends unterwegs waren, horchte ich oft stundenlang auf jedes Fahrstuhlgeräusch. Ich hatte einfach Angst, es könnte ihnen etwas zugestoßen sein.

Irgendwann habe ich zum Glück gelernt, den Tod aus meinem Leben zu verdrängen. Als Schatten ist er aber immer noch gegenwärtig. So gesehen, kann ich Gilgamesch gut verstehen. Ehrlich gesagt, auch ich will nicht sterben.

Manchmal frage ich mich, ob auch mein Vater Angst vor dem Tod hat. Ob er dieses Gefühl überhaupt noch empfinden kann. Eigentlich hat es nicht den Anschein, als würde er noch irgendetwas fürchten. Eher strahlt er Ruhe aus, als habe er eine Art von Frieden gefunden. Hätte mein Vater den Wunsch zu leben, wenn er wüsste, wie es um ihn bestellt ist? Das ist eine dieser scheinbar sinnlosen Fragen. Ich weiß nicht, ob er es weiß. Niemand kann es wissen. Und ich kann mich nicht erinnern, dass sich mein Vater jemals dazu geäußert hätte, als es ihm noch besser ging.

Als ich 13 war, starb mein Großvater, der Vater meines Vaters. Nach einem Schlaganfall konnte auch er irgendwann nicht mehr sprechen. Er bekam einfach keine Worte mehr heraus, musste sich schriftlich verständigen. Ich weiß noch, wie ich eine Zeit lang versuchte, mit ihm das Sprechen zu trainieren. Irgendwann schüttelte er nur noch den Kopf. Am Ende fütterte ihn meine Großmutter mit Astronautennahrung. Doch der Großvater war nicht dement. Bis zum Ende blieb er völlig klar im Kopf. Er litt furchtbar unter seinem Verfall.

Mein Vater erlebte, wie meine Großmutter seinen Vater pflegen musste. Und meine Großmutter musste mitansehen, wie mein Vater zum Pflegefall wurde. Vor ein paar Jahren starb auch sie. Über 90 Jahre wurde sie alt, diese kleine, zarte Frau, die am Ende weniger als 30 Kilo wog. Die Schicksalsschläge in ihrem Leben hat sie mit der ihr eigenen Gelassenheit ertragen. Den Tod des Großvaters, die Demenz des Vaters, den eigenen Krebs. Zum Schluss sagte sie, dass sie einfach nur noch die Augen schließen wolle. Im Krankenhaus wünschte sie sich noch einen Schluck Bier. Einen Tag später war sie tot.

Natürlich weiß ich, dass meine Geschichten nichts Besonderes sind. Jeder von uns ist irgendwann mit dem Tod von Eltern, Partnern, Verwandten oder Freunden konfrontiert. So gesehen ist der Tod tatsächlich »nichts Besonderes«. Doch zugleich könnte man sagen, dass er das schlechthin Besondere ist.

Es scheint vergleichsweise leicht, uns ein Jenseits auszumalen, an die Seelenwanderung oder an die Wiederauferstehung zu glauben. Doch zugleich fällt es uns unglaublich schwer, den Tod als das Ende von allem zu denken.

Traurige Schatten

Die Seele war schon zu Urzeiten so etwas wie eine globale Idee. Wie Anthropologen festgestellt haben, ähneln sich die »primitiven« Seelenvorstellungen der meisten Völker, vom Schamanismus bis zu den frühen Griechen, in zentralen Punkten. So gingen die meisten frühen Kulturen von einer dualistischen Seelenvorstellung aus. Die Seele war für sie noch keine Einheit, kein Zentrum von Bewusstsein, Geist und Emotionen, das einen Menschen unabhängig vom Körper und über den Tod hinaus repräsentiert. Die Vorstellung von Erlösung und ewigem Leben spielte in ihrem Seelenkonzept eine untergeordnete Rolle.

Der schwedische Sanskrit-Forscher Ernst Arbman unterschied zwischen verschiedenen »Körperseelen« und einer »Freiseele«. Die Körperseelen sind für Bewussteins- und Lebensfunktionen zuständig, sie machen das ganze Innenleben eines Menschen aus. Mit dem körperlichen Tod gehen auch sie zugrunde.[15]

Nur die »Freiseele« kann außerhalb des Körpers weiterexistieren. Sie repräsentiert das Individuelle eines Menschen. Doch sie hat keinerlei psychische oder physische Attribute – also nichts von dem, was wir heute unter der Persönlichkeit eines Menschen verstehen. Sie ist einfach nur ein Double ohne Bewusstsein und Selbst – der blutleere Schatten eines Menschen.

Bei Homer ist die »psyche« schlicht das, was die Lebenden von den Toten unterscheidet. In der »Ilias« haucht man seine »psyche« auf dem Schlachtfeld aus. Schon in der ersten Strophe des Epos heißt es, der Zorn des Achilles habe viele »kraftvolle psyches« in den Hades geschickt.

An vielen Stellen kann man das Wort einfach mit »Leben« übersetzen. Wo eine »psyche« ist, da ist auch Leben. Von ihr ist immer dann die Rede, wenn Leben in Gefahr ist – und zwar menschliches Leben. Tiere haben bei Homer keine »psyche« (die einzige Ausnahme ist die Schlange).[16]

Die »psyche« stand zu Homers Zeiten nicht nur in enger Verbindung zum Leben, sie war auch die Grundlage des Bewusstseins. Während einer Ohnmacht, so dachte man, verlässt sie den Körper. Mit dem Gefühlsleben, also mit dem, was wir heute unter »Psyche« verstehen, hatte die »psyche« nichts zu tun. Dafür gab es eine Reihe von anderen Begriffen. Als Zentrum der Emotionen etwa galt der »thymos«, als Sitz des Geistes der »nous«. Doch alle diese »Seelen« waren sterblich. Nur die »psyche« konnte den Tod überdauern. Nach der »Psychologie« Homers haben »nous« und wohl auch »thymos« meinen Vater verlassen. Seine »psyche« hingegen wäre, wenn ich es richtig verstehe, noch da.

Doch Homers Vorstellung von der »psyche« ist wenig befriedigend. Diese Art »Seele« kommt mir vor wie eine Art Avatar in einem Computerspiel. Ein virtuelles Wesen, das zwar so aussieht wie mein Vater, sich vielleicht auch so bewegt – das aber eben nicht »echt« ist. Einer Computerspielfigur könnte man wenigstens Sprache und eine gewisse rudimentäre Persönlichkeit einprogrammieren. Die bedauernswerten Geschöpfe im Hades hingegen haben nicht einmal das.

Nachdem sie von der Quelle des Vergessens getrunken haben, fristen die Seelen der Toten ein trauriges Dasein als blutleere, kraftlose Schattenwesen. Zwar behalten sie ihr Aussehen. Doch sie haben kein Inneres mehr – keine Emotionen, keinen Geist, keine Erinnerung. Sie können nicht mal richtig sprechen. In manchen Darstellungen heißt es, die Seelen der Toten würden quieken oder zwitschern.[17] Diese Seelen hatten weder Bewusstsein noch Selbst. Nach unseren heutigen Begriffen waren sie einfach Zombies.

Auf die Unsterblichkeit im Hades kann man leicht verzichten. Genauso gut könnte man einfach tot sein. In der »Odyssee«

erklärt der Geist von Achilles einmal, er wäre lieber auf der Erde »Tagelöhner (...) als die ganze Schar vermoderter Toten zu beherrschen«. Auf eine Erlösung im Jenseits von ihrem schweren Leben brauchten die Menschen zu Homers Zeit nicht zu hoffen. »Die griechische Religion richtete sich mehr auf dieses Leben als auf das Leben danach. Obwohl man an ein Jenseits glaubte, hielt man den Tod zu Homers Zeiten mehr oder minder für das Ende des Lebens«[18], meint der Altertumsforscher Jan Bremmer.

So elend das Jenseits war, so abgehoben und lebensfern agierten die Götter. Für die Griechen waren Zeus, Apollon & Co. eine Art Über-Menschen, die sich im Olymp an Ambrosia labten und ihren diversen Affären nachgingen, mit der Lebensrealität »unten« jedoch wenig zu tun hatten. Zwar stieg selbst Göttervater Zeus gelegentlich hinunter, um sterbliche Frauen zu beglücken oder in Schlachten einzugreifen. Doch die Kluft war unüberwindlich. Und wenn Menschen die Götter mal auf die Probe stellten, endete das für die Sterblichen meist fatal.

Ohnehin glaubten die Menschen an die unentrinnbare Macht eines vorherbestimmten Schicksals. Zwar konnte man versuchen, im Diesseits sein Bestes zu geben. Doch die Möglichkeiten waren beschränkt. Wer die vom Schicksal vorgegebenen Grenzen überschritt, wer in »Hybris« verfiel, den bestraften gnadenlos die Götter. Einige Dichter meinten sogar, es sei am besten, gar nicht geboren zu werden oder möglichst früh zu sterben.

Seelen-Kulte

Abgehobene Super-Götter, ein übermächtiges Schicksal, ein tristes Jenseits: Die traditionelle Religion muss vielen Griechen wohl sehr unbefriedigend erschienen sein. Vor allem die Gebildeteren begannen, über ihr eigenes Schicksal nach dem Tod nachzudenken. Und sie wünschten sich mehr als bloß ein kümmerliches Schattendasein im Hades. Die spirituelle Unzufriedenheit bildete den Nährboden für Mysterienkulte, Initiationsriten und esoterische Geheimlehren, die den Menschen mehr Hoffnung versprachen als die traditionelle Religion.

Die Frage nach der Seele war stets auch etwas Mystisches – etwas, das sich der rationalen Erklärung entzog. Ein Gegenstand des religiösen Erlebens, untrennbar verbunden mit der Hoffnung auf Erlösung. In späteren Zeiten haben die Philosophen viel nachgedacht über die Unsterblichkeit der Seele. Doch die emotionale Kraft mystischer Erfahrungen erreichten ihre Theorien nie.

In Eleusis in der Nähe von Athen beging man über 2000 Jahre lang einen geheimnisvollen Mysterienkult, der schon die griechischen Dichter faszinierte: »Selig, wer jenes geschaut hat und so unter die Erde geht! Er kennt das Ende des Lebens! Er kennt auch den Anfang!«, rief der Dichter Pindar aus.[19] Und bei Sophokles heißt es: »Dreimal selig die Sterblichen, die diese Weihen geschaut haben und so in den Hades kommen; für sie allein gibt es dort Leben; für die anderen hat er alles Unheil.« Mit anderen Worten: Das Mysterium verhieß den Eingeweihten ein glückseliges Leben nach dem Tod – statt bloß ein trauriges Schattendasein im Hades.[20]

Der Kult von Eleusis beruht auf dem Mythos vom Raub der Persephone. Dabei geht es um die Trauer der Fruchtbarkeitsgöttin Demeter um ihre Tochter, die vom Unterweltgott Hades entführt wurde – also um eine Geschichte über Leben und Tod. Was genau sich bei den Feierlichkeiten und Ritualen abgespielt hat, worin genau die »Geheimnisse« bestanden, die die Teilnehmer schauen durften, liegt bis heute weitgehend im Dunklen. Die Vermutungen reichen von Zeremonien, bei denen es um eine Kornähre als Fruchtbarkeitssymbol ging, bis zu Sex in unterirdischen Gängen – der Kult beflügelte vor allem die Fantasie früher christlicher Autoren, die Eleusis für ein Symbol heidnischer Blasphemie hielten. Im Kern ging es wohl um das mystische Nacherleben der Geschichte von Demeter und Persephone. Doch das eigentliche Versprechen von Eleusis war ein Initiationsritual: Durch die bloße Teilnahme an dem Mysterium konnte man eine höhere Seinsweise erreichen – ein Leben ohne Angst vor dem Tod.

Alle frühen Kulturen entwickelten ihre Vorstellungen über die Unsterblichkeit. Doch es ist interessant, wie unterschiedlich ihre »Lösungen« ausfielen. Während die Ägypter das Jenseits verherrlichten, zelebrierten die frühen Griechen eine Art Mystik des Lebens. Nirgendwo kommt das so deutlich zum Ausdruck wie in den Kulten und Mysterien des Dionysos. Heute kennt man ihn zumeist als Gott des Weins. Doch der Zeus-Sohn Dionysos war viel mehr. Man verehrte ihn als Stier, als Baumgott und in zahllosen anderen Formen. Vor allem aber war er ein Gott der Vitalität, der Lebenskraft.

Von Anfang an galt Dionysos als Außenseiter, als Fremdling, der die Werte der traditionellen Religion bedrohte. Und doch kam wohl kein anderer griechischer Gott den Menschen so nahe. Wo er mit seinem Gefolge, den Mänaden oder Bacchantinnen und Satyrn, auftauchte, gerieten die Menschen in Verzückung. Und er tauchte ständig irgendwo auf. Stets begleiten Wunder sein Erscheinen, wie sie Euripides in seinem Drama »Die Bacchantinnen« beschrieben hat: Da sprudelt plötzlich Wasser oder Wein aus einem Felsen. Oder aus Efeu tropft Honig. So schnell Dionysos erscheint, so schnell verschwindet er auch wieder, um noch machtvoller wieder zu erscheinen – manche Religionswissenschaftler sahen darin das Motiv der mystischen Wiedergeburt, der symbolischen Einheit von Leben und Tod. Der berühmte Mythenforscher Karl Kerényi bezeichnete Dionysos einmal als »Archetyp des unzerstörbaren Lebens«.[21]

Dionysos und seine Anhänger verstanden es zu feiern. Zu Ehren des Gottes gab es orgiastische nächtliche Feste und Opferrituale fernab von den Städten, auf Bergen oder in Wäldern. Man berauschte sich mit Wein, man tanzte – und aß rohes Fleisch. Diese »Homophagia« sollte den Anhängern vergegenwärtigen, wie das Dionysos-Kind von den Titanen zerstückelt und gekocht wurde. »Lustbarkeit und Gelag liebt Zeus' Sohn, unsere Gottheit«, sagt Euripides. In seiner ursprünglichen Form war der Dionysoskult wahrscheinlich nichts für feinsinnige Gemüter.

SWFC

POST CARD

豫园

6 944616 102892

Seine Anhänger verehrten Dionysos nicht nur, sie waren von ihm regelrecht besessen. In der Ekstase, im Rausch verschmolzen sie mit ihrem Gott. »Die dionysische Ekstase bedeutet vor allem die Überschreitung der menschlichen Bedingtheit, die Entdeckung der totalen Befreiung, das Erlangen einer Freiheit und Spontaneität, die dem Menschen sonst unerreichbar sind«, schrieb der Religionswissenschaftler Eliade.[22]

Man kann es vielleicht auch so ausdrücken: Die Dionysos-Anhänger mussten über die Unsterblichkeit der Seele nicht lange nachdenken. Sie erlebten sie höchst emotional in der mystischen Vereinigung mit ihrem Gott.

Der Kulturhistoriker Egon Friedell hat die dionysische Ekstase mit literarischer Vorstellungskraft so beschrieben: »Im Mantel der Nacht, beim Flackerschein düsterer Fackeln tanzten sie zum Getöse kreischender Becken, donnernder Pauken und jauchzender Flöten den rasenden Rundreigen durch die wilden Wälder und öden Berghalden, Fuchspelze um die Schultern, Hörner auf dem Haupte, Schlangen und Dolche schwingend. Rauschtränke erhöhten die Ekstase, bis schließlich die Psyche aus dem Leib trat und sich mit dem Gott vereinigte, dem thrakischen Fremdling Dionysos.«[23]

Kein Denker hat die dionysische Ekstase später so verherrlicht wie Friedrich Nietzsche. Das »Dionysische«, das Prinzip des wilden, ungezügelten, überschießenden Lebens stellte er dem »apollinischen« Prinzip gegenüber, das für ihn das Maßvolle, das Rationale verkörperte. Nietzsche feierte die »Selbstvergessenheit der dionysischen Zustände« und forderte die Hingabe an Rausch und Ekstase, an schiere Lebens- und Daseinslust.[24] Der Altertumsforscher Erwin Rohde, ein Freund Nietzsches, stellte in seinem Buch »Seelenkult« sogar die These auf, die griechische Vorstellung vom »unsterblich-göttlichen Leben der Menschenseele« sei aus dem Dionysoskult entstanden.[25]

Der Dionysosmythos hat mich immer schon gleichermaßen fasziniert wie erschreckt. Das Ekstatische, das Entgrenzte ist mir eigentlich fremd. Für dionysische Erfahrungen fehlt mir eine Art emotionale Musikalität. Zu sehr fürchte ich den Kontrollverlust. Enthemmte Menschenmengen kann ich bis heute nicht ertragen. Grölende Fußballfans zum Beispiel stoßen mich ab. Meine bescheidenen Drogenexperimente endeten kläglich. Schon als Kind tat ich mir schwer damit, aus mir »herauszugehen«.

Für mystische Erlebnisse bin ich immer noch nicht sehr empfänglich. Allerdings glaube ich heute, dass man die Vernunft manchmal zügeln muss, um Dinge auf intuitive Weise besser zu verstehen. Damit meine ich nicht »übersinnliche« Erfahrungen, sondern etwas, das ich »emotionale Evidenz« nennen möchte – ein Gefühl dafür, wie die Dinge sein könnten.

Von den ersten Schamanen über Gilgamesch bis zu den berauschten Anhängern des Dionysos: Sie alle waren getrieben von der Hoffnung auf ein Weiterleben nach dem Tod. Von der »Seele« hatten sie zwar keinen klaren Begriff. Aber wahrscheinlich brauchten sie den auch gar nicht. Vielleicht vermittelten ihnen ihre Rituale und Trancen einfach das traumwandlerische Gefühl, dass die Seele, ihr zweites Ich, etwas anderes sein müsse als der Körper. Etwas, das auf geheimnisvolle Weise mit dem Leben zu tun hat – und womöglich sogar den Tod überdauern kann.

Aus unserer heutigen Sicht erscheint uns das manchmal naiv oder gar irrational. Ich glaube auch nicht, dass mystische Erfahrungen einen Beweiswert haben. Würde mir jemand berichten, er habe sich in einer Trance mit der Seele meines Vaters vereinigt, hätte ich vermutlich meine Zweifel. Allerdings denke ich heute, dass mystische Erfahrungen den Menschen vielleicht eine Intuition für die Seele vermitteln konnten – eben eine emotionale Evidenz, eine gefühlte Gewissheit, dass es da noch »etwas anderes« gibt als den Körper.

Mein Vater ist für mich mehr als sein zerstörtes Gehirn. Und ich glaube, dass dieses »mehr« mit der Tatsache zu tun hat, dass er lebt. Ich weiß, das ist nicht viel. Wie viel »mehr« ist »mehr«? Und vor allem: Woraus besteht dieses »mehr«?

Im 7. und 6. Jahrhundert vor Christus begannen einige Naturphilosophen, sich der Frage nach der Seele wissenschaftlich zu nähern. Natürlich waren sie keine Wissenschaftler im heutigen Sinne. Diese Denker verfügten weder über wissenschaftliche Instrumente noch über eine klare Terminologie. Doch mindestens in einem Punkt war ihr Vorgehen wissenschaftlich. Statt sich auf Mythen und mystische Erfahrungen zu verlassen, suchten sie nach Erklärungen. Aus welchem Stoff ist die »Seele« gemacht? In welcher Beziehung steht sie zum Kosmos? Kann sie tatsächlich den Tod überdauern? Und wenn ja, wie – und warum?

KAPITEL 2

Göttlicher Stoff

Irgendwann im 7. Jahrhundert vor Christus machte ein Astronom namens Thales von Milet eine merkwürdige Beobachtung. Wenn man an Bernstein rieb, bekam dieser plötzlich die Kraft, ein Stück Eisen zu bewegen. Thales grübelte über das bizarre Phänomen. Besaß dieser scheinbar tote Stein etwa Leben? Hatte auch er eine »psyche«, eine Seele – wie wir Menschen? Und wenn ja: War womöglich der ganze Kosmos »beseelt«, also von Leben durchdrungen?

Wer im frühen Griechenland rational über die Frage der Seele nachdachte, war mit einer ziemlich verwirrenden Situation konfrontiert. Einerseits gab es nach den traditionellen religiösen Vorstellungen nicht bloß eine Seele, sondern ein gutes halbes Dutzend davon – ein ganzes Bündel von Lebenskräften, von denen die meisten an den Körper gebunden und sterblich waren. Nur die »psyche«, der körperlose Doppelgänger, der »Schatten« eines Menschen, existierte nach dem Tod im Hades weiter. Andererseits blühten religiöse Kulte und Geheimlehren, vom eleusinischen Mysterium bis zum Dionysoskult mit ihren eigenen Vorstellungen von der Unsterblichkeit. Und zugleich kursierten bizarre Wundergeschichten über »schamanistische« Trance-Reisen und Seelenwanderungen, die griechische Reisende von asiatischen Völkern mitgebracht hatten.

Die frühen Naturphilosophen standen vor dem Problem, diese völlig unterschiedlichen Strömungen miteinander in Einklang zu bringen – und mit ihrer neuen, »wissenschaftlichen« Denkweise zu verbinden.

 Die Frage der Seele muss Denker wie Thales oder Heraklit

vor tiefe Rätsel gestellt haben. Was ihre Ansätze aus heutiger Sicht so interessant macht, ist unter anderem, dass sie noch keine dualistische Trennung zwischen Geist und Materie kannten. Die Seele war für sie ein Naturphänomen, das sie aus einem kosmischen Urstoff zu erklären versuchten – aus einer alles durchdringenden »Lebenskraft«.

Thales von Milet (ca. 624–547 v. Chr.) war Astronom und Mathematiker. Unter anderem sagte er eine Sonnenfinsternis des Jahres 585 vor Christus korrekt voraus. Der erste Seelen-Forscher des frühen Griechenlands war wohl nicht nur Theoretiker. Einmal soll ihn zwar eine thrakische Magd verspottet haben, weil er, vertieft in astronomische Überlegungen, in eine Zisterne gefallen war. Thales dürfte aber auch ein cleverer Geschäftsmann gewesen sein. Nachdem er dank seiner wissenschaftlichen Kenntnisse eine reiche Olivenernte vorausgesehen hatte, mietete er günstig alle Ölmühlen, die er bekommen konnte – um sie später teurer weiterzuvermieten.

Thales hielt das Wasser für ein Urelement. Wo Wasser ist, so beobachtete er wohl, da ist auch Leben. Thales dachte, sogar die Erde schwimme auf Wasser. Anscheinend sah er das Wasser als eine göttliche, den ganzen Kosmos durchdringende Lebenskraft. Wahrscheinlich glaubte er deshalb auch, dass die Seele vermischt mit dem Kosmos und »alles voll von Göttern« sei.[26] Für Thales steht die Seele in einem großen, kosmischen Zusammenhang, der sich ungefähr so beschreiben lässt: Alles entsteht letztlich aus Wasser, das Wasser aber ist das Göttliche – also ist alles mehr oder weniger vom Göttlichen durchdrungen.

Aus der Tatsache, dass Thales auch Magnetstein eine »psyche« zuschrieb, schloss Aristoteles später, dass der Naturphilosoph die Seele offenbar für etwas »Bewegendes«[27] halte – ein Gedanke, der in der antiken Auffassung von Leben eine zentrale Rolle spielt. Bis heute streiten die Experten allerdings darüber, ob Thales alle Dinge als »beseelt« ansah oder doch nur einige.

Was »beseelt« ist, also lebendig, das bewegt sich selbst (und andere Dinge): Die Fähigkeit zur Fortbewegung ist bis heute eines von mehreren Kriterien, nach denen man lebende von unbelebten Dingen unterscheidet. Natürlich wissen wir heute, dass Magneten kein Leben oder eine »Seele« brauchen, um Eisen anzuziehen. Doch die Intuition von Thales war beachtlich: Heute geht die Wissenschaft davon aus, dass motorische und kognitive Fähigkeiten bei Tieren eng miteinander verbunden sind.

Anaximenes von Milet (ca. 575–525 v. Chr.) hielt nicht Wasser, sondern Luft (»pneuma«) für das alles durchdringende Prinzip des Seienden. Auch die Seele war für ihn einfach Luft. Anaximenes zog eine faszinierende Parallele, die manche als erstes Seelen-Konzept der griechischen Philosophie sehen. In einem antiken Text wird sein Gedanke so wiedergegeben: »Ebenso, sagt er, wie unsere Seele, welche Luft ist, uns mit ihrer Kraft zusammenhält, so umfasst auch den ganzen Kosmos Wind (oder Atem) (…).«[28] Möglicherweise dachte Anaximenes, dass die Seele den menschlichen Körper »zusammenhält«, ihn womöglich auch steuert. Vielleicht sah er die Welt sogar als einen einzigen, lebendigen Organismus. Seine Idee einer kosmischen Atemseele erinnert an die indische Vorstellung der alles durchdringenden Lebensenergie »prana«. Nach dieser Vorstellung gibt es zwischen körperlichen und psychisch-geistigen Vorgängen keinen prinzipiellen Unterschied – beide sind nur verschiedene Formen oder »Verdichtungen« von »prana«.[29]

Kosmisches Feuer

Auch Heraklit von Ephesos (ca. 500 v. Chr.) glaubte an einen tiefen Zusammenhang zwischen Seele und Kosmos. Wegen seiner rätselhaften Aussagen nannte man ihn »den Dunklen«. Für manche war er einfach ein hochmütiger und menschenfeindlicher Spinner.

In einem zeitgenössischen Text wird er wenig freundlich charakterisiert: »Schließlich wurde er zu einem Misanthropen, zog sich aus der Gesellschaft zurück und lebte im Gebirge, wo er sich von Gras und Pflanzen ernährte. Jedenfalls wurde er durch diese Lebensweise wassersüchtig, kam in die Stadt herunter und fragte die Ärzte in Rätselworten, ob sie aus Überschwemmung Dürre machen könnten. Als sie ihn nicht verstanden, grub er sich selbst in einem Kuhstall ein und hoffte, durch die Wärme des Mists werde das Wasser verdunsten.«[30]

Für Heraklit herrscht in der Welt ständige Veränderung – »alles fließt«. Doch auf jede Veränderung in die eine Richtung folgt eine Veränderung in die andere. Die Welt besteht daher aus Gegensätzen und Spannungen, die zusammen eine Einheit bilden – wie Tag und Nacht, wie Leben und Tod. »Krieg ist der Vater aller Dinge«, sagte Heraklit. Die kosmische Weltordnung sorgt für Ausgleich und Balance. Heraklit beschreibt diese Ordnung als »ein ewiglebendiges Feuer, das nach Maßen entflammt und nach Maßen verlöscht«.[31] Dieses Feuer umgibt wie ein Äther die Welt. Es ist nicht nur die archetypische Form von Materie, sondern universelles Prinzip – eine Art göttliches Zahlungsmittel. »Alles ist austauschbar gegen Feuer und Feuer gegen alles, ebenso wie es Waren gegen Gold sind und Gold gegen Waren.«[32]

Nicht Geld, sondern Feuer regiert die Welt.

Oder in Heraklits Worten: »Alles steuert der Blitz.«[33]

Auch die Seele ist Feuer. Es ist zwar nur ein winziger »Funke der Sterne«, der da in unserem Inneren glimmt. Doch unser Seelenfeuer unterliegt den gleichen Veränderungsprozessen wie der ganze Kosmos. Auch die Seele besteht aus Gegensätzen und Spannungen, die in Balance gehalten werden müssen.

Die Seele entsteht nach Heraklit aus Wasser. Durch richtige Lebensführung »trocknet« sie wie ein nasses Handtuch in der Sonne – und wird dadurch immer »feuriger«, wirkungsvoller und edler. »Die trockene Seele ist die weiseste und beste«, sagt Heraklit.[34] Krankheit und Laster hingegen lassen das Seelenfeuer immer feuchter werden – bis es schließlich wieder ganz zu Wasser wird und damit zugrunde geht. »Für Seelen ist es der Tod, Wasser zu werden, und für Wasser der Tod, Erde zu werden; aus Erde entsteht Wasser und aus Wasser Seele.«[35] Leben und Tod gehen für Heraklit also ineinander über.

Oder wie er in einem seiner vielen rätselhaften Formelsätze sagt: »Unsterbliche sind Sterbliche, Sterbliche sind Unsterbliche.«[36]

Man kann darüber streiten, ob Heraklit auch die individuelle Seele für unsterblich hielt. Denn einerseits ist der Tod für ihn notwendig, damit neues Leben entstehen kann. Andererseits deutet er an, dass einige besonders »feurige« Seelen dem sonst unvermeidlichen Wasser-Tod entgehen und sich nach dem Tod wieder mit dem kosmischen Feuer vereinigen können – etwa jene von Kämpfern, die auf dem Höhepunkt ihrer Vitalität plötzlich in der Schlacht sterben. Heraklit behauptet sogar, dass Seelen, die im Krieg gefallen sind, »reiner« seien als jene, die an Krankheiten sterben. Über den Körper sagt er ohnehin nur abschätzig, dass er »eher weggeworfen werden sollte als Mist«.[37] Vielleicht glaubte Heraklit auch an die Möglichkeit eines »unsterblichen« Ruhms – nicht zuletzt für sich selbst, der die Dummheit der Masse, die bloß »vollgefressen wie Hausvieh« sei, so sehr verachtete.

Als einer der Ersten analysiert Heraklit verschiedene Bewusstseinszustände, wie Schlaf und Traum: »In der Nacht zündet der Mensch ein Licht für sich an, wenn seine Sehkraft erloschen ist; lebendig rührt er im Schlaf an den Toten und im wachen Zustand an den Schläfer.«[38] Die Auswirkungen einer »feuchten« Seele illustriert Heraklit mit einer rührend bodenständigen Beobachtung: »Wenn ein Mann betrunken ist, wird er von einem unerwachsenen Buben geführt, schwankend, ohne zu wissen, wohin er geht; denn feucht ist seine Seele.«[39]

Heraklit war vielleicht der erste Denker, der die Seele als eine Art »Selbst« konzipierte, wie die amerikanische Philosophin Martha Nussbaum[40] meint: So wie das »ewige Feuer« den Kosmos im Maß hält, so verbindet die Seele, die »psyche«, die vielen Fähigkeiten des Menschen zu einer Einheit. Das persönliche Geschick hängt für Heraklit daher nicht von einem vorherbestimmten Schicksal ab – sondern vom Individuum: »Des Menschen Eigenart ist sein Schicksal«, sagt Heraklit. Mäßigung ist dabei ein entscheidender Faktor. »Frevelhaften Übermut« lehnt er ebenso ab wie die ekstatischen Rauschzustände im Dionysoskult.

Wahre Weisheit können wir nach Heraklit nicht durch Ekstase oder Rausch erlangen, sondern indem wir das zentrale Gesetz erkennen, das Seele und Kosmos gleichermaßen regiert. Die Seele reicht über uns hinaus, sie ist Teil des ewigen kosmischen Spiels der Gegensätze: »Der Seele Grenzen kannst du nicht entdecken gehen, selbst wenn du jeden Weg abschreitest; so tief ist die Erklärung, die sie hat.«[41]

Feuchte Seelen

Ob Wasser, Luft oder Feuer wie bei Heraklit: Gemeinsam ist diesen frühen griechischen Philosophen die Idee eines universellen, alles durchdringenden kosmischen Prinzips. Seele und Kosmos sind für sie aus dem gleichen Stoff gemacht, sie haben die gleiche Struktur – daher folgen beide auch den gleichen Gesetzen und Regeln.

Natürlich glaubt niemand heute ernsthaft, dass die Seele im wörtlichen Sinne aus »kosmischem Feuer« besteht. Doch Heraklits Intuition wirkt immer noch in unserem Sprachgebrauch, in unseren Metaphern nach.

Von besonders engagierten, energiegeladenen Menschen sagen wir, dass sie »brennen«. Oder wir meinen umgekehrt, ein Leben sei »erloschen«. Dahinter steht wohl die Vorstellung, dass die »Seele« etwas Lebendiges und Veränderbares ist, bestimmt von Spannungen und Gegensätzen, von Werden und Vergehen – eben wie das Feuer, das durch Zufuhr von Sauerstoff genährt wird, ohne Sauerstoff aber verlischt, das Energie verbraucht und zugleich Energie abgibt.

Es ist diese Intuition von der Seele, die mich im Zusammenhang mit meinem Vater bewegt. Natürlich liegt es mir fern, seine Krankheit in irgendeiner Weise aus einer im Wortsinn »feuchten Seele«, aus der Abnahme irgendeiner mysteriösen »Lebensenergie« oder seines »prana« zu erklären – auch wenn solche Theorien bei vielen Esoterikern hoch im Kurs stehen.

Es war eine berufliche Katastrophe, in der seine Seele ertrank. Zumindest glaubten wir alle das.

Mein Vater war Chefredakteur des Pressedienstes der Sozialdemokratischen Partei Österreichs. Das war in den 1970er Jahren, während der SPÖ-Alleinregierung unter dem legendären Kanzler Bruno Kreisky, eine wichtige politische Funktion. Ich erinnere mich, dass ich in der Schule gerne damit prahlte. Doch dann wurde er plötzlich gefeuert.

Mein Vater führte seine Ablösung auf den Machtwechsel an der Spitze der Regierungspartei zurück. Den Rückschlag hat er nie überwunden. Die Partei, so meinte er, hatte ihn verlassen. Und die »Partei« war sein Leben.

Mein Vater hatte die glorreiche Zeit der SPÖ-Alleinregierung in den 1970er Jahren erlebt. Ich weiß noch, wie ich der bewunderten Lichtgestalt Kreisky als Kind einmal die Hand geben durfte.

Und ich erinnere mich an die rührende Geschichte meiner Großmutter, wie sie einmal nachts um halb zwei beim Bundeskanzler höchstpersönlich zu Hause anrief, um nach dem Verbleib ihres Sohnes zu fragen. Es muss für meinen Vater eine großartige Zeit gewesen sein. Seine Seele stand sozusagen unter Feuer. Doch nun war er ausgebrannt.

Der Vater saß nun in einem verwinkelten Amtsgebäude, in einem düsteren Büro. Man hatte ihm einen Versorgungsjob im Pressedienst der Regierung gegeben – eine öde Beamtentätigkeit. Eine Zeit lang hoffte er noch auf Karrieremöglichkeiten. Doch irgendwann gab er auf. Manchmal warf ich ihm das auch vor. Als Chefredakteur war er für mich ein Held gewesen. Nun war er Mitte 40 und auf dem Abstellgleis. Und ich glaube, er wusste das selbst. Als hätte es ein äußeres Zeichen gebraucht, ließ er sich einen Vollbart wachsen.

Trotz seiner Enttäuschung engagierte sich mein Vater weiter in der Partei. Trottete zu den Veranstaltungen, kassierte Mitgliedsbeiträge, sang auf den Maimärschen die Internationale, schrieb die Geschichten von SPÖ-Bezirksorganisationen. Engagierte sich im Verband Sozialistischer Freiheitskämpfer, einer Parteiorganisation von ehemaligen Widerständlern und NS-Opfern.

Ich könnte sagen, mein Vater war ein unverdrossener Idealist. Ich bewundere ihn noch heute dafür, wie er seine Haltung bewahrte. Andererseits konnte ich ihn damals nicht so recht verstehen. Warum er nicht nach einem neuen Job suchte, statt sich weiter »in der Partei« zu engagieren. Warum er ständig bei den immer gleichen Gedenkveranstaltungen hockte – zusammen mit Leuten, die 30 oder 40 Jahre älter waren als er. Irgendwann begann ich, eine Art Mitleid für ihn zu entwickeln.

Wir alle hatten das Gefühl, dass seine Seele litt.

Mitte der 1990er Jahre muss es dann angefangen haben.

Es wurde schwierig mit ihm.

Wir alle merkten, dass er sich veränderte. Gestritten hatten wir immer schon. Doch nun brauchte es dafür keine Anlässe mehr. Der Vater wurde anscheinend grundlos aggressiv. Meist war ich die Zielscheibe. Aus dem Nichts heraus erhob er irgendwelche Vorwürfe und wiederholte sie immer wieder. Bis die Situation explodierte. Dann stand er auf und ging.

Das Aggressive war das eine. Das andere war, dass er sich immer mehr zurückzog. Zugleich schien er irgendwie zu vergreisen. Anfangs machte ich mich sogar noch darüber lustig. Er entwickelte eine gebückte Körperhaltung, einen schwerfälligen Gang. Mit Anfang 50 kam er mir vor wie ein alter Mann. Seine Arbeitskollegen, so erfuhren wir später, wussten offenbar schon seit längerem, dass mit ihm etwas nicht stimmte. Es sei immer schwieriger geworden, Telefonate mit ihm zu führen. Immer wieder beklagte er sich darüber, dass man seine Texte umgeschrieben hätte.

Es war einsam um ihn geworden. Öfter rief mich mein Vater aus dem Büro an. Manchmal klang seine Stimme wie aus weiter Ferne. Oder ich hörte ihn nur atmen. Warum rufst du mich nie an, fragte er. Ich sagte irgendetwas, um mich zu rechtfertigen. Doch er wiederholte nur seine Frage, immer wieder. Noch heute kann ich sie hören.

»Warum rufst du nie an?«

Natürlich hatte er Recht. Ich hätte mich öfter bei ihm melden sollen. Damals war ich ein junger, aufstrebender, hochmütiger

Magazinjournalist. Mein Vater kam mir antriebslos und müde vor. Die Gespräche mit ihm langweilten mich. Immer die gleichen Klagen, immer die gleichen Streitereien. Irgendwie schaffte ich es nicht, mich um die verwundete »Seele« meines Vaters zu kümmern.

Eine Zeit lang vermuteten wir eine Depression. Dann dachten wir, der Vater sei schwerhörig. Sogar der Arzt ließ sich täuschen und verordnete ein Hörgerät. Man weiß von Demenzkranken, dass sie möglichst lange versuchen, ihre Defizite zu tarnen. In Wahrheit hörte er bestens. Er konnte nur den Sätzen nicht mehr folgen. Und brachte seine eigenen Sätze immer schwerer heraus.

Ich habe mir selbst später öfter vorgeworfen, dass ich die Krankheit meines Vaters nicht früher erkannt hatte. Es war meine Mutter, die schließlich handelte. Als die endgültige Diagnose kam, war ich eines Jobs wegen gerade nach Deutschland gegangen. Ausgewandert, sozusagen. Ich machte mir Vorwürfe, dass ich meine Mutter alleingelassen hatte.

Eines Tages saßen wir zusammen in einem tristen Krankenhauscafé.

Der Bart meines Vaters war lang und zerstrubbelt. Er fingerte an seinem Handy herum, wollte im Büro anrufen. Doch es gelang ihm nicht.

»Ich habe Demenz«, sagte er.

Er hob die Hände und zuckte mit den Schultern.

Sonst sagte er nichts.

Es war das einzige Mal, dass ich das Wort von ihm gehört hatte. Ich erinnere mich nicht, dass er jemals über seine Krankheit sprach, über seine Gefühle, seine Ängste. Jahre später schenkte mir meine Mutter ein Bild, das er in einem Tageszentrum für Demenzkranke gemalt hatte. Es war ein Selbstporträt. Hinter die Stirn malte er einen schwarzgrauen Fleck.

Nach seiner Diagnose arbeitete der Vater noch eine Zeit lang weiter. Man schrieb seine Artikel weiter um. 2002 wurde das Dienstverhältnis, wie es im arbeitsrechtlichen Jargon so schön heißt, in »beiderseitigem Einvernehmen« gelöst.

Die Krankheit meines Vaters habe ich erlebt wie ein allmähliches Verlöschen. Ganz langsam gingen ihm die Worte aus, die Gedanken, die Erinnerungen. Wir hörten auf zu streiten. Er fragte mich nicht mehr, warum ich ihn nie anriefe. Er fragte mich gar nichts mehr.

Er konnte nicht mehr sprechen.

Stattdessen lief er rastlos durch die Wohnung. Stand auf, zog sich den Mantel an, zog ihn wieder aus. Setzte sich, stand wieder auf, zog sich an, setzte sich. Stundenlang ging das so. Den ganzen Tag. Ständig machte er irgendwelche verrückten Dinge. Ging in den Supermarkt und kam mit 20 Flaschen Duschgel wieder. Pinkelte irgendwo hin. Oder, oder, oder.

Manchmal schlug er auch plötzlich zu, aus dem Nichts heraus, mit ungeheurer Muskelspannung und verzerrtem Gesicht.

Auf dem CT-Bild konnte man die Atrophierung im Vorderhirn erkennen – den Abbau von Hirngewebe. Die Botschaft des Bildes war klar. Wir hatten die Wahrheit sozusagen schwarz auf weiß: Der Geist meines Vaters schrumpfte. Doch seine Seele wurde nicht wässrig, wie Heraklit dachte. Vielmehr löste sie sich anscheinend in ihre Bestandteile auf.

Die Krankheit meines Vaters nahm ihren typischen Verlauf. Er wurde zum Pflegefall mit allem, was dazugehört. Irgendwann ging es zu Hause nicht mehr. Die schwierigste Phase in der Pflege demenzkranker Menschen ist die Zeit, in der sie noch mobil sind. Man kann sie kaum alleine lassen. Man weiß nie, was passiert. Einmal verschwand der Vater plötzlich aus dem Tageszentrum, bis man ihn irgendwo fand. Seine Zahnbürste hatte er dabei.

Schließlich fassten wir den schweren Beschluss, ihn in einem Pflegeheim unterzubringen. Doch nach einem Jahr nahm ihn meine Mutter wieder zu sich. Damals konnte er schon nicht mehr gehen, kurze Zeit später bekam er die Magensonde für die künstliche Ernährung. Seit November 2004 pflegt ihn meine Mutter rund um die Uhr. Wir alle sind davon überzeugt, dass er im Pflegeheim schon längst gestorben wäre. Seine Seele hätte es nicht überlebt.

So »feurig« Heraklits Gedanken über die Seele auch daherkommen: Im Kern wirken sie auf mich kopflastig, ja fast elitär. Eine vitale Feuer-Seele haben nach Heraklit nur die Gesunden. Ein kranker Mensch wie mein Vater hingegen hat keine Chance, dem Wasser-Tod zu entgehen. Zugleich hat Heraklit über das Schicksal der Seele nach dem Tod nur wenig zu sagen – sieht man von der seltsamen Bemerkung ab, dass die überlebenden Feuer-Seelen als Dämonen den »Geruch des Hades« wahrnehmen können. Überhaupt sehe ich keine besonders tröstliche Perspektive darin, eines Tages in einem unpersönlichen kosmischen Feuer aufzugehen – sofern es meine Seele nicht ohnehin schon in jugendlichen Alkoholexzessen weggespült hat.

Vielleicht fehlte es diesem Menschenhasser Heraklit bei aller Genialität an Empathie, an Lebensfreude und auch an einer gewissen Fähigkeit zur Ekstase. Die verzückten Anhänger des Dionysos muss der Vernunftmensch abgründig gehasst haben. Nach heutigem Verständnis war er wohl ein klassischer »Nerd« mit erheblichen sozialen Defiziten. Seine Theorien vermochten zwar rational zu überzeugen, doch begeistern konnten sie nicht.

Seelen-Reisen

Im 7. Jahrhundert vor Christus erzählte man sich von einem Mann namens Aristeas von Proconnesus bizarre Geschichten. Auf Reisen zu asiatischen Völkern wie den Skythen und Arimaspi soll er mit schamanistischen Praktiken in Berührung gekommen sein. Er berichtete von außerkörperlichen Erfahrungen – und vom Glauben an eine unsterbliche Seele.[42]

Laut Herodot soll Aristeas in seiner Heimat einmal tot umgefallen sein. Als sich die Nachricht von seinem Tod verbreitete, tauchte ein Bewohner einer anderen Stadt auf und behauptete, er habe Aristeas eben auf seinem Weg getroffen und sich mit ihm unterhalten. Zugleich hatte sich sein Leichnam plötzlich in Luft aufgelöst. Erst sechs Jahre später, so erzählte man, tauchte Aristeas wieder in Proconnesus auf und fasste ein Gedicht ab, worauf er jedoch wieder verschwand. Nach einem anderen Bericht entwich seine Seele in der Gestalt eines Rabens aus seinem Mund. Von Hermotimos von Klazomenae heißt es sogar, seine Seele habe den Körper oft für Jahre verlassen, um an verschiedenen Orten als Weissager zu wirken. Währenddessen habe der Körper einfach nur bewegungslos dagelegen, auf Anweisung von Hermotimus durfte niemand seinen Leichnam berühren. Irgendwann sei seine Seele dann wieder in den Körper zurückgekehrt.

Der Dichter Pherecydes von Syros behauptete als erster griechischer Denker, dass die Seele unsterblich sei und sich nach einer gewissen Zeit neu inkarnieren könne.[43] Zu dieser Zeit gab es die Vorstellung der Seelenwanderung nur bei den Indern. Die Ägypter hielten die Seele zwar für unsterblich, und sie waren davon überzeugt, dass sie verschiedene Tiergestalten annehmen könne – doch sie besaßen keine ausformulierte Theorie der Seelenwanderung. Ähnlich dachte das Volk der Geten zwar an die Möglichkeit, Unsterblichkeit zu erlangen, aber nicht an Reinkarnation.

Die Orphiker glaubten nicht nur an Unsterblichkeit und Seelenwanderung, sondern lebten auch nach ihrer Überzeugung. Man kann die Orphik als eine Art vergeistigte Variante des Dionysoskultes sehen. Auch in der Orphik spielte der Wein- und Lebensgott Dionysos eine wichtige Rolle. Doch während sich die Dionysiker betranken, berauschten sich die Orphiker an der Askese.[44]

Als mythischer Begründer der Bewegung galt der sagenhafte thrakische Sänger und Leierspieler Orpheus, der zu Homers Zeiten oder noch früher gelebt haben dürfte. Auch der Figur des Orpheus wurden immer wieder »schamanische« Züge zugeschrieben.[45] Mit seiner Musik soll er die Tiere gezähmt, ja sogar Pflanzen und Bäume verzückt haben. Berühmt wurde die Geschichte von seinem Abstieg in die Unterwelt, um seine Gattin Eurydike zurückzuholen. Tragischerweise drehte er sich zu früh nach ihr um – und verlor sie dadurch für immer. Orpheus unterhielt enge Beziehungen zu den Göttern Dionysos und Apollon. Angeblich stieg er jeden Morgen auf einen Berg, um die mit Apollon gleichgesetzte Sonne anzubeten. Aus Ärger darüber schickte

Dionysos seine Mänaden aus, die Orpheus in Stücke zerrissen. Sein abgetrennter Kopf soll später als Orakel gedient haben.

Im Dionysoskult ging es um die mystische Vereinigung mit dem Gott. Diese Einheit funktionierte jedoch nur zeitweilig und im Rausch. Auch die Orphiker glaubten an die Teilhabe des Menschen am Göttlichen. Doch sie zogen daraus einen anderen Schluss – die Unsterblichkeit, die »Göttlichkeit« der Seele. Und mehr noch: Der Mensch konnte nicht bloß auf eine Fortexistenz nach dem Tod hoffen, sondern auch ein »göttliches« Leben im Diesseits erreichen. Die Mittel dazu waren rituelle Reinigungstechniken, religiöse Unterweisungen und vegetarisches Leben.

Laut Platon glaubten die Orphiker, der Mensch sei als Strafe für ein Ur-Verbrechen in seinen Körper eingeschlossen wie in ein »Grab«. Das irdische Dasein gleicht daher dem Tod, das wahre Leben beginnt erst danach. Was mit der Seele geschieht, hängt allerdings von der Lebensführung im Diesseits ab. Die einen erlangen die Glückseligkeit, während die anderen an einen Ort der Bestrafung geschickt werden. Nach Ablauf von 1000 Jahren kehrt die Seele wieder auf die Erde zurück. Damit beginnt nach den orphischen Vorstellungen ein »Kreislauf der harten Mühen«, den ein gewöhnlicher Sterblicher mindestens zehnmal durchlaufen muss, ehe er ihm entkommen kann.

Die berühmten orphischen Goldplatten, die an der Innenseite von Särgen angebracht wurden, vermitteln ein Gefühl für die orphischen Seelenvorstellungen: »Heil dir, der du das Leben erlitten hast. Du wirst ein Gott sein«, heißt es da.[46] An einer anderen Stelle wird der Verstorbene gewarnt, nicht von der Lethequelle des Vergessens zu trinken, sondern von Mnemosyne, der Quelle der Erinnerung. »Ich bin ein Kind der Erde und des Sternenhimmels. Dass mein Geschlecht aber vom Himmel stammt, wisset ihr. Sehet, ich bin ausgedörrt und vergehe vor Durst. Gebt mir das kühle Wasser, das aus dem See der Erinnerung fließt. Und sie werden dir aus dem heiligen Quell zu trinken geben und dann wirst du in das Reich der anderen Heroen eingehen.«

In den traditionellen religiösen Vorstellungen der Griechen ist der Tod mit dem »Vergessen« der diesseitigen Erfahrungen verbunden. Durch die Idee der Seelenwanderung kehrt sich die Funktion der Lethequelle um: Sie löscht jetzt die Erinnerungen an die Himmelwelt aus, was zur neuerlichen Reinkarnation der Seele führt. Um erlöst zu werden, muss sich die Seele hingegen ein übernatürliches Gedächtnis bewahren.[47]

Bei den Thrakern muss diese Vorstellung zu einer fast morbiden Todessehnsucht geführt haben. Nach Berichten von Herodot betrauerte man bei einigen Stämmen die Geburt eines Kindes, während man bei Beerdigungen in Jubel ausbrach.[48]

Die orphischen Vorstellungen ähneln stark den Vorstellungen der Inder über »samsara«, das ewige Rad der Seelenwanderung. Mit der Orphik kam ein neues Element in die griechischen Seelenvorstellungen. Die Seele ist nicht einfach nur aus dem gleichen Stoff gemacht wie der Kosmos. Vielmehr ist sie Teil einer höheren Ordnung – sie repräsentiert das Göttliche im Menschen.

Die Seele ist Zahl

Während Heraklit als »verkopfter« Misanthrop verspottet wurde, scharte ein geheimnisvoller ionischer Emigrant in Süditalien bereits seine Anhänger um sich. Er hieß Pythagoras von Samos (ca. 575/70–500 v. Chr.) und war Astronom und Mathematiker. Vor allem aber galt er als Mystiker und religiöser Prophet. Der britische Philosoph Bertrand Russell hielt ihn für »einen der geistig bedeutendsten Männer, die je gelebt haben«.[49]

Wie von Aristeas und den anderen Trance-Reisenden, erzählte man sich auch über Pythagoras zahllose Wundergeschichten. Einmal soll er zur gleichen Zeit an zwei verschiedenen Orten gesehen worden sein. Ein anderes Mal habe er sich in Olympia während eines Wettkampfes erhoben und seinen goldenen Schenkel gezeigt – ein Zeichen des Schamanen, wie Religionswissenschaftler Eliade glaubt.[50] Es konnte auch vorkommen, dass Pythagoras von einem Fluss begrüßt wurde. Oder dass er eine Giftschlange tötete, indem er sie selbst biss.[51]

Pythagoras lehrte nicht nur die Unsterblichkeit der Seele. Wie die Orphiker glaubte auch er an die Seelenwanderung und die Idee einer ewigen Wiederkehr. Reine Seelen, so verkündete er, werden nach dem körperlichen Tod zu Göttern, unreine Seelen hingegen in einem anderen Lebewesen wiedergeboren. Pythagoras behauptete, alle beseelten Wesen seien miteinander verwandt. Berichten zufolge predigte er sogar den Tieren. Einmal soll er gerade vorbeigekommen sein, als ein Hündchen geschlagen wurde. Pythagoras habe das Tier bemitleidet: »Hören Sie bitte auf und schlagen Sie es nicht! Denn es ist die Seele eines Freundes; ich habe sie sofort erkannt, als ich sie Laute von sich geben hörte.«[52] Nach heutigen Maßstäben waren die Pythagoreer wohl eine Sekte, in der strenge Regeln herrschten. Die Mitglieder – zugelassen waren Männer und Frauen – durften beispielsweise keine Bohnen essen und nichts vom Boden aufheben.

Der Mathematiker Pythagoras sah die Welt als göttliche Ordnung und Harmonie. Für das Prinzip dieser Ordnung hielt er die Zahl. »Alle Dinge sind Zahlen«, soll er gesagt haben. Mathematische Beziehungen durchdrangen für ihn die ganze Welt, von der Astronomie bis zur Musik. Die Mathematik war für ihn eine Welt ewiger Wahrheiten, die sich nur dem Geist offenbaren. Die Seele hielt er für wesensverwandt mit dieser kosmischen Ordnung: Ein Philosoph war in der Lage, diese göttliche Ordnung kontemplativ zu schauen.

Gefallene Götter

Ebenso Magier wie Philosoph war auch Empedokles von Akragas (ca. 495–435 v. Chr.). Allerdings gingen seine übernatürlichen Fähigkeiten mehr in die medizinische Richtung. So soll er eine Frau aus dem Koma wiederbelebt haben. Seine Lehren nahm er auch in praktischer Hinsicht ernst: Am Ende sprang er sogar in den Ätna, um seine Göttlichkeit zu beweisen. Doch in diesem Fall versagte seine Zauberei.

Von Empedokles stammen die vielleicht interessantesten und bewegendsten Ideen der Griechen über die Seele vor Platon und Aristoteles. Auch glaubte er an die Seelenwanderung – und angeblich konnte er sich an seine früheren Inkarnationen sogar erinnern: »Denn einst bin ich schon ein Knabe gewesen und ein Mädchen, ein Busch und ein Vogel und ein aus dem Meer springender Fisch.«[53]

Seine Vorstellung von der Seelenwanderung erklärt Empedokles mit einer grandiosen Theorie von einem kosmischen Kreislauf. Die Welt entstand demnach aus einem Urzustand der Liebe. In diesem sind alle Urkräfte, nämlich Feuer, Luft, Erde und Wasser, in einer Kugel miteinander verbunden. Erst das Prinzip des Hasses reißt alles auseinander. »Zwei Seiten hat die Entstehung sterblicher Dinge und zwei ihr Verschwinden«, schreibt Empedokles.[54] Durch das Prinzip der Liebe kommen sie zusammen, durch den Hass fliegen sie wieder auseinander. Dasselbe Gesetz bestimmt auch das Schicksal der Menschen. In einem »goldenen Zeitalter der Aphrodite« herrscht noch Harmonie in der Welt. Doch der Streit entzweit die Menschen. Sie brechen zum ersten Mal das höchste göttliche Gesetz, das jedes Töten lebendiger Wesen verbietet.

Fleischgenuss war für Empedokles die Ursünde.

Der Philosoph begründete das mit der Seelenwanderung: Wenn man ein Lebewesen tötet, das man bloß für ein Tier hält, kann es sein, dass man in Wirklichkeit seinen Vater ermordet. Wann immer Menschen töten, beginnt der Kreislauf für sie von neuem. In den verschiedensten Gestalten sterblicher Lebewesen treibt es die Sünder durch den Kreislauf der Wiedergeburt. Niemand will sie haben, alle verabscheuen sie: »Zu diesen gehöre auch ich jetzt, bin ein aus dem göttlichen Bereich Verbannter und ein Landstreicher, da ich rasendem Hass mein Vertrauen geschenkt habe.«[55]

Der Mensch ist für Empedokles also ein »gefallener Gott«. Doch seine Seele steht immer noch in Kontakt zur Himmelswelt. Durch Einsicht und rituelle Praktiken kann er sich gleichsam wieder hocharbeiten und seine Göttlichkeit zurückerlangen. »Du gesegneter und glücklich zu Preisender! Anstelle eines Sterblichen wirst du ein Gott sein«, sagt Empedokles.[56] Und er lässt keinen Zweifel daran, dass er selbst bei seinen Bemühungen schon ans Ziel gelangt ist: »Was mich angeht, als ein unsterblicher Gott reise ich umher, nicht mehr sterblich (...) von allen, deren blühende Städte ich besuche, werde ich verehrt, von Männern und Frauen. Zu Zehntausenden folgen sie mir und fragen, wo sich der Weg zum Gewinn auftue; die einen verlangen von mir Weissagungen, die anderen erwarten, bei Krankheiten aller Art das heilende Wort zu hören (...).«[57]

Die »Seele«, die »psyche«, ist für die Orphiker, für Pythagoras und Empedokles, nicht einfach nur eine Lebenskraft. Vielmehr steht sie in einer engen Verbindung zur ewigen kosmischen Ordnung. Sie hat selbst Anteil am Göttlichen – und darin liegt auch der Grund für ihre Unsterblichkeit. Oder wie es der Dichter Pindar ausdrückte: »Der Körper aller folgt dem übermächtigen Tod, lebendig aber bleibt des Lebens Abbild, denn dieses allein stammt von den Göttern.«[58]

Für die Vorstellung einer »göttlichen« Seele im Sinne der Orphiker oder Pythagoreer fehlt mir wahrscheinlich das religiöse Empfinden. Diese Idee ist mir auf gewisse Weise zu abstrakt. Als jemand, der einmal Mathematik studiert hat, fasziniert mich die Vorstellung von Pythagoras, die Seele sei etwas Ewiges wie eine Zahl. Aber ich hätte große Schwierigkeiten, die Seele meines Vaters als eine Art pythagoreischen Lehrsatz zu sehen. Vielmehr glaube ich, dass seine Seele etwas sehr Menschliches, etwas Lebendiges ist – und keine kühle mathematische Abstraktion, so ewig gültig diese auch sein mag. Auch die Idee der Seelenwanderung hat mich nie besonders angezogen. Der Gedanke eines ewigen Kreislaufs der Wiedergeburt macht mich eher melancholisch.

Der römische Schriftsteller Plutarch schrieb seiner Frau nach dem Tod ihrer gemeinsamen Tochter einen berührenden Brief, in dem er sie mit philosophischen Argumenten zu trösten versuchte. Darin bezieht er sich zuerst auf die »mystischen Kulterfahrungen in den Mysterien des Dionysos«, die er mit seiner

Frau als »Eingeweihte« teile. Dann fährt er fort: »Bedenke also, dass es mit der Seele, die unsterblich ist, gerade so geht wie mit gefangenen Vögeln. Wurde sie längere Zeit im Körper aufgezogen und gewissermaßen handzahm gemacht für dieses Leben durch vielerlei Tätigkeiten und lange Eingewöhnung, dann wird sie sich, wenn sie wieder zur Erde herabkommt, abermals mit einem Körper bekleiden. Und es wird kein Ende und kein Aufhören geben: Durch immer neue Einkörperungen bleibt die Seele verstrickt in das Leid und Geschick hienieden (...).«[59]

Im Laufe der Jahrhunderte haben die Griechen dem Wort »psyche« immer mehr Bedeutungen zugeschrieben. Man verband den Begriff mit Emotionen und Charakter, mit Tapferkeit und sogar mit der Liebe. Bei Sophokles ist es die »psyche« von Ödipus, die das Schicksal der Einwohner von Theben beklagt. In Euripides' Tragödie »Hippolytos« kann die »psyche« sogar »ans Bett gefesselt« sein. Und die Dichterin Sappho spricht einen Menschen als »geliebte psyche« an.[60]

In einem der frühen platonischen Dialoge bringt Sokrates die Seele mit dem Selbst in Verbindung. Wenn zwei Menschen miteinander reden, so sagt er, dann reden sie »von Seele zu Seele«.[61] Die Seele ist das, wovon alles andere abhängt. Aus ihr entspringt das Gute wie das Schlechte, für den Geist wie für den Körper. Daher müsse man die Seele auch »am sorgfältigsten behandeln«. Es sei sogar die wichtigste Aufgabe des Menschen, für seine »psyche« zu sorgen.

Ist die Seele also das eigentliche Wesen des Menschen? Und in welchem Verhältnis steht sie zum Körper? Kann sie auch ohne ihn existieren? Und verbindet uns die Seele womöglich mit einer höheren göttlichen Ordnung?

Auch Platon war fasziniert von den Vorstellungen der Orphiker und Pythagoreer. Doch seine Seele schwebte gleichsam in einer noch höheren Sphäre. Sein »Himmel« war eine ebenso vollkommene wie entrückte geistige Welt. Eine Welt des Schönen und des Guten.

KAPITEL 3

Ein himmlisches Gewächs

Es war der Tag seiner Hinrichtung. Doch Sokrates zeigte sich heiter gestimmt. Er sei »nicht unwillig«, sagt der Philosoph, »sondern der frohen Hoffnung, dass es etwas gibt für die Verstorbenen, und (...) etwas weit Besseres für die Guten als für die Schlechten«.[62] Den Tod fürchten müsse nur, »wer nicht weiß und nicht Rechenschaft ablegen kann, dass sie etwas Unsterbliches ist«. Wahre Philosophen, so sagt er, trachten ohnehin danach zu sterben. Genau genommen arbeiten sie ständig daran. Denn was sei der Tod anderes als die Trennung der Seele vom Leib? Und verachte der wahre Philosoph nicht schon zu Lebzeiten alle leiblichen Begierden?

Der Körper könne keine Einsichten erlangen, sagt Sokrates in Platons Dialog »Phaidon«. Man denke schließlich nicht mit Augen oder Ohren! Wahre Philosophen bedienen sich des »reinen Gedankens«, der Körper ist ihnen dabei nur im Weg. Die Seele, sagt Platon, wird vom Leib hintergangen. »Also auch dabei verachtet des Philosophen Seele am meisten den Leib, flieht von ihm und sucht für sich allein zu sein.«[63]

Die Seele gleicht für Platon dem Göttlichen. Der Mensch, so sagt er an einer Stelle, sei ein »himmlisches Gewächs«. Der Körper allerdings ist ein »Gefängnis«. Befreiung aus dem irdischen Kerker bringt nur die Philosophie: Was die Schamanen durch Trance-Reisen schaffen, erreicht der wahre Philosoph durch die Kraft der Vernunft.

Platon (427–347 v. Chr.) stammte aus einer der vornehmsten Familien Athens. Schon als Junge begegnete er seinem späteren Lehrer Sokrates, einem gelernten Bildhauer, der damals auf den

Straßen und Plätzen Athens mit den Sprösslingen angesehener Familien philosophierte. Sokrates war berühmt für seine Methode, in Gesprächen das Scheinwissen seiner Gesprächspartner zu entlarven. Wegen angeblicher Verführung der Jugend und Missachtung der Götter wurde er schließlich hingerichtet. Nach Sokrates Tod unternahm Platon Studienreisen zu den Pythagoreern, deren Vorstellungen über die Seelenwanderung ihn stark beeinflussten. Nach seiner Rückkehr gründete er die berühmte »Akademie«, eine Urform der Universität. Der britische Philosoph Alfred North Whitehead meinte einmal, die philosophische Tradition Europas bestehe »aus einer Reihe von Fußnoten zu Platon«.[64] Und Platons Ideen prägten auch den abendländischen Seelenbegriff.

Die Seele ist für Platon das rationale Wesen eines Menschen. Sie besteht weder aus Luft noch aus Feuer, wie die Naturphilosophen dachten. Vielmehr ist sie etwas Immaterielles, das keinerlei Ausdehnung besitzt. Platons Seele kann man nicht anfassen – sie ist rein geistiger Natur. Damit ist sie verwandt mit der intellektuellen Welt ewiger Wesenheiten, aus denen alles abgeleitet ist: Nach Platon gibt es zwei Wirklichkeiten, die körperliche Welt und das ewige Reich der Ideen. Eine einzelne Katze ist nur eine Erscheinung. Wahre Realität besitzt nur die »Idee« der Katze.

Platons Seele ist ihrem Wesen nach unsterblich. Sie überlebt nicht nur den körperlichen Tod, sondern existiert bereits vor der Geburt eines Menschen. Wie die Orphiker und die Pythagoreer, glaubt auch Platon an die Seelenwanderung. Während die Seelen der wahren Philosophen in die Welt des Göttlichen eingehen, werden die »unphilosophischen« Seelen »nach ihrer Sinnesart« wiedergeboren – als Menschen, aber auch als Esel, Wölfe, Geier oder andere Tiere.

Doch die Unsterblichkeit der Seele muss Platon erst beweisen. Seine Gesprächspartner im Dialog »Phaidon«, die beiden Pythagoreer Simmias und Kebes, konfrontieren ihn mit Bedenken. Die Idee einer unsterblichen Seele finde »großen Unglauben bei den Menschen«, sagt Kebes, »ob sie nicht, wenn sie vom Leibe getrennt ist, nirgend mehr ist, sondern an jenem Tage umkommt und untergeht, an welchem der Mensch stirbt, und sobald sie von dem Leibe sich trennt und ausfährt wie ein Hauch oder Rauch, auch zerstoben ist und verflogen (...).«[65]

Sokrates liefert vier Argumente für seine Auffassung. Drei davon wirken aus heutiger Sicht eher obskur und gelten schlicht als unschlüssig – etwa das Argument der »Wiedererinnerung«, nach dem jeder Mensch über Wissen verfügt, das er nur in einem früheren Leben erworben haben kann. Ein anderer »Beweis« beruht auf der Wesensverwandtschaft der Seele mit der Welt der Ideen. Doch als interessantestes Argument gilt bis heute jenes, das auf der Seele als Lebensprinzip gründet. Ohne Seele, sagt Platon, gibt es kein Leben, und alles, was eine Seele hat, lebt. Die Seele ist notwendig mit der Idee des Lebens verbunden – und daher zwangsläufig unsterblich. Das Argument wirkt sehr scharfsinnig. Das Problem daran ist die Annahme, dass die Seele als »Prinzip des Lebens« selbst notwendig lebendig sei – schließlich macht Alkohol auch betrunken, obwohl er selbst weder betrunken noch nüchtern ist.[66]

Über Platons Beweise für die Unsterblichkeit der Seele haben Philosophen viele Bücher geschrieben. Die ziemlich einhellige Meinung ist, dass keiner dieser Beweise letztlich standhält. Was mich allerdings interessiert, ist Platons Auffassung, dass die Seele von ihrem Wesen her lebendig sei.

Platons Seele kann nicht anders als zu leben, sonst wäre sie keine Seele mehr. Tote Seelen gibt es nicht. Daraus folgt nicht, dass die Seele nicht vergehen kann, dass sie also im umgangssprachlichen Sinn unsterblich ist. Aber solange sie existiert, lebt sie auch – so wie Feuer warm ist, solange es brennt. Wenn mein Vater also eine Seele hat, muss sie nach Platon auch leben.

Seele und Leben sind für Platon also immer noch untrennbar verbunden. Erst im 17. Jahrhundert unterminiert der französische Philosoph René Descartes diesen Zusammenhang.

Platons Lehre von der Seele beruht auf einer »dualistischen« Vorstellung. Der Mensch besteht nicht nur aus seinem Körper, sondern aus Körper und Seele. Die Seele macht das eigentliche

Wesen eines Menschen aus – sie kann auch unabhängig vom Körper existieren. Körper und Seele sind also nicht aus dem gleichen »Stoff« gemacht, sondern zwei grundverschiedene Dinge. Nur während des irdischen Lebens sind beide miteinander verbunden. Wenn der Mensch stirbt, verlässt die Seele den Körper. Auf die Frage eines seiner Gesprächspartner, wie man ihn denn begraben solle, sagt Sokrates: »Wie ihr wollt, (...) wenn ihr mich nur wirklich haben werdet und ich euch nicht entwischt bin.«[67]

Das geflügelte Gespann

Die Seele ist für Platon das »Göttliche«, das »Vernünftige« und »Unsterbliche«, der Körper hingegen sterblich, unvernünftig, von Trieben gesteuert. So wie das Göttliche über das Sterbliche herrscht, so herrscht daher auch die Seele über den Leib. Bei Platon ist der Seelenbegriff mit der Idee eines »höheren«, vernunftgelenkten Lebens verbunden. Der vernünftige Mensch konzentriert sich auf das Geistige, auf Erkenntnis, er meistert seine körperlichen Begierden – er ist »stärker als er selbst«.

An einer Stelle beschreibt Platon den Menschen gleichnishaft als geflügeltes Wagengespann. Die Flügel sollen den Wagen in überhimmlische geistige Sphären tragen, »wo das Geschlecht der Götter wohnt«.[68] Dort ist auch die Heimat der Seele, sagt Platon. »Alles was Seele ist waltet über alles Unbeseelte und durchzieht den ganzen Himmel, verschiedentlich in verschiedenen Gestalten sich zeigend.«[69]

Von den Pferden ist »das eine gut und edel und solchen Ursprungs, das andere aber entgegengesetzter Abstammung und Beschaffenheit«. Das edle Pferd gehorcht aufs Wort. Das andere aber ist widerspenstig und wild, immer wieder zieht es den Wagen nach unten, »woraus viel Beschwerde und der äußerste Kampf der Seele entsteht«.[70]

Der Wagenlenker ist die Vernunft. Nur sie kann die göttliche Sphäre der Ideen schauen. Das edle Pferd steht für die positiven

Emotionen, für Mut und Tapferkeit. Das andere hingegen repräsentiert das Irrationale, die Lüste und Begierden. Der Wagenlenker hält das ungleiche Gespann im Zaum. Er ist es, der die Richtung vorgibt.

Der wahre Philosoph kann die höchsten Sphären erreichen, indem er das Gespann umsichtig lenkt. Nur eine »philosophische« Seele hat überhaupt Flügel. Bei einem Absturz kann sie das Gefieder verlieren. Doch bei der Betrachtung von Schönem, sagt Platon, kann sich die Philosophenseele wieder an ihre himmlische Existenz erinnern – und die Flügel wachsen ihr nach. Mit dem erneuerten Gefieder strebt sie wieder zurück in die höhere, geistige Welt. Einige Gespanne können sich allerdings nicht von den Reizen irdischer Schönheit lösen, daher bleiben sie in der Körperwelt gefangen.

Platon hat über die Seele im Lauf seines Lebens verschiedene Vorstellungen entwickelt. In den frühen Dialogen ist »psyche« einfach die Vernunft, während die Emotionen im Körper angesiedelt sind. Später bezieht er auch das Irrationale in sein Seelenmodell ein.

In seinem berühmten Buch über den »Staat« geht er von drei »Instanzen« oder Teilen der Seele aus. Der »logos« ist das Vernunftvermögen, das nach Wissen und nach dem Guten strebt. Der »thymos« repräsentiert Mut, Tapferkeit und Motivation – er entspricht dem »edlen Pferd« in Platons Wagengleichnis. Der »epithymos« seht für das triebhafte Verlangen, etwa nach Geld, Sex oder Macht, entspricht also dem »wilden« Pferd. Die beiden irrationalen Instanzen müssen durch dic Vernunft im Zaum gehalten werden, wenn die Seele insgesamt Glück (»eudaimonia«) erlangen will.

An einer Stelle vergleicht er die Seele mit einem Wesen, das aussieht wie ein Mensch, aber in Wirklichkeit aus einem Menschen, einem Löwen und einem »vielköpfigen Tier« besteht. Der »innere Mensch«, die Vernunft, zähmt den Löwen und hält mit seiner Hilfe das Ungeheuer unter Kontrolle, »dass es nicht wachse, auf dass er so, für alle gemeinsam sorgend, nachdem er sie untereinander und mit ihm selbst befreundet, sie so erhalte«.[71]

Nach Platon entsprechen die Seeleninstanzen drei Arten von Menschen – den weisheitsliebenden, den streitlustigen und den gewinnsüchtigen. Das Seelenmodell entspricht Platons Vorstellung von einem idealen Staat. Dieser Gesellschaftsentwurf beruht auf drei Ständen, die jeweils einer Seeleninstanz gleichkommen. Handwerker und Händler entsprechen den begehrlichen Teilen der Seele, während die Vernunft den Philosophenherrschern zugeordnet wird.

Überall hat bei Platon also die Vernunft den Vorrang – in unserem Inneren genauso wie im Staat. Allerdings haben wir, so glaubt er, oft Schwierigkeiten, diese wahre Natur unserer Seele zu erkennen. Durch die Verbindung mit dem Körper sei die Seele beschädigt, sie gleiche einem »Ungeheuer« und sei »von tausenderlei Übeln zugerichtet«. Nur die Vernunft kann hinter all den Schrammen und Narben wieder ihr wahres, göttliches Wesen zutage fördern. Und Platon deutet an, dass es letztlich nur der vernünftige Teil der Seele ist, der über den Tod hinaus weiterexistiert.[72]

Die Vorstellung Platons, dass der Geist auch unabhängig vom Körper existieren kann, fasziniert viele intellektuelle Menschen immer noch. So glauben nicht wenige Mathematiker, dass mathematische Objekte abstrakte Gegenstände sind, die in einer höheren, geistigen Sphäre tatsächlich existieren. Ein Programmierer sagte mir einmal, dass ihm das Internet das liebste Kommunikationsmedium sei, weil es ihm ermögliche, sich auf den »reinen Gedanken« zu konzentrieren. Und manche Zukunftsvisionäre glauben ohnehin, dass man die Seele eines Menschen irgendwann auf eine Computerfestplatte hochladen kann. Auch ich selbst dachte irgendwann mal, dass ich auf meinen Körper eigentlich verzichten könnte – solange mein Geist funktioniert.

Ich muss zugeben, dass auch meine Beziehung zu meinem Vater meist eine »platonische«, eine kopflastige Beziehung war. Das Rationale stand im Vordergrund. Wir diskutierten stundenlang über Bücher oder über Politik. Ich kann mich nicht erinnern, dass wir viel über Gefühle sprachen. Wir gingen miteinander um wie die Wagenlenker von Platons Gespann – wenn uns die Pferde nicht gerade im Streit durchgingen. Aus heutiger Sicht glaube ich, dass darin ein Grund lag, warum ich lange Zeit Schwierigkeiten hatte, den geistigen Verfall meines Vaters zu akzeptieren. Ich sah ihn wie mich selbst primär als rationales Wesen. Das Geistige dominierte mein Bild von ihm. Als ihm das Geistige abhanden kam, hatte ich Mühe, noch einen Menschen in ihm zu erkennen.

Seltsamerweise ist unser Verhältnis erst in den späteren Phasen der Krankheit warmherziger geworden. Erst seit er nicht mehr sprechen kann, habe ich das Gefühl, dass er mich wirklich liebt. Früher konnte er es offenbar nicht ausdrücken – oder ich habe es nicht verstanden. Und vielleicht fehlte dem »Platoniker« in mir auch die Empathie, um zu fühlen, wie liebesbedürftig mein Vater in Wirklichkeit war.

Zu Ehren Platons muss ich sagen, dass er den Körper nicht überall so radikal abwertet. Nicht überall trennt er zwischen Körper und Seele. So kann eine Seele auch krank werden durch körperliche Leiden. Bei Platon finden sich erste Ansätze einer psychosomatischen Theorie. »Denn wo die im Körper umherirrenden, von sauren und salzigen Verschleimungen herrührenden sowie ätzenden und galligen Säfte nach außen keinen Ausweg finden, sondern, im Innern sich umhertreibend, mit den Bewegungen der Seele, denen ihre Ausdünstung sich beimischt, sich vereinigen, da erzeugen sie mehr oder minder heftige, häufiger oder seltener eintretende mannigfaltige Krankheiten der Seele (...).«[73]

Umgekehrt räumt er ein, dass ein Übergewicht der Seele, etwa durch hohe geistige Anstrengung, auch den Körper krank machen kann. Schon Platon postulierte die Balance von Körper und Seele. Als »Rettungsmittel« empfiehlt er, »weder die Seele ohne den Körper noch den Körper ohne die Seele in Bewegung zu setzen, damit beide, auf ihre Verteidigung bedacht, zum Gleichgewicht und einem gesunden Zustand gelangen«[74].

Weltseele: Die göttlichen Wurzeln

Gegen Ende seines Lebens entwirft Platon ein grandioses Bild von der Entstehung der Welt, in dem er noch einmal erklärt, wie alles miteinander zusammenhängt. Der Schöpfergott erschafft den Kosmos nach der Idee eines gigantischen Lebewesens. Doch es ist keine Schöpfung aus dem Nichts. Der Demiurg benutzt nur das Material, das ihm zur Verfügung steht – er bringt Ordnung ins Chaos. Dazu haucht er der Welt, nachdem er sie in die Form einer vollkommenen Kugel gebracht hat, eine alles durchdringende Seele ein. Nach dem Vorbild geometrischer Formen setzt er die körperliche Welt zusammen. Aus der Weltseele erschaffen die Götter schließlich den sterblichen Menschen. Die Welt ist nach Platon »als ein beseeltes und in Wahrheit mit Vernunft begabtes Lebendes entstanden«.[75]

Die Seele des Menschen hat ihren Ursprung im Göttlichen: »Über die vorzüglichste Gattung unserer Seele müssen wir uns aber folgende Vorstellung machen, dass Gott sie jedem als einen Schutzgeist verliehen hat – eben der Teil, von welchem wir behaupten, dass er in unserem Körper die höchste Stelle einnehme und uns von der Erde zu dem im Himmel uns verwandten erhebe, sofern wir ein Gewächs sind, das nicht in der Erde, sondern im Himmel wurzelt.«[76]

Der Mensch ist also ein »himmlisches Gewächs«.

Seine Seele strebt deshalb danach, die Weltseele nachzuahmen – und damit zu den göttlichen Wurzeln zurückzukehren. So wie im Kosmos die Vernunft regiert, so muss der vernünftige Teil der Seele die irrationalen Teile beherrschen. Die Seele kann ihre wahre Natur nur durch Erkenntnis der geistigen Struktur des Kosmos wiedergewinnen – indem sie also »ständig das Göttliche in sich pflegt und den ihm innewohnenden Schutzgeist in bestem Zustande erhält«.[77]

Seele und Kosmos sind nach Platon nicht einfach aus dem gleichen »Stoff« gemacht, wie die vorsokratischen Philosophen dachten: Was sie verbindet, ist die göttliche Vernunft selbst. Wie der Mensch ist auch die Welt ein beseeltes, lebendiges Wesen.

Ich muss zugeben, dass ich bei Platon gespalten bin. Einerseits überwältigen mich seine Metaphern und Visionen – seine Vorstellung, dass die Seele Anteil hat an einer göttlichen Vernunft, die den ganzen Kosmos durchwaltet. Dass wir kleinen Menschen »himmlische Gewächse« sind, die durch vernünftige Pflege wieder zu unseren göttlichen Wurzeln zurückkehren können. Das Mystisch-Rationale bei Platon hat mich immer angezogen. Mein »innerer« Kopf-Mensch ist sozusagen immer noch Platonist.

Andererseits scheint mir Platons Seelenvorstellung selbst irgendwie abgehoben, gleichsam in himmlische Sphären entrückt zu sein – wie sein berühmtes Wagengespann. Auf der Suche nach der Seele kommen mir meine Zeilen zu Platon vor wie ein Abstecher in eine intellektuelle Parallelwelt, die zwar »denkbar«, aber nicht »lebbar« ist.

Unser wahres Selbst ist nach Platon unser Intellekt. Unsterblichkeit erlangen wir, indem wir uns auf Erkenntnis konzentrieren und alles Körperliche von uns abstreifen – wie »Tang und Muscheln«, wie er einmal sagt. Aber ist es tatsächlich der rationale Teil unserer »Seele«, der unser Wesen ausmacht? Hat Platons »unsterbliche Seele« überhaupt etwas Menschliches an sich? Und ist ein vernunftgesteuertes Leben ohne Leidenschaft überhaupt noch lebenswert?

Ich bin mir nicht sicher.

Wer meinen Vater heute sieht, könnte vielleicht tatsächlich glauben, dass der Körper nur ein »Gefängnis« ist – oder gar ein Grab. An einer Stelle zitiert Sokrates den Dichter Euripides: »Wer weiß, ob unser Leben nicht ein Tod nur ist, Gestorbensein dagegen Leben?«[78] Auch mich bewegt die Vorstellung, dass unsere Seele nicht an unseren vergänglichen, verfallenden Körper gefesselt ist. Dass die Seele Flügel hat, mit der sie in eine höhere Welt entfliehen kann. Das hat etwas von grenzenloser Freiheit: ein Leben als reiner Geist in einer Welt vollkommener Schönheit. Ich fürchte allerdings, dass dieses »Leben« kein Leben ist.

Aristoteles: Prinzip des Lebens

In seinem Buch »De Anima« (»Über die Seele«) schreibt Aristoteles: »Wenn wir das Wissen für etwas Schönes und Ehrwürdiges halten, und zwar das eine Wissen mehr als das andere, weil es entweder mehr Genauigkeit hat oder auf bessere und erstaunlichere Gegenstände geht, so dürften wir aus den beiden Gründen die Forschung über die Seele mit Recht an die erste Stelle setzen.« Zugleich allerdings gehöre es »zum Schwierigsten, eine gewisse Glaubwürdigkeit der Erkenntnis über sie zu gewinnen«.[79]

Der Platon-Schüler Aristoteles (384–322. v. Chr.) war nicht nur der Lehrer von Alexander dem Großen und der Begründer der Logik. Im Unterschied zu Platon schrieb er nicht wie ein Visionär, sondern wie ein Gelehrter mit einer gewissen Dosis gesunden Menschenverstandes. Und statt von allgemeinen Prinzipien ging er von konkreten Beobachtungen aus. Das zeigt sich auch in seiner Abhandlung über die Seele.

»Die meisten Affekte scheint sie (die Seele) nicht ohne den Körper zu erleiden, zum Beispiel sich erzürnen, mutig sein, begehren, überhaupt wahrnehmen. Am meisten scheint der Seele das vernünftige Erkennen eigentümlich zu sein.«

Offenbar lässt sich das Seelische vom Körperlichen nicht ohne weiteres trennen, wie Platon dachte: »Wie es scheint, sind auch alle Affekte der Seele mit dem Körper verbunden: Mut, Sanftmut, Furcht, Mitleid, Wagemut, ferner Freude, Lieben und Hassen. Zugleich mit ihnen nämlich erleidet auch der Körper (Leib) etwas.«[80]

Der Mensch ist für Aristoteles eine Einheit. Die Seele kann nicht unabhängig vom Körper existieren: »Wie aber die Pupille und die Sehkraft das Auge bilden, so bilden dort die Seele und der Körper das Lebewesen. Dass also die Seele nicht abtrennbar vom Körper ist, (...) erweist sich deutlich.« Nach Aristoteles dürfen wir daher die Seele nicht mit dem ganzen Menschen gleichsetzen: »So ist die Aussage, dass die Seele sich erzürne, ähnlich der, wie wenn man sagte, die Seele webe ein Tuch oder baue ein Haus; denn es ist vielleicht besser, nicht zu sagen, die Seele habe

Mitleid, oder lerne, oder denke, sondern der Mensch mit der Seele.«[81]

Aber in welcher Beziehung stehen Seele und Körper? Und welche Stellung hat die menschliche Seele in der Welt?

Nach Platons Auffassung gibt es zwei Welten – eine materielle, sichtbare und eine geistige, unsichtbare Welt. Die Körperwelt hat teil an der Welt der Ideen.

Für Aristoteles hingegen gibt es nur eine Welt. Jedes Ding besteht aus einer Einheit von »Materie« und »Form«. Materie ist der »Stoff«, aus dem etwas gemacht ist. Eine Marmorstatue zum Beispiel besteht aus Marmor, ein Haus aus Ziegelsteinen. Die »Form« ist die Gestalt, also im ersten Fall das vom Bildhauer herausgemeißelte Standbild, im zweiten Fall eine bestimmte Anordnung von Ziegelsteinen. Zugleich ist die Form aber auch der gedankliche Entwurf, der dem Gegenstand zugrunde liegt – und damit der Grund, warum der Gegenstand letztlich so ist, wie er ist. Die Form »Statue« ist sozusagen schon vorhanden, bevor der Bildhauer mit seiner Arbeit beginnt. Im Marmor steckt bereits die Möglichkeit, eine Statue zu werden. Die tatsächliche oder aktuelle Verwirklichung dieser Möglichkeit nennt Aristoteles »Entelechie«. Im Unterschied zu Platons Ideen existieren diese Formen nicht losgelöst in einer geistigen Parallelwelt. Vielmehr gehören sie untrennbar zu den körperlichen Dingen.

Die Seele ist für Aristoteles die »Form« des lebendigen Körpers. Damit ist aber nicht die körperliche Gestalt gemeint. Die Seele ist vielmehr das, was ein körperliches Ding letztlich zu einem Lebewesen macht – der Körper ist nur Potenz oder Möglichkeit, die Seele hingegen »Entelechie«, also Vollendung. Doch sie ist selbst nichts Körperliches, und sie ist auch kein Teil des Körpers. Die Seele ist überhaupt kein eigenständiges Ding, sondern eher eine »Disposition«. Wäre ein Beil etwas Lebendiges, so bestünde seine Seele in der Fähigkeit, Holz zu spalten – andernfalls wäre es kein Beil. Genauso gehört es zum Auge, Sehfähigkeit zu besitzen, sonst wäre es kein wirkliches Auge. Seele und Körper stehen in einem analogen Verhältnis. Aristoteles sagt: »Der Körper ist das in Möglichkeit Seiende. Wie aber die

Pupille und die Sehkraft das Auge bilden, so bilden dort die Seele und der Körper das Lebewesen.«[82] Aus diesem Grund kann die Seele auch nicht ohne den Körper existieren.

Die Seele ist für Aristoteles keine abgehobene geistige Wesenheit – sondern das Prinzip allen Lebens. Und dieses Prinzip beschränkt sich nicht auf das menschliche Leben. Aristoteles geht vielmehr von einer Theorie des Lebendigen aus: »Da aber das Leben (eines Lebewesens) in mehrfacher Bedeutung verstanden wird, sagen wir, dass es lebe, wenn Leben auch nur in einer seiner Bedeutungen vorliegt: als Vernunft, Wahrnehmung, örtliche Bewegung und Stehen, ferner als Bewegung der Ernährung, dem Schwinden und dem Wachstum nach.«[83] Ausgehend von diesem Begriff des Lebens entwickelt Aristoteles ein Stufenmodell der Seele.

Auf der untersten Stufe steht die »vegetative« Seele, die im Wesentlichen für Fortpflanzung und Nahrungsaufnahme zuständig ist. Sie findet man nur bei Pflanzen. Die »sensitive« Seele hat neben den »vegetativen« Eigenschaften auch Fähigkeiten der sinnlichen Wahrnehmung und gewisse Emotionen. Eine solche Seele haben die Tiere. Die höchste Stufe ist die rationale Seele, die nur der Mensch besitzt. Als Einzige verfügt sie zusätzlich zu allen anderen Fähigkeiten auch noch über »nous« – die Fähigkeit des rationalen Denkens.

Im Unterschied zu Platon hat Aristoteles ein hochentwickeltes Modell, wie Körper und Seele zusammenhängen. Aber was ist mit der Unsterblichkeit? Wie kann die Seele nach dem Tod fortexistieren, wenn sie so eng an den Körper gebunden ist? Für Aristoteles ist klar, dass die vegetativen und sensitiven Seelenteile mit dem Körper untergehen. Unsterblich ist für ihn nur der rationale Teil der Seele. Der »nous« ist nämlich als einziger Seelenteil »nicht mit dem Körper vermischt«, er ist sozusagen reines Erkenntnisvermögen, das schon vor dem Körper existiert – Aristoteles vergleicht ihn mit einer »Schreibtafel, auf der noch nichts in Wirklichkeit geschrieben steht«.[84] Der »nous« ist nichts anderes als der göttliche Geist, an dem unsere Menschenseelen bloß teilhaben.

Der »nous« eines Menschen ist nach Aristoteles allerdings nichts Individuelles, sondern etwas, das alle Menschen gemeinsam haben. Was »nicht vergeht«, was den Tod überlebt, ist die Vernunft – nicht das Selbst. Schon Aristoteles beobachtet zwar, dass die Denkfähigkeit im Alter abnimmt – auch er hat wohl schon demenzkranke Menschen erlebt. Doch es ist nicht die Vernunft selbst, die krank wird: »Das vernünftige Einsehen und Betrachten welkt dahin, weil etwas anderes innen (im Menschen) vergeht, es selbst dagegen ist leidensunfähig. Das Denken und Lieben und Hassen sind nicht Affekte der Vernunft, sondern des Menschen, der es hat, sofern er es hat. Wenn daher dieser zugrunde geht, erinnert er sich nicht mehr, noch auch liebt er; denn dies war nicht jener (der Vernunft) zu eigen, sondern dem Menschen, der zugrunde geht. Die Vernunft aber ist wohl etwas Göttlicheres und leidensunfähig.«

Die US-Philosophieprofessoren Raymond Martin und John Barresi haben den Unterschied zwischen Platon und Aristoteles so auf den Punkt gebracht: »Im Allgemeinen hatte Platon einen einheitlicheren Weg, die Unsterblichkeit der Seele sicherzustellen, aber Aristoteles hatte eine einheitlichere Art, das Verhältnis zwischen Seele und Körper zu erklären.«[85]

Im Vergleich zur visionären Kraft Platons wirkt die aristotelische Seelen-Theorie geradezu nüchtern, um nicht zu sagen: blass. Platon hat mich wie viele andere immer schon fasziniert. Aber er hat auch etwas Übermenschliches an sich, als wäre er selbst vom Olymp zu uns herabgestiegen. Nicht umsonst hat man ihn »den Göttlichen« genannt. Platons Theorie war vielleicht großartiger. Doch ich glaube, dass Aristoteles, was die Seele betrifft, letztlich richtiger lag. Mein Gefühl ist, dass Seele und Körper zusammengehören. Ich kann mir die Seele meines Vaters schwer denken ohne seine Leibhaftigkeit.

Platons Seele ist für mich kein Ich. Sie hat kein wirkliches Innenleben, keine Persönlichkeit, keine besondere Perspektive auf die Welt. Man hat manchmal den Eindruck, als wäre da einfach eine unpersönliche göttliche Vernunft zufällig in einen Körper geraten – und nun mit den Unannehmlichkeiten konfrontiert, die ein schwitzender, lüsterner und letztlich verfallender menschlicher Leib so mit sich bringt.

Platons Seele fühlt sich für mich unpersönlich und kalt an. Man könnte fast sagen: Seiner Seele fehlt es etwas an Seele.

Ein feines Gespinst

Die Stoiker, eine weit verbreitete Richtung der hellenistischen Philosophie, lehnten die Vorstellungen Platons ab. Dazu gehörten vor allen Dingen die metaphysischen Spekulationen, wie Platons Ideenlehre – und die Vorstellung einer immateriellen, unsterblichen Seele. Das kontemplative Ideal einer Philosophen-Seele, die ein göttliches Reich ewiger Ideen schaut, war den Stoikern fremd. Sie interessierten sich eher für Fragen der praktischen Vernunft und der Ethik. Das heißt allerdings nicht, dass sie nicht an eine höhere Ordnung glaubten.

Für die Stoiker war die Welt ein »beseelter«, von Vernunft durchdrungener Organismus – und ein ewiger Zyklus von Wiederholungen. Alles in dieser Welt unterliegt den Gesetzen des göttlichen Logos. Das individuelle Schicksal ist zwar vorherbestimmt, dennoch trägt jeder Mensch Verantwortung für sein Leben. Nach der stoischen Lehre führen nur gewissenhafte Selbsterforschung und das Einhalten bestimmter Lebensregeln zu wahrem Seelenfrieden. Der Weise zeichnet sich dadurch aus, dass er weiß, was in seiner Macht liegt und was nicht. Ein Stoiker nimmt sein Schicksal an. Nach stoischer Auffassung sind alle Menschen gleich, alle haben Anteil an der göttlichen Vernunft.[86]

Die Stoiker waren Materialisten. Für sie besteht alles aus Erde, Wasser, Luft und Feuer. Die beiden Letzteren bilden das feinstoffliche »pneuma«, eine alles durchdringende Lebenskraft. Wie der Körper besteht auch die Seele aus »pneuma«, allerdings mit geringerer Dichte. Seele und Körper sind zwar miteinander vermengt, im Prinzip aber können sie getrennt werden.

Auch für die Stoiker ist der Verstand der herrschende Teil, das »hegemonikon« der Seele. Da sein »pneuma« unter höherer

Spannung steht, überlebt der »nous«, der Geist, auch den Tod. Doch die Seele selbst ist nicht unsterblich. Wie bei Aristoteles, gibt es auch für die Stoiker keine »persönliche« Fortexistenz nach dem Tod.

Im Unterschied zu Platon und Aristoteles beschäftigten sich Stoiker wie Chrysippos (280–206 v. Chr.) bereits mit der Frage, was unser Selbst, unsere persönliche Identität ausmacht. So war er der Meinung, dass die Identität von Personen nicht nur von körperlichen Kriterien abhängt. Chrysippos dürfte auch der Erste gewesen sein, der den Begriff Bewusstsein im Sinne von Selbstwahrnehmung verwendete. Die von der Stoa beeinflussten römischen Philosophen, darunter Cicero, Seneca und Marc Aurel, rückten den individuellen Charakter in den Vordergrund.

Der freigelassene Sklave Epiktet, ebenfalls ein Stoiker, betonte als einer der Ersten die Bedeutung unseres Willens. Das Geschehen mag vom Schicksal vorherbestimmt sein, aber nach Epiktet haben wir immer die Möglichkeit, darauf zu reagieren – mit unserer Willenskraft: »Erinnere dich, dass du ein Schauspieler in einem Drama bist; deine Rolle verdankst du dem Schauspieldirektor. Spiele sie, ob sie nun kurz oder lang ist. Wenn er verlangt, dass du einen Bettler darstellst, so spiele auch diesen angemessen; ein Gleiches gilt für einen Krüppel, einen Herrscher oder einen Durchschnittsmenschen. Denn das allein ist deine Aufgabe: die dir zugeteilte Rolle gut zu spielen; sie auszuwählen, ist Sache eines anderen.«[87] Epiktet hielt unser Selbst, unser tiefstes Inneres für unverletzlich. Als wahrer Stoiker meinte er, es sei nur unsere »Meinung«, dass uns Leute, die uns beschimpfen oder schlagen, dadurch persönlich verletzen.

Die Lehre Epikurs gilt heute als Inbegriff des Hedonismus – allerdings zu Unrecht. Für Epikur (341–271 v. Chr.) war Lust zwar ein zentrales Motiv der menschlichen Existenz. Doch darunter verstand er keineswegs enthemmte Triebbefriedigung. Glück bestimmte sich für ihn vielmehr nach dem Verhältnis von erfüllten und nichterfüllten Bedürfnissen. Glücklich können wir nur sein, wenn wir Bedürfnisse haben, die sich auch tatsächlich befriedigen lassen. Folglich müssen wir nach Epikur das Begehren selbst auslöschen, um glücklich zu sein. Wer keinen Hunger leiden möchte, darf eben keinen Appetit haben. Wie die Stoiker, sahen auch die Epikureer das Glück als einen harmonischen Seelenzustand, den wir nicht durch sinnliche Ausschweifungen erreichen, sondern durch geistige Disziplin.

Für die Epikureer war der Körper eine Art Gefäß der Seele. Körper und Seele brauchen sich gegenseitig. Ohne Seele gibt es kein Leben, und ohne Körper verstreuen sich die Seelenpartikel in alle Winde.

Der römische Dichter und Philosoph Lukrez (ca. 99/94–55 v. Chr.), ein Epikureer, besaß etwas, was die Denker vor ihm (mit Ausnahme Platons) kaum hatten – nämlich die Kraft der Poesie. Sein Lehrgedicht »De rerum natura« (»Über die Natur der Dinge«) ist vielleicht der schönste Trost für Menschen, die nicht an die Existenz einer unsterblichen Seele und eine Fortexistenz nach dem Tod glauben. Verpackt in berührende Verse, lieferte er rund 30 »Beweise« für die Sterblichkeit der Seele. Wenn die Seele tatsächlich unsterblich ist, so fragt er etwa – warum können wir uns dann nicht an unser früheres Leben erinnern?

Seele und Leben sind für Lukrez untrennbar verbunden und bilden »ein einziges Wesen«. Der Geist sitzt für ihn im Herzen, der Rest der Seele aber ist über den ganzen Körper verteilt. Das schließt der Dichter aus den körperlichen Symptomen seelischer Zustände. »Wenn in heftiger Furcht aber stärker der Geist sich bewegt hat, sehn wir die Seele im Ganzen mitempfinden im Körper/sehn wir, wie Schweiß ausbricht und Blässe hervortritt am ganzen Leibe, die Zunge stockt und die Stimme vor Schrecken erstirbt dann/Dunkel die Augen erfüllt, die Ohren klingen, die Glieder sinken, endlich sehen wir oft, wie beim Schrecken der Seele/Menschen stürzen zusammen; dass jeder leicht zu erkennen hieraus vermag, dass Leben mit Seele vereint (…).« Lukrez schloss daraus, »dass Seele und Leben von körperlicher Natur sind«.[88]

Die Seele besteht für Lukrez aus winzigen Partikeln, aus »feinem Gespinst«. Wie der Dichter beobachtet, verlieren Verstorbene weder Gewicht noch verändert sich ihr Aussehen – sie besitzen »alles außer des Lebens Empfindungskraft und den wärmenden Atem«. Die Seele entweiche aus dem Körper wie »des Weines Blume oder der süße Hauch des Parfüms«.[89]

Seele und Geist halten das Leben zusammen. »Denn ohne Seele und Geist vermag in den Gliedern zu weilen/nicht einen einzigen Teil der Zeit ein Teilchen des Lebens, sondern folgt als Geleit gar leicht und weicht in die Lüfte/und lässt eisig erstarren die Glieder im Frost des Todes.«[90]

Wenn die Seele sterblich ist, brauchen wir nach Lukrez auch den Tod nicht zu fürchten. Schließlich gibt es dann ja auch kein Selbst mehr, das sein eigenes Schicksal betrauern könnte. »Nichts geht also der Tod uns an und reicht an uns nirgends/da der Seele Natur sich hat als sterblich erwiesen«, sagt Lukrez.[91] Im Tod gibt es eben »kein anderes Ich, das zu trauern imstand wär lebend, dass es vernichtet«.[92] Der Dichter geht sogar noch einen Schritt weiter.

Selbst wenn es gelänge, einen Menschen nach dem Tod wiederherzustellen, wenn uns »ein zweites Mal das Licht des Lebens geschenkt wird«, hätte das für uns keine Bedeutung mehr, »da, unterbrochen einmal, das Gedächtnis an uns geschwunden«.[93] Was immer nach dem Tod passiert, kann uns demnach gleichgültig sein, da unser Ich nicht mehr existiert. Lukrez kommt zur tröstlich-untröstlichen Schlussfolgerung, »dass nichts ist im Tode zu fürchten und dass elend werden nicht kann, wer gar nicht mehr ist dann, und es kein Unterschied ist, ob niemals ward er geboren, wenn der unsterbliche Tod hat das Leben genommen«.[94] Das Bedauerliche ist nur, dass wir Lukrez zufolge nach dem Tod auch sein herrliches Gedicht nicht mehr lesen können.

Die Argumente von Lukrez gegen die Angst vor dem eigenen Tod haben für mich bis heute nichts an Schönheit und suggestiver Kraft verloren. Nach Lukrez hat es einen entscheidenden Vorteil, keine unsterbliche Seele zu besitzen. Unser Tod braucht uns dann nicht mehr zu interessieren. Ähnliche Dinge höre ich manchmal im Zusammenhang mit meinem Vater. Es sei ihm doch zu wünschen, dass er »nichts mehr mitbekommt«.
 Für mich heißt das, es wäre irgendwie besser für meinen Vater,

wenn er ein Stein wäre. Wenn er tot wäre – denn dann ginge ihn sein erbärmlicher Zustand nichts mehr an. Irgendetwas stimmt für mich nicht an dieser Vorstellung. Ich glaube nicht, dass Lukrez Recht hat. Die Angst vor dem Tod hat für mich etwas mit der Angst vor Verlust zu tun. Und diese Angst geht uns schon in diesem Leben etwas an.

Für die Denker der Antike stand die Seele in Verbindung mit einer höheren, kosmisch-göttlichen Ordnung. Das macht es uns modernen Menschen manchmal schwer, ihre Vorstellungen nachzuvollziehen. Wenn ich Platon lese, habe ich immer das Gefühl, dass er nicht von konkreten, individuellen Menschen mit ihren Hoffnungen und Ängsten spricht, sondern von idealisierten geistigen Wesen.

Auf der intellektuellen Ebene kann ich mit dem antiken Bild eines göttlichen Logos, an dem wir irgendwie geistig teilhaben können, viel anfangen. Doch persönlich berührt mich diese Vorstellung überhaupt nicht. Meine Intuition sagt mir eher, dass die Seele etwas Persönliches, etwas Warmes, etwas Subjektives ist. Wenn ich meinen Vater sehe, dann sehe ich keinen geflügelten Wagen, der in geistige Sphären entschwindet. Weder sehe ich ihn als Teil einer Weltvernunft noch glaube ich an einen überpersönlichen und daher allein unsterblichen »nous« wie Aristoteles.

Ich sehe meinen Vater und frage mich vielmehr, was in seinem Inneren vorgeht. Ob da noch Gedanken oder Erinnerungen aufdämmern. Ob er noch weiß, wer wir sind – und wer er selber ist. Was dieses »Innere« überhaupt sein soll, das uns Menschen angeblich so besonders macht. Die Denker, um die es in den nächsten Kapiteln geht, waren vom menschlichen Geist fasziniert – um nicht zu sagen: besessen. Seele und Geist, so dachten die meisten von ihnen, sind ein und dasselbe. Tief in unserem Inneren strahlt das Licht der Vernunft. Und dieses Licht strahlt selbst ohne Strom: Der Geist kann sich sogar seinen eigenen Körper wegdenken. Sind Geist und Materie überhaupt verschiedene Substanzen? Wenn ja: Wie können sie dann miteinander interagieren? Und was, bitte, ist ein Geist ohne Körper?

Sitzt in meinem Vater etwa ein Gespenst?

TEIL II Geist.

KAPITEL 4

Der innere Mensch

Manchmal frage ich mich, wie es wohl ist, demenzkrank zu sein. Wie es ist, wenn einen die Erinnerung verlässt. Wenn einem die Gedanken auseinanderfallen. Wenn man die Worte nicht mehr findet. Ich stelle mir vor, dass es vielleicht wie ein Film ist, der viel zu schnell an einem vorüberrauscht. Ein Film, in dem man selbst keine Rolle mehr spielt. Ich weiß natürlich, wie hilflos diese Metapher ist. Mein Vater müsste mir selbst erzählen können, wie es ihm geht, wie er sich fühlt. Eine Ironie seiner Krankheit liegt darin, dass er nicht einmal darüber klagen kann.

Ich hatte immer schon Angst davor, den Verstand zu verlieren. Durch einen Unfall, eine Krankheit, wodurch auch immer. Bestimmt könnte ich auf alle möglichen materiellen Dinge in meinem Leben verzichten. Man könnte mir ein paar Gliedmaßen abschneiden. Ich könnte mir vorstellen, bewegungs- und sprechunfähig im Rollstuhl zu sitzen – auch wenn das eine furchtbare Vorstellung ist. Aber ich kann mir nicht vorstellen, wie mein Vater demenzkrank zu sein.

Warum ist es unserem Geist so wichtig zu existieren? Vielleicht ist das Leben ohne Geist auf gewisse Weise sogar ganz angenehm und unbeschwert. Man würde nicht sinnlos grübeln und sich Sorgen machen. Es wäre ein Leben ohne Selbstzweifel, ohne Fehlentscheidungen, ohne Hadern und Angst – wie das Leben eines kleinen Kindes. Womöglich hat mein demenzkranker Vater sogar eine Art von Frieden gefunden, weil die Last des Denkens von ihm abgefallen ist.

Das Problem ist nur, dass wir uns ein Leben ohne Geist nicht vorstellen können.

Ich glaube, dass wir uns alle – der eine mehr, der andere weniger – als geistige Wesen erleben. Tief in uns sitzt die Intuition, dass wir im Kern ein »denkendes Ding« sind, wie der französische Philosoph René Descartes dachte. Ständig geht uns irgendetwas durch den Kopf. Wir wachen mit Gedanken auf und gehen mit Gedanken zu Bett. Und wir können sogar über unsere eigenen Gedanken reflektieren. Intuitiv empfinden wir, dass unser Geist etwas wesensmäßig anderes ist als unser Körper. Dass es da ein »Inneres« gibt, das uns bewegt und umtreibt, in das wir hineinlauschen können. Und wir gehen ganz natürlich davon aus, dass dieses Innere unser eigentliches Wesen ausmacht – unsere Seele, unser Selbst.

Für die Menschen der Antike war »Seele« vor allem das Prinzip des Lebens. Doch die späteren Philosophen identifizierten die »psyche« oder »anima« (lat.) immer mehr mit dem menschlichen Geist – und zwar vor allem mit dem rationalen Denken. Die Seele galt als Ort von Innerlichkeit, von Reflexion. Die nächsten drei Kapitel dieses Buchs handeln von dieser »Vergeistigung« der Seele. Es geht um grandiose metaphysische Systeme, um »Weltseelen« und kosmische Intelligenzen, um unendlich kleine, spirituelle »Computer«, die das ganze Universum widerspiegeln.

Schon für Platon hatte die Seele Zugang zu einer ewigen Ordnung göttlicher Wesenheiten. Sie war mit dieser Ordnung wesensverwandt und daher zur Erkenntnis fähig. Doch die platonischen »Ideen« wohnten in einer losgelösten, abgehobenen Sphäre fernab der irdischen Welt.

Die Philosophen in diesem Kapitel standen zwar unter dem Einfluss von Platon und Aristoteles. Doch die Erkenntnis suchten sie nicht in einem geistigen Paralleluniversum, sondern in unserem Inneren. Am Grunde unserer Seele, so dachten sie, finden wir auch Gott.

Alles fürs Eine

Plotin (204–270 n. Chr.) war vielleicht der letzte große Philosoph der Antike. Er lebte in einer Zeit der Kriege und des Niedergangs. In Rom herrschten korrupte Soldatenkaiser, das Reich war finanziell ausgeblutet, es grassierte die Pest. Das geistige Klima muss bedrückend gewesen sein. »Für sie alle, Christen wie Heiden, schien es in diesem Leben keine Hoffnung mehr zu geben; nur die jenseitige Welt war ihnen der Hingabe wert. Die Christen sahen in der anderen Welt das himmlische Königreich, dessen Freuden man nach dem Tode genießen dürfe; für den Platoniker war sie das ewige Reich der Ideen, die wirkliche Welt im Gegensatz zur Welt des trügerischen Scheins«, schreibt Bertrand Russell in seiner »Philosophie des Abendlandes«.[95]

Auf der einen Seite stritten die frühen christlichen Denker über die Frage der Wiederauferstehung. Die Vorstellung einer leibhaftigen Auferweckung der Toten stellte die Kirchenväter vor knifflige Probleme. Das Kernproblem lautete, wie dabei die Individualität der Person sichergestellt werden konnte. Schließlich forderte die christliche Lehre ja, Menschen nach dem Tod für ihr irdisches Leben zur Rechenschaft zu ziehen. Dazu musste man klären, in welcher Beziehung der wiedererweckte spirituelle Körper zum früheren steht. Das führte zu teilweise höchst kuriosen Debatten, etwa über die Frage, wie sich Kannibalismus auf die Wiedererweckung auswirkt.

Die frühen Kirchenväter waren Materialisten. Tertullian (etwa 160–230 n. Chr.) hielt sowohl Gott wie die Seele für etwas Materielles. Und der Leib, nicht die Seele war für ihn geradezu eine Voraussetzung für Erlösung. Origines von Alexandria (185–252 n. Chr.) war der erste christliche »Dualist«, der an eine immaterielle Seele glaubte. Das Problem der Wiederauferstehung »löste« er, indem er annahm, es gäbe eine »Form« (»eidos«) des Körpers, eine Art »Keim«, der sich quasi »genetisch« in den spirituellen Körper vererbt.[96]

In der allgemeinen Unsicherheit blühten aber auch gnostische Lehren und Mysterienreligionen. Für die Gnostiker war die materielle Welt bloß verabscheuenswertes, monströses Teufelswerk. Gut schien ihnen nur die göttliche Vernunft. Ein Gnostiker fühlte sich in dieser Welt wie ein Fremder, eingesperrt in seinen Körper wie in ein Grab. Seine Seele hatte sich jedoch einen »Lichtfunken« ihres geistigen Ursprungs bewahrt. Durch mystische Erkenntnis konnte der Gnostiker sein wahres spirituelles Selbst befreien – und Erlösung vom irdischen Unheil erlangen.

Wie viele andere wandte sich auch Plotin vom trostlosen Diesseits ab. Angeblich schämte er sich dafür, »im Leib« zu sein. Aufgrund seiner Haltung soll er sich geweigert haben, »etwas über seine Herkunft, seine Eltern oder Heimat zu erzählen«. Plotin lehnte es sogar ab, sich von einem Maler oder Bildhauer porträtieren zu lassen. Die einzige Büste entstand aus einer Zeichnung, die einer seiner Schüler aus dem Gedächtnis angefertigt hatte.

Wahrscheinlich stammte Plotin aus der römischen Oberschicht. In jungen Jahren besuchte er die Vorlesungen der Platoniker in Alexandria. Später nahm er am Persienfeldzug teil und musste erleben, wie der Kaiser im Feldlager von seinen eigenen Soldaten ermordet wurde. Nach dem Umsturz floh Plotin und eröffnete schließlich in Rom eine eigene Philosophenschule. Er muss ein fesselnder Lehrer gewesen sein, der mit seinen Schülern gern stundenlange Diskussionen führte. Drei Tage lang soll er mit seinem späteren Biografen Porphyrius die Verbindung der Seele mit dem Körper erörtert haben. »Während er sprach, trat sein Geist sichtbar zutage und bestrahlte mit seinem Glanz selbst noch sein Antlitz; immer anziehend von Anblick, war er dann geradezu schön (...) seine milde Menschlichkeit leuchtete, und er zeigte eine Offenheit gegenüber Fragen und eine gespannte Aufmerksamkeit.«[97] Plotin lebte vegetarisch und enthaltsam, er schlief wenig und besuchte keine öffentlichen Bäder. In Rom genoss er hohes gesellschaftliches Ansehen. Unter anderem plante er, eine zerstörte Stadt, wahrscheinlich Pompeji, nach den politischen Idealen Platons wiederaufzubauen. Nach seinem Tod erklärte ihn das Orakel von Delphi sogar offiziell zum Gott. Damit hatte Plotin das Ziel seiner eigenen Philosophie erreicht – die Vereinigung der Seele mit dem Göttlichen.

Für den Platon-Schüler Plotin ist der Mensch aus einer höheren geistigen Sphäre in die körperliche Welt abgesunken. Die Frage ist, wie er wieder zu seinem göttlichen Ursprung zurückkehren kann. Die Antwort liegt für Plotin in der Mittlerfunktion der menschlichen Seele, die für ihn an der Nahtstelle sitzt zwischen geistiger und materieller Welt.

Die geistige Welt besteht nach Plotin aus einer Reihe von Wesenheiten, sogenannten Hypostasen. Über allem Seienden steht ein göttliches Prinzip, das »Eine«. Aus dem »Einen« stammt der »Geist« (»nous«), aus dem Geist die »Weltseele«, die als bewegende, formende Kraft im Kosmos wirkt. Aus dieser wiederum gehen die Einzelseelen hervor. Wie die Weltseele ist auch die Einzelseele unsterblich und »reinkarniert« sich immer wieder in menschlichen Körpern, aber auch in Tieren oder Pflanzen. Die Seele wirkt dabei gleichsam von außen, daher nimmt sie an ihrer Verbindung mit dem Körper auch keinen Schaden. Nicht die Seele befinde sich im Körper, sondern der Körper in der Seele, glaubt Plotin – so wie man sagen könne, dass »die Luft im Lichte ist, eher als das Licht in der Luft«.[98]

Die individuelle Seele ist für Plotin unser Selbst – und zugleich das Weltwesen: »Die Seele ist Vieles, ja Alles, das Obere wie das Untere bis dahin, wohin jegliches Leben reicht; jeder von uns ist eine intelligible Welt.«[99]

Über das »Eine«, den Geist und die Seele strahlt das Göttliche bis in die körperliche Welt aus. »Denn alles was Seele ist, trägt in sich ein Stück, das unten zum Leibe hin, und eines, das oben zum Geiste hin liegt; die gesamte, die Weltseele lenkt mit ihrem dem Leibe zugewandten Teile das Weltall und bleibt selbst in der Höhe, frei von Mühsal (...).«[100] Damit überwindet Plotin auf gewisse Weise Platons dualistische Trennung von Geist und Materie. Die Welt ist ein einziger Wirkungszusammenhang – ein kosmisches Kraftfeld, in dem alle Teile miteinander verbunden sind.[101]

Doch der Mensch, so Plotin, ist aus der geistigen Welt abgestürzt. Er kennt sein eigenes Wesen nicht mehr – er hat seinen

Ursprung und damit auch seinen »Vater Gott« vergessen. Der Grund liegt für Plotin in der »Hochachtung des Irdischen«, im »Fürwitz« der Menschen. Statt sich selbst und damit Gott zu sehen, hätten die Menschen bloß dem »Anderen« nachgejagt – und sich damit von ihrem eigenen göttlichen Ursprung entfernt.

Aber das Band ist nicht ganz gerissen. Die Seele des Menschen hat sich zwar von der Weltseele getrennt. Aber sie ist immer noch ein Teil des kosmischen Wirkungszusammenhangs. Die Einzelseelen, sagt Plotin, haben »in sich einen geistigen Trieb, der sie zurückwendet zu ihrem Ursprung«.[102] Durch rationale Reflexion kann die Seele ihr ureigenstes Wesen wiedergewinnen, ihre Trennung von der Welt des Geistes überwinden. Dazu muss sie sich vom Leiblichen reinigen und auf ihre eigentliche geistige Substanz konzentrieren. »So bedenke denn also erstlich jede Seele dies, dass sie selbst es ist, die alle Lebewesen geschaffen hat und ihnen Leben einhauchte (...).«

Das Ziel ist die mystische Vereinigung der Seele mit dem »Einen«, eine Gleichwerdung mit jenem göttlichen Ursprung, aus dem sie entstanden ist – also eine Art Erleuchtung. »So ist denn auch die Seele, wenn sie von Jenem unerleuchtet ist, gottlos, ist sie aber erleuchtet, so hat sie, was sie suchte. Und das ist das wahrhafte Endziel für die Seele: Jenes Licht anzurühren und es kraft dieses Lichtes zu erschauen, nicht in einem fremden Licht, sondern in eben dem, durch welches sie überhaupt sieht. (...) Und wie kann dieses Ziel Wirklichkeit werden? Tu alle Dinge fort!«[103]

Plotin selbst soll diese Vereinigung viermal in seinem Leben erreicht haben. Er beschrieb sie als eine Art Verwandlung: »Immer wieder wenn ich aus dem Leib aufwache in mich selbst, lasse ich das andre hinter mir und trete ein in mein Selbst; sehe eine wunderbare gewaltige Schönheit und vertraue in solchem Augenblick, ganz eigentlich zum höheren Bereich zu gehören; verwirkliche höchstes Leben, bin ich eins mit dem Göttlichen und auf seinem Fundament gegründet; denn ich bin gelangt zur höheren Wirksamkeit und habe meinen Stand errichtet hoch über allem, was sonst geistig ist.«[104]

Nach diesem »Stillestehen im Göttlichen« muss sich Plotin fragen, was seine Seele in der Körperwelt eigentlich zu suchen hat – wie seine Seele überhaupt »in den Leib« geraten konnte. Der Preis für die Vereinigung mit Gott ist allerdings der völlige Verlust der persönlichen Identität, alle Erinnerungen gehen verloren – die Seele verharrt ohne Selbst in einem Zustand ewiger Kontemplation.

Das Faszinierende an Plotins Theorie ist für mich die Idee, dass die individuelle Seele sozusagen Teil eines geistigen Kraftfeldes ist, einer universellen Wirkungsgemeinschaft, in der alles miteinander verbunden ist. Dass alle »Seelen« letztlich substanziell identisch sind mit der »Weltseele« – und damit Ausstrahlungen oder »Emanationen« von ein und demselben seelisch-geistigen Prinzip. Mit dem Gedanken einer »Weltseele« kann ich immer noch sehr viel anfangen. Wenn es eine »Weltseele« gibt, so strahlt sie vielleicht auch noch auf meinen Vater aus – auch wenn sein Gehirn nicht mehr mitmacht.

»Kehr ein bei dir!«

Augustinus (354–430) wurde in der Stadt Thagaste in der römischen Provinz Nordafrika geboren. Der Vater war ein kleiner Beamter, die Mutter Monnica eine tief religiöse Christin. Doch während seines Studiums in Karthago schloss sich Augustinus dem Manichäismus an, einer gnostischen Religion, die ihren Anhängern die Befreiung der Seele aus dem Gefängnis der Welt versprach. Kern dieser Lehre war ein strenger Dualismus von »Gut« und »Böse«, der kosmischen Mächte von Licht und Finsternis. Als 30-Jähriger ging Augustinus nach Rom, später nach Mailand und wurde dort Redner am Hof des Kaisers. Hier kam er mit den Schriften Plotins in Berührung. Zugleich hörte er den Mailänder Bischof Ambrosius, der die Bibel im Geist des Neuplatonismus interpretierte.

Augustinus trennte sich von einer Frau, mit der er 15 Jahre zusammen war und sogar einen Sohn hatte. Zugunsten des

Glaubens gab er auch seine Karriere als Rhetoriker auf. »Wie elend also war ich (...) an jenem Tag! Ich rüstete mich für eine Lobrede auf den Kaiser, bei der es nicht ohne Verlogenheit abginge und ich, der Verlogene, auf die Gunst von Leuten rechnete, die doch auch Bescheid wussten«, schreibt Augustinus. In Mailand macht er sich Gedanken über die »sorglose Fröhlichkeit« eines Straßenbettlers – und sein eigenes Leben: »Denn was der mit wenigen erbettelten Pfennigen bereits erreicht hatte, ich meine die Freude aus zeitlichem Glück, das erstrebte ich mit all der Beschwer krummer, umschweifiger Wege. Gewiss, er hatte nicht die wahre Freude, aber ich suchte mit solchem Gunstgebuhl erst recht eine trügerische (...).«[105]

Augustinus ließ sich taufen und beschloss die Rückkehr nach Thagaste. Dort lebte er erst in einer Asketengemeinschaft, ließ sich zum Priester weihen und wurde schließlich Bischof der Stadt Hippo Regius. Hier erlebte Augustinus gegen Ende seines Lebens den Zusammenbruch der römischen Ordnung. Über ein Jahr lang belagerten die Vandalen die Stadt. Der über 70-jährige Augustinus erkrankte und starb schließlich in Einsamkeit. In seinen letzten Tagen, so heißt es, habe er immer wieder die Bußpsalmen Davids gelesen – und Tag und Nacht geweint, zehn Tage lang.[106]

In seinen »Bekenntnissen« beschreibt Augustinus den Weg seiner »verlorenen« Seele zu Gott – einen Weg voller Selbstzweifel und Irrtümer. »Zu Dir hin hast Du uns geschaffen, und ruhelos ist unser Herz, bis es ruht in Dir.« Augustinus fühlt sich innerlich zerrissen. Es gelingt ihm nicht, sich von seinen »fleischlichen Lüsten« zu lösen. Er rätselt über sich selbst, über den Sturm, der da in seinem Inneren tobt. Und er macht sich Gedanken über seine Willensschwäche. Wie kann es sein, dass ein Mensch etwas nicht tut, wenn es sein Geist eigentlich gebietet? Schließlich heben wir ja auch die Hand, wenn es unser Geist befiehlt. »Befehl gibt der Geist dem Körper, und sogleich wird gehorcht; Befehl gibt der Geist sich selbst, und da ist Widerstand (...). Woher dies Unfassliche? Warum ist das so? Er befiehlt, dass er wolle, und er würde nicht befehlen, wenn er nicht wollte, und er tut nicht, was er befiehlt.«[107]

Durch Selbstreflexion versucht Augustinus, das Rätsel zu entwirren. Als einer der ersten Denker entwickelt er ein Modell, um seelische Konflikte zu erklären. »Also nichts Unfassliches ist es, teils zu wollen, teils nicht zu wollen, sondern eine Schwäche des inneren Menschen, weil er nicht ganz sich aufrichtet, zwar gehoben vom erkannten Wahren, aber mehr noch hinabgedrückt von der Last der Gewohnheit. Und deshalb sind zwei Willen da, weil der eine von ihnen nicht ganzer Wille ist und das, was dem einen fehlt, der andere hat.«[108]

Augustinus erkennt, dass alle seine qualvollen Konflikte letztlich aus seinem Inneren kommen. Es sind nicht irgendwelche Dämonen, die ihn immer wieder von seinem Weg abbringen – sondern die Schwächen seines »inneren Menschen«, seiner Seele. »Damals, als ich bei mir erwog, nun wolle ich meinem Herrn und Gott in den Dienst mich geben, wie es lange schon mein Vorsatz gewesen, da war ich es, der wollte, ich auch, der nicht wollte; ich, ich war es. Aber nicht vollauf wollte ich, nicht vollauf wollte ich nicht. Deshalb hatte ich Streit mit mir und spaltete mich von mir. Und zwar geschah mir diese Spaltung wider meinen Willen, aber sie zeigte nicht das Wesen eines fremden Geistes an, sondern die Strafe des eigenen.«[109]

Die Seele ist für Augustinus also eine Einheit. »So ist es auch, wenn höherher die Ewigkeit ladet und hienieden die Lust an zeitlichem Gut nicht loslässt: es ist ein und dieselbe Seele, nur ist sie nicht mit ganzem Willen zu dem einen oder anderen gewillt, und so zerspannt sie sich zu ihrer schweren Pein, weil sie dem einen, kraft der Wahrheit, wohl die Ehre gibt, aber das andere, kraft der Gewohnheit, doch nicht aufgibt.«[110]

Die Wahrheit finden wir nach Augustinus nicht in der äußeren Welt. Der Weg zu Gott führt über unser Inneres: »Geh nicht nach draußen, kehr wieder ein bei dir selbst! Im inneren Menschen wohnt die Wahrheit«, sagt er.[111] Wie Plotin, fordert auch Augustinus radikale Selbstreflexion: »Der Geist erkenne sich also selbst und suche sich nicht wie einen Abwesenden, sondern richte die Aufmerksamkeit seines Willens, die über andere Dinge hinschweifte, auf sich selbst und denke sich selbst.«[112]

Doch der Weg nach innen, zu uns selbst, ist mühsam: »Ein abgrundtiefes Geheimnis ist sich der Mensch. Selbst noch seine Haare, die Du, Herr, gezählt hast, und deren keines verloren geht bei Dir, sind leichter zu zählen als was sich regt und bewegt in seinem Herzen.«[113]

Felsengrund der Gewissheit

Die Seele nimmt nach Augustinus eine Mittelstellung ein zwischen Gott und der leblosen Körperwelt. Sie verleiht Körpern Leben – zugleich erhält sie Leben von Gott: »Wir haben unsere Natur nicht aus uns selbst«, sagt Augustinus. Seele und Körper sind miteinander verbunden, nur zusammen bilden sie ein Ganzes. »Die Seele ist nicht der ganze Mensch, sondern sein besserer Teil, und auch der Leib nicht der ganze Mensch, sondern sein minderwertiger Teil, und erst wenn beides miteinander verbunden ist, spricht man von einem Menschen.«[114] Aber auch die Seele braucht einen »Lebendigmacher«, sagt Augustinus. Dieser Lebendigmacher ist »dein Gott, des Lebens Leben«[117].

Als erster christlicher Denker hält Augustinus die Seele für eine immaterielle Substanz: Die Seele sei »großartiger« als der Körper, sagt er: »Sie ist etwas Geistiges, etwas Unsichtbares, das den Körper regiert, die Glieder bewegt, die Sinne dirigiert, die Gedanken formt, Handlungen vollzieht und von unendlichen vielen Dingen Bilder besitzt.«[115]

Unser Körpergefühl ist für Augustinus eine Art »Fühlen der Seele«.[133] Aber nur eine immaterielle Entität, so argumentiert er, kann überall im Körper gleichzeitig anwesend sein. Für die Immaterialität der Seele spricht nach Augustinus auch, dass unsere Vorstellungen und Ideen selbst immateriell sind. Welche räumliche Begrenzung, fragt Augustinus, hat etwa die Liebe? »Du weißt, dass sie groß ist, aber nicht, weil du sie als eine riesige Masse wahrgenommen hast; auch ruft da keine phonstarke Stimme, wenn sie innerlich zu dir spricht (...).«

Die Seele, der »innere Mensch«, ist für Augustinus unser besserer Teil. Nur in ihr finden wir Gott: »Der innere Mensch ward es inne durch den Dienst des äußern; ich, der Innenmensch, ward es inne, ich, das Seele-Ich, durch das Sinnenwesen meines Leibes.«[116]

Der »minderwertige« Leib ist für Augustinus allerdings weder ein »Gefängnis« noch die Quelle des Bösen: »Man soll also nicht im Hinblick auf unsere Sünden und Laster dem Schöpfer Unrecht tun und das Wesen des Fleisches verdächtigen, das in seiner Art und Ordnung gut ist.« Vielmehr könne die Seele »durch eigenen Antrieb in diese Leidenschaften hineingeraten«.[118] Worauf es ankommt, sagt Augustinus, ist der menschliche Wille.

Wie Aristoteles unterscheidet auch Augustinus verschiedene Stufen des Seelischen, von rein »vegetativen« Funktionen bis zur höchsten Stufe, der rationalen Seele, die sich durch Bewusstsein, Intelligenz und Willen auszeichnet. »Die Vernunft ist das Sehvermögen der Seele, mit dem diese von sich aus, unabhängig vom Körper die Wahrheit schaut.«[119]

Doch diese Wahrheit finden wir nicht, wie bei Platon, in einer abgehobenen Sphäre der Ideen, sondern in unserem Inneren. Augustinus nimmt eine Erste-Person-Perspektive ein. Bei dieser Art Introspektion geht es jedoch nicht um individuelle Selbstbespiegelung. Was Augustinus interessiert, ist das Wesen der Seele.

Dieser Ansatz zeigt sich etwa in seinen faszinierenden Überlegungen über das Wesen der Zeit: »Was ist also Zeit? Wenn mich niemand danach fragt, weiß ich es; will ich einem Fragenden es erklären, weiß ich es nicht.«[120]

Der Ort der Zeit, sagt Augustinus, ist die Seele selbst. Zeit existiert nicht in der Außenwelt, sie ist ein innerer, ein psychischer Prozess. Vergangenheit, Gegenwart und Zukunft erleben wir nur in unserem eigenen Bewusstsein: »Denn es sind diese Zeiten als eine Art Dreiheit in der Seele, und anderswo sehe ich sie nicht; und zwar ist das Gegenwart von Vergangenem, nämlich Erinnerung; Gegenwart von Gegenwärtigem, nämlich Augenschein; Gegenwart von Zukünftigem, nämlich Erwartung.«[121]

Es ist der rationale Teil der Seele, also die Vernunft, die uns nach Augustinus einen »Felsengrund der Gewissheit« gibt. Daraus können wir ein »innerstes Wissen« ableiten, nämlich das Wissen, dass wir leben – und uns das nicht bloß einbilden. Und dieses Wissen gibt uns eine sichere Basis, auf der wir weiteres Wissen gründen können: »Da ich demnach bin, wenn ich mich täusche, kann es keine Täuschung sein, dass ich bin; denn es steht fest, dass ich bin, wenn ich mich täusche. Da ich also, auch wenn ich mich täuschte, sein müsste, um mich täuschen zu können, täusche ich mich darin gewiss nicht, dass ich weiß: ich bin. Folglich täusche ich mich auch darin nicht, dass ich weiß: ich weiß es.«[122]

Nach Augustinus können wir nicht an allem zweifeln. Selbst ein Nichtwissender, der sich selbst sucht, weiß immerhin, dass er ein Nichtwissender ist – sonst würde er sich nicht suchen.[123] Im 17. Jahrhundert wird René Descartes sehr ähnlich argumentieren – und eine der berühmtesten Schlussfolgerungen der Geistesgeschichte ziehen: »Ich denke, also bin ich.«

Die Seele ist für Augustinus ein Abbild Gottes. In ihr spiegelt sich die göttliche Dreieinigkeit. Durch Selbsterkenntnis können wir daher letztlich auch Gott erkennen. Doch der Weg zu dieser Erkenntnis kann qualvoll sein, berichtet Augustinus. »Ich wenigstens, o Herr, mühe mich daran ab und mühe mich an mir selber ab: es ward mein eigen Ich mir zum Boden der Mühsal, und ich bestelle ihn mit vielem Fleiß. Jetzt ist kein Forschen an den Gefilden des Himmels, kein Messen zwischen den Gestirnen, kein Loten auf der Erde: das bin ich selbst, ich bin mein Erinnern, ich bin meine Seele.«[124]

Tief in unserer »Seele« haben wir nach Augustinus alle ein verborgenes Wissen von Gott. Augustinus nennt dieses Wissen »Erinnerung« (»memoria«). Nach Gott zu suchen heißt daher, in sich selbst hineinzulauschen. Als Gedächtnisspur ist die »memoria« irgendwo in der Seele vorhanden – wie ein Wissen, von dem man gar nicht weiß, dass man es hat. Nach Augustinus müssen wir uns dieses Wissen erst bewusst machen, die »memoria« aktiv wachrufen – und dabei aufpassen, keinen Trugbildern zu erliegen. Intellektuelle Einsicht (»intelligentia«) hilft dabei, Irrtümer und Täuschungen aufzudecken. Wenn wir auf diese Weise unser wahres Selbst erkennen, gewinnen wir auch die Fähigkeit zu wahrer Selbstliebe (»amor«). Und wer sich selbst erkennt und liebt, kann auf die Freuden der Außenwelt verzichten, sagt Augustinus: »Und dennoch liebe ich ein Licht und einen Klang und einen Duft und eine Speise und eine Umarmung, wenn ich liebe meinen Gott: Licht und Klang und Duft und Speise und Umarmung meinem inneren Menschen. Dort erstrahlt meiner Seele, was kein Raum erfasst; dort erklingt, was keine Zeit entführt; dort duftet, was kein Wind verweht (...). Das ist es, was ich liebe, wenn ich liebe meinen Gott.«[125]

Der Weg zur Selbsterkenntnis ist zahlreichen Versuchungen ausgesetzt. Da lauert der »Vogelleim des Gelüsts«, wie Augustinus sagt. Da können einen im Schlaf auch »unwirkliche Gesichte überreden, wozu den Wachen auch die gesehene Wirklichkeit nicht bringt (...). Wo bleibt alsdann die Vernunft, kraft welcher sich der Wache solcher Traumbetörung widersetzt (...)? Schließt sie sich zugleich mit den Augen? Schläft sie mit den Sinnen des Leibes ein?«[126]

Bei Platon besitzt der Mensch die Fähigkeit, aus eigener Anstrengung, durch die Kraft der Vernunft, die Wahrheit zu erkennen. Nach Augustinus hat der Mensch diese Fähigkeit verloren. Daher ist er auf göttliche Gnade angewiesen, die seine Seele für den Glauben öffnet. Am Ende begreift er, dass es letztlich Gott selbst ist, der seine Bemühungen sozusagen von innen her lenkt.

Der doppelte Tod

Gott ist also der Urgrund der Seele. Und deshalb kann die Seele auch sterben, wenn sie sich von Gott entfernt. Für Augustinus hat der Mensch ein zweifaches Leben – und einen zweifachen Tod. »Der Tod der Seele tritt dann ein, wenn Gott sie verlässt, der des Leibes, wenn ihn die Seele verlässt. Der Tod beider, also des ganzen Menschen, wird dann Ereignis, wenn die von Gott verlassene Seele den Leib verlässt.«[128] Körperlicher Tod ist ein Resultat des Sündenfalls. Gott hat Adam als »lebendige Seele« geschaffen, ihm aber keinen lebensspendenden Geist eingehaucht. Den sollte er erst als Belohnung für seinen Gehorsam bekommen. Bekanntlich gehorchte Adam nicht und verlor zur Strafe das ewige Leben im Paradies. Ohne den Sündenfall, sagt Augustinus, wären die Menschen unsterbliche Engel. Der vergängliche irdische Leib »beschwert« die Seele, wie es im Buch Weisheit heißt – die Folge ist der Verfall. Die platonische Vorstellung von der Seelenwanderung, nach der sich Menschen in neuen Körpern reinkarnieren können, ist für Augustinus völlig unakzeptabel. Ein weiser Mensch muss sich vom Körperlichen für immer fernhalten. Bei der Wiederauferstehung haucht Gott dem Menschen daher seinen Geist ein, aus dem irdischen Leib wird ein spiritueller Leib: »Dann wird es nicht mehr ein irdischer, sondern ein himmlischer Mensch sein (...).«[129]

Im ersten, leiblichen Tod trennt sich die Seele vom Körper. Im zweiten Tod aber verlässt Gott die Seele – und damit stirbt der Mensch endgültig. »Vom zweiten aber spricht man, weil er auf den ersten folgt, welcher die Trennung der verbundenen Naturen herbeiführt, sei es Gottes und der Seele, sei es der Seele und des Leibes. Vom ersten leiblichen Tode kann man also sagen, dass er für die Guten gut, für die Bösen übel ist, der zweite aber, den kein Guter zu befürchten hat, ist ohne Zweifel für niemand gut.«[130]

Am meisten berührt mich Augustinus dort, wo er feine psychologische Beobachtungen anstellt. An einer Stelle spekuliert er zum Beispiel darüber, ob nicht auch eine Nachtigall beim Singen eine Art Gefühl empfindet – ähnlich wie wir Menschen. Zwar darf man Tiere töten, weil sie keine Vernunft besitzen. Aber Augustinus scheint den Tieren doch gewisse seelische Fähigkeiten zuzusprechen.

Das Interessante ist seine Begründung, woran wir überhaupt erkennen können, dass andere Lebewesen eine Seele besitzen: »Was die Seele betrifft, so sprechen wir uns ihre Kenntnis nicht unpassend deshalb zu, weil auch wir eine Seele haben. Nie nämlich haben wir sie mit Augen gesehen (...). Was wird denn so innerlich gewusst, und was weiß so um sein eigenes Wesen, als das, wodurch alles andere wahrgenommen wird, nämlich die Seele selbst?«[131]

Die Seele von jedem von uns weiß, was eine Seele ist – einfach weil sie sich durch Selbstbeobachtung selber kennt. Wenn sich ein lebendiger Körper bewegt, dann sehen wir zwar nicht seine Seele. Aber wir können einen Analogieschluss von uns auf ihn ziehen: »Wir merken vielmehr, dass jener körperlichen Masse etwas Ähnliches innewohnt wie uns, damit wir unseren Körper in Bewegung setzen können. Das ist unser Leben und die Seele.

Auch mein Vater ist immer noch zu einigen minimalen Bewegungen imstande. Er atmet, er schaut. Wenn ich ihm gegenübersitze, denke ich, dass wir einander gar nicht so unähnlich sind. Von mir selbst glaube ich, dass ich eine »Seele« habe (was immer das auch ist). Also müsste ich nach Augustinus auch glauben, dass mein Vater eine Seele hat.

Augustinus' Seele hat für mich etwas sehr Menschliches. Mir gefällt der Gedanke, dass wir Gott in uns selbst finden – und nicht in einer geistigen Parallelwelt. Ich weiß nicht, ob mein Vater noch religiöse Gefühle hat. Doch es kommt mir so vor, als hätte er eine Art innere Ruhe gefunden. Vielleicht ist er, seit er nicht mehr sprechen kann, einfach nur mehr sein »innerer Mensch«. Kaum zufällig hat die mittelalterliche Kunst die Seele häufig als kleines nacktes Männchen dargestellt. Der Gedanke einer überpersönlichen »Weltseele« war dem christlichen Denken fremd. Doch genau diese Spur verfolgten die islamischen Anhänger des Aristoteles.

Allahs Geist

Avicenna (980–1037) muss ein Wunderkind gewesen sein. Schon im Alter von zehn Jahren soll er den Koran gelesen haben. Später studierte er Jura, Logik, Mathematik und Naturphilosophie. In den Bibliotheken von Teheran vertiefte er sich in das Werk von Aristoteles. Mit 16 praktizierte er bereits als Arzt, schrieb sogar eine Art Kanon des medizinischen Wissens seiner Zeit. Sein philosophisches Hauptwerk nannte er »Buch der Genesung der Seele«.

Für Avicenna besitzt die Seele viele Fähigkeiten – von elementaren Vitalfunktionen bis zu höchsten intellektuellen Aktivitäten. Sie belebt den Körper und benutzt ihn wie ein Instrument. Avicennas Seele ist jedoch nicht auf den Körper angewiesen, sondern kann unabhängig von ihm existieren und ewig weiterleben. Dazu stellte er ein geniales Gedankenexperiment an. Avicenna stellt sich vor, dass ein Mann als fliegendes Wesen zur Welt kommt. Doch er hat keinerlei Wahrnehmung, er sieht und hört nichts und spürt nicht einmal den eigenen Körper, während er durch eine Art Vakuum schwebt. Trotzdem, sagt Avicenna, wäre er »seiner Existenz sicher« – er würde nämlich seine »Essenz« erkennen, also seine Seele. Über seinen »fliegenden Mann« sagt Avicenna: »Er braucht den Körper nicht, um die Seele zu erkennen und wahrzunehmen.«[134]

Avicennas Seele ist eine rein geistige, völlig autonome Substanz, die Vereinigung mit dem Körper ist unwesentlich und zufällig. So gesehen, gehören alle Seelen zur gleichen Art – im Grunde gibt es nur eine Seele.[135] Die scheinbare Vielfalt resultiert aus der Unterschiedlichkeit der Körper, mit denen die Seelen verbunden sind. Auch nach dem Tod behalten die Seelen jedoch ihre Individualität. Der Grund dafür liegt in ihrer besonderen Fähigkeit, individuelles Wissen zu erwerben, das sie ins nächste Leben mitnehmen können.

Zu den geistigen Fähigkeiten gehört nach Avicenna nämlich der »tätige Intellekt«, der für unser begriffliches Denken verantwortlich ist. Doch dieser Teil der Seele sitzt nicht in uns. Der tätige Intellekt ist eine externe Intelligenz, mit der unserer Seele ständig kommuniziert. Ursprünglich ist die Seele reine Potenzialität – wie ein ungeformtes Stück Materie. Nur durch ihre Verbindung mit dem »tätigen Intellekt« kann sie Erkenntnis und Wissen erlangen. Auf diese Weise erworbenes Wissen geht in den persönlichen geistigen Besitz über – dadurch kann die Seele später den Körper verlassen, ohne ihre Individualität zu verlieren: »Unsere Seele hat zwei Gesichter, das eine schaut nach unten zum Körper, und das andere schaut nach oben zu den intelligiblen Wesen, von denen es seine Prinzipien empfängt«, sagt Avicenna.[136]

Zweihundert Jahre später ging Averroes (1126–1198) mit seinen Spekulationen über die Seele noch weiter. Seine Ansichten brachten ihn nicht nur in Konflikt mit der islamischen Orthodoxie, die ihm Koranfeindlichkeit vorwarf, sondern auch mit der christlichen Kirche. In seinen Aristoteles-Kommentaren erklärte er, der Islam könne die rationale Erkenntnis der Welt nicht verhindern. Unter anderem behauptete Averroes, dass die Welt ewig sei, was der biblischen Schöpfungslehre widersprach. Vor allem aber leugnete er die individuelle Unsterblichkeit der Seele.

Den »tätigen Intellekt« sieht auch er als ewige, überindividuelle Wesenheit – als himmlische Substanz, die das menschliche Erkenntnisvermögen sicherstellt. Die Vernunft ist demnach keine angeborene Fähigkeit, sondern eine Leihgabe Gottes, eine Art Kredit, den die »Seele« im Himmel aufnimmt. Zwar besitzen wir nach Averroes auch einen eigenen, »materialen« Intellekt, doch der ist etwas Passives, ein leeres Potenzial, das erst durch den tätigen Intellekt »realisiert« werden muss.[137] Mit diesen metaphysischen Vorstellungen machte sich Averroes zum Feindbild der katholischen Kirche.

Seine Seelen-Theorie läuft nämlich darauf hinaus, dass der Intellekt nicht zu unserer individuellen Seele gehört: Es gibt nur ein und denselben Intellekt für die ganze Menschheit. Dieser ist unsterblich, allerdings kein Vehikel einer persönlichen Fortexistenz. Damit setzte sich Averroes in Widerspruch zur kirchlichen Lehrmeinung, die von der individuellen Sterblichkeit des Menschen ausgeht. Im Dezember 1270 wurden 13 seiner Thesen von der Universität Paris verurteilt. Einer seiner vehementesten Gegner war Thomas von Aquin.

Die Seele bin nicht ich

»Dies nämlich erfährt jeder in sich selbst, dass er eine Seele hat«, schrieb Thomas von Aquin (1224–1274). »Die Wissenschaft von der Seele ist darum die ›allersicherste‹, weil jeder in sich selbst erfährt, *dass* er eine Seele hat, und *dass* es in ihm seelische Leistungen gibt; aber zu erkennen, *was* die Seele ist, ist sehr schwierig.«[138]

Der Dominikaner und Theologe stammte aus einer vornehmen Familie im italienischen Roccasecca. Den Großteil seiner Karriere verbrachte er als »Magister« an der Universität Paris. Seine »Summa Theologiae« gilt als eines der bedeutendsten Werke der mittelalterlichen Scholastik, die unter anderem darauf abzielte, den christlichen Glauben auf eine vernunftbasierte, philosophische Grundlage zu stellen. Thomas von Aquin und andere knüpften dabei vor allem an die Lehren von Aristoteles an. Thomas war ein hochangesehener Vertreter der kirchlichen Orthodoxie. Doch ausgerechnet seine Seelen-Theorie, die stark von Aristoteles beeinflusst war, brachte ihn in Schwierigkeiten. Drei Jahre nach seinem Tod verdammte die Kongregation der Universität Oxford seine Thesen.

Für Thomas von Aquin war die Seele, ähnlich wie für Aristoteles, die »Form des Körpers« – und das »erste Prinzip des Lebens«[139]. Seelen haben nach Aristoteles auch Tiere und Pflanzen, aber was den Menschen besonders macht, ist seine rationale Seele, die »anima rationalis«. Für Thomas gibt es nur diese eine Seele, die eben auch für Lebensfunktionen zuständig ist. Thomas hatte eine Art entwicklungspsychologisches Stufenmodell. Demnach sind für die embryonale Entwicklung primitivere Seelenformen zuständig, die »vegetative« und die »sensitive« Seele.

Erst am Ende der Entwicklung zum Menschen haucht uns Gott die rationale Seele ein, die die beiden anderen ersetzt.[140]

Für Aristoteles bestanden materielle Substanzen aus Materie und Form. Ein Stück Holz besitzt demnach bestimmte akzidentelle »Formen«, wie Farbe, Größe usw. Wenn man eine dieser Formen verändert, bleibt es trotzdem noch das, was es ist. Allerdings hat dieses Stück Holz auch eine »substanzielle Form«, die es zu dem macht, was es ist – nämlich Holz. Verbrennt man es, verliert es diese Form und nimmt eine neue an – nämlich Asche. Die Frage ist nun, was dieses Holzstück die ganze Zeit über war. Im Grunde nichts außer »primäre Materie«, sagt Thomas, also Materie unabhängig von ihrer jeweiligen Form – also reine Potenzialität. Genau diese Vorstellung überträgt Thomas auf den Menschen: Wenn ein Mensch stirbt, gibt es zwischen dem lebenden Menschen und seinem Leichnam nichts Gemeinsames außer der Materie.[141] Das widersprach aber der herrschenden Lehrmeinung, die von einer Pluralität der Formen ausging. Zu diesen Formen gehört auch die Körperlichkeit an sich. Für Thomas aber ist die Seele die einzige Form des Leibes. Folglich haben ein Lebender und ein toter Körper nichts Gemeinsames – selbst der Leichnam Christi wäre nach Thomas nicht identisch mit dem Gekreuzigten.

Es war diese Theorie von Thomas, die 1277 in Oxford verdammt wurde.

Einige »Formen« können unabhängig von Materie existieren, andere jedoch nicht. Wirklich reine spirituelle Substanzen sind nur Engel. Die Seele ist für Thomas eine immaterielle Substanz, die nur durch einen göttlichen Akt an den Körper gebunden ist. Daraus folgt auch ihre Unsterblichkeit: Als immaterielle Substanz kann sie unabhängig vom Körper existieren, der Tod des Körpers führt nicht zum Tod der Seele. Allerdings ist die Seele ohne den Körper ziemlich unvollständig.

Die Seele ist für Thomas von Aquin nicht das Selbst: »Die Seele bin nicht ich.« Erst die Verbindung mit dem Körper macht uns zu einer individuellen Person. Und auch in intellektueller Hinsicht ist die Seele auf den Körper angewiesen. Für Thomas ist die Seele nicht bloß das, was den Körper »formt«. Vielmehr verwirklicht sie sich selbst überhaupt erst in der Körperlichkeit. Seele und Körper bilden also eine unaufhebbare Einheit – damit formulierte Thomas einen neuen, genuin christlichen Seelenbegriff.

Die Seele ist nicht das Selbst – damit war dieser Thomas von Aquin, der sonst so trockene theologische Abhandlungen verfasste, auf einer interessanten Spur. Wenn die Seele nicht das Selbst ist – was ist dann das Selbst? Was die Seele? Und welche Rolle spielt der Körper dabei?

Kann mein Vater etwa noch eine Seele haben, einen »inneren Menschen«, auch wenn er kein Selbst mehr hat – wenn er nicht mehr »ich« sagen kann? Rund 400 Jahre später wird ein französischer Philosoph wieder seinen »inneren Menschen« befragen. Und zu ganz anderen Schlüssen kommen als Thomas von Aquin. Ein Körper, was ist schon ein Körper!

KAPITEL 5

Das Gespenst in der Maschine

Es gibt Überzeugungen, die man das ganze Leben beibehält, auch wenn sie noch so fragwürdig, anmaßend oder lächerlich sind. So hielt ich mich schon als Kind für eine Art »Denker«. Aus der Sicht anderer war ich wohl eher ein Grübler.

Oder etwas noch viel Schlimmeres.

Das Attribut »kopflastig« begleitet mich seit vielen Jahren. Irgendwann begann ich, diese Kopflastigkeit als Defizit zu erkennen. Die Folge war leider, dass ich erst recht darüber nachdachte – mit meinem Kopf. Ich will damit nicht sagen, dass mir das Körperliche nicht wichtig ist. Im Gegenteil, ich esse und trinke gern, betreibe Sport und manches andere auch, wie die meisten von uns. Eigentlich halte ich mich auch für einen emotionalen Menschen.

Das mit der Kopflastigkeit stimmt dennoch irgendwie. Wenn man mich danach fragte, würde ich mich über meine intellektuellen Fähigkeiten definieren, über meine Überzeugungen und Gedanken. Anders gesagt, ich würde mich als »denkendes Wesen« beschreiben – und nicht als 42-jährigen, relativ athletischen Mann, der 1,85 Meter groß und knapp 90 Kilogramm schwer ist, der boxt und gern Wiener Schnitzel isst. Mein eigentliches, mein innerstes Wesen scheint mir nichts Körperliches zu sein – sondern etwas Geistiges.

Wenn ich an meinen Vater denke, frage ich mich manchmal: Wie kann er ohne Geist noch eine Seele haben? Existiert er überhaupt noch?

Und wenn ja, in welchem Sinne?

Was ist ein Mensch ohne Geist? Ein Körper? Nichts als eine Maschine?

Ohne Erinnerungen, ohne Geist sind wir, so scheint es, niemand mehr. Doch ich merke, dass sich etwas in mir gegen diese Gedanken sträubt. Mein eigenes Selbstbild kommt mir fragwürdig, ja anmaßend vor. Den Menschen aufs Geistige zu reduzieren – heißt das nicht letztlich, Menschen wie meinen Vater für tot zu erklären? Eines der größten Probleme bei der Pflege demenzkranker Patienten liegt aus meiner Sicht darin, diese Menschen nicht wie Dinge zu behandeln.

Ich denke, die meisten von uns halten sich im Großen und Ganzen für rationale Individuen. Und wir gehen davon aus, dass wir es bei anderen Menschen ebenfalls mit vernunftbegabten Wesen zu tun haben – eben mit Menschen, die so etwas wie einen Geist besitzen. Zugleich schreiben wir unserem menschlichen Geist eine Sonderstellung zu, die uns von den Tieren unterscheidet. Unser Geist – das ist für uns scheinbar die Quelle lichthafter Reflexion und Erkenntnis. Der Körper hingegen erscheint uns, je älter wir werden, immer mehr als krankheitsanfälliges Stück Materie, das wir warten und reparieren müssen wie eine Maschine.

Es waren solche »kopflastigen« Vorstellungen, die das Bild von der Seele für Jahrhunderte geprägt haben – und die in unseren Intuitionen und Vorurteilen vielleicht immer noch verankert sind. Die »dualistische« Trennung der Seele vom Körper – und damit vom Lebendigen – geht zurück auf einen großen Denker des 17. Jahrhunderts, der eigentlich nur die lautersten Absichten hatte. Dennoch bekam kein Philosoph im Laufe der Jahrhunderte so viel schlechte »Presse« wie René Descartes (1596–1650). Im 20. Jahrhundert gaben ihm seine Philosophenkollegen die Schuld an fast allem – vom vertrackten Leib-Seele-Problem über die Unterbewertung der Gefühle bis zur Zerrissenheit des modernen Menschen.

Descartes lebte in einer Zeit der politischen, religiösen und wissenschaftlichen Umwälzungen. Während der Hälfte seines Lebens tobte der 30-jährige Krieg. Als wahrer Philosoph hielt er sich von den Kämpfen fern. Allerdings trug er mit seinen Arbeiten maßgeblich zur naturwissenschaftlichen Revolution bei, die das mittelalterliche Weltbild ablöste. Schon sein erstes Werk, der »Discourse de la méthode«, brachte ihm internationale Anerkennung ein. Lediglich sein Vater, ein Berater im Parlament von Rennes, scheint seine Leistungen nicht recht gewürdigt zu haben: »Von allen meinen Kindern bin ich nur mit einem unzufrieden. Musste ich denn einen Sohn in die Welt setzen, der sich so lächerlich macht, dass er sich in Kalbsleder binden lässt?«[142]

Am Jesuitenkolleg von La Flèche erhielt Descartes eine profunde scholastisch-humanistische Ausbildung. Besonders begeisterten ihn die mathematischen Disziplinen »wegen der Sicherheit und Evidenz ihrer Beweisgründe«. Allerdings entging dem kleinen Descartes nicht, dass es in der Philosophie »nichts gibt, worüber nicht gestritten würde und was folglich nicht zweifelhaft wäre«.[143]

Im »Discourse« beschrieb er seine wachsende Verunsicherung: »Von Kindheit an habe ich wissenschaftliche Ausbildung genossen, und da man mir einredete, dass man sich mit Hilfe der Wissenschaften eine klare und gesicherte Kenntnis alles für das Leben Nützlichen aneignen könne, so wünschte ich sehnlich, sie zu erlernen. Doch sobald ich den ganzen Studiengang durchlaufen hatte, an dessen Ende man für gewöhnlich unter die Gelehrten aufgenommen wird, änderte ich völlig meine Meinung. Denn ich fand mich verstrickt in so viel Zweifel und Irrtümer, dass es mir schien, als hätte ich aus dem Bemühen, mich zu unterrichten, keinen anderen Nutzen gezogen, als mehr und mehr meine Unwissenheit zu entdecken.«[144]

Descartes begann eine militärische Ausbildung. Doch auch in dieser Zeit trieb er seine mathematischen und philosophischen Studien weiter. In der Nacht vom 10. auf den 11. November 1619 hatte Descartes in einem Winterquartier bei Ulm einen der berühmtesten Träume der Philosophiegeschichte. Darin sah er sich während eines Sturms auf einem Weg gehen. Unter anderem träumt er von einem Wörterbuch, für ihn ein Symbol der Wissenschaft, und dem Vers »Quod vitae sectabor iter?« (»Welchen Lebensweg werde ich einschlagen?«) sowie einem Gedicht, das mit den rätselhaften Worten »Est et non« (»Es ist, und es ist nicht«) beginnt. Descartes deutete den Traum als Mahnung, seinen Lebensweg zu ändern. Der Versanfang »Es ist, und es ist nicht« ist das Grundprinzip des Pythagoras – für Descartes ein Symbol für die Frage nach der Wahrheit in der Wissenschaft. Genau diesem Problem wollte sich Descartes in Hinkunft widmen.

Konsequenterweise gab er seine militärische Laufbahn auf, um sich ganz auf die Wissenschaft zu konzentrieren. Descartes verließ Frankreich und lebte als Privatgelehrter unter anderem in den Niederlanden. In den folgenden Jahren machte er eine Reihe wissenschaftlicher Entdeckungen in Geometrie, Algebra und Optik, beschäftigte sich aber auch mit Physiologie. Bei Schlachtern besorgte er sich Tierkadaver für anatomische Studien.

Vor allem aber suchte Descartes nach einer neuen, tragfähigeren wissenschaftlichen Methode. In seinen »Meditationen« schreibt er später: »Schon vor Jahren bemerkte ich, wie viel Falsches ich von Jugend auf als wahr hingenommen habe und wie zweifelhaft alles sei, was ich später darauf gründete; darum war ich der Meinung, ich müsse einmal im Leben von Grund auf alles umstürzen und von den ersten Grundlagen an ganz neu anfangen, wenn ich später einmal etwas Bleibendes in den Wissenschaften errichten wollte.«[145]

Descartes appellierte an den gesunden Menschenverstand statt an die Tradition. Seine Suche nach der Wahrheit beginnt nicht bei überlieferten Dogmen und Vorurteilen, sondern mit methodischem Zweifel. Als Grundregel setzte er fest, »niemals eine Sache als wahr anzuerkennen, von der ich nicht evidentermaßen erkenne, dass sie wahr ist«.[146]

Eine dieser Fragen ist jene nach der Unsterblichkeit der Seele.

Ich denke, also bin ich

In den ersten Jahren in Holland dämmert ihm sein großer Gedanke. Bereits 1637 skizziert er in seinem an ein breites Publikum gerichteten »Discours« einen Vernunftbeweis für die Unkörperlichkeit der Seele. »Daraus erkannte ich, dass ich eine Substanz bin, deren ganzes Wesen oder deren Natur nur darin besteht, zu denken und die zum Sein keines Ortes bedarf, noch von irgendeinem materiellen Dinge abhängt, so dass dieses Ich, das heißt die Seele, durch die ich das bin, was ich bin, völlig verschieden ist vom Körper, ja dass sie sogar leichter zu erkennen ist als er, und dass sie, selbst wenn er nicht wäre, doch nicht aufhörte, alles das zu sein, was sie ist.«[147]

Aber wie kam Descartes zu diesem kühnen Schluss, der die Philosophen bis heute umtreibt?

Im 17. Jahrhundert stellte sich die Frage der Seele in einem neuen Licht. Eine wissenschaftliche Revolution veränderte radikal die Sicht auf die Natur. Jahrhundertelang hatte man die physikalische Welt nach den Prinzipien von Aristoteles betrachtet. Körperliche Objekte entstanden demnach aus der Verbindung geistiger Wesenheiten mit ungeordneter Materie. Zugleich ging man von »teleologischen« Erklärungen aus: Jedes Ding ist demnach so, wie es ist, weil es einen bestimmten Zweck (»telos«) erfüllt. Das ganze Universum erschien letztlich als zielgerichtetes, von Geist durchdrungenes und vernunftgelenktes Wesen.

Die naturwissenschaftlichen Erkenntnisse entzauberten dieses Bild. Offenbar wirkten in der Natur Gesetze, die man mathematisch beschreiben konnte. Man brauchte keine geistigen Wesenheiten, um physikalische Zusammenhänge zu erklären. Nach dem neuen Weltbild war der Kosmos schlicht eine gigantische Maschine, deren Teile ineinandergreifen wie die Zahnräder und Federn in einem Uhrwerk. Die materielle Welt funktionierte offenbar auch ohne den Geist – und ohne die »Seele«.

Für die antiken Denker war »Seele« noch das Prinzip des Lebens. Doch im neuen, mechanistischen Bild der Natur brauchte man diese Vorstellung nicht mehr, um den Unterschied zwischen Lebendem und Unbelebtem zu erklären. Auch Descartes erklärt unmissverständlich, »dass der Tod niemals durch Fehlen der Seele eintritt, sondern allein, weil einige der wichtigsten Teile des Körpers zugrunde gehen«.[148] Der Körper eines lebenden Menschen unterscheide sich von dem eines Toten wie eine aufgezogene Uhr von einer, die nicht mehr funktioniert. Aber wenn die Körper-Maschine auch ohne Seele funktioniert – was spricht dann noch für ihre Existenz? Wie passt die Idee der »Seele« überhaupt in eine materielle Welt, die von physikalischen Gesetzen beherrscht wird?

Der Mensch hat für Descartes nicht bloß einen körperlichen Organismus. Er besitzt auch eine unsterbliche Seele. Der Körper aber ist offenbar vergänglich. Also muss die Seele etwas sein, das zum Körper hinzukommt. Sie kann offenbar keine Eigenschaft des Körpers sein. Denn wenn der Körper stirbt, kann er auch keine Eigenschaft mehr haben. Also muss die Seele das sein, was die Philosophen unter einer »Substanz« verstehen. Eine Substanz ist im Wesentlichen etwas, das für sich allein, unabhängig von anderen Dingen existieren kann, im Unterschied etwa zu einer Eigenschaft. Ein Tisch ist demnach eine Substanz, die Farbe »Rot« nicht.

Als erster Denker setzt Descartes die Seele mehr oder weniger gleich mit dem Geist. Oft verwendet er sogar nur den Begriff »Geist« (lat. mens), um Missverständnisse zu vermeiden. Der Geist ist für ihn nur die rationale Seele – also die »Seele, sofern sie denkt«. Und Denken (lat. »cogitatio«) heißt für Descartes bewusstes Denken. Die Seele hat für ihn darüber hinaus zwar auch irrationale Aspekte, wie etwa Emotionen, doch diese »Leidenschaften der Seele« sind an den Körper gebunden.

Der Geist hingegen kann nach Descartes auch ohne den Körper existieren. Mehr noch: Geist und Körper sind sogar grundverschiedene Dinge – eine der folgenreichsten Unterscheidungen der Philosophiegeschichte.

Ein denkendes Ding

Der berühmte Gedankengang in den »Meditationen«, mit dem Descartes die Unsterblichkeit der Seele zu beweisen versuchte, ist sehr komplex. Ich versuche trotzdem, ihn hier möglichst vollständig wiederzugeben. Descartes benutzt die Methode des radikalen Zweifels. »Ich nehme also an, alles, was ich wahrnehme, sei falsch; ich glaube, dass nichts von alledem jemals existiert habe, was mir mein trügerisches Gedächtnis vorführt. Ich habe überhaupt keine Sinne; Körper, Gestalt, Ausdehnung, Bewegung und Ort sind Chimären. Was soll da noch wahr sein? Vielleicht das eine, dass es nichts Gewisses gibt.«[149]

Aber selbst wenn es einen »sehr mächtigen, sehr schlauen Betrüger« gäbe, der ihm alles nur vorgaukelt – in einem Punkt könnte er doch Gewissheit erlangen. Auch der schlaueste Betrüger könnte nicht bewirken, »dass ich nicht sei, solange ich denke, ich sei etwas«. Descartes zieht einen der berühmtesten philosophischen Schlüsse, »dass der Satz ›Ich bin, ich existiere‹, so oft ich ihn ausspreche oder im Geist auffasse, notwendig wahr sei«.

Ich denke, also bin ich.

Aber wer ist dieses Ich?

Im Grunde so gut wie Nichts.

Dieses Ich bezieht sich nur auf die augenblickliche Existenz des Denkenden. Es sagt nichts über Vergangenheit oder Zukunft. Eigentlich ist dieses Ich etwas völlig Unpersönliches. Descartes hätte daher besser »es denkt« sagen sollen statt »ich denke« – so wie man sagt »es blitzt«, polemisierte einmal der Aphoristiker Georg Lichtenberg.

Der Mensch existiert, solange er denkt. Zumindest das weiß Descartes jetzt.

Aber was ist ein Mensch?

Descartes geht von den traditionellen Vorstellungen über die Seele aus: »Zuerst bemerkte ich natürlich, dass ich ein Gesicht, Hände, Arme und diese ganze Gliedermaschine habe, wie man sie auch an einem Leichnam wahrnimmt; ich nannte sie Körper. Dann bemerkte ich, dass ich mich nähre, gehe, fühle und denke, und schrieb diese Tätigkeiten der Seele zu. Was aber diese Seele sei, ließ ich entweder auf sich beruhen, oder ich stellte sie mir als irgendeinen feinen Stoff vor, als etwas dem Wind, dem Feuer oder Äther Vergleichbares, das in meinen gröberen Bestandteilen verbreitet ist.«[150]

Aber was wäre, wenn alles nur auf einer Täuschung des großen Betrügers beruhte? Ohne Körper könnte er sich weder ernähren noch könnte er gehen. Und er könnte auch nicht fühlen, weil er keine körperlichen Empfindungen hätte. Genau diese Fähigkeiten aber hatte er seiner Seele zugeschrieben. Am Ende bleibt nur eine Fähigkeit übrig. »Und das Denken? Hier werde ich fündig: das Denken ist es, es allein kann von mir nicht abgetrennt werden; ich bin, ich existiere, das ist gewiss. Wie lange aber? Offenbar solange ich denke, denn es ist ja auch möglich, dass ich, wenn ich überhaupt nicht mehr denken würde, sogleich aufhörte zu sein.«[151]

Wir können uns also alles von uns wegdenken – nur nicht das Denken. Solange wir denken, existieren wir. Daraus folgt für Descartes: »Ich lasse jetzt nichts gelten, als was nicht notwendig wahr ist; demnach bin ich genau genommen ein denkendes Ding, das heißt Geist bzw. Seele bzw. Verstand bzw. Vernunft; lauter Bezeichnungen, deren Bedeutung mir früher unbekannt war.«[152]

Doch Descartes fragt weiter. »Also was bin ich nun? Ein denkendes Ding. Was ist das? – Ein Ding, das zweifelt, einsieht, bejaht, verneint, will, nicht will, das auch bildlich vorstellt und empfindet.«[153] Aber das ist für Descartes nur ein provisorischer Zwischenstand seiner Argumentation. Eigentlich will er ja die Unsterblichkeit der Seele beweisen. Dazu muss er uns davon überzeugen, dass Geist und Körper voneinander unabhängig existieren können.

Bisher wissen wir nach Descartes aber nur eins mit Sicherheit – nämlich dass wir existieren, solange wir denken. An der Existenz der körperlichen Welt können wir zweifeln. Unsere sinnliche Wahrnehmung könnte uns in die Irre führen. Um Dinge der Außenwelt zu erfassen, brauchen wir daher unser Urteilsvermögen – also unseren Geist. Woher wissen wir zum Beispiel, dass die Menschen auf der Straße wirklich Menschen sind? »Was sehe ich denn außer Hüten und Kleidern, unter denen auch Automaten stecken könnten? Ich urteile aber, es seien Menschen. So erfasse ich also das, was ich mit den Augen zu sehen meinte, in Wahrheit nur durch das Urteilsvermögen, welches meinem Geiste innewohnt.«[154] Von unserem Geist wissen wir wenigstens, dass er tatsächlich existiert, solange wir denken – auch wenn die gesamte Außenwelt nichts als eine Illusion wäre: »Ich will nun meine Augen schließen, meine Ohren verstopfen, alle meine Sinne will ich abwenden, sogar die Bilder von körperlichen Dingen will ich allesamt aus meinem Bewusstsein tilgen (…). Zu mir allein will ich reden und tiefer in mein Inneres blicken und mich so allmählich mit mir selbst bekannter und vertrauter zu machen suchen.«[155]

Als Regel setzt er für sich fest, »dass alles das wahr ist, was ich ganz klar und deutlich auffasse«. Descartes hat zwar klar und deutlich eingesehen, dass er ein »denkendes Ding«, eine »res cogitans« ist. Aber was gibt ihm die Sicherheit, dass er seinem Urteil auch vertrauen kann?

Diese »Garantie« ist für Descartes die Existenz Gottes. Der Gedankengang ist sehr einfach: Nach Descartes hat jedes Ding von seinem Wesen her notwendigerweise bestimmte Eigenschaften – ein Dreieck zum Beispiel hat immer eine Winkelsumme von 180 Grad. Wir können uns kein Dreieck vorstellen, das diese Eigenschaft nicht hat. Analog dazu muss Gott als vollkommenes Wesen alle vollkommenen Eigenschaften besitzen. Zu diesen Eigenschaften gehört nach Descartes die Eigenschaft der Existenz – folglich muss Gott existieren. Die Gottesvorstellung, so sagt Descartes, ist mir sogar genauso »angeboren« wie die Vorstellung meiner selbst.

Nach Descartes kann uns Gott als vollkommenes Wesen nicht täuschen wollen. Daher hat er uns ein Instrument gegeben, das uns bei richtigem Gebrauch »niemals zu Irrtümern führen könnte« – nämlich unser Urteilsvermögen.

Nun folgt ein äußerst subtiler Gedanke. Alles, was wir »klar und deutlich« einsehen, kann von Gott so geschaffen sein, wie wir es einsehen. Man kann das auch anders ausdrücken: Alles, was wir klar und deutlich einsehen, ist möglich. Nun sehen wir klar und deutlich ein, dass wir ein »denkendes Ding« sind, das auch ohne den Körper existieren kann – so wie wir den Körper unabhängig vom Geist wahrnehmen. In seiner sechsten Meditation kommt Descartes zum Schluss: »Zwar habe ich vielleicht (bald werde ich sagen können: gewiss) einen Körper, mit dem ich aufs Innigste verbunden bin. Denn einerseits habe ich doch eine klare und deutliche Vorstellung meiner selbst, sofern ich lediglich denkendes, nicht ausgedehntes Ding bin; andererseits habe ich eine deutliche Vorstellung vom Körper, sofern er lediglich ausgedehntes, nicht denkendes Ding ist. Somit ist sicher, dass ich wirklich vom Körper verschieden bin und ohne ihn existieren kann.«[156]

Es geht also nicht darum, dass Geist und Körper tatsächlich getrennt voneinander existieren – sondern darum, dass sie getrennt existieren *könnten*. Nach Descartes sind Dinge, die voneinander getrennt existieren können, tatsächlich verschiedene Dinge. Nun ist es nach Descartes' Argument möglich, dass der Geist unabhängig vom Körper existiert. Gott könnte mich also ohne Körper erschaffen haben. Folglich sind Geist und Körper verschiedene Dinge.

Eigentlich hat Descartes die Unsterblichkeit der Seele gar nicht bewiesen. Im Grunde hat er nur gezeigt, dass die Seele vom Körper unabhängig existieren kann. Es könnte aber sein, dass mit oder nach dem körperlichen Tod auch die Seele stirbt – etwa weil sie »von Gott verlassen« wird, wie Augustinus dachte. Descartes war diese Schwäche seines Arguments durchaus bewusst: »Wenn Sie sagen, ich hätte die Unsterblichkeit der Seele mit keinem Wort erwähnt, so darf Sie das nicht wundern«, schreibt Descartes an seinen Freund Mersenne: »Denn ich wäre gar nicht imstande zu beweisen, dass Gott sie nicht vernichten könne, sondern nur, dass sie eine ganz andere Natur hat als der Körper und daher nicht das natürliche Schicksal hat, mit ihm zu sterben. Als Stütze für die Religion ist auch nicht mehr erforderlich, und mehr als das wollte ich auch nicht beweisen.«[157]

»Wahre Menschen«

Descartes hat noch ein zweites Argument für die vom Körper unabhängige Existenz einer Seele, das ich persönlich interessanter finde. Im Kern läuft es darauf hinaus, dass Menschen bestimmte Fähigkeiten haben, die Maschinen nicht besitzen. Wie ich schon gesagt habe, geht Descartes von einem mechanistischen Verständnis der Natur aus. Demnach beruht das Verhalten aller physischen Systeme auf Naturgesetzen. Für Descartes ist auch ein vernunftloses Tier letztlich nichts anderes als eine Maschine.

Zwischen einem Tier und einer Maschine, die ein Tier bloß nachahmt, können wir nach Descartes keinen Unterschied feststellen. Hingegen könnten wir bei Maschinen, die Menschen nachahmen, immer erkennen, »dass sie deswegen keineswegs wahre Menschen sind«.[158] Mit seinem Argument hat Descartes gewissermaßen die moderne Diskussion über künstliche Intelligenz eingeleitet – also über die Frage, ob »denkende Maschinen« möglich sind.

Das erste Kriterium, um Menschen von Maschinen (und von Tieren) zu unterscheiden, ist für Descartes die Sprache. Zwar könne man Maschinen vielleicht so konstruieren, dass sie bei bestimmten Gelegenheiten Worte hervorbringen. Doch man könne sich nicht vorstellen, dass eine Maschine »die Worte auf verschiedenste Weise zusammenordnet, um auf die Bedeutung alles dessen, was in ihrer Gegenwart laut werden mag, zu antworten, wie es der stumpfsinnigste Mensch kann«. An anderer Stelle sagt Descartes, die Sprache sei »das einzige sichere Zeichen für einen im Körper versteckten Gedanken«.[159]

Der zweite Unterschied zwischen Mensch und Maschine besteht in der Fähigkeit zu intelligentem Handeln. Descartes spricht Maschinen diese Intelligenz kategorisch ab. Es würde sich nämlich zeigen, »dass sie nicht aus Einsicht handeln, sondern nur zufolge der Einrichtung ihrer Organe«.[160]

Descartes zieht daraus den Schluss, dass Menschen offenbar etwas besitzen, was sie grundsätzlich von Maschinen (und damit von allen anderen physischen Systemen) unterscheidet und selbst nichts Körperliches ist – also eine »Seele«.

Nach Descartes' Kriterien hätte ich Schwierigkeiten, meinen Vater in seinem heutigen Zustand von einem Automaten oder einem Tier zu unterscheiden. Da er nicht mehr sprechen kann, hätte ich nämlich keinen Hinweis darauf, dass er noch Gedanken hat. Und genauso wenig hätte ich Anzeichen für intelligentes, einsichtsvolles Handeln.

Nach Descartes ist er also kein »wahrer Mensch« mehr.

Das Problem ist, dass Descartes hier wieder nur auf der Ebene seiner »Vernunftgründe« argumentiert. »Leben« ist für ihn kein Kriterium, das Menschen von Maschinen unterscheidet. Schließlich kann man Leben nach seiner Auffassung rein physiologisch erklären – mit unserer rationalen Seele hat es nichts zu tun.

Aber können wir uns wirklich vorstellen, als rein geistige Wesen ohne alle körperlichen Eigenschaften zu existieren?

Leidenschaften der Seele

Descartes war nicht so »kopflastig« zu behaupten, der Mensch bestehe ausschließlich aus seinem Geist: »Weiter lehrt mich die Natur durch die Empfindungen des Schmerzes, des Hungers, Durstes usw., ich sei meinem Leibe nicht nur zugesellt wie ein Schiffer dem Schiff, sondern ich sei aufs Innigste mit ihm vereint, durchdringe ihn gleichsam und bilde mit ihm ein einheitliches Ganzes. Wie könnte sonst ich, ein lediglich denkendes Ding, bei einer Verletzung des Körpers Schmerz empfinden?«[161] Und Descartes bezweifelt auch nicht, dass körperliche Empfindungen für unseren »seelischen« Zustand eine wichtige Rolle spielen. »Ferner sind mir von jenen Wahrnehmungen die einen angenehm, die anderen unangenehm. Daraus geht mit Sicherheit hervor, dass mein Körper oder vielmehr mein ganzes Ich, insofern ich aus Körper und Geist bestehe, von den umliegenden Körpern in verschiedener Weise mit Zuträglichem und Unzuträglichem affiziert werden kann.«[162]

Das klingt etwas verwirrend, wenn nicht sogar widersprüchlich. Die Frage ist ja nun, wie Körper und Geist zusammenwirken. Descartes glaubt, dass er den Ort gefunden hat, an dem die Interaktion stattfindet. Beim »Hauptsitz der Seele«, so glaubt Descartes, handelt es sich um eine kleine Drüse im Gehirn – die Zirbeldrüse. Der Grund liegt darin, dass die Zirbeldrüse nur einfach vorhanden ist, während andere Hirnteile und auch alle unsere äußeren Sinnesorgane doppelt vorkommen. Nur die Zirbeldrüse kann sozusagen gewährleisten, dass wir nicht alles »doppelt denken«.[163]

Über die Drüse aus wirkt die Seele auf den ganzen Körper ein. Eine zentrale Rolle dabei spielen die »Lebensgeister«, feinstoffliche Teile des Blutes, die von den Hirnkammern aus in Nerven und Muskeln strömen. Über die Lebensgeister steuert die Seele den Körper, so wie umgekehrt der Körper auf die Seele einwirkt – und zwar nach mechanischen Stoßprinzipien. Allerdings kann auch Descartes nicht so recht erklären, wie die unausgedehnte, immaterielle Seele die körperlichen Lebensgeister »mobilisieren« soll.

Wenn die Seele in Wallung gerät, kommen die Lebensgeister in Bewegung – und das führt zu körperlichen Symptomen. Bei der Freude etwa wird der Puls schneller, während Traurigkeit zu schlechterer Durchblutung und damit zu einer blasseren Gesichtsfarbe führe. Die Emotionen der Seele können wir nach Descartes an diesen »äußeren Zeichen« erkennen: »Die hauptsächlichsten Zeichen sind die Bewegungen der Augen und des Gesichts, der Wechsel der Gesichtsfarbe, das Zittern, die Mattigkeit der Ohnmacht, die Tränen, das Jammern und die Seufzer.«[164]

Auch aus diesen »äußeren Zeichen« können wir also Hinweise gewinnen, dass ein Mensch eine Seele hat – und eben kein Automat ist.

Bei den Leidenschaften der Seele unterscheidet Descartes zwischen Sinneswahrnehmungen, körperlichen Empfindungen (wie Hunger oder Durst) und Emotionen, die sich »auf die Seele allein« beziehen – wie etwa Furcht, Freude, Traurigkeit oder Zorn. Die Funktion der Leidenschaften besteht für Descartes darin,

»dass sie die Seele veranlassen, das zu wollen, was die Natur uns als nützlich angibt, und in diesem Willen beharrlich zu sein, wie ja auch dieselben Bewegungen der Lebensgeister, die sie gewöhnlich verursachen, den Körper zu den verschiedenen Bewegungen veranlassen, die zur Erfüllung dieser Zwecke dienen«.[165] Mit anderen Worten: Die Emotionen erfüllen eine instrumentelle Funktion, sie helfen uns also, auf bestimmte Situationen angemessen zu reagieren – und damit unser Überleben zu sichern.

Descartes erläutert das am Beispiel der Furcht. Wenn wir ein gefährliches Tier auf uns zukommen sehen, entsteht zuerst über die optischen Nerven ein Bild im Gehirn, das über die Lebensgeister zur Zirbeldrüse transportiert wird. Dadurch gerät diese in Bewegung, worauf wiederum Lebensgeister zu den Nerven strömen – und etwa die Beine in Bewegung setzen. Diesen körperlichen Reflex registriert die Seele wiederum als Furcht. Wenn es sich tatsächlich um eine gefährliche Situation handelt, so ist das nach Descartes eine sehr nützliche Reaktion, die unsere »rationale Seele« unterstützt.

»Starke Seelen« können die Reaktionen ihrer Lebensgeister rational unter Kontrolle halten. Allein durch Willenskraft könne die Seele bewirken, »dass die kleine Hirndrüse, mit der sie eng verbunden ist, sich in der Art bewegt, wie erforderlich ist, um die Wirkung hervorzurufen, die diesem Willen entspricht«.[166]

Jeder kann seine Leidenschaften kontrollieren, sagt Descartes. Sogar ein Hund lasse sich darauf dressieren, beim Anblick eines Rebhuhns stehen zu bleiben. Also ist für Descartes klar, »dass man es noch besser beim Menschen kann und dass selbst diejenigen, die äußerst schwache Seelen besitzen, eine absolut volle Herrschaft über alle ihre Leidenschaften erlangen können, wenn sie sich genügend mit Geschicklichkeit bemühen, sie zu dressieren und zu leiten«.[167]

Descartes' mechanistische Theorie über die Seelen-Drüse und ihre Lebensgeister wirkt aus heutiger Sicht natürlich abstrus. Die Idee einer körperlichen Rückkoppelung der Emotionen allerdings hat sich durch die Hirnforschung durchaus bestätigt – auch wenn die Mechanismen natürlich ganz andere sind. Angesichts des Spotts, den die Philosophen bis heute über Descartes ausgießen, kann man mit ihm fast posthum Mitleid bekommen.

Zwischen Geist und Materie liegt nach Descartes ein Abgrund. Körperliche Dinge werden von physikalischen Gesetzen bestimmt. Auch der menschliche Körper ist nur eine Maschine. Der Geist hingegen hat einen freien Willen. Wir haben zwar einen Körper, aber was unser Selbst ausmacht, ist unser immaterieller, unteilbarer, unsterblicher Geist. Der britische Philosoph Gilbert Ryle prägte dafür das Bild vom »Gespenst in der Maschine«.[168]

Der Hauptgrund für die bis heute andauernde kritische Auseinandersetzung mit Descartes liegt in seiner dualistischen Auffassung von Geist und Materie. Daraus haben sich unzählige Probleme ergeben, von denen einige bis heute ungelöst sind. Wie können körperliche Vorgänge die Ursache geistiger Vorgänge sein? Und wie kann umgekehrt der Geist den Körper beeinflussen? Das ist das berühmte »Leib-Seele«-Problem (heute sprechen die meisten Philosophen lieber vom »Körper-Geist«-Problem).

Auf den ersten Blick könnte man sich fragen, wo hier eigentlich ein Problem liegt. Wir alle erleben, dass sich Körper und Geist offenbar gegenseitig beeinflussen. Auf der einen Seite kann etwa ein körperlicher Schmerz eine Empfindung oder einen Gedanken auslösen. Andererseits können wir uns bewusst dazu entscheiden, einen Finger zu bewegen, vom Stuhl aufzustehen oder sonst etwas zu tun. Das Problem besteht darin, dass wir nicht genau erklären können, wie das eigentlich möglich ist. Wie kann ein »geistiges Ereignis« zu einem »körperlichen Ereignis« führen – und umgekehrt?

Descartes selbst musste schließlich eingestehen, dass das Problem theoretisch kaum gelöst werden kann. In einem Brief an Elisabeth von Böhmen schrieb er: »(...) die Dinge endlich, die der Vereinigung von Seele und Körper zugehören, lassen sich nur dunkel durch das Begriffsvermögen allein erkennen, sondern sie werden sehr deutlich durch die Sinne erkannt. Daher kommt es, dass diejenigen, die niemals philosophieren und sich nur ihrer Sinne bedienen, nicht daran zweifeln, dass die Seele den Körper bewegt, und dass der Körper auf die Seele wirkt.«[169]

Zum Erbe von Descartes gehört auch das Problem des »Fremdpsychischen«. Darunter verstehen Philosophen die Frage, ob und wie es möglich ist, Zugang zu inneren geistigen Vorgängen anderer Menschen zu bekommen. Woher können wir wissen, was in einem »denkenden Ding« vorgeht?

Ein weiteres Problem ist die Frage nach dem Selbst. Nach der dualistischen Auffassung von Descartes ist die Seele eine Substanz, die von ihrem Wesen her unveränderlich ist. Zusätzlich zum Körper haben wir alle ein immaterielles, rein geistiges Wesen, das uns zu dem macht, was wir sind. Irgendwo in uns wohnt ein Geist, der immer der gleiche bleibt, während unser Körper sich verändert. Demnach bin ich heute der gleiche Mensch wie vor zehn Jahren, weil ich die gleiche »Seele« habe. Und weil mein Geist nicht auf den Körper angewiesen ist, werde ich nach meinem Tod eben als geistiges Wesen weiterexistieren.

Die Frage ist nur: Was hat dieses »denkende Ding« eigentlich mit uns zu tun – mit unserer Persönlichkeit, mit unseren Erfahrungen und Erinnerungen, mit all dem, was nach landläufigen Vorstellungen unser Selbst ausmacht?

Diese Seele ist nach meinem Empfinden nicht mein Vater – sondern eher sein Gespenst.

Für Descartes ist mein Vater kein menschliches Wesen – und zwar schon deshalb, weil er nicht »ich denke« sagen kann. Aber was ist er dann? Und wie weiß mein Vater, dass er überhaupt *ist*? Weiß er es *überhaupt*?

Wenn »Seele« und »Geist« das Gleiche sind, dann hat mein demenzkranker Vater wohl keine Seele mehr. Nach den Vorstellungen des 17. Jahrhunderts könnte sein Geist zwar unabhängig vom Körper irgendwo weiterexistieren. Aber ich weiß ehrlich gesagt nicht, was der Descartes'sche »Geist« meines Vaters ohne seinen Körper sein sollte. Welche Eigenschaften könnte ich ihm zuschreiben? Seine Überzeugungen? Seine Erinnerungen? Und könnte er wieder sprechen? Was könnte dieser Geist ohne Körper überhaupt tun?

Für Descartes lebt die Seele in ihrer eigenen Welt. Mit unserem Körper bildet sie zwar eine Art Wohngemeinschaft. Doch im Grunde gehört sie zu einer anderen Art von Realität.

Das Descartes'sche »denkende Ding« wirkt auf mich seltsam blutleer und blass. Irgendwie fehlt ihm der sinnlich-üppige Reichtum unserer Wirklichkeit. Die Farben, der Geruch, der Geschmack. Unsere Empfindungen, unsere Lüste, unsere Freuden, unsere Tränen. Ein denkendes Ding betreibt keinen Sport und hat keinen Sex. Es isst und trinkt nicht, es schwitzt nicht, es bekommt bei Beethovens Neunter keine Gänsehaut.

Alles was diese Seele kann ist denken.

Was ihr fehlt, ist das Leben.

Wenn die Seele etwas Geistiges ist: Was verbindet sie dann mit der materiellen Wirklichkeit? Und welche Stellung hat die Seele im Kosmos? Haben nur Menschen Seelen – oder ist die ganze Welt »beseelt«?

Zwei Denker des 17. Jahrhunderts versuchten, die Descartes'sche Trennung von Geist und Körper zu überwinden – und das Problem der Seele auf radikal neue Weise zu lösen.

KAPITEL 6

Die Seele der Dinge

Mein Vater sitzt im Rollstuhl auf der Gartenterrasse. Die meiste Zeit schläft er. Manchmal schaut er auf und blinzelt in die Sonne.

Ich wünsche mir, dass er den Frühlingsduft empfinden kann.

Seit Jahren pflegt ihn meine Mutter in einem winzigen Häuschen in Niederösterreich. Mein Vater hat es einmal als Wochenendhaus gekauft. Es war eine seiner letzten größeren Entscheidungen, bevor er krank wurde. Heute steht mitten im Wohnzimmer ein riesiges Krankenbett, daneben ein elektrischer Hebekran, eine segensreiche Erfindung. Damit kann ihn meine Mutter vom Bett in den Rollstuhl hieven. Sie ist glücklich, wenn der Vater im Garten sitzen kann.

Draußen, wo alles blüht.

Es macht einen Unterschied, ob mein Vater draußen sitzt oder drinnen. Im Krankenzimmer oder im Garten. Drinnen wirkt er auf mich einfach wie ein kranker Mensch, eingesperrt in sein zerstörtes Gehirn. Draußen habe ich das Gefühl, als wäre er Teil eines größeren Zusammenhangs. Als gäbe es eine Art tiefere Verbindung zwischen ihm und der Natur.

Ich gebe gern zu, dass das mystisch klingt, ja irgendwie irrational. Doch es gibt Momente, in denen ich mich frage, ob meine Seelen-Suche nicht viel zu engstirnig ist. Was verbindet unsere »Seelen« mit der Natur? Und ist nicht womöglich alles im Kosmos irgendwie »beseelt«?

Zwei Philosophen des 17. Jahrhunderts haben nach diesem großen Zusammenhang gesucht – und sind dabei zu Schlüssen gelangt, die mindestens so unterschiedlich waren wie ihre

Charaktere. Der eine war der holländische Jude Baruch de Spinoza, der andere das deutsche Universalgenie Gottfried Wilhelm Leibniz.

»Nach dem Urteil der Engel und der Aussage der Heiligen verbannen, verfluchen, verwünschen und verdammen wir Baruch d'Espinosa (...). Er sei verflucht bei Tag und verflucht bei Nacht, verflucht sein Hinlegen und verflucht sein Aufstehen, verflucht sein Gehen und verflucht sein Kommen. Hütet euch: dass niemand mündlich noch schriftlich mit ihm verkehre, niemand ihm die geringste Gunst erweise, niemand unter einem Dach mit ihm wohnt, niemand sich auf vier Ellen nähere, niemand eine von ihm gemachte oder geschriebene Schrift lese.«[170] Der Bannfluch der Amsterdamer Synagoge traf einen 24-jährigen Mann aus der Mitte der jüdischen Gemeinde, der sich verdächtig gemacht hatte mit seinen Ansichten über Gott und die Seele.

Baruch (hebräisch: »der Gesegnete«) Spinoza wurde 1632 im Amsterdamer Judenviertel Vloonburg geboren. Seine Familie gehörte zu den »Marranen«, einer Gruppe portugiesisch-jüdischer Familien, die in den Niederlanden Schutz vor der Verfolgung gesucht hatten. Schon als Schüler machte der hochintelligente Junge auf sich aufmerksam. Spinoza wurde im Geist des Judentums erzogen und wäre wahrscheinlich Rabbiner geworden. Doch es kam anders. Nach dem Tod seines Bruder musste Spinoza zunächst dessen Stelle im Geschäft des Vaters übernehmen. Als Kaufmann kam er mit Amsterdamer Intellektuellen in Kontakt und lernte die Schriften von Descartes kennen, der selbst sogar zwei Jahrzehnte lang in Amsterdam gewohnt hatte.

Spinoza machte sich als Kenner und Kritiker von Descartes einen Namen – und entfernte sich immer mehr von der jüdischen Gemeinde, in der er aufgewachsen war. Bald gingen Gerüchte um, Spinoza verbreite gefährliche Irrlehren. Er halte Gott für ein körperliches Wesen – und die menschliche Seele für sterblich. Beim Verlassen eines Amsterdamer Theaters wurde er sogar von einem Unbekannten mit dem Messer angegriffen. Spinoza entging dem Anschlag nur knapp. Eines Tages erhielt

Spinoza Besuch von zwei Männern, die ihn über seine wahren Ansichten ausfragen sollten.[171]

Unter anderem ging es um die heikle Frage nach der Unsterblichkeit der Seele.

Spinoza soll den Männern nur arglos geantwortet haben: »Was die Seele betrifft: Wo auch immer die Schrift von ihr spricht, bezieht sich das Wort auf Leben oder auf etwas Lebendiges. Es wäre nutzlos, nach einer Stelle zu suchen, die ihre Unsterblichkeit stützt.« Danach verabschiedete sich Spinoza.

Bertrand Russell nannte Spinoza in seiner »Geschichte der Philosophie des Abendlandes« den »vornehmsten und liebenswertesten« der großen Philosophen: »An Klugheit waren ihm einige andere überlegen, ethisch aber steht er am höchsten.«[172]

Jedenfalls lehnte Spinoza sämtliche Vermittlungsangebote seiner Kritiker ab. Am 27. Juli 1656 stieß ihn schließlich die jüdische Gemeinschaft aus. Spinoza verließ Amsterdam und verdiente seinen Lebensunterhalt als Linsenschleifer. Seine Überzeugung und sein Stolz waren jedoch ungebrochen. In Rijnsburg bei Leiden und später in Den Haag widmete er sich weiter seinen philosophischen Studien. »Nachdem die Erfahrung mich gelehrt hat, dass alles, was im täglichen Leben sich gewöhnlich ereignet, nichtig und wertlos ist, (...) so beschloss ich endlich zu erforschen, ob es irgendetwas gäbe, das ein wahres Gut sei, dessen man teilhaftig werden könne und von dem allein, unter Zurückweisung alles anderen, das Gemüt erfüllt werde; ja ob es etwas gäbe, durch das ich, wenn es von mir entdeckt und erlangt ist, eine beständige und höchste Freude auf ewig genießen könne.«[173] Das wahre Glück liege nicht in »Reichtum, Ehre und Vergnügen«, sondern in unserem Geist, in unserer Seele.

In seiner »Abhandlung über die Verbesserung des Verstandes« stellt der Philosoph deshalb einige Lebensregeln auf. Eine lautete: »Man genieße das Vergnügen nur so weit, wie es zur Erhaltung der Gesundheit ausreichend ist.« Eine andere Regel lautete, nur so viel Geld und Besitz zu erwerben, »wie man braucht, um Leben und Gesundheit aufrechtzuerhalten und um den Sitten des Landes (...) gleichzukommen.«

Spinoza befolgte seine Regeln offenbar selbst mit großer Strenge. Er lebte äußerst sparsam. An manchen Tagen soll er mit einem Teller Grütze oder Milchsuppe ausgekommen sein. Allerdings war er keineswegs nur ein in höhere Sphären entrückter Asket. Ein »außerweltliches« Dasein hätte seinen philosophischen Überzeugungen widersprochen. »Sache des weisen Menschen ist es, sage ich, sich maßhaltend mit schmackhaftem Essen und Trinken zu stärken und zu erfrischen, wie auch Wohlgeruch, die Schönheit grünender Natur, Dekoration, Musik, Sport, Theater und andere Dinge dieser Art zu genießen, Dinge, denen sich ein jeder ohne irgendeinen Schaden für den anderen hingeben kann. Der menschliche Körper setzt sich nämlich aus sehr vielen Teilen verschiedener Natur zusammen, die fortwährend neuer und abwechslungsreicher Nahrung bedürfen, damit der ganze Körper zu allem, was aus seiner Natur folgen kann, gleichmäßig befähigt ist und damit folglich auch der Geist gleich fähig ist, mehreres auf einmal einzusehen.«[174]

Einheit der Welt

Für Spinoza hängen Seele und Körper also eng zusammen. Für ihn gibt es nur eine Welt: Geist und Natur bilden eine Einheit. Jeder geistige Vorgang beruht auf einem materiellen Prozess. In seinem Hauptwerk mit dem merkwürdigen Titel »Ethica Ordine Geometrico demonstrata« (»Ethik in geometrischer Ordnung dargestellt«) entwickelt er eine radikal neue Auffassung vom Verhältnis zwischen Körper und Seele. Das grandiose Gedankengebäude, abgefasst im Stil eines mathematischen Lehrbuchs, machte Spinoza zu einem der berühmtesten und zugleich kontroversiellsten Philosophen seiner Zeit. Der bescheidene, liebenswürdige Spinoza erwarb sich den Ruf als gefährlicher Häretiker und Atheist.

Spinoza lehnt den Dualismus von Descartes ab. In seiner »Ethik« spottet er über die Theorie des Franzosen, Geist und Körper seien zwei verschiedene Substanzen, die über die Zirbeldrüse im Gehirn zusammenwirkten: »Das ist die Ansicht dieses hochberühmten Mannes; ich hätte kaum geglaubt, dass sie von einem so großen Mann vorgebracht worden ist, wenn sie nicht so subtil wäre (...). Was, frage ich ihn, versteht er denn unter der Vereinigung von Geist und Körper? Was für einen klaren und deutlichen Begriff, frage ich, hat er denn von einem Gedanken, der so eng mit einem Stückchen Ausdehnung vereinigt ist? (...) Er hatte aber den Geist als so verschieden von dem Körper konzipiert, dass er weder für die fragliche Vereinigung noch für den Geist selbst irgendeine einzelne Ursache angeben konnte, sondern genötigt war, auf die Ursache des ganzen Universums, das heißt auf Gott zurückzugreifen. Weiter hätte ich sehr gern gewusst, wie viele Grade von Bewegung der Geist jener Zirbeldrüse übermitteln kann und eine wie große Kraft erforderlich ist, sie in ihrer Lage zu erhalten (...).«[175]

Viel hielt Spinoza von Descartes' berühmter Theorie nicht.

Für Spinoza ist der Mensch keine mysteriöse Vereinigung von zwei verschiedenen Substanzen, von Geist und Körper. Da sitzt kein »Gespenst« in einer Maschine. Für Spinoza gibt es in der Welt überhaupt nur eine einzige Substanz. Das ist Gott oder die Natur. Ob er beides für ein und dasselbe hielt, darüber streiten die Gelehrten bis heute. Räumliche Ausdehnung und Denken, also Geist und Materie, sind nur verschiedene »Attribute« dieser Substanz – zwei verschiedene Blickwinkel, aus denen man die Wirklichkeit betrachten kann. Ein real existierender Tisch und die »Idee« eines Tisches sind für Spinoza daher »ein und dasselbe Ding«. Einmal ist der Blickwinkel die räumliche Ausdehnung, also die Materie, das andere Mal das Denken.

Die Wirklichkeit besteht nach Spinoza also einerseits aus eine Reihe von materiellen oder ausgedehnten Dingen, auf der anderen Seite aus einer Reihe von Ideen. Zwischen beiden herrscht eine exakte Entsprechung. »Die Ordnung und Verknüpfung von

Ideen ist dieselbe wie die Ordnung und Verknüpfung von Dingen.«[176] Jedem materiellen Ding entspricht eine Idee, jede materielle Veränderung ist zugleich eine geistige Veränderung. Daraus ergibt sich für Spinoza ein radikal neuer Seelenbegriff: Die Seele ist für Spinoza nichts anderes als die Idee, die mit einem materiellen Ding korrespondiert.

Nach Spinoza haben alle Dinge Seelen, nicht nur die Menschen. »Denn was wir bisher aufgezeigt haben, ist ganz allgemein und gilt für Menschen nicht mehr als für übrige Individuen, die alle, wenn auch in verschiedenen Graden, beseelt sind.«[177]

Der Mensch ist für Spinoza genauso Teil der Natur wie Tiere, Pflanzen oder Steine – er ist kein »Staat im Staat«, er hat keine Sonderstellung. Der Geist ist kein »denkendes Ding«, keine geheimnisvolle immaterielle Substanz, die unabhängig vom Körper existieren kann. Er ist eigentlich überhaupt kein Ding – sondern einfach die Idee, die unser Körper von sich selbst hat.

Unsere »Seele«, unser Geist ist an den Körper gebunden. Sie bildet daher für sich genommen keine Einheit. Der Geist kann sich daher auch nicht selbst erkennen: »Der Geist erkennt sich selbst lediglich insofern, als er die Ideen der Affektionen des Körpers wahrnimmt.«[178]

Nach Spinoza regiert der Geist auch nicht den Körper, wie Platon ebenso dachte wie Descartes. Vielmehr lehre die Erfahrung, »dass Menschen nichts weniger in ihrer Gewalt haben als ihre Zunge und nichts weniger können als ihre Triebe beherrschen«. Immer wieder tun wir Dinge, die wir hinterher bereuen – wie Betrunkene, sagt Spinoza. »Dies alles zeigt in der Tat klar, dass beide, die Entscheidung und der Trieb des Geistes und die Bestimmung des Körpers, der Natur nach zusammen bestehen oder vielmehr ein und dieselbe Sache sind.«[179]

Spinoza zufolge bestimmt weder der Körper den Geist noch der Geist den Körper. Geistige und körperliche Vorgänge laufen vielmehr parallel ab. Der »geistige« Zustand eines Betrunkenen ist demnach nicht die Folge seines »körperlichen« Zustandes.

Nach Spinoza handelt es sich einfach nur um zwei verschiedene Aspekte eines betrunkenen Menschen.

Geistige Gottesliebe

Jeder Vorgang in unserem Geist hat eine körperliche Entsprechung und umgekehrt. Aber wenn das so ist, kann der Geist nicht komplexer sein als der Körper. Und wer weiß, sagt Spinoza, wie komplex der Körper in Wirklichkeit ist: »Allerdings, was der Körper kann, hat bislang noch niemand bestimmt (...). Bislang kennt niemand den Bau des Körpers so genau, dass er alle seine Funktionen erklären könnte, ganz zu schweigen davon, dass man in niederen Lebewesen vieles beobachtet, was menschliche Erfindungsgabe weit übersteigt, und dass Nachtwandler im Schlaf vieles tun, was sie sich im wachen Zustand nicht zutrauen würden. Das zeigt zur Genüge, dass der Körper allein bloß nach Gesetzen seiner Natur vieles kann, worüber sein Geist staunt.«[180]

Die Seele ist nach Spinoza mit dem Körper vereinigt, ja sie »liebt« ihn sogar, wie er an einer Stelle erklärt. Doch daraus folgt auch, dass die Seele nicht ohne den Körper existieren kann.

Spinoza sagt es ziemlich unmissverständlich: »Die Seele ist (...) eine Idee, die in der denkenden Sache ist, entstanden aus der Existenz eines Dings, das in der Natur ist. Daraus folgt dann, dass, so wie die Dauer und Veränderung des Dings sind, auch die Dauer und Veränderung der Seele sein müssen.« Wenn die Seele also mit dem Körper vereinigt ist und der Körper »vergeht«, dann vergeht auch die Seele: »Denn wenn sie den Körper als das Fundament ihrer Liebe entbehrt, muss sie sogleich zugrunde gehen.«[181]

Bei Spinoza gibt es also keine persönliche Unsterblichkeit. Mit dem Körper stirbt auch seine Idee, die Seele. Doch Spinoza hat eine Alternative zum ewigen Leben anzubieten. Durch Erkenntnis können wir der »unendlichen Idee Gottes« näherkommen und durch »geistige Gottesliebe« schließlich eine Art Ewigkeit erlangen. Mit der landläufigen Vorstellung von einem Weiterleben nach dem Tod hat das allerdings nichts zu tun. Eher geht es um einen Prozess der Bewusstwerdung – um ein tieferes Verständnis des Universums und unserer Rolle darin. »Je weiter es also ein jeder in dieser Erkenntnisgattung zu bringen vermag, desto besser ist er sich seiner selbst und Gottes bewusst, das heißt desto vollkommener und glückseliger ist er.«[182]

Der Weg zum »Seelenheil« führt nach Spinoza über die rationale Lenkung der Emotionen. Dabei sind die »Affekte« für ihn keineswegs schlecht. »Es geschieht nichts in der Natur, was ihr selbst als Fehler angerechnet werden könnte, denn die Natur ist immer dieselbe, und was sie auszeichnet, ihre Wirkungsmacht, ist überall ein und dasselbe.« Das gilt nach Spinoza auch für unsere Emotionen. »Also folgen die Affekte des Hasses, des Zorns, des Neides usw. in sich betrachtet aus derselben Notwendigkeit und internen Beschaffenheit der Natur wie andere Einzeldinge auch.« Deshalb kann Spinoza »menschliche Handlungen und Triebe geradeso betrachten, als ginge es um Linien, Flächen oder Körper«.[183]

Alles in der Natur strebt nach Vollkommenheit. Auch unsere Emotionen entspringen für Spinoza deshalb aus dem »conatus«, dem fundamentalen Trieb jedes Dings, »in seinem Sein zu verharren«. Jeder Mensch, jede Pflanze, jedes Ding in dieser Welt strebt nach Selbsterhaltung. »Er, der Trieb, ist somit nichts anderes als genau die Essenz des Menschen, aus dessen Natur das, was der eigenen Erhaltung dient, notwendigerweise folgt; mithin ist der Mensch bestimmt, es zu tun.«[184] Nach Spinoza erstreben wir etwas nicht deshalb, weil wir es für gut halten: »Im Gegenteil, wir halten etwas für gut, weil wir es erstreben, es wollen, nach ihm verlangen und begehren.« Unter »Freude« versteht Spinoza Zustände, »in denen der Geist zu einer größeren Vollkommenheit übergeht«.[185] Umgekehrt führt die Minderung der Vollkommenheit zu »Traurigkeit«.

Der »conatus« ist nur vordergründig ein egoistischer Trieb. »Niemand kann begehren, glücklich zu sein, gut zu handeln und gut zu leben, der nicht zugleich begehrte, zu sein, zu handeln und zu leben, das heißt wirklich zu existieren.« Je mehr ein Mensch seinen eigenen Vorteil sucht, desto mehr ist er nach Spinoza mit Tugend ausgestattet.

Das Problem ist, dass uns die Emotionen oft in die Irre führen. Die Vernunft kann uns dabei helfen, unsere »Leidenschaften« besser zu verstehen und in die richtige Richtung zu lenken.

Die Kraft der Vernunft ist für Spinoza selbst eine Emotion. Wer unter der Leitung seiner Vernunft lebt, wer seine Emotionen versteht und zu lenken vermag, kann nach Spinoza schließlich die höchste Form von Erkenntnis erreichen – die »geistige Liebe zu Gott«. Darunter versteht er ein »intuitives Wissen«, das für ihn die »dritte Erkenntnisgattung« nach der Sinneserfahrung und dem reflexiven Wissen ist.

Die geistige Gottesliebe Spinozas ist eine Art mystische Erfahrung. Der Mensch vereinigt sich geistig mit dem Kosmos – und darin erkennt er auch sein eigenes Wesen. Gottesliebe ist schließlich auch Selbstliebe: »Je mehr der Geist an dieser göttlichen Liebe oder Glückseligkeit eine innere Freude hat, umso mehr sieht er ein, das heißt, eine umso größere Gewalt hat er über die Affekte und umso weniger erleidet er von Affekten, die schlecht sind.«[186]

Der Unwissende hingegen kann in dieser Welt keinen inneren Frieden finden. Er wird von äußeren Ursachen umhergetrieben und weiß nichts von sich und Gott: »Er ist einer, der, sobald er aufhört, etwas zu erleiden, zugleich auch aufhört zu sein. Der Weise andererseits ist nahezu ruhigen Gemüts, sich seiner selbst, Gottes und der Dinge nach einer gewissen ewigen Notwendigkeit bewusst, hört er niemals auf zu sein, sondern genießt immer wahren inneren Frieden.«[187] Die Glückseligkeit bleibt aber letztlich nur wenigen vorbehalten: »Aber alles was vortrefflich ist, ist ebenso schwierig wie selten.«

Spinozas Lehre beseitigte einige der Probleme, die Descartes dualistische Theorie hinterlassen hatte. Alle diese Fragen haben letztlich mit dem Leib-Seele-Problem zu tun. Haben Babys etwa keine Seele, weil sie nicht sprechen können? Was macht der Geist, während wir träumen? Und haben Tiere tatsächlich keinen Geist, wie Descartes glaubte?

Nach Spinoza haben Babys, Träumer oder Tiere eine »Seele«, einfach weil sie einen Körper haben. Das heißt nicht, dass alle die gleichen geistigen Fähigkeiten besitzen. »Je fähiger, verglichen mit anderen, ein Körper ist, vieles auf einmal zu tun oder zu erleiden, desto fähiger ist, verglichen mit anderen, sein Geist, vieles auf einmal wahrzunehmen.«[188] Mit anderen Worten, für Spinoza gibt es ein Kontinuum von geistigen Fähigkeiten, das von der Komplexität des Körpers abhängt.

Was mich an Spinoza interessiert, ist weniger seine Vision der »geistigen Gottesliebe«. Auch mich überkommt zwar ehrfürchtiges Staunen über unser »feingetuntes« Universum – über das Wunder einer kosmischen Evolution, die letztlich uns Menschen hervorgebracht hat. Auch ich rätsle über unsere Stellung im kosmischen Zusammenhang. Doch mir fehlt das mystische Empfinden, und wohl auch die Weisheit, um mich im Sinne Spinozas mit der Ordnung des Kosmos und meiner Rolle darin zu identifizieren. Wie Spinoza ja selbst sagte: Diese höchste Form der Erkenntnis ist »ebenso schwierig wie selten«!

Das Interessante an Spinozas Seelenvorstellung ist für mich die zentrale Rolle, die er dem menschlichen Körper einräumt. Nach Spinoza kann die Seele nicht ohne den Körper existieren. Im Licht der Hirnforschung ist das für uns heute natürlich eine geläufige Vorstellung. Tatsächlich hat Spinoza einige Einsichten der modernen Neurowissenschaften intuitiv vorweggenommen – unter anderem die Rolle des Unbewussten im menschlichen Denken.

Wenn ich meinen Vater im Garten sitzen sehe, dann sehe ich keinen »Geist«, kein »denkendes Ding«. Ich sehe meinen schwer kranken Vater. Einen lebenden Menschen, allerdings mit sehr reduzierten Fähigkeiten. Ich sehe, wie er schaut. Ich höre, wie er hustet. Und ich sehe, wie sich seine Hand bewegt.

Wenn ich Spinoza richtig verstehe, dann hat mein Vater einfach deshalb eine Seele, weil sein Körper immer noch funktioniert. Mit dem Verfall seines Körpers hätte auch seine Seele abgebaut. Nach der Terminologie Spinozas wäre sie kein »Geist« im eigentlichen Sinne mehr. Doch mein Vater hätte wohl immer noch mehr Seele als ein Tier. Und ganz bestimmt hätte er mehr Seele als die Pflanzen im Garten, in dem er sitzt.

Spinozas Gedanke, die Seele sei einfach die »Idee«, die einem »ausgedehntem Ding« entspricht, ist zugegebenermaßen schwer zu schlucken. Demnach hat auch jeder Kieselstein eine Seele. Diese Vorstellung scheint irgendwie unsere menschliche Würde zu verletzen. Man kann sich fragen, was der Mensch in Spinozas Kosmos noch »Besonderes« hat.

Die Antwort lautet: nichts.

Wir mögen zwar höhere intellektuelle Fähigkeiten besitzen als Tiere oder Pflanzen. Doch es gibt keine mysteriöse geistige »Substanz«, über die wir Menschen exklusiv verfügen. Mit diesen Ansichten machte sich Spinoza zu seiner Zeit nicht viele Freunde.

Einer seiner größten Feinde war Gottfried Wilhelm Leibniz.

Metaphysische Computer

»Ich habe Spinozas Buch gelesen«, schrieb Leibniz im April 1671: »Ich bedaure, dass ein Mann von solcher Gelehrsamkeit so tief gefallen ist (...). Schriften dieser Art höhlen die christliche Religion aus.«[189] Der Unterschied zwischen den beiden Philosophen konnte kaum größer sein. Spinoza glaubte an einen »immanenten«, unpersönlichen Gott, der in der Welt ist so wie die Welt in ihm. Der Gott von Leibniz hingegen ist ein transzendenter Schöpfer, eine Art Hyperintelligenz außerhalb von Raum und Zeit. Für Spinoza ist die menschliche Seele einfach ein Teil der Natur wie alles andere auch. Nach Leibniz ist sie etwas Besonderes, Bewundernswertes, ja etwas Göttliches – eine Art

Prototyp der ganzen Schöpfung. Nach Spinoza vergeht die Seele mit dem Körper, für Leibniz ist sie unsterblich.

Nicht weniger gegensätzlich waren die Persönlichkeiten der beiden Männer. Der eine war ein jüdischer Freigeist, der andere ein Lutheraner aus dem konservativen Deutschland. Spinoza hatte den Ruf eines bescheidenen, moralisch untadeligen Mannes. Leibniz hingegen galt als selbstverliebter, eitler Karrierist.

Gottfried Wilhelm Leibniz (1646–1716) war vielleicht eines der größten Universalgenies, die je gelebt haben – und vermutlich auch das letzte. Der studierte Jurist beschäftigte sich mit mathematischen und physikalischen Themen ebenso wie mit rechtlichen oder theologischen Fragen. Er entwickelte die erste arithmetische Rechenmaschine und entdeckte, wahrscheinlich unabhängig von Isaac Newton, die Differenzial- und Integralrechnung. Schon als Vierjähriger las er Geschichtsbücher. Später brachte er sich selbst Latein bei, indem er die Bildunterschriften in einer illustrierten Livius-Ausgabe »entschlüsselte«. Als Schüler schrieb er einen Kommentar zur Logik von Aristoteles, mit 14 immatrikulierte er sich an der Universität von Leipzig. Wie Spinoza, erlebte auch Leibniz eine schwere Kränkung – seine juristische Doktorarbeit wurde zunächst aufgrund von Intrigen abgelehnt.[190]

Leibniz war ein rastloser Geist mit grenzenloser Energie. Sein ganzes Leben lang suchte er nach Bestätigung und Anerkennung. Doch viele seiner Projekte, von einer Universalenzyklopädie bis zu einer Rechtsreform, kamen letztlich nicht zustande. In Paris versuchte er vergeblich, dem französischen König einen militärischen Plan für die Eroberung Ägyptens zu unterbreiten. In Hannover arbeitete er schließlich bis zum Ende seines Lebens als Hofhistoriograf und Jurist. Von hier aus führte er einen umfangreichen Briefwechsel mit der halben Welt. Der ebenso charmante wie eitle Leibniz liebte es, mit hochgestellten Persönlichkeiten über philosophische Fragen zu debattieren.

In einer dieser Diskussionen ging es um die Frage der Seele.

Der junge Kurfürst Georg Ludwig hatte argumentiert, dass der Geist materieller Natur sein müsse, weil er aus Dingen bestehe, die wir mit unseren Sinnesorganen aufnehmen. Seine Mutter, die Kurfürstin Sophie, vertrat die gleiche Meinung und legte die Frage Leibniz vor. Der Gelehrte antwortete mit einer metaphysischen Abhandlung. Zunächst, so meinte er, müsse man sich fragen, was Seele und Materie überhaupt seien. Materie bestehe aus Teilen, erklärte Leibniz – wie eine Herde von Schafen. Diese Einheiten seien immateriell, unteilbar und unzerstörbar – seelenartige Wesen, die sich überall finden. Allerdings gebe es edlere und weniger edle Seelen. In jedem Lebewesen sei die Seele die dominierende Einheit. In uns Menschen bilde sie das Ich.[191]

Für Leibniz besteht die Welt aus unendlich vielen »Monaden« – aus Elementen, die keinerlei materielle Ausdehnung besitzen. Monaden haben keine Gestalt, man kann sie weder sehen noch anfassen. Für Leibniz sind sie eine Art geistige Atome, aus denen sich alles zusammensetzt.

Monaden sind »Seelen«. Und sie sind buchstäblich überall.

Das klingt zunächst sehr abstrakt. Die faszinierende Seelen-Vorstellung von Leibniz lässt sich nur vor dem Hintergrund seiner Metaphysik verstehen. Der Schlüssel liegt im Begriff der »Substanz« – also eines Dings, das unabhängig von anderen existieren kann. Eine Monade ist für Leibniz eine »einfache Substanz«. Darunter versteht er Substanzen, die keine Teile haben. Solche »einfachen Substanzen« muss es geben, ganz einfach, weil es zusammengesetzte Substanzen gibt, die aus einzelnen Teilen bestehen. Aber wo es keine Teile mehr gibt, dort gibt es auch keine körperliche Ausdehnung. »Einfache Substanzen« sind folglich zwangsläufig immateriell, daher können sie sich auch nicht auflösen oder sonst wie zugrunde gehen. Ihre Anzahl bleibt immer gleich. Sie sind einfach nur »metaphysische Punkte«. Zwischen Monaden gibt es keine Wechselwirkung. Weder kann etwas von außen in sie hinein noch etwas aus ihnen heraus. »Monaden haben keine Fenster«, sagt Leibniz.[192]

Immateriell, punktförmig, fensterlos: Das klingt nach einem ziemlich bescheidenen Dasein. Und doch sind Monaden etwas Lebendiges. Keine Monade gleicht der anderen. Monaden sind Individualisten. Und jede verfolgt einen höheren Plan.

Jedes Ding ist für Leibniz eine organisierte Anhäufung von Monaden. Jede davon weiß von sich aus, wie sie sich mit anderen Monaden koordinieren muss. Und in jeder einzelnen Monade, in jeder »einfachen Substanz«, steckt bereits im Keim das große Ganze – der Prototyp der Wirklichkeit.

Der Begriff der »Substanz« beruht auf der logischen Kategorie von Subjekt und Prädikat. Ein Subjekt ist ein Zugrundeliegendes, über das in einem Urteil etwas ausgesagt wird. Im Satz »Der Tisch ist rot« ist »Tisch« das Subjekt, die Bestimmung »ist rot« das Prädikat. Ein Subjekt, das niemals selbst als Prädikat auftreten kann, bezeichnet dann eine Substanz. Leibniz' Kernidee besteht nun darin, dass in einem Subjekt alle Prädikate, die man ihm zuschreiben kann, bereits enthalten sein müssen. Leibniz illustriert das an folgendem Beispiel. Dem Subjekt »Alexander der Große« kommt die Eigenschaft »König« zu. Damit ist das Individuum »Alexander der Große« aber noch nicht ausreichend bestimmt. Man könnte ihm weitere Eigenschaften zuschreiben, etwa biografische Daten, sein Aussehen, seine Bildung usw. – mit anderen Worten, wir könnten das Subjekt »Alexander der Große« immer noch genauer bestimmen.

Nach Leibniz müssen alle Eigenschaften, die wir Alexander dem Großen wahrheitsgemäß zuschreiben können, bereits im Subjekt »Alexander der Große« enthalten sein – allerdings sozusagen in »zusammengefalteter« Form. Leibniz kommt daher zum Schluss, »dass es zu jeder Zeit in der Seele Alexanders Überreste dessen gab, was ihm zugestoßen ist, und Zeichen dessen, was ihm noch zustoßen würde, und sogar Spuren von allem, was sich im Weltall ereignet, obwohl es nur Gott zukommt, alles dies wiederzuerkennen«.[193] In jeder Substanz oder Monade steckt bereits die Information, eine Art Softwarekode, der die ganze Geschichte eines Dings festlegt. Mehr noch: Jede Monade spiegelt das ganze Universum.

Für Leibniz ist jede Monade ein »geistiger Automat«, der einen von Gott vorherbestimmten Algorithmus abspult. Nach heutiger Terminologie kann man sich darunter einen »metaphysischen« Computer vorstellen, auf dem eine Art Simulation der Wirklichkeit läuft.

Jede Seele kann sich mit einem Körper zu etwas Lebendigem verbinden. Deshalb gibt es eine unendliche Zahl von Abstufungen. Die einfachsten davon haben nur undeutlich verschwommene »Perzeptionen« von sich und ihrer Rolle im Universum. Klarere Perzeptionen können bei Lebewesen bis zur Entstehung von Geist und Bewusstsein führen. So sind die Seelen von Tieren, die über Gedächtnis verfügen, höhere Monaden. Vernunftbegabte menschliche Seelen nennt Leibniz Geister.

Ein Kosmos voller Seelen

Jeder lebendige Körper besteht aus Myriaden von Monaden. Jede davon ist eine unsterbliche Seele. Aber es gibt nur eine vorherrschende Monade, die allen anderen ihren Zweck gibt – das ist für Leibniz *die* Seele.

Für Leibniz ist der ganze Kosmos »angefüllt« mit Leben, mit Seele. »Jeder Materieabschnitt kann als ein Garten voll von Pflanzen verstanden werden; und als ein Teich voll von Fischen. Aber jeder Zweig der Pflanze, jedes Glied des Tieres, jeder Tropfen seiner Säfte ist ein solcher Garten und ein solcher Teich. (...) So gibt es im Universum nichts Unbebautes, nichts Unfruchtbares, nichts Totes, kein Chaos, keine Verworrenheit als nur dem Scheine nach.«[194]

Alles in diesem Universum ist daher miteinander verknüpft, sagt Leibniz. Als »lebendiger Spiegel« des ganzen Universums hat jede Monade ihren besonderen Blickwinkel, ihre eigene Perspektive auf das große Ganze: »Man könnte die Schönheit des Alls in jeder Seele erkennen, wenn man alle ihrer Falten, die sich wahrnehmbar nur mit der Zeit öffnen, auseinanderlegen könnte.«[195] In jeder Monade ist also der »geheime« Code des Universums verschlüsselt – seine Gegenwart, seine Vergangenheit und Zukunft. Und alles ist mit allem verbunden. Jeder Körper verspürt, was sich im Universum ereignet, sagt Leibniz:

»Auf solche Weise kann derjenige, der alles sieht, in jedem das lesen, was überall geschieht und sogar das, was geschehen ist oder geschehen wird, indem er im Gegenwärtigen das wahrnimmt, was – ebenso in der Zeit wie dem Orte nach – entfernt ist. Eine Seele kann aber in sich nur das lesen, was auf deutliche Weise in ihr dargestellt ist, sie kann nicht alle ihre Falten mit einem Schlage auseinanderwickeln, denn sie gehen bis ins Unendliche.«[196]

Nur Gott kann also den monadischen Kode entziffern. Uns menschlichen Seelen bleibt der kosmische Algorithmus verborgen. Nach Leibniz sind unsere »Perzeptionen« zu schwammig – unser kosmischer Spiegel ist gleichsam zerkratzt: »Jede Seele erkennt das Unendliche, erkennt alles, aber auf verworrene Weise; gerade so wie ich, wenn ich am Ufer des Meeres spazieren gehe und den großen Lärm höre, den es macht, die besonderen Geräusche jeder einzelnen Welle höre, aus denen das Gesamtgeräusch zusammengesetzt ist, aber ohne sie im Einzelnen zu unterscheiden.«[197]

Nach Leibniz wollte Gott die »vollkommenste aller Welten« erschaffen. Eine Welt, in der die Monaden nicht verrückt spielen, sondern mit den anderen verträglich sind, eine Welt vollkommener Harmonie. Aber wie koordinieren sich die Körper-Monaden mit den Geist-Monaden? Wie kann meine Geist-Monade meine Körper-Monaden dazu bringen, diesen Satz zu schreiben? Auch Leibniz steht vor dem Leib-Seele-Problem.

Die Interaktion zwischen materiellen und geistigen Vorgängen vergleicht er mit zwei Pendeluhren, die exakt im Gleichtakt laufen. Für ihn gibt es drei Möglichkeiten, diese Übereinstimmung zu erklären. Die erste Variante ist, dass sich die Uhren gegenseitig beeinflussen, obwohl sie voneinander getrennt stehen – das entspricht der Vorstellung von Descartes, dass Körper und Seele miteinander interagieren können. Die zweite Möglichkeit besteht darin, dass ein geschickter Handwerker die Uhren überwacht und ständig nachjustiert. Das ist die Annahme der sogenannten Occasionalisten, wonach Gott ständig ins weltliche Geschehen eingreift. Drittens schließlich könnten die Uhren von vornherein exakt synchron eingestellt worden sein. Die ersten beiden Erklärungen hält Leibniz für unsinnig. Er sieht keine Möglichkeit, wie sich materielle und immaterielle Dinge gegenseitig beeinflussen können. Und er lehnt auch die »occasionalistische« Vorstellung ab, dass Gott durch Wunder in Naturabläufe eingreife. Schließlich bleibt Leibniz' eigene Erklärung der »prästabilierten Harmonie«: Demnach hat Gott die Welt so »eingestellt«, dass körperliche und geistige Vorgänge parallel ablaufen, obwohl beide jeweils ihren eigenen Gesetzen folgen – ganz so, als gäbe es einen direkten gegenseitigen Einfluss oder als sei eine »höhere Macht« im Spiel.[198]

Metamorphosen der Seele

Keine Monade geht zugrunde. Überhaupt gibt es in diesem Universum weder vollkommenen Tod noch wirkliche Neugeburt. Auch die Körper von Tieren lösen sich nicht einfach auf. Es gibt keine gänzlich vom Körper getrennten Seelen. Nur Gott ist völlig vom Körper befreit. Leibniz glaubt aber auch nicht an die Seelenwanderung, sondern an ständige Umwandlung oder Metamorphose. »Was wir Neuschöpfungen nennen, sind Entwicklungen und Wachstum, wie das, was wir Tod nennen, nur Einhüllungen und Verminderungen sind.«[199]

Ohne Seele gibt es für Leibniz keine Identität. Zwar können unbeseelte Dinge eine bestimmte materielle Zusammensetzung und Gestaltung haben, die sie von anderen Dingen unterscheidet. Doch diese Zusammensetzung verändert sich ständig, ein »organisierter Körper« ohne Seele ist schon einen Augenblick später nicht mehr derselbe. »Die Organisation oder Gestaltung ohne ein darin liegendes Lebensprinzip, das ich Monade nenne, würde nicht ausreichen zu bewirken, dass etwas (...) dasselbe Individuum bleibt.« Nach Leibniz sorgt die Seele für eine »wahre Einheit, die dem entspricht, was man in uns das Ich nennt.« Genau das macht uns Menschen so besonders: »Das kann weder bei den künstlichen Maschinen noch bei der einfachen Materiemasse statthaben, die man sich, wie organisiert sie auch sein mag, wie eine Armee oder einen Haufen vorstellen kann oder wie einen Teich von Fischen oder wie eine aus Federn und Rädern zusammengesetzte Uhr.«[200]

Die Frage der persönlichen Identität ist für Leibniz vor allem ein moralisches Problem. Wenn ein Betrunkener nicht mehr »dieselbe Person« ist – wie kann man dann den nüchternen Menschen dafür bestrafen, was er im betrunkenen Zustand getan hat?

Eine Person hat nach Leibniz ein Ich-Empfinden, ein Selbst. Darin unterscheiden sich Menschenseelen von Tierseelen. Auch eine Tierseele ist ein »Spiegel des Universums«, sie geht daher nicht zugrunde. Im Unterschied zur menschlichen Seele kann sie allerdings ihre Identität nicht bewahren. Eine Raupe etwa hat zwar eine »physische Identität«, aber kein Ich. Sie ist keine »Person«. Darum können wir nach Leibniz zu Recht sagen, dass die Raupe abstirbt, wenn sie sich in einen Schmetterling verwandelt. Tierseelen sind nach Leibniz daher »unaufhörlich« – aber nicht »unsterblich«.

Eine vernünftige Seele hingegen, ein »Geist«, bewahrt nach Leibniz auch ihre persönliche Identität – und damit ein Selbst, das zukünftige Strafen und Belohnungen auch zu fühlen vermag. »Da die intelligente Seele aber erkennt, was sie ist und ICH sagen kann, was viel besagt, dauert sie nicht nur und bleibt im metaphysischen Sinne bestehen ebenso wie die anderen, sondern bleibt auch im moralischen Sinne dieselbe und schafft die identische Persönlichkeit.«[201]

Entscheidend dabei ist die Erinnerung. Nur sie befähigt uns zu Strafe oder Belohnung, sagt Leibniz. Ohne Erinnerung wäre die Unsterblichkeit nichts Wünschenswertes. Leibniz illustriert das mit einem Gedankenexperiment: »Nehmen wir an, dass irgendein Individuum plötzlich König von China werden sollte, unter der Bedingung jedoch, das zu vergessen, was er gewesen ist, so als ob es ganz von neuem geboren worden wäre – ist das nicht in der Praxis oder hinsichtlich der Wirkungen, die man wahrnehmen kann, genau dasselbe, als ob es vernichtet werden sollte und ein König von China sollte an seiner Stelle im gleichen Augenblick geschaffen werden? Dieses Individuum hat aber keinen Grund, das zu wünschen.«[202] Mit solchen Überlegungen greift Leibniz bereits in die Debatten über persönliche Identitäten ein, um die es im nächsten Teil dieses Buches geht.

Mich fasziniert die Leibniz'sche Auffassung, dass letztlich alles »Seele« ist – und dass jede dieser »Seelen« das ganze Universum repräsentiert. Als Erster fasste Leibniz die Wirklichkeit als ein »Emergenzphänomen« auf, das aus einer für unsere Erfahrung unzugänglichen geistigen Realität hervorgeht. Diese Auffassung entspricht meiner Intuition vom Anfang dieses Kapitels, dass es einen tieferen, sozusagen »geistigen« Zusammenhang gibt, der uns mit dem Kosmos verbindet. Wenn die These des »Panpsychismus« stimmt, wenn also alles voll von Seelen ist, dann ist mein Vater tatsächlich viel mehr als sein devastiertes Gehirn. Dann hat er nicht bloß eine »Seele«, sondern Myriaden davon. Und jede davon ist ein Spiegel des Kosmos.

Allerdings habe ich zwei Schwierigkeiten. Zum einen widerstrebt mir der Gedanke, dass letztlich auch eine Amöbe eine »Seele« hat. Zwar kann man die Amöben-»Seele« auch nach Leibniz nicht wirklich mit der menschlichen »Seele« vergleichen. Dennoch gibt es in Leibniz' Monaden-Welt für mich ein wenig zu viel »Basisdemokratie«.

Zum anderen: Wenn ich von der »Seele« meines Vaters spreche, dann meine ich intuitiv etwas anderes als eine einfache »fensterlose Monade«. Ich meine damit etwas, das stärker mit seiner Person, mit seinem Leben, zusammenhängt.

Bei Leibniz habe ich den Eindruck, dass die Seele für ihn nicht viel mehr ist als ein besonderer Blickwinkel auf die Welt – eine Art metaphysischer Beobachtungspunkt, von dem aus wir das Universum betrachten. Eine intelligente Seele kann sich an dieses »Ich« erinnern. Wenn ich Leibniz folge, dann gibt es eine Ähnlichkeit zwischen meinem Vater und seinem »König von China«, der sich nicht mehr erinnern kann, wer er früher war. Wenn mein Vater sich tatsächlich nicht mehr an sein früheres Selbst erinnern kann (was ich natürlich nicht sicher weiß) – ist er dann heute einfach ein neuer Mensch wie Leibniz' »König von China«? Und wäre seine »Seele« dann nicht mehr »seine« Seele? Wäre er überhaupt noch »mein Vater« – oder einfach nur ein Fremder?

Von Platon über Augustinus, von Descartes bis Leibniz: Alle diese Denker hielten die Seele für eine immaterielle Substanz. Doch im 18. Jahrhundert stellte sich eine neue Frage: Wie kann etwas Immaterielles unser Selbst sein? Brauchen wir den Seelenbegriff überhaupt, um zu erklären, was einen Menschen ausmacht?

TEIL III Ich.

KAPITEL 7

Wer bin ich?

Irgendwann begann mein Vater, ein anderer zu werden. Wir haben uns oft gefragt, wie es anfing. Was schon krankhaft war und was nicht.

Niemand kann das sagen.

Manchmal sind es Kleinigkeiten, die im Rückblick plötzlich Bedeutung gewinnen. Immer wieder fällt mir ein, wie sich mein Vater bei einem Mittagessen plötzlich einen Zigarillo ansteckte. Wir saßen im Freien, im Vorgarten eines Restaurants, und mein Vater, der seit 20 Jahren nicht geraucht hatte, rauchte plötzlich Zigarillo. Das war an sich schon ungewöhnlich genug. Doch es gab zwei Dinge, die mich peinlich berührten. Das eine war die Art, wie er seine Zigarre rauchte. Er nuckelte förmlich an ihr wie ein kleines Kind. Das andere war der Umstand, dass er den Rauch unentwegt zu den Gästen am Nebentisch blies, offenbar ohne dass ihm das aufgefallen wäre. Ich weiß noch, wie ich dachte: »Jetzt wird er seltsam, der Vater.«

Es war ein schleichender Prozess. Wir hatten keine Ahnung, dass sich seine Persönlichkeit nicht einfach nur veränderte, sondern dass sein Selbst dabei war, zu verschwinden.

Ich hatte zu meinem Vater immer schon ein schwieriges Verhältnis. Vielleicht war es auch einfach nur eine nicht untypische Vater-Sohn-Beziehung. Mein Vater hatte bestimmte Erwartungen an mich, die ich in seinen Augen nicht erfüllte. Einer der Konfliktpunkte war immer, dass ich Journalist geworden bin – wie er selbst einer war. Der Vater hätte es lieber gesehen, wenn ich zu Ende studiert hätte und in den Staatsdienst oder in eine Bank gegangen wäre. Dass ich stattdessen Journalist wurde, hat er nie wirklich überwunden. Ich denke heute, dass er mich einfach vor den Enttäuschungen bewahren wollte, die er selbst erlebt hatte.

Mein Vater und ich haben immer schon gestritten. Über den Job, über meine jeweiligen Freundinnen, über tausend andere Dinge.

Was sich veränderte, war weniger der Inhalt, sondern eher die Aggressivität unserer Streitereien. Unsere Auseinandersetzungen bekamen etwas Unvermeidliches. Manchmal fehlte jeglicher Anlass. Aus dem Nichts heraus fing er wieder mit einem seiner Vorwürfe an. Und wiederholte ihn immer wieder und wieder, was auch immer ich darauf sagte. Manchmal gelang es mir nicht, ihn zu besänftigen, und manchmal trug ich selbst zur Eskalation bei. Dann stand er einfach auf und ging seufzend, ohne ein Wort zu sagen.

Wir blieben ratlos und verzweifelt zurück. Ich weiß noch, wie meine Großmutter zitterte, weil sie das so aufregte. Selbst sie brachte es nicht fertig, meinen Vater zu beruhigen. Sie sagte oft, dass sie sein Verhalten nicht verstehe. Sie sagte es ihm selbst. Manchmal schrie ihn diese kleine, zerbrechliche Frau an, er solle doch endlich aufhören. Dass sie sonst gehen und nicht wiederkommen werde. Schließlich saß sie nur mehr da und schüttelte den Kopf. Die Mutter verstand ihren Sohn nicht mehr.

Wir alle verstanden ihn nicht mehr. Und ich bebte vor Wut.

Heute frage ich mich, wie die Auseinandersetzungen verlaufen wären, wenn wir schon von der Krankheit gewusst hätten. Ob ich womöglich gelassener reagiert, manche seiner Äußerungen weniger ernst genommen hätte. Wären die Vorwürfe weniger kränkend für mich gewesen, wenn ich sie seiner Krankheit zuschreiben hätte können? Die Fragen haben etwas Irritierendes. Ich denke, wir gehen im Allgemeinen davon aus, dass wir es mit Personen zu tun haben, die für ihre Äußerungen und ihr Verhalten in irgendeiner Weise verantwortlich sind – und dass die Person, mit der wir heute reden, die gleiche Person ist wie gestern.

Im 5. Jahrhundert vor Christus thematisierte der griechische Komödienschreiber Epicharmus das Problem. In einer Szene verlangt ein Gläubiger von seinem Schuldner sein Geld zurück. Doch statt seine Schulden zu begleichen, stellt der ihm eine Gegenfrage: Ob er denn nicht auch glaube, dass alles, was sich verändere, zu einem anderen Ding werde – wie etwa ein Haufen Steine, von dem man einen Stein wegnehme, nicht mehr der gleiche Haufen sei. Der Gläubiger stimmt zu. »Nun denn, verändern sich nicht auch Menschen ständig?«, fragt der Schuldner. Wieder muss der Gläubiger mit Ja antworten. Darauf sagt der andere: »Daraus folgt aber, dass ich nicht die gleiche Person bin wie jene, die Schulden bei dir hat – also schulde ich dir nichts.« Daraufhin versetzt der Gläubiger seinem Schuldner einen Schlag. Und als dieser protestiert, antwortet er nur, dass der Protest auf den Falschen ziele, schließlich sei er, der Gläubiger, nicht mehr die gleiche Person wie jene, die ihn einen Augenblick zuvor geschlagen hatte.[203] Dieses Argument fanden allerdings schon einige antike Denker nicht sehr überzeugend.

Das Argument der beiden Charaktere ist als »Wachstums-Argument« berühmt geworden. Die Überlegung ist: Wenn die Zahl 5 etwa um 1 wächst, dann wird sie durch die Zahl 6 ersetzt – also durch eine andere Zahl. Analog wird auch eine Person, die »wächst«, also älter wird, zu einer anderen Person.

Ein anderes berühmtes Beispiel ist das »Schiff von Theseus«. Die Geschichte geht so: Die Athener bewahren das berühmte Schiff auf, mit dem Theseus einst zurückgekehrt ist. Allerdings tauschen sie im Lauf der Zeit sämtliche Teile aus. Ist es noch das gleiche Schiff? Und was ist, wenn jemand aus all den verrotteten Teilen des alten Schiffs nach einer zeitlichen Unterbrechung ein neues Schiff gebaut hätte? Wäre nicht dieses dann das originale Schiff?

Über diese Frage können »Identitätstheoretiker« endlose Debatten führen. Was die persönliche Identität von Menschen ausmacht, beschäftigte schon einige Denker des 17. und 18. Jahrhunderts.

Neues Bewusstsein

Im 17. Jahrhundert waren die meisten Philosophen der Auffassung, die Identität einer Person beruhe auf ihrer immateriellen, unsterblichen »Seele«. Viele glaubten zugleich an die christliche Lehre der Wiederauferstehung. Aus diesem Grund musste man irgendwie erklären, wie das Selbst eines Menschen im Jenseits erhalten bleiben kann. Unter anderem ging es dabei um die Frage, ob sich die Seele bei der Wiederauferstehung mit dem gleichen oder einem anderen Körper vereinigt.

In diese Debatten platzte der Brite John Locke (1632–1704) mit einem radikal neuen Ansatz. Menschen und Personen, so behauptete er, sind nicht das Gleiche. Und die Identität einer Person hängt weder vom Körper noch von der Seele ab – sondern von der Kontinuität ihres Bewusstseins.

Locke war ein enzyklopädischer Geist. Er schrieb Traktate über Weinbau ebenso wie Reiseberichte und Finanzratgeber. Zugleich hatte er praktisch zu jedem philosophischen Thema etwas zu sagen. Darüber hinaus war er noch Arzt, Beamter, Lehrer, Politiker und Geschäftsmann. Und ganz nebenbei entwickelte er die erste umfassende Theorie über das Selbst – ein Selbst, das ohne die Seele auskam.

Locke bestritt zwar nicht die Existenz einer unsterblichen Seele. Aber er stellte mit seiner These die traditionellen Annahmen der Metaphysiker infrage. Von Platon bis Descartes war man von der Existenz einer immateriellen, unteilbaren »Substanz« ausgegangen, die einem Körper Bewusstsein und Geist verleiht – und einen Menschen zu dem macht, was er ist. Unser Selbst ist demnach nichts anderes als diese einfache Substanz. Mit anderen Worten: Das »Selbst« ist also die Seele – und damit ebenso unteilbar, immateriell und unveränderlich. Ein solches Selbst kann man weder erwerben noch verlieren. Nach Descartes haben wir davon einfach eine »angeborene Idee«.

Es ist diese Vorstellung, gegen die sich Locke wendet. Für ihn gibt es keine Wahrheiten, die unser Geist »a priori«, also vor aller Erfahrung erkennen kann. »Angeborene Ideen« existieren nicht. In unserer Seele ist daher auch kein »Selbst« von Geburt an sozusagen eingraviert.

Locke unterscheidet zwischen Menschen und »Personen«. Die Identität eines Menschen besteht für ihn einfach »in der Teilnahme an demselben Leben, welches durch beständig in Fluss befindliche Partikel der Materie fortgesetzt wird, die in ihrer Aufeinanderfolge mit demselben organisierten Körper lebensfähig verbunden sind«.[204] Eine Person hingegen ist für Locke ein »denkendes, verständiges Wesen, das Vernunft und Überlegung besitzt und sich als sich selbst betrachten kann«. Dieses Wesen hat ein Bewusstsein: »Das heißt, es erfasst sich als dasselbe Ding, das zu verschiedenen Zeiten und an verschiedenen Orten denkt. (...) Wenn wir sehen, hören, riechen, tasten, fühlen, überlegen oder wollen, so wissen wir, dass wir das tun. (...) Jeder wird dadurch für sich selbst zu dem, was er sein eigenes Ich nennt.«[205] Eine »Person« ist für Locke mehr oder weniger das Gleiche wie das »Selbst«.

Es ist also unser Bewusstsein, das unsere Identität, unser Selbst ausmacht. Die Kontinuität unserer bewussten Erfahrungen sorgt dafür, dass wir uns immer als »dieselbe Person« und nicht als unterschiedliche Personen erleben.

Locke lehnt die Idee der Seele nicht ab. Sie kann für ihn nur nicht die persönliche Identität eines Menschen über die Zeit erklären. Wenn allein die Seele die Identität ausmachen würde, dann könnten ja vollkommen unterschiedliche Menschen, die zu verschiedenen Zeiten gelebt haben, ein und dieselbe Person sein – und dann könnte ich mich sogar in ein Schwein verwandeln und bliebe trotzdem der Gleiche. »Nur das Bewusstsein kann fernstehende Existenzen zu ein und derselben Person vereinigen; die Identität der Substanz ist nicht dazu imstande. Denn welche Art von Substanz auch immer vorhanden sein und wie sie auch beschaffen sein mag, so ist sie doch ohne Bewusstsein keine Person: Ein Leichnam könnte dann ebenso gut eine Person sein wie jede andere Art von Substanz ohne Bewusstsein.«[206]

Die Einheit des Bewusstseins beruht nach Locke auf dem Gedächtnis. Indem wir uns an vergangene Erfahrungen erinnern, machen wir sie gleichsam zu unseren eigenen. Wenn ich mich daran erinnere, was ich gestern getan habe, dann weiß ich zugleich auch, dass »ich« es war – diese Erfahrungen gehören dann mir. Das Bewusstsein unserer Vergangenheit ist daher nach Locke nichts anderes als eine Ansammlung solcher miteinander verbundener Erinnerungen.

Ohne Erinnerung gibt es kein Selbst. Ohne Bewusstsein unserer Vergangenheit sind wir keine Personen. In einem Beispiel nimmt Locke an, jemand besitze »die Seele« von Nestor oder Thersites, zwei Helden des Trojanischen Kriegs – nicht aber deren Bewusstsein. »Wird oder kann sich dieser Mensch, der keinerlei Bewusstsein von einer einzigen Tat des Nestor oder des Thersites hat, dann vorstellen, dass er mit einem dieser Männer identisch sei? Kann er an einer ihrer Handlungen beteiligt sein? Kann er sie sich selbst zuschreiben?«[207] Offenbar nicht. Die gleiche immaterielle »Seele« macht ihn genauso wenig zur gleichen Person, wie ihn der idente Körper zur gleichen Person machen würde. Entscheidend für die persönliche Identität ist das Bewusstsein: »Sobald aber ein solcher Mensch sich irgendeiner Handlung des Nestor bewusst wird, dann wird er auch seiner Identität mit Nestor gewahr.«[208]

Locke liebte ausgefallene Gedankenexperimente. In einem davon nimmt er an, dass wir uns zwei Arten von Bewusstsein vorstellen können, die beide unabhängig voneinander in ein und demselben Körper wirksam wären – das eine bei Tage, das andere bei Nacht. Im zweiten Szenario würde ein und dasselbe Bewusstsein auf zwei verschiedene Körper einwirken. Der erste Fall wäre jener einer multiplen Persönlichkeit. Ich hätte tagsüber das Bewusstsein von »Thomas Vašek«, nachts aber jenes von »Brad Pitt«. Wir hätten beide meinen Körper (oder vielleicht doch den von Brad Pitt), doch es gäbe keinerlei »psychische« Verbindung. »Thomas Vašek« könnte sich nicht daran erinnern, was »Brad Pitt« getan hat, und umgekehrt. Nach Locke sind »Thomas Vašek« und »Brad Pitt« daher zwei verschiedene Personen. Im zweiten Fall würde mein Bewusstsein erst in meinem eigenen Körper stecken, dann in jenem von Brad Pitt. Durch mein Bewusstsein gäbe es eine Verbindung. Auch im Körper von Brad Pitt würde ich meine Erinnerungen und damit auch mein Selbst behalten. Ich bliebe also die gleiche Person.

Diese Überlegungen haben eine stark moralische Dimension. Nur wenn wir uns an Ereignisse erinnern, haben wir dazu einen persönlichen Bezug. Und nur dann sind wir dafür auch verantwortlich. Wir wünschen uns, dass unser bewusstes Selbst glücklich sei. Und wir wollen Unglück vermeiden. Mit anderen Worten: Nach Locke interessiert uns unser persönliches, bewusst erlebtes Glück mehr als irgendeine mysteriöse Substanz, die mit unserem Bewusstsein nicht verbunden ist. Wenn wir unsere vergangenen Handlungen nicht mit unserem gegenwärtigen Ich in Verbindung bringen können, dann ist es so, als hätten diese Handlungen überhaupt nicht stattgefunden. »Nehmen wir an, ein Mensch würde jetzt für das bestraft, was er in einem anderen Leben getan hat, wovon aber durchaus kein Bewusstsein in ihm erweckt werden könnte. Wie unterscheidet sich eine solche Bestrafung davon, dass man unglücklich *erschaffen* ist?«[209]

Umgekehrt bringt Locke das Beispiel eines Fürsten, dessen Seele, die das Bewusstsein vom früheren Leben des Fürsten mit sich führt, in den Körper eines Schusters eintritt. Locke zufolge wäre der Schuster nun die gleiche Person wie der Fürst, schließlich hat er ja alle seine Erinnerungen – und damit wäre er auch verantwortlich für alle vergangenen Handlungen des Fürsten: »Aber wer würde sagen, er sei ein und derselbe Mensch?«[210]

Nach Locke ist mein Vater zwar noch ein Mensch, aber keine Person mehr. Ich kann ihn nicht mehr dafür verantwortlich machen, was er irgendwann einmal gesagt oder getan hat. Er hat sehr wahrscheinlich eben kein Bewusstsein mehr von diesen Dingen.

Oft bin ich mir nicht sicher, welche Äußerungen in einer früheren Phase der Krankheit ich noch seinem Selbst zuschreiben soll. Meinte er diesen oder jenen Vorwurf tatsächlich so? War das tatsächlich noch »mein Vater«, der das sagte? Oder war es bereits die teuflische Krankheit, die da sprach? Natürlich weiß ich, dass ich auf diese Fragen nie eine Antwort bekommen werde. Ich kann meinen Vater nicht mehr fragen, wie er dieses und jenes gemeint hat – und ob er es so gemeint hat, wie er es sagte. Vielleicht muss ich heute einfach akzeptieren, dass die Krankheit zu ihm gehört – zu seinem Selbst.

Was meine ich eigentlich, wenn ich von »meinem Vater« spreche? Natürlich meine ich mehr als die Tatsache, dass »mein Vater« mein leiblicher Vater ist. Ich meine die Person, mit der ich bestimmte Erinnerungen verbinde. Mit der ich als Kind zum Beispiel tagelange Weitwanderungen gemacht habe. Einige dieser Erinnerungen lösen auch heute noch starke Emotionen bei mir aus. Ich denke etwa daran, wie wir einmal auf der Flucht vor einer Kuhherde versuchten, unter einem Stacheldrahtzaun durchzuschlüpfen – und uns beide mit unseren Rucksäcken im Stacheldraht verhakten. Das war eine dieser Anekdoten, über die wir noch viele Jahre später lachten. Ich erinnere mich an viele Gespräche, an harte Diskussionen und wilde Auseinandersetzungen. »Mein Vater« – das ist für mich die Person, mit der ich alle diese Geschichten teile. Ich habe einen »Bezug« zu diesen Geschichten. Wenn die Erinnerungen in mir aufsteigen, dann weiß ich auch, dass es »meine« Erinnerungen sind. Mein Vater hat diesen »Bezug« nicht mehr. Es kommt mir so vor, als hätten sich durch die Krankheit unsere Wege getrennt.

Nach meiner Auffassung kommen wir nicht umhin, anderen Menschen so etwas wie ein Selbst zuzuschreiben. Und für die meisten von uns ist sonnenklar, dass sie auch selbst so etwas wie ein »Selbst« besitzen. Der erste Philosoph, der das bestritt, war der Schotte David Hume (1711–1776).

Ein Bündel von Wahrnehmungen

»Es gibt einige Philosophen, die sich einbilden, wir seien uns dessen, was wir unser Ich nennen, jeden Augenblick aufs Unmittelbarste bewusst«, schreibt Hume in seinem »Treatise of Human Nature« (»Traktat über die menschliche Natur«).[211] Hume wuchs eigentlich in einem tief religiösen calvinistischen Elternhaus auf. Erst im Zuge seiner Beschäftigung mit der Philosophie wandte er sich von der Religion ab. Hume galt als Skeptiker und Empirist. Er bestritt nicht nur die Idee der unsterblichen Seele, sondern auch die Vorstellung von einem Selbst.

Für Hume gründet alle Erkenntnis letztlich auf Erfahrung. Also müsse man auch in der Frage des Selbst von Tatsachen ausgehen. Nach Hume beruhen alle Vorstellungen auf sinnlichen Eindrücken. Wir haben aber keinen solchen Eindruck von einem beständigen Selbst. Vielmehr jagt offenbar ein Eindruck den anderen – Gedanken, Wahrnehmungen, Gefühle. Daher können wir auch keine Vorstellung von einem Selbst bilden, sagt Hume. Was wir für unser Selbst halten, ist einfach ein Bündel von Wahrnehmungen (Perzeptionen) und Gedanken. »Ich meines Teils kann, wenn ich mir das, was ich als ›mich‹ bezeichne, so unmittelbar als irgend möglich vergegenwärtige, nicht umhin, jedes Mal über die eine der die andere bestimmte Perzeption zu stolpern, die Perzeption der Wärme oder Kälte, des Lichtes oder Schattens, der Liebe oder des Hasses, der Lust oder Unlust. Niemals treff ich *mich* ohne eine Perzeption an und niemals kann ich etwas anderes beobachten als eine Perzeption.«[212]

Für Hume gibt es da keine »Kraft der Seele«, die sich auch nur einen Augenblick lang selbst gleich bliebe: »Der Geist ist eine Art Theater, auf dem verschiedene Perzeptionen nacheinander auftreten, kommen und gehen, und sich in unendlicher Mannigfaltigkeit der Stellungen und Arten der Anordnung untereinander mengen.«[213] So etwas wie ein »Selbst« spielt in diesem Theater nicht mit. Und es gibt auch keinen Regisseur, der die »Akteure«, unsere Wahrnehmungen, steuert und dirigiert. »Die einander folgenden Perzeptionen sind allein das, was den Geist ausmacht«, schreibt Hume.[214] Aber was schafft dann Ordnung in diesem Chaos? Wie wird aus eine Abfolge von Wahrnehmungen ein »Selbst«?

Dieses Prinzip heißt für Hume Ähnlichkeit. Wenn aufeinanderfolgende Wahrnehmungen einander ähneln, dann neigen wir dazu zu glauben, dass die frühere Wahrnehmung einfach weiterbesteht – wir glauben, dass es sich um ein und dasselbe Objekt handelt. Wenn es etwa regnet, machen wir keinen Unterschied zwischen dem Regen jetzt und dem Regen vor fünf oder zehn Sekunden, obwohl es streng genommen nicht derselbe Regen ist.

Nach Hume legen wir uns eine Geschichte zurecht, die unsere Wahrnehmungen miteinander verbindet: »So erdichten wir die dauernde Existenz unserer Sinneswahrnehmungen, um die Unterbrechung zu beseitigen. In gleicher Weise lassen wir uns zu dem Begriff einer *Seele*, eines *Ich*, einer geistigen *Substanz* verführen, um die Veränderung in uns zu verdecken«, schreibt Hume.[215] Die »Seele« und das »Selbst« sind für Hume also nichts als eine Fiktion. Unser Selbst ist für Hume nichts, was wir wahrnehmen können. Es ist einfach eine »Qualität, die wir unseren Wahrnehmungen zuschreiben«.

Unsere Erinnerung spielt dabei eine zentrale Rolle. Denn es ist die Erinnerung, die ähnliche Wahrnehmungen miteinander verknüpft. Wenn ich mich heute an ein Ereignis vor zwei Jahren erinnere, dann ähnelt diese Erinnerung jener Erinnerung an das gleiche Ereignis, die ich vor zwei Tagen hatte. Auf diese Weise bringt die Erinnerung Kontinuität in unsere Erfahrungen. Und nur die Erinnerung ermöglicht es uns, Wahrnehmungen nach dem Prinzip von Ursache und Wirkung miteinander zu verknüpfen. Bei Locke sorgt die Erinnerung für die Einheit unseres Bewusstseins. Nach Hume schafft sie die Fiktion eines Selbst.

Humes »Bündel-Theorie« vom Selbst scheint irgendwie unseren Erfahrungen zuwiderzulaufen. Erleben wir uns wirklich als »Bündel« von Wahrnehmungen? Sehen wir uns nicht vielmehr als »Besitzer« eines Selbst, einer persönlichen Identität?

Stabiles Selbst?

Humes Theorie stieß schon zu seiner Zeit auf heftigen Widerspruch. Einer dieser Kontrahenten war der Philosoph Thomas Reid (1710–1796): »Die Überzeugung, die jeder Mensch von seiner Identität hat, so weit seine Erinnerung zurückreicht, muss nicht durch die Philosophie gestärkt werden; und keine Philosophie kann sie schwächen, ohne Unsinn zu produzieren.«[216] Für Reid kann es keine Erinnerung an die Vergangenheit geben »ohne die Überzeugung, dass wir zu dem Zeitpunkt, an den wir uns erinnern, auch existiert haben«. Ohne die Vorstellung eines kontinuierlichen Selbst, sagt Reid, könnten wir weder denken noch handeln. Die Theorien von Locke und Hume führen aus Reids Sicht zu heillosen Widersprüchen.

»Angenommen, ein tapferer Offizier wurde als Junge in der Schule bestraft, weil er aus einem Obstgarten gestohlen hat, in seinem ersten Feldzug erobert er eine Standarte vom Feind, und später wurde er General; nehmen wir weiter an, dass ihm, als er die Standarte eroberte, bewusst war, dass er in der Schule geschlagen worden war, und dass er, als man ihn zum General machte, zwar wusste, dass er die Standarte geholt hatte, aber dass er sich nicht mehr an die Prügel erinnerte.«[217] Aus Lockes Sicht würde folgen, dass der General zwar dieselbe Person ist wie der Soldat mit der Standarte und der Soldat dieselbe Person wie der Schuljunge. Zugleich aber wäre der General nicht mehr die gleiche Person wie der Junge, der in der Schule bestraft wurde – also ein Widerspruch.

»Meine persönliche Identität beinhaltet daher die kontinuierliche Existenz jenes unteilbaren Dinges, das ich mein Selbst nenne«, schreibt Reid: »Was auch immer dieses Selbst sein mag, es ist etwas, das denkt und überlegt, beschließt, handelt und leidet. Ich bin nicht Denken, ich bin nicht Handeln, ich bin nicht Fühlen, ich bin etwas, das denkt und handelt und leidet. Meine Gedanken und Handlungen und Gefühle ändern sich in jedem Augenblick – sie haben keine kontinuierliche, sondern nur eine sukzessive Existenz; aber das Selbst oder Ich, zu dem sie gehören, ist permanent und hat dieselbe Beziehung zu allen aufeinanderfolgenden Gedanken, Handlungen und Gefühlen, die ich die meinigen nenne.«[218]

Aber welchen Beweis haben wir, dass ein solches Selbst tatsächlich existiert?

Die Antwort liegt für Reid in der Erinnerung. Wenn ich mich an etwas erinnere, was ich getan habe, so argumentiert er, dann beweist das, dass ich es war, der es getan hat. Dann muss ich zu diesem Zeitpunkt aber existiert haben – und folglich habe ich auch zwischen diesem Zeitpunkt und der Gegenwart existiert. »Jeder Mensch glaubt in seinen Sinnen, woran er sich klar erinnert, und alles, woran er sich erinnert, überzeugt ihn davon, dass er zu dem Zeitpunkt existiert hat, an den er sich erinnert.«[219]

Der irische Philosoph und Bischof George Berkeley (1685–1753) vertrat einen radikal idealistischen Standpunkt: Für ihn existierten überhaupt keine materiellen Dinge. Alles was existiert sind unsere Wahrnehmungen. Doch diese Wahrnehmungen beruhen wiederum auf den geistigen Vorstellungen, die wir von den Dingen haben. Darüber hinaus haben wir keinen Zugang zur Wirklichkeit.

Genau daraus folgt für Berkeley aber die Existenz eines Selbst. In seiner »Abhandlung über die Prinzipien der menschlichen Erkenntnis« schreibt er: »Aber neben dieser ganzen endlosen Vielfalt von Ideen oder Gegenständen der Erkenntnis gibt es auch etwas, das sie erkennt oder wahrnimmt und verschiedene Operationen wie Wollen, Vorstellen, Erinnern mit ihnen vornimmt. Dieses wahrnehmend, aktive Wesen ist das, was ich ›Gemüt‹, ›Geist‹, ›Seele‹ oder ›mein Ich‹ nenne.«[220] Allerdings ist dieses Etwas, das wir meinen, wenn wir von der Seele oder vom Geist sprechen, selbst keine Vorstellung – »sondern ein von ihnen völlig verschiedenes Ding, in dem sie existieren oder, was dasselbe ist, durch das sie wahrgenommen werden«.[221] Mit anderen Worten: Unsere Wahrnehmungen und Ideen müssen einen »Träger« haben – ein Selbst. Nach Berkeley wissen wir intuitiv, was wir mit den Begriffen Ich und Selbst meinen – obwohl wir es nicht wahrnehmen wie ein Dreieck, eine Farbe oder ein Geräusch.

Das bedeutet aber keineswegs, dass wir auch eine Vorstellung haben, was unsere Seele oder unser Selbst genau ist. Nach Berkeley können viele Dinge existieren, obwohl wir keine Vorstellung von ihnen haben. Wesentlich ist zum einen, dass ihre Existenz überhaupt logisch möglich ist, also nicht zu Widersprüchen führt. Zweitens müssen wir Gründe haben, warum wir an sie glauben. Von der Existenz unseres Selbst wissen wir einfach durch Reflexion, obwohl wir strenggenommen keine Vorstellung davon haben. In einem Dialog antwortet Berkely seinem Gegenspieler gereizt: »Wie oft soll ich noch wiederholen, dass ich mir meiner eigenen Existenz bewusst bin; und dass mein Selbst nicht meine Vorstellungen sind, sondern etwas anderes, ein denkendes aktives Prinzip, das wahrnimmt, weiß, will und mit Vorstellungen operiert. Ich weiß, dass ich, dass ein und dasselbe Selbst, sowohl Farben wie Geräusche wahrnimmt.«[222] Und genauso klar und über jeden Zweifel erhaben ist für Berkeley, dass eine solche Substanz unsterblich sein muss.

Die Seele stirbt

Es war David Hume, der zum bisher schwersten Schlag gegen die Idee einer unsterblichen Seele ausholte. Schon der Einleitungssatz seiner kleinen Schrift (»Über die Unsterblichkeit der Seele«) hatte es in sich: »Es scheint schwierig, durch das Licht der Vernunft allein die Unsterblichkeit der Seele zu beweisen«, sagt Hume.[223] Er argumentiert gegen die Unsterblichkeit der Seele auf drei Ebenen – auf einer metaphysischen, einer moralischen und einer physischen.

Metaphysische Spekulation über die Seele führt für ihn lediglich zu unklaren Vorstellungen. Schon der Begriff einer unteilbaren »Substanz« ist eigentlich »ganz und gar verworren und unvollkommen«: Was soll man sich unter einer solchen »Seele« vorstellen? Und wo soll sie ihren Sitz haben? Zunächst einmal können wir uns gar keine Vorstellung einer solchen Substanz bilden, da wir keinen Sinneseindruck von ihr haben. Alles was wir erkennen können, sind bestimmte Eigenschaften. Was »Geist« (oder Materie) wirklich ist, wissen wir nicht. Aber selbst wenn eine immaterielle Seele existiert, könnte sie beim Tod ebenso Bewusstsein und Gedächtnis verlieren – und damit wäre ihre Weiterexistenz für uns schlicht irrelevant: »Und dass eine immaterielle Substanz ebenso gut wie eine materielle ihr Gedächtnis oder Bewusstsein verlieren kann, ergibt sich wenigstens zum Teil aus der Erfahrung, wenn denn die Seele immateriell sein sollte.«[224] Hume begründet das mit folgendem scharfsinnigem Argument: Wenn die Seele unvergänglich ist, dann kann sie auch nicht erzeugt worden sein. Also muss sie schon vor unserer Geburt existiert haben. Doch daran können wir uns eben nicht erinnern. »Und wenn uns diese frühere Existenz nichts anging, so wird es auch die spätere nicht tun«, sagt Hume.[225]

Humes moralische Argumente zielen vor allem darauf ab, dass »ewige und unendliche Strafen« für unsere irdischen Taten nicht gerecht sein können. Am schwersten wiegen für Hume aber die »physischen« Argumente. Aus seiner Sicht sind sie die »wirklich einzigen philosophischen Argumente, die bei dieser Frage oder überhaupt einer Tatsachenfrage zugelassen werden sollten«.[226]

Hume zieht eine Art Analogieschluss. Schon der Schlaf werde von einer »großen Verwirrung in der Seele begleitet«. Körperliche Krankheiten schwächen sukzessive auch den Geist – bis hin zu ihrer gemeinsamen Auflösung im Tod. »Die letzten Symptome, in denen der Geist sich äußert, sind Störung, Schwäche, Empfindungslosigkeit und Stumpfsinn, die Vorläufer seiner Vernichtung. Das weitere Fortschreiten derselben Ursachen löscht ihn, indem es dieselben Wirkungen steigert, vollständig aus.«[227]

In der Natur ist nichts ewig, sagt Hume. Alles, wie beständig es auch scheinen mag, ist in beständigem Fluss und Wechsel: »Die Welt selbst zeigt Symptome von Schwäche und Auflösung. Wie entgegen aller Analogie ist es daher, sich einzubilden, dass eine einzige Art, die anscheinend schwächste von allen und den größten Störungen unterworfene, unsterblich und unauflöslich sei? Was für eine verwegene Theorie ist das! Wie unbesonnen, um nicht zu sagen, wie überstürzt aufgestellt!«[228]

Die Seelenwanderung ist für Hume überhaupt das »einzige System dieser Art, dem die Philosophie Beachtung schenken darf«.[229] Aber auch diese Auffassung fällt seiner geradezu polemischen Kritik zum Opfer. Wie könne der Glaube an die Seelenwanderung mit der »unendlichen Zahl posthumer Existenzen« fertigwerden, fragt Hume. »Es steht uns frei, uns jeden Planeten in jedem Sonnensystem als von intelligenten, sterblichen Wesen bewohnt vorzustellen; zumindest lässt sich das Gegenteil nicht beweisen.«[230]

Auch für die Seelenwanderung fehlen Hume die Beweise. »Darf eine Philosophie so kühne Voraussetzungen annehmen, und das lediglich unter dem Schein einer bloßen Möglichkeit?«[231] Und selbst die Furcht vor dem Tod ist für Hume bloß ein weiteres Argument für unsere Sterblichkeit. »Da die Natur nichts umsonst tut, würde sie uns niemals Furcht vor einem unmöglichen Ereignis eingeben«, schreibt er: »Der Tod ist letzten Endes unvermeidlich, aber das menschliche Geschlecht könnte sich nicht erhalten, wenn uns die Natur nicht einen Widerwillen gegen ihn eingepflanzt hätte.«[232] Damit liefert Hume schon die Vorform einer »evolutionspsychologischen« Erklärung: Unsere Angst vor dem Tod dient demnach einfach unserem Überleben.

Letztlich können wir die Existenz einer unsterblichen Seele also nicht beweisen. Nach Hume können wir daran nur »glauben«. Denn es sei »das Evangelium allein, das Leben und Unsterblichkeit ans Licht gebracht hat«. Am Ende seiner kleinen Schrift münzt Hume seine Gegenargumente sogar zu einem Glaubensgrund um: »Nichts kann die unendliche Verpflichtung in ein helleres Licht setzen, die die Menschheit der göttlichen Offenbarung gegenüber hat, wenn wir finden, dass kein anderes Mittel diese große und wichtige Wahrheit feststellen kann.«[233]

Die Angriffe von Locke und Hume auf den Begriff der Seele markieren einen Wendepunkt. Nach Locke brauchen wir die Seele nicht, um zu erklären, was eine Person ausmacht. Die Seele ist nicht das Selbst. Hume hält auch das Selbst für eine Fiktion – und er unterminiert den traditionellen Seelenbegriff überhaupt.

Die Vorstellung einer immateriellen Substanz ist für ihn schlicht inhaltsleer und damit sinnlos. Zugleich gibt es keine Erfahrungstatsachen, aus denen wir auf die Existenz einer unsterblichen Seele schließen können. Und es kommt noch schlimmer für die Seele: Inspiriert von Hume, wird Immanuel Kant zeigen, dass sich die Frage nach der Unsterblichkeit der Seele überhaupt unserem Erkenntnisvermögen entzieht. Es gibt nicht nur keine Beweise für die Existenz der Seele. Vielmehr kann es solche Beweise gar nicht geben.

Im 18. Jahrhundert scheint es, als wäre der alte Seelenbegriff nicht länger aufrechtzuerhalten. Die metaphysische Idee einer immateriellen, unteilbaren, unzerstörbaren Substanz, die unser innerstes Wesen ausmacht, passt nicht mehr ins neue, von den Naturwissenschaften geprägte Weltbild.

Ich finde die Argumente von Locke und Hume immer noch stark und überzeugend. Ich bin gerade bei der Hälfte dieses Buches angelangt – und doch scheint es bereits, als wäre die großartige Idee einer unsterblichen Seele rettungslos verloren. Als hätten all die großen Denker von Platon bis Descartes ihre Gedankenkraft vergeblich aufgewendet. Und wenn David Hume Recht hat, dann haben wir nicht nur keine Seele – vielmehr sind wir nichts als ein »Bündel« von Wahrnehmungen und Gedanken. Das ist eine Vorstellung, die dem Bild vieler heutiger Hirnforscher und Philosophen schon recht nahe kommt.

Mit seiner »Bündel-Theorie« war Hume seiner Zeit allerdings etwas voraus. Im 18. und 19. Jahrhundert baute sich anstelle des alten Seelenbegriffs eine andere Idee zu monströser Größe auf. Ich möchte sie die Idee des »Super-Selbst« nennen. Darunter verstehe ich die Vorstellung, dass das Selbst sozusagen der Mittelpunkt des Universums ist – wenn nicht sogar der Schöpfer der Welt.

KAPITEL 8

Das Super-Ego

Es gab Zeiten, da hielt ich mich für den Angelpunkt der Welt. Oder besser gesagt: Ich brauchte die Welt gar nicht. Mein Universum war in mir selbst. Mir fehlte nur das Hubble-Teleskop, um es zu erforschen.

Ich will damit nicht sagen, dass ich besonders eitel oder selbstverliebt gewesen wäre. Ich war von mir und meinen Fähigkeiten auch nie besonders überzeugt. Eher litt ich unter Selbstzweifeln. Oder ich schwankte zwischen Minderwertigkeitskomplex und Größenwahn. Mein Vater warf mir leider zu Recht vor, dass ich nichts richtig zu Ende brachte. Dieser Vorwurf war in seinen degenerierten Gedächtnisnetzwerken offenbar so fest verdrahtet, dass er ihn auch noch präsent hatte, als er schon unter allen möglichen intellektuellen Defiziten litt.

Ich halte mich auch nicht für einen Egoisten. Eher würde ich mich als Egozentriker bezeichnen. Es gab Zeiten, da drehte sich einfach alles nur um mich. Um meine Gedanken, meine Gefühle, meine Wünsche, Sorgen, Probleme und Ängste. Ich glaube, Psychologen nennen so etwas eine »narzisstische Störung«. Mir fehlte einfach die Fähigkeit, mich gleichsam aus einer distanzierteren Perspektive zu betrachten – mich einfach nur als einen Teil der Welt zu sehen. Stattdessen züchtete ich mir, ohne es so recht zu wollen, ein Super-Selbst.

Ein Selbst, das so riesig ist, dass die ganze Welt hineinpasst.

In diesem Kapitel geht es um solche anmaßenden, größenwahnsinnigen »Super-Selbste« – und darum, wie sie die Idee der unsterblichen Seele endgültig erdrückten. Es waren die Ideen deutscher Philosophen, die dabei eine wesentliche Rolle spielten.

Meine Geschichte von den »Super-Selbsten« beginnt nicht mit einem klassischen Philosophen – sondern mit einem ebenso einsamen wie neurotischen Schriftstellergenie aus Frankreich. Es hieß Jean-Jacques Rousseau (1712–1778). Mit seinem Slogan »Zurück zur Natur!« übte er ungeheuren Einfluss als Gesellschaftskritiker auf seine Zeitgenossen aus. Die moderne Zivilisation habe die Menschen korrumpiert und unglücklich gemacht, glaubte Rousseau. Wahres Glück finde sich nur im »Naturzustand«, in der vorzivilisatorischen Welt. Wie es heißt, hat etwa Kant für die Rousseau-Lektüre sogar einmal seinen sonst gewissenhaft eingehaltenen täglichen Abendspaziergang versäumt.

Rousseau begründete aber auch eine neue Art der individuellen Innerlichkeit und Selbstbeschau. Rousseau war ein zeitlebens unglücklicher Mensch. In Genf wurde er als Sohn eines Uhrmachers und einer Calvinistin geboren. Doch die Mutter starb zwei Tage nach seiner Geburt. »Ich kostete meiner Mutter das Leben, und meine Geburt war mein erstes Unglück«, schrieb Rousseau.[234] Der Autodidakt Rousseau wurde als Schriftsteller rasch berühmt und verkehrte in den Pariser Intellektuellenkreisen, zerstritt sich aber bald mit seinen Freunden. Mit seiner Forderung nach einem undogmatischen Christentum und seinen Ideen für einen »Gesellschaftsvertrag« handelte er sich zudem Probleme mit Kirche und Staat ein, so dass er als 50-Jähriger ins Exil gehen musste, aus dem er erst acht Jahre später nach Paris zurückkehrte. In den letzten Jahren führte er ein einsames und zurückgezogenes Leben. Am Ende entwickelte er sogar die Zwangsvorstellung eines gegen ihn geplanten Komplotts.

Ein einsamer Spaziergänger

Knapp 900 Seiten umfassen seine »Bekenntnisse« – eine der rückhaltlosesten Seelenentblößungen der Literaturgeschichte. Der Titel ist zwar der gleiche wie jener der Autobiografie von Augustinus. Doch im Unterschied zu dem Kirchenvater geht es bei Rousseau nicht um die beispielhafte Suche eines Menschen nach Gott – sondern um die Bespiegelung seiner unvergleichlichen Individualität, bei der selbst intimste erotische Details nicht ausgespart werden.

Das Werk beginnt schon mit einer unglaublich selbstbewussten Ansage: »Ich plane ein Unternehmen, das kein Vorbild hat und dessen Ausführung auch niemals einen Nachahmer finden wird. Ich will vor meinesgleichen einen Menschen in aller Wahrheit der Natur zeigen, und dieser Mensch werde ich sein. Einzig und allein ich. Ich fühle mein Herz – und ich kenne die Menschen. Ich bin nicht gemacht wie irgendeiner von denen, die ich bisher sah, und ich wage zu glauben, dass ich auch nicht gemacht bin wie irgendeiner von allen, die leben. Wenn ich nicht besser bin, so bin ich doch wenigstens anders.«[235]

In seinen späteren »Träumereien eines einsamen Spaziergängers« vollzieht Rousseau seinen endgültigen Bruch mit der Gesellschaft – und begibt sich auf die Suche nach sich selbst, nach seiner verwundeten Seele. Um ein gewisses Gefühl für die Intensität dieser Selbstbeschau zu vermitteln, möchte ich Rousseaus Seele etwas ausführlicher zu Wort kommen lassen: »So bin ich nun allein auf dieser Welt, habe keinen Bruder mehr, keinen Nächsten, keinen Freund, keine Gesellschaft außer mir selber. Die Menschen haben denjenigen, der unter ihnen der geselligste und warmherzigste war, einmütig aus ihrer Mitte verbannt. Ihr abgefeimter Hass erspürte zielsicher jene Qual, die meine empfindliche Seele am schmerzhaftesten treffen musste, und so zerstörten sie gewaltsam alles, was mich noch an sie band. Ich hätte die Menschen auch gegen ihren Wunsch geliebt. Nur indem sie aufhörten, Menschen zu sein, konnten sie sich meiner Zuneigung entziehen. Nun sind sie also Fremdlinge, Unbekannte für mich, Wesen, die mir nichts mehr bedeuten: sie wollten es ja nicht anders. Ich aber, losgerissen von ihnen und von der ganzen Welt: Was bin ich selbst? Das bleibt mir noch zu ergründen (...).«[236]

Am Ende findet Rousseau doch noch seinen Seelenfrieden. Das Geheimnis des Glücks, so denkt er, liegt im unmittelbaren Existenzgefühl unseres Selbst.

»Angenommen aber, unsere Seele erreichte eine solide Ruhelage, in der sie, ihr gesamtes Wesen konzentrierend, ganz zu sich käme: dann müsste sie Vergangenheit und Zukunft gar nicht bemühen; Zeit zählte für sie nicht. (...) Wir hätten einzig das Gefühl zu existieren, dieses aber würde unsere Seele ganz erfüllen. Wer sich in solchem Zustand befindet, kann sich, solange er währt, glücklich nennen. Und es wäre dies nicht jenes unvollkommene, armselige, bedingte Glück, das die Freuden des Lebens bieten, sondern ein reichliches, makelloses, vollkommenes Glück, das in der Seele keine Lücke hinterließe, die man noch zu schließen begehrte. In eben dem Zustand nun war ich auf der Petersinsel oft. Meine einsamen Träumereien bescherten ihn mir, wenn ich im Boot lag und mich treiben ließ, wenn ich bei schwerem Wetter am Seeufer saß, aber auch, wenn ich an einem malerischen Flüsschen oder einem Bach weilte, der über Kies dahinmurmelte.«[237] Es ist unser »eigenes Dasein«, das wir in solchen Situationen genießen, sagt Rousseau. »Solange dieser Zustand währt, sind wir, wie Gott, uns selbst genug. Das bloße Gefühl zu existieren ist – vorausgesetzt, es mengen sich keine anderen Gemütsregungen hinein – an sich bereits eine kostbare Quelle der Zufriedenheit und der Seelenruhe.«[238]

Schon Rousseaus Selbst war ebenso groß wie neurotisch. Doch in der Romantik blähte es sich zu geradezu kosmischen Dimensionen auf.

Romantische Seelen

Es war die Zeit Napoleons, die Zeit Goethes und Schillers. Also eine Zeit großer Ideen, großer Persönlichkeiten, großer Macht – und großer Kriege. Entsprechend riesig war die Vorstellung der Romantiker von Seele und Selbst. Man begeisterte sich für das Mittelalter und die eigene nationale Volksdichtung, man verherrlichte die »Natürlichkeit« gegenüber allem »Künstlichen«. Und die Romantiker wehrten sich gegen den Rationalismus der Aufklärung. »Die Romantik triumphiert über das Realitätsprinzip. (…) Der romantische Geist ist vielgestaltig, musikalisch, versuchend und versucherisch, er liebt die Ferne der Zukunft und der Vergangenheit, die Überraschungen im Alltäglichen, die Extreme, das Unbewusste, den Traum, den Wahnsinn, die Labyrinthe der Reflexion«, schreibt Rüdiger Safranski in seinem Buch »Romantik«.[239]

Doch der eigentliche Held der Romantik war die Seele.

Die »romantische« Seele war jedoch nicht die lichthafte rationale Seele – sondern das »Andere« der Vernunft, etwas Schöpferisches, aber auch Traumhaft-Abgründiges, das mit den Mitteln der Kunst ausgelotet werden musste. Johann Gottfried Herder hat diesen Abgrund so beschrieben: »Trefflich auch, dass (…) die tiefste Tiefe unserer Seele mit Nacht bedeckt ist! Unsre arme Denkerin war gewiss nicht imstande, jeden Reiz, das Samenkorn jeglicher Empfindung, in seinen ersten Bestandteilen zu fassen, sie war nicht imstande, ein rauschendes Weltmeer so dunkler Wogen laut zu hören, ohne dass sie es mit Schauer und Angst, mit der Vorsorge aller Furcht und Kleinmütigkeit umfinge und das Steuer ihrer Hand entfiele. Die mütterliche Natur entfernte also von ihr, was von einem klaren Bewusstsein nicht abhangen konnte (…) sie steht auf einem Abgrunde von Unendlichkeit und weiß nicht, dass sie darauf steht; durch diese glückliche Unwissenheit steht sie fest und sicher.«[240]

In Goethes Roman »Wilhelm Meisters Lehrjahre« rechtfertigt sich Wilhelm gegenüber seinem »vernünftigen« Freund für seine Liebe zur Poesie. Nur die »empfängliche, leichtbewegliche Seele des Dichters« könne das Traumhafte des Lebens erfahren. Wer diese Fähigkeit nicht hat, dem bleibt die Einsicht versagt, dass »die Summe unsrer Existenz, durch Vernunft dividiert, niemals rein aufgehe, sondern dass immer ein wunderlicher Bruch übrigbleibe«.

Dieser »wunderliche Bruch«, dieser Rest, ist das, was die Romantiker »Seele« nennen.[241] Doch die romantische Seele »sitzt« nicht in unserem »Ich«. Sie ist eigentlich überall, sie schweift herum: »Es war, als hätt der Himmel/Die Erde still geküsst,/ Dass sie im Blütenschimmer/Von ihm nun träumen müsst./

Die Luft ging durch die Felder,/Die Ähren wogten sacht,/Es rauschten leis die Wälder/So sternklar war die Nacht./Und meine Seele spannte/Weit ihre Flügel aus/Flog durch die stillen Lande/Als flöge sie nach Haus.«[242]

Die romantische Seele ist also nicht das Ich. Sie ist vielmehr eben das, was vom Ich übrig bleibt, wenn wir es durch unsere Vernunft »dividieren«. Man könnte vielleicht sagen: Die Seele der Romantiker ist unser künstlerisches, empfindsames, spirituelles »Alter Ego«.

In den Versen von Friedrich Rückert (»Widmung«), vertont von Robert Schumann, heißt es: »Du meine Seele, du mein Herz/Du meine Wonn', o du mein Schmerz,/Du meine Welt, in der ich lebe/Mein Himmel du, darein ich schwebe/O du mein Grab, in das hinab/Ich ewig meinen Kummer gab./Du bist die Ruh, du bist der Frieden,/Du bist vom Himmel mir beschieden./ Dass du mich liebst, macht mich mir wert,/Dein Blick hat mich vor mir verklärt,/Du hebst mich liebend über mich,/Mein guter Geist, mein bessres Ich!«

Die romantische Seele ist keine unveränderliche Substanz. Vielmehr ist sie »gestimmt« wie ein Musikinstrument. Sie ist verliebt, sie hat Heimweh, empfindet Freude, Trauer oder Melancholie – und durch diese »Stimmung« werden wir uns unserer selbst bewusst. Die Seele ist kein fertiges Produkt eines Schöpfers. Deshalb können wir sie auch bilden, sie zu einer empfindsamen, »schönen Seele« machen.

»Die Romantik als Epoche ist vergangen, das Romantische als Geisteshaltung aber ist geblieben. Es ist fast immer im Spiel, wenn ein Unbehagen am Wirklichen und Gewöhnlichen nach Auswegen, Veränderungen und Möglichkeiten des Überschreitens sucht. (...) Es kann in den Tod verliebt sein. Das Romantische sucht die Intensität bis hin zu Leiden und Tragik«, schreibt Safranski. Vernunft und Realitätssinn seien zu wenig zum Leben. »Romantik ist der Mehrwert, der Überschuss an schöner Weltfremdheit, der Überfluss an Bedeutsamkeit. Romantik macht neugierig auf das ganz andere.«[243] Ich kann Safranski nur zustimmen.

Das Romantische spiegelt sich für mein Gefühl immer noch in unserem unscharfen Seelenbegriff. Wenn wir von »Seele« reden, dann meinen wir meist nicht die reine Vernunft, sondern das Fantastische, das Verspielte, das Schöpferische, das Traumhafte, das Spirituelle – also all das, was Maschinen nicht können.

Eine Maschine, so denke ich, könnte wahrscheinlich nicht empfinden, was Goethe beim Anblick eines Wasserfalls empfand: »Des Menschen Seele/Gleicht dem Wasser:/Vom Himmel kommt es,/Zum Himmel steigt es,/Und wieder nieder/Zur Erde muss es/Ewig wechselnd./(...) Seele des Menschen,/Wie gleichst du dem Wasser!/Schicksal des Menschen,/Wie gleichst du dem Wind!«[244]

Die Seele, die ich suche, hat auch romantische Züge. Damit meine ich nicht nur das Romantische als eine Art Kontrapunkt zu unserer durchrationalisierten, »seelenlosen« Hightech-Welt. Ich glaube, dass die romantische »Gestimmtheit« auf fundamentale Weise mit unserer Selbsterfahrung zu tun hat. Es sind diese außergewöhnlichen, intensiven, traumhaften Erlebnisse, in denen wir uns selbst wirklich erfahren. Mein Gefühl ist, dass diese Zustände, diese »Stimmungen« etwas Unreduzierbares haben – man kann sie nicht leicht auf andere Vorgänge zurückführen. Ein überwältigendes Naturerlebnis kann man ebenso wenig rational »erklären« wie einen Zustand tiefster Einsamkeit. Vielleicht ist das der Grund, warum Literatur und Kunst auf gewisse Weise mehr über die Seele zu sagen haben – jedenfalls meinem Eindruck nach – als die moderne Wissenschaft.

Das transzendentale Ich

»Das Schattenreich ist das Paradies der Fantasten. Hier finden sie ein unbegrenztes Land, wo sie sich nach Belieben anbauen können. Hypochondrische Dünste, Ammenmärchen und Klosterwunder lassen es ihnen an Bauzeug nicht mangeln«, schrieb Immanuel Kant 1766 in seiner Schrift über die »Träume eines Geistersehers«.[245] Dieser Geisterseher war Emanuel von Swedenborg, ein einstmals anerkannter Wissenschaftler, der Isaac Newtons Vorlesungen gehört und unter anderem eine berühmte Arbeit über das Gehirn geschrieben hatte. Doch es war ihm nicht gelungen, seelische Vorgänge aus Hirnprozessen zu erklären. Dieses Scheitern stürzte ihn in eine tiefe Krise. Swedenborg wandte sich von der Wissenschaft ab und fing an, sich mit Träumen und Geisterscheinungen zu beschäftigen. Unter anderem benutzte er Techniken der Atemhemmung, um traumartige Halluzinationen zu erzeugen.

Kant schrieb über Swedenborg: »Seine ganze Beschäftigung besteht darin, dass er, wie er selbst sagt, schon seit mehr als 20 Jahren mit Geistern und abgeschiedenen Seelen im genauesten Umgange stehet, von ihnen Nachrichten aus der andern Welt einholet und ihnen dagegen welche aus der gegenwärtigen erteilt, große Bände über seine Entdeckungen abfasst und bisweilen nach London reiset, um die Ausgabe derselben zu besorgen.«[246]

Kant stellte die Erlebnisse des Geistersehers nicht infrage. Vielmehr entlarvte er Swedenborgs Berichte als eine Art Selbstbetrug über die eigene Wahrnehmung: »Wo ich empfinde, da *bin* ich. Ich bin ebenso unmittelbar in der Fingerspitze wie in dem Kopfe. (...) Daher würde ich einen strengen Beweis verlangen, um dasjenige ungereimt zu finden, was die Schullehrer sagten: Meine Seele ist ganz im ganzen Körper und ganz in jedem seiner Teile.«[247]

Immanuel Kant (1724–1804) forderte selbstständiges, kritisches Denken – von sich und von anderen. »Der Charakter eines wahren Philosophen ist der, dass er nichts tut, als die natürlichen Kräfte und Fähigkeiten zu exerzieren, und zwar durch die nachforschende Untersuchung der Kritik.«[248] Kant verfolgte dieses Lebensthema mit ungeheurer Selbstdisziplin. Nie verließ er seine Heimatstadt Königsberg. Nach seinen täglichen Arbeitsroutinen und Spaziergängen konnten die Bewohner Königsbergs die Uhr stellen. Doch als 1781 sein großes Hauptwerk endlich erschien, blieb das Echo bescheiden. Ein Königsberger Mathematikprofessor beklagte, dass das Buch »selbst für den größten Teil des gelehrten Publikums ebenso viel ist, als ob sie aus lauter Hieroglyphen bestünde«.[249] Erst Jahre später erkannte man die Bedeutung von Kants »Kritik der reinen Vernunft«.

Dabei begann das Werk schon dramatisch: »Die menschliche Vernunft hat das besondere Schicksal in einer Gattung ihrer Erkenntnisse: dass sie durch Fragen belästigt wird, die sie nicht abweisen kann, denn sie sind ihr durch die Natur der Vernunft selbst aufgegeben, die sie aber auch nicht beantworten kann, denn sie übersteigen alles Vermögen der menschlichen Vernunft.«[250] Zu diesen Fragen gehört für Kant jene nach der Existenz Gottes, nach dem Anfang der Welt – und die Frage nach der Unsterblichkeit der Seele. Doch die Philosophie habe sich in »Dunkelheit und Widersprüche« gestürzt. Und sie könne ihre Irrtümer nicht einmal erkennen, »weil die Grundsätze, deren sie sich bedient, da sie über die Grenze aller Erfahrung hinausgehen, keinen Probierstein der Erfahrung mehr anerkennen«.[251]

Der »Kampfplatz dieser endlosen Streitigkeiten«, sagt Kant, sei die Metaphysik.

Doch Kant geht es nicht um eine Kritik der einzelnen Systeme – sondern um die Grenzen des menschlichen Erkenntnisvermögens überhaupt. Die Frage lautet: Kann die Vernunft über Gegenstände wie Gott oder die Unsterblichkeit der Seele überhaupt sichere Erkenntnisse gewinnen? Was können wir überhaupt wissen – und was nur glauben?

In der »Kritik der reinen Vernunft« verfolgt Kant eine zentrale Hypothese: »Bisher nahm man an, alle unsere Erkenntnisse müssen sich nach den Gegenständen richten; aber alle Versuche, über sie a priori etwa durch Begriffe auszumachen, wodurch unsere Erkenntnis erweitert würde, gingen unter dieser Voraussetzung zunichte. Man versuche es daher einmal, ob wir nicht in den Aufgaben der Metaphysik damit besser fortkommen, dass wir annehmen, die Gegenstände müssten sich nach unserem Erkenntnis richten (...).«[252]

Kant selbst nennt diese These seine »kopernikanische Wende«. Es ist eine radikal neue Sicht auf das »Selbst« und seine Stellung in der Welt.

Bisher waren die Philosophen davon ausgegangen, dass es eine »Außenwelt« gibt, die unabhängig von unserem Bewusstsein existiert. Platon glaubte sogar an ein Reich ewiger Ideen jenseits der wahrnehmbaren Wirklichkeit. Der menschliche Geist, so dachte René Descartes, steht dieser Außenwelt als unbeteiligter Zuschauer gegenüber – als eine Art »Spiegel der Natur«, wie es der amerikanische Philosoph Richard Rorty einmal ausdrückte. Diese Auffassung führte schließlich jedoch zu einem radikalen Skeptizismus: Wie sollte ein »unbeteiligter Zuschauer« überhaupt Erkenntnisse über die Außenwelt gewinnen? Nach Descartes konnte man an allem zweifeln – außer am Denken selbst. Und für Hume war die Metaphysik sogar nichts als »Sophisterei und Blendwerk«, das man besser »den Flammen übergeben« solle. Dazu gehörten für ihn auch die Spekulationen über die Unsterblichkeit der Seele.

Nach Kant ist unser Geist kein unbeteiligter Zuschauer, kein passiver Empfänger, auf den die Erfahrungen aus der Außenwelt einprasseln. Vielmehr formt und strukturiert unser Denken unsere Erfahrung. »Der Verstand schöpft seine Gesetze (a priori) nicht aus der Natur, sondern schreibt sie dieser vor.«[253]

Dabei wirken nach Kant zwei Arten des Erkennens zusammen. Das eine sind unsere sinnlichen Wahrnehmungen. Wir können einen Gegenstand sehen, riechen, hören, schmecken oder tasten. Aber diese Wahrnehmungen reichen nicht, um etwa sagen zu können: »Dieser Tisch ist rot.« Für solche Urteile brauchen wir Begriffe und Kategorien nach denen wir unsere Sinneswahrnehmungen ordnen. Der Begriff »Tisch« sagt uns, was ein Tisch ist, und der Begriff »Rot«, was die Farbe Rot bedeutet. Erst durch die Kombination von Begriffen und »sinnlicher Anschauung« können wir ein Erfahrungsurteil wie »Dieser Tisch ist rot« bilden.

Unser Urteilsvermögen wurzelt nach Kant im erkennenden Subjekt. Aber ohne sinnliche Wahrnehmung fehlt unseren Verstandesbegriffen gewissermaßen das Material, das sie formen können: »Ohne Sinnlichkeit würde uns kein Gegenstand gegeben und ohne Verstand keiner gedacht werden. Gedanken ohne Inhalt sind leer, Anschauungen ohne Begriffe sind blind.«[254]

Reines Denken ist nach Kant zu keiner Erkenntnis fähig. Die Metaphysik kann über die Erfahrung nicht hinausgelangen. Unsere Erkenntnis hat nach Kant nur Zugang zu den »Erscheinungen«, aber nicht zu den Dingen und Sachverhalten, wie sie wirklich sind – zu den »Dingen an sich«. Über Fragen wie die »Unsterblichkeit der Seele« kann man zwar nachdenken. Aber wir können kein objektives Wissen über sie gewinnen.

Die Grundlage aller Erfahrung ist unser Selbst. Kant nennt es das »transzendentale Ich«. Darunter versteht er allerdings nicht das, was wir landläufig unter einem Selbst verstehen. Sein »transzendentales Ich« hat weder eine Geschichte noch eine Persönlichkeit. Es ist einfach das »Ich denke« in jeder Erfahrung – also dasjenige, was für die Einheit unseres Bewusstsein sorgt. Kants berühmte Formulierung lautet: »Das: *Ich denke,* muss alle meine Vorstellungen begleiten können; denn sonst würde etwas in mir vorgestellt werden, was gar nicht gedacht werden könnte, welches eben so viel heißt, als die Vorstellung würde entweder unmöglich, oder wenigstens für mich nichts sein.«[255]

Das klingt zunächst nach ziemlich wenig. Jede Erfahrung ist eben die Erfahrung von irgendjemandem. Und doch ist das »transzendentale Subjekt« ein geradezu monströs aufgeblähtes Selbst. Denn es ist selbst die Quelle aller Erfahrung. Es schreibt der Wirklichkeit vor, wie sie zu sein hat. Doch das transzendentale Ich selbst ist unserer Erkenntnis nicht zugänglich. Es ist ein »Ding an sich«.

Trugschlüsse der Seele

Nach Kants Kriterien kann es keine objektive Erkenntnis der Seele geben, geschweige denn einen Beweis für ihre Unsterblichkeit. Alle Versuche der Metaphysiker, von Platon bis Descartes, waren von vornherein zum Scheitern verurteilt. Der grundlegende Fehler dieser »rationalen Psychologie« liegt für Kant darin, dass sie die Einheit unseres Bewusstseins »verdinglicht«, also zu einem »wirklichen Gegenstande außerhalb dem denkenden Subjekte« macht. Doch dieses Ich ist der Erfahrung nicht zugänglich, sagt Kant – es gibt von ihm einfach keine sinnliche Anschauung. »Allein dieses Ich ist so wenig Anschauung, als Begriff von irgendeinem Gegenstande, sondern die bloße Form des Bewusstseins, welches beiderlei Vorstellungen begleiten, und sie dadurch zu Erkenntnissen erheben kann (...).«[256]

Allerdings kann unser Bewusstsein einen nichtsinnlichen Bezug zu sich selbst herstellen. Dieses Selbst-Bewusstsein ist für Kant sogar die Voraussetzung aller Erkenntnis. Das »Ich denke« vereinigt alle unsere Vorstellungen in einem Bewusstsein – eine Synthese, die Kant mit einem monströsen Begriff als »ursprünglich-synthetische Einheit der Apperzeption« bezeichnet: »Dagegen bin ich mir meiner selbst in der transzendentalen Synthesis des Mannigfaltigen der Vorstellungen überhaupt, mithin in der synthetischen ursprünglichen Einheit der Apperzeption, bewusst, nicht wie ich mir erscheine, noch wie ich an mir selbst bin, sondern nur dass ich bin. Diese Vorstellung ist ein Denken, nicht ein Anschauen.«[259] Man kann das mit einem Begriff der modernen Philosophie erklären – mit dem Begriff der »Intentionalität«. Ein »intentionales Objekt« ist einfach das, »woran« ich denke, wenn ich an etwas denke. Jeder Gedanke ist ein Gedanke »über etwas«, er handelt von »etwas«. Ein solches intentionales Objekt muss aber nicht real existieren. Jedes intentionale Objekt braucht ein »Subjekt« – irgendjemand muss diesen Gedanken ja haben. So wie es einen Gedanken ohne reales Objekt geben kann, muss auch dieses »Subjekt« nicht real existieren. Das transzendentale Ich ist einfach das, was diese Gedanken in einem Bewusstsein vereinigt.

In seiner »Kritik der reinen Vernunft« seziert Kant die Trugschlüsse oder »Paralogismen« über die Seele. Ich beschränke mich hier auf den ersten und dritten Paralogismus. Der erste Trugschluss (und zugleich die Grundlage aller anderen) lautet, die Seele sei eine Substanz. Der Schluss vom »Ich denke« auf ein »denkendes Ding« ist nach Kant jedoch unzulässig. Der

Grund liegt darin, dass dieses »transzendentale Ich« selbst der Ursprung unserer Verstandeskategorien und damit die Bedingung aller objektiver Erkenntnis ist – daher kann es nicht selbst nach diesen Kategorien erfassbar und objektivierbar sein. Anders ausgedrückt: Über das »Ich denke«, also über das transzendentale Ich kommt man nicht hinaus. Insbesondere kann man daraus nicht den Schluss ziehen, dass dieses »transzendentale Ich« eine Person ist (dritter Paralogismus). Kants Argument ist ein schwerer Schlag gegen die Vorstellung, die »Seele« sei so etwas wie unser immaterielles Selbst.

Zwar bin ich mir als denkendes Subjekt ständig der »Einheit meines Selbst« über die Zeit bewusst. Aber diese Identität ist nur die »formale Bedingung meiner Gedanken und ihres Zusammenhangs«. Anders gesagt: Ich kann einen Gedanken nur fassen, wenn ich davon ausgehe, dass ich es »selbst« bin, der diesen Gedanken fasst – und nicht ein anderer. Doch daraus kann ich nicht schließen, dass ich auch »objektiv« immer derselbe bin. Kant erläutert das in einem berühmten Vergleich der Seele mit einer Billardkugel. Eine Billardkugel überträgt ihre Bewegung bei einem geraden Stoß auf die nächste, diese wiederum auf die nächste usw. – die Bewegung bleibt immer die gleiche, obwohl es verschiedene Kugeln sind. Analog könnte eine »Seele« ihr Bewusstsein auf die nächste »Seele« übertragen usw. Aus der Beständigkeit unseres Bewusstseins können wir also nicht schließen, dass es sich immer um dieselbe Seele und damit um dieselbe Person handelt.[257] Theoretisch könnten wir jeden Tag eine andere Seele haben – ohne es zu bemerken.

Wir selbst können nach Kant aus unserem Bewusstsein heraus gar nicht darüber urteilen, ob unsere Seele immer die gleiche bleibt. Da wir zu unserem Selbst nur das zählen können, dessen wir uns bewusst sind, müssen wir zwar den Schluss ziehen, dass wir immer dieselben sind, solange wir Bewusstsein haben. »In dem Standpunkte eines Fremden aber können wir dieses darum noch nicht vor [= für, T. V.] gültig erklären, weil, da wir an der Seele keine beharrliche Erscheinung antreffen, als nur die Vorstellung Ich, welche sie alle begleitet und verknüpft, so können wir niemals ausmachen, ob dieses Ich (ein bloßer Gedanke) nicht eben sowohl fließe, als die übrigen Gedanke[n], die dadurch an einander gekettet werden.«[258]

Das »transzendentale Ich« entzieht sich also unserem Erkenntnisvermögen. Das heißt aber nicht, dass die Seele nicht existiert. Nach Kant können wir nur nichts sicheres darüber sagen.

Ein moralisches Postulat

Wir können die Existenz der Seele zwar nicht beweisen, doch wir müssen von ihr ausgehen. Die Unsterblichkeit der Seele ist für Kant eine Bedingung moralischen Handelns – ein »Postulat« der praktischen Vernunft. Darin zeigt sich der tiefere Sinn von Kants bohrender Vernunftkritik: »Ich musste also das Wissen aufheben, um für den Glauben Platz zu bekommen.«[260]

Für Kant sind wir nicht nur denkende, sondern auch handelnde Wesen. Aber wir können nicht einfach machen, was wir wollen. Oder uns nur an unserem subjektiven Gefühl orientieren. Für unser Handeln müssen genauso rationale, allgemein gültige Regeln gelten wie für unser Denken. Kant versuchte solche universellen moralischen Prinzipien aus reinen Vernunftgründen abzuleiten. Als rationale Wesen, so dachte er, können wir uns solche Regeln selbst vorgeben. Der Gedankengang führte Kant zu seinem berühmten »kategorischen Imperativ«: »Handle nur nach derjenigen Maxime, durch die du zugleich wollen kannst, dass sie ein allgemeines Gesetz werde.« Die Frage ist, was moralische Prinzipien mit der Unsterblichkeit der Seele zu tun haben.

Eine Voraussetzung für moralisches Handeln ist natürlich die Freiheit. Wenn es keine Freiheit gibt, können wir nicht selbstbestimmt handeln. Dabei interessieren Kant nicht irgendwelche äußeren Faktoren, die unser Handeln beeinflussen. Im Zentrum steht vielmehr das Selbst – unser Wille, moralisch zu handeln. Für Kant ist ein guter Wille sogar das Einzige, was »an sich«, allein durch das Wollen gut ist.

»Die Bewirkung des höchsten Guts in der Welt ist das notwendige Objekt eines durchs moralische Gesetz bestimmbaren Willens.«[261] Das Problem ist nur, dass unser Leben endlich ist. Unser Wille kann daher so gut sein, wie er will: Selbst wenn wir uns bei jeder Handlung am »kategorischen Imperativ« orientieren, werden wir in diesem Leben nie vollkommene »Heiligkeit« erreichen. Da aber diese »Bewirkung des höchsten Gutes« gefordert ist, müssen wir einen etwas »großzügigeren« Zeitrahmen annehmen – nämlich einen »ins Unendliche gehenden Progressus«. Dieser »unendliche Progressus« ist aber nur möglich, wenn dasselbe vernünftige Wesen über den Tod hinaus weiterexistiert: »Also ist das höchste Gut praktisch nur unter der Voraussetzung der Unsterblichkeit der Seele möglich; mithin diese, als unzertrennlich mit dem moralischen Gesetz verbunden, ein Postulat der reinen praktischen Vernunft.«[262]

Kants »transzendentales Ich« kommt mir vor wie ein rationales Ungeheuer. Es ist nicht bloß die Quelle aller Erkenntnis, ja der Erfahrungswelt überhaupt, sondern auch die Quelle allen rationalen Handelns. Wenn ich Kants Theorie richtig verstehe, dann hat ein Demenzpatient kein Selbst mehr, weil ihm die Einheit des Bewusstseins fehlt, um rationale Urteile zu fällen. Weil das »Ich denke«, in den Worten Kants, nicht mehr seine »Vorstellungen begleitet« – sondern irgendwo anders hingegangen ist.

Die Seele des Weltgeistes

»Ein Nicht-Ich zu sein, ertraget es nicht länger!«, rief der deutsche Philosophieprofessor Johann Gottlieb Fichte (1762–1814) seinen Landsleuten zu.[263] Und zwar in vollem Ernst. Als wahrer Romantiker glaubte der Jenaer Philosophieprofessor an Pathos und große Visionen. In seinen »Reden an die Deutsche Nation« erklärte er den Deutschen, dass sie die Führung in einer neuen »Epoche der Vernunftwissenschaft« übernehmen sollten. Das Selbst war für Fichte reine, unbeschränkte geistige Aktivität. Es hat freilich nichts mit einer substanziellen Seele zu tun, die

Fichte für eine »schlechte Erfindung« hält. Das Selbst war für ihn der überpersönliche menschliche Geist, der sich selbst reflektiert. Das Ich »setzt« sich selbst, sagt Fichte. Für ihn ist es »das Absolute«. Auf der einen Seite steht das »Ich«, auf der anderen das »Nicht-Ich«, also die Welt.[264]

Für Fichte war nicht etwa Gott der Angelpunkt der Welt – sondern das Ich. »Fichtes Ich war ganz übereinstimmend mit seinem unbeugsamen, hartnäckigen, eisernen Charakter«, spottete Heinrich Heine: »Die Lehre von einem solchen allmächtigen Ich konnte vielleicht nur einem solchen Charakter entsprossen, und ein solcher Charakter musste zurückwurzelnd in eine solche Lehre, noch unbeugsamer werden, noch hartnäckiger, noch eiserner.«[265] Heine berichtet von einer bekannten zeitgenössischen Karikatur, der »Fichte'schen Gans«: »Sie hat eine so große Leber, dass sie nicht mehr weiß, ob sie die Gans oder die Leber ist. Auf ihrem Bauch steht: Ich-Ich.«[266]

Friedrich Wilhelm Schelling (1775–1854), ein Student Fichtes, hatte einen etwas subtileren Ansatz als sein Lehrer. Er versuchte das »Subjektive« und das »Objektive« miteinander zu verbinden. Natur und Geist sind für ihn letztlich identisch, zusammen bilden sie ein einheitliches Ganzes. Das »Absolute« war für ihn die Einheit eines schöpferischen, sich entwickelnden Universums, das zwei verschiedene Aspekte hat, die Natur und den menschlichen Geist. Schellings »Absolutes Ich« oder die Welt-Seele schließt gleich den ganzen Kosmos ein.

Gemeinsam mit seinen Kommilitonen Georg Friedrich Wilhelm Hegel und dem Dichter Friedrich Hölderlin formuliert Schelling im Tübinger Stift ein »Systemprogramm« des deutschen Idealismus. Darin heißt es in aller Bescheidenheit: »Die erste Idee ist natürlich die Vorstellung von mir selbst, als einem absolut freien Wesen. Mit dem freien, selbstbewussten Wesen tritt zugleich eine ganze Welt – aus dem Nichts hervor – die einzig wahre und gedenkbare Schöpfung aus Nichts.«[267]

Der Schwabe Georg Wilhelm Friedrich Hegel (1770–1831), Sohn eines herzoglichen Beamten in gehobener Stellung, träumte schon als junger Mann vom Absoluten – und von einem philosophischen System, in dem alle anderen aufgehen würden. Schließlich umfasste seine »Enzyklopädie der philosophischen Wissenschaften im Grundrisse« insgesamt 577 Paragrafen. Philosophie, so sagte er einmal, sei »ihre Zeit in Gedanken erfasst«.

Das Absolute nennt Hegel »Geist«. Das Geistige allein ist das Wirkliche. Doch dieser Geist ist nicht einfach da, er entwickelt sich in einem dynamischen geschichtlichen Prozess, er kommt erst zu sich selbst. In Hegels Worten: »Das Wahre ist das Ganze. Das Ganze aber ist nur das durch seine Entwicklung sich vollendende Wesen.«[268] Nach Hegel verläuft dieser Prozess »dialektisch«, also in Gegensätzen. Jede Bewusstseinsstufe ist nur in einem bestimmten Kontext »wahr«.

Im Laufe des Prozesses kommt es zu Widersprüchen und Konflikten, aus denen sich schließlich neue, überlegene Formen herauskristallisieren. Auf diese Weise entwickelt sich das menschliche Bewusstsein von den primitivsten Formen der sinnlichen Wahrnehmung über die Vernunft zum wahren Geist, der sich in Staat, Gesellschaft und Recht manifestiert – und schließlich zum »absoluten Geist«, dem Reich von Kunst, Philosophie und Religion. »Die Erkenntnis des Geistes ist die konkreteste, darum höchste und schwerste. Erkenne dich selbst, dies absolute Gebot hat weder an sich noch da, wo es geschichtlich als ausgesprochen vorkommt, die Bedeutung nur einer *Selbsterkenntnis* nach den partikulären Fähigkeiten, Charakter, Neigungen und Schwächen des Individuums, sondern die Bedeutung der Erkenntnis des Wahrhaften des Menschen wie des Wahrhaften an und für sich – des *Wesens selbst als Geistes.*«[269]

Hegels Weltgeist ist so riesig, dass selbst das Individuum zum »Werk des Geistes« am Ende kaum noch etwas beizutragen hat. Da sein Anteil so gering ist, müsse es »sich umso mehr vergessen, und zwar werden und tun, was es kann, aber es muss ebenso weniger von ihm gefordert werden, wie es selbst weniger von sich erwarten und für sich fordern kann«.[270] Die Seele ist für Hegel nur eine passive Vorstufe – der »Schlaf des Geistes«.

Es gibt viele, die Hegels Philosophie dunkel und ziemlich aufgeblasen, wenn nicht sogar größenwahnsinnig finden. Für meine

Suche nach der Seele gibt es in seinem Werk aber einen interessanten Punkt. Das Neue bei Hegel ist nämlich, dass er das Selbst in einer sozialen Dimension sieht. Selbst-Bewusstsein beruht für ihn nicht auf einsamer Introspektion – sondern auf der Anerkennung durch andere. Doch dieser Prozess ist konfliktgeladen. Wenn ich einen anderen Menschen als selbstbewusstes Wesen anerkenne, dann gehe ich davon aus, dass dies auch der andere tut. Dadurch wird mein Selbstbewusstsein vom anderen abhängig – und umgekehrt. Da jeder sich von dieser Abhängigkeit befreien will, kommt es zu Konflikten. Jeder muss am Ende einsehen, dass er die Anerkennung des anderen braucht. Hegel erläutert das in einem berühmten Kapitel seiner »Phänomenologie des Geistes« am Verhältnis von Herrschaft und Knechtschaft[271] – aber im Grunde ist sein Modell eine Art Prototyp für alle menschlichen Beziehungen.

Ich denke, dass Hegels Überlegung in gewisser Weise auch auf die Beziehung zwischen meinem Vater und mir zutrifft. Nach meinem Verständnis hat mein Vater ein Selbst, weil ich sein Selbst anerkenne – weil er für mich eben immer noch »mein Vater« ist und nicht bloß sein zerstörtes Gehirn. Indem ich ihn als »meinen Vater« anerkenne, ihn als »meinen Vater« begrüße und zu ihm rede, erfahre ich mich selbst als »seinen Sohn«. Dazu muss ich nach Hegel aber anerkennen, dass auch er mich als »seinen Sohn« sieht – obwohl ich nicht weiß, ob er das wirklich tut. Ob er mich überhaupt noch erkennt.

Das Entscheidende ist die Verschiebung der Perspektive. Das Selbst meines Vaters (und zugleich mein eigenes) erschließt sich für mich nicht durch die Suche nach einem Beweis, dass er noch ein »Inneres«, ein »Selbst« hat – sondern durch unsere Beziehung, also die Art, wie wir miteinander interagieren. Einfacher gesagt: Ich sehe und behandle ihn immer noch als »meinen Vater«. Also *ist* er mein Vater. Und ich *bin* sein Sohn. Auch wenn unsere Beziehung auf ein Minimum reduziert sein mag.

Im Blick meines Vaters spiegle ich mich selbst.

Nicht in meinem Super-Ego.

Wir alle erleben die Welt aus einer subjektiven Perspektive. Die Denker in diesem Kapitel haben daraus geschlossen, dass es auf das Subjektive ankommt – dass das denkende Ich das Zentrum der Welt ist. In meinen Augen war diese Vorstellung maßlos und arrogant.

Das Problem der Super-Egos liegt für mich darin, dass sie auf gewisse Weise »zu groß«, zu bedeutungsschwer, zu übermächtig sind für diese Welt. Und vielleicht auch für die andere Welt. Mein Gefühl ist, dass die Seele meines Vaters etwas sehr viel Kleineres, Bescheideneres ist.

Kann es sein, dass wir das Rationale maßlos überbewerten? Dass unser Selbst gar nicht Herr im Hause ist – ja dass es womöglich nicht mal existiert? Dass unser Inneres nicht von lichter Vernunft regiert wird – sondern von dunklen, irrationalen Trieben?

KAPITEL 9

Blinder Wille

Eigentlich ist es ein Wunder, dass mein Vater noch lebt. Dass sein Körper noch nicht aufgegeben hat. Oder soll ich sagen: seine Seele?

Seit Jahren ist er nun schon praktisch bewegungsunfähig. Dämmert den ganzen Tag vor sich hin. Manchmal bekommt er krampfartige Hustenanfälle. Bei Demenzkranken weiß man nie, ob nicht mal irgendetwas in die Lunge gerät, was da nicht hingehört. Jede Kleinigkeit könnte das Ende bedeuten. Und trotzdem:

Mein Vater lebt.

Er ist immer noch nicht tot.

Meine Mutter glaubt, dass er uns damit etwas sagen will. Dass er vielleicht immer noch leben *will*. Einfach weiter da sein, bei meiner Mutter sein, nicht verschwinden von dieser Welt.

Aber kann ein demenzkranker Mensch wie mein Vater noch *leben* wollen? Kann er überhaupt noch etwas *wollen*? Oder ist sein Körper einfach nur ein leeres Grab?

Für Arthur Schopenhauer (1788–1860) hieß Dasein Leiden. Nicht die helle Vernunft regiert die Welt, sondern ein blindes, unkontrollierbares Prinzip – der Wille zum Leben. Der frühere Kaufmannslehrling aus Danzig verachtete die kopflastige Vernunftreligion seiner Zeit. Hegels Geist-Philosophie hasste er so inbrünstig, dass er seine Vorlesungen just zur gleichen Zeit ansetzte wie dieser.

Schopenhauer galt als übellauniger Misanthrop und Pessimist. Doch seine Philosophie hat etwas sehr Menschliches. Sie läuft hinaus auf die Entmachtung einer abgehobenen, lebensfernen Über-Vernunft. Nicht der Intellekt stand für Schopenhauer im Vordergrund, sondern die konkrete leibliche Erfahrung des Daseins. Kaum zufällig beeinflussten seine Ideen unter anderem das Denken von Sigmund Freud, dem Begründer der Psychoanalyse. Als einer der ersten europäischen Philosophen studierte Schopenhauer intensiv die hinduistischen und buddhistischen Schriften. Die indische Philosophie prägte seine Vorstellung von Individualität und Selbst.

Drang zum Dasein

Für den Kantianer Schopenhauer war die Wirklichkeit nichts als eine transzendentale Illusion, eine »Vorstellung«. Ihr wahres Wesen besteht jedoch in etwas ganz anderem – in einem blinden, unkontrollierbaren Drang zu existieren. Dieser »Wille« manifestiert sich in jedem von uns. Nicht etwa die Seele oder das Selbst macht unser eigentliches Wesen aus – es ist der Wille zum Leben. Der egoistische »Drang zum Dasein und Wohlsein«, wie Schopenhauer sagt.

Schon unser Leib ist nichts anderes als verkörperter Wille. »Jeder wahre Akt seines Willens ist sofort und unausbleiblich auch eine Bewegung seines Leibes (...). Der Willensakt und die Aktion des Leibes (...) sind eines und dasselbe, nur auf zwei gänzlich verschiedene Weisen gegeben: einmal ganz unmittelbar und einmal in der Anschauung für den Verstand.«[272] Für Schopenhauer gibt es deshalb keine dualistische Trennung zwischen Seele und Körper. Die Seele kann sich nicht vom Körper befreien, wie Platon einst dachte. Es gibt kein Entkommen aus unserer Leiblichkeit: »Gegen die mächtige Stimme der Natur vermag die Reflexion wenig.«[273] Erst der Tod ist für Schopenhauer die »große Zurechtweisung«, die dem Willen zum Leben seine Grenzen zeigt.

Schopenhauers Wille hat keine Moral. Die Welt ist daher ein einziges Jammertal. Überall herrscht nur sinnloser Streit und Kampf.

Schopenhauers Wille unterminiert völlig den Kant'schen Vernunftbegriff. Nach Schopenhauer wollen wir Dinge nicht, weil wir sie als gut oder erstrebenswert erkennen. Es ist genau umgekehrt: »Bei jenen will er, was er erkennt; bei mir erkennt er, was er will.«[274] Jeder Mensch ist das, was er ist, durch seinen Willen, und damit letztlich durch seinen Charakter. Keine Rede von rationaler Triebkontrolle wie in Platons berühmtem Wagengespann: Der Wille manifestiert sich bei Schopenhauer zuallererst in unseren sexuellen Umtrieben. Die Geschlechtsorgane sind für ihn der »eigentliche Brennpunkt des Willens und folglich der entgegengesetzte Pol des Gehirns, des Repräsentanten der Erkenntnis, d. i. der andern Seite der Welt, der Welt als Vorstellung«.[275]

Der Wille ist für Schopenhauer das »Primäre und Fundamentale«, der Intellekt hingegen das »Sekundäre, Untergeordnete und Bedingte«.[276] Das Wollen ist keine »bloße Funktion des Intellekts«. Folglich ist auch »Seele« für Schopenhauer schlicht ein »unstatthafter Begriff«, ja eine »Quelle unheilbarer Irrtümer«. Jahrhundertelang hätten die Philosophen die »Wahrheit auf den Kopf gestellt«, wettert Schopenhauer. Die Erklärung liegt für ihn darin, dass man versucht habe, »den Menschen als vom Tiere möglichst weit verschieden darzustellen, dabei jedoch dunkel fühlte, dass die Verschiedenheit beider im Intellekt liegt, nicht im Willen; woraus ihnen unbewusst die Neigung hervorging, den Intellekt zum Wesentlichen und zur Hauptsache zu machen«.[277] Die Identität der Person, unser Selbst beruht weder auf dem Körper, noch auf einer ominösen immateriellen Substanz. »Sie beruht auf dem identischen Willen und dem unveränderlichen Charakter desselben.«[278]

Unser Wille legt den Charakter fest. Und unser Charakter bestimmt alle unsere Intentionen und Handlungen. Nach Schopenhauer können wir ihn uns genauso wenig aussuchen wie unseren Körper. Manche Menschen sind eben von ihrem Charakter her gut, andere schlecht. Wirklich ändern können wir unsere Persönlichkeit nicht. Das wahre Übel besteht für Schopenhauer jedoch darin, dass wir uns an unsere Individualität klammern

– dass wir unser individuelles Selbst so maßlos überbewerten. »Denn wie auf dem tobenden Meere, das, nach allen Seiten unbegrenzt, heulend Wasserberge erhebt und senkt, auf einem Kahn ein Schiffer sitzt, dem schwachen Fahrzeug vertrauend; so sitzt mitten in einer Welt voll Qualen ruhig der einzelne Mensch, gestützt und vertrauend auf das principium individuationis. (...) Die unbegrenzte Welt, voll Leiden überall, in unendlicher Vergangenheit, in unendlicher Zukunft ist ihm fremd, ja ist ihm ein Märchen: seine verschwindende Person, seine ausdehnungslose Gegenwart, sein augenblickliches Behagen, dies allein hat Wirklichkeit für ihn: und dies zu erhalten, tut er alles, solange nicht eine bessere Erkenntnis ihm die Augen öffnet.«[279]

In einem kleinen Dialog lässt Schopenhauer zwei Charaktere über die Unsterblichkeit diskutieren. Doch eigentlich geht es um die Bedeutung einer Fortexistenz unseres Selbst.[280]

»Thrasymachos: Kurzum, was bin ich nach meinem Tode? – Klar und präcis!

Philalethes: Alles und nichts!

(...)

Philalethes [alias Schopenhauer]: (...) Du, als Individuum, endest mit deinem Tode. Allein das Individuum ist nicht dein wahres und letztes Wesen, vielmehr eine bloße Äußerung desselben: es ist nicht das Ding an sich selbst, sondern nur dessen Erscheinung, welche in der Form der Zeit sich darstellt und demgemäß Anfang und Ende hat. Dein Wesen an sich selbst hingegen kennt weder Zeit, noch Anfang, noch Ende, noch die Schranke einer gegebenen Individualität: Daher kann es von keiner Individualität ausgeschlossen werden; sondern ist in Jedem und Allem da.«

Doch Thrasymachos will sein Selbst, seine Individualität nicht aufgeben. »Höre, ohne Fortdauer meiner Individualität gebe ich für deine ganze Unsterblichkeit keinen Heller.

(...)

Philalethes: Du hältst also wohl deine Individualität für so angenehm, vortrefflich, vollkommen und unvergleichlich, dass es keine vorzüglichere geben könne, daher du sie nicht vertauschen möchtest gegen irgendeine andere, von welcher etwa behauptet würde, dass in ihr es sich besser und leichter leben ließe?

Thrasymachos: (...) Ich, ich, ich will dasein! Daran ist mir gelegen (...).«

Jeder wolle das, entgegnet Philalethes. »Das bist du nicht allein, sondern alles, durchaus alles, was nur eine Spur von Bewusstsein hat. Folglich ist dieser Wunsch in dir gerade das, was nicht individuell ist, sondern allen, ohne Unterschied gemein: er entspringt nicht aus der Individualität, sondern aus dem Dasein überhaupt, ist jedem, das da ist, wesentlich, ja ist das, wodurch es da ist, und wird demgemäß befriedigt durch das Dasein überhaupt, (...) als auf welches allein er sich bezieht (...). Was nämlich so ungestüm das Dasein verlangt, ist bloß mittelbar das Individuum; unmittelbar und eigentlich ist es der Wille zum Leben überhaupt, welcher in Allen Einer und derselbe ist.« Unsere Individualität sei daher »keine Vollkommenheit, sondern eine Beschränkung: daher ist, sie los zu werden, kein Verlust, vielmehr Gewinn«.

Schopenhauer sah drei Möglichkeiten, der allgegenwärtigen Macht des Willens zu entkommen: die Kunst, das Mitleid und die Resignation. Durch das Mitleid, so glaubt Schopenhauer, können wir unser »innerstes und wahres Selbst« erfahren, indem wir nämlich das Prinzip der Individuation, also des Unterschieds zwischen uns und anderen, überwinden und das »Ganze« erkennen – nämlich die »leidende Menschheit und die leidende Tierheit und eine hinschwindende Welt«.[281]

Schopenhauer hätte die Tatsache, dass mein Vater noch immer lebt, wahrscheinlich als Ausdruck des destruktiven, sinnlosen Daseinswillens gesehen, der die ganze Welt durchherrscht. Zugleich aber wäre mein Vater gerade in seinem heutigen Zustand, nach dem Verlust seiner Individualität, auch irgendwie eins mit der »hinschwindenden Welt«. Das tragische Pathos Schopenhauers schien mir immer ziemlich übertrieben. Allerdings kann ich mit seinem Angriff auf die »Super-Selbste« eines Kant, Fichte oder Hegel viel anfangen. Und seine Idee des »Mitleids«, die wohl von der indischen Philosophie inspiriert war, berührt mich in einem tiefen Sinne. Ohne die Kraft des Mitleids ist Schopenhauers Pessimismus allerdings auch schwer zu ertragen – in jeder Hinsicht.

Tod dem Subjekt!

»Warum ich einiges *mehr* weiß? Warum ich überhaupt so klug bin? Ich habe nie über Fragen nachgedacht, die keine sind – ich habe mich nicht verschwendet«, schreibt Friedrich Nietzsche. »Eigentliche religiöse Schwierigkeiten zum Beispiel kenne ich nicht aus Erfahrung. (…) ›Gott‹, ›Unsterblichkeit der Seele‹, ›Erlösung‹, ›Jenseits‹ lauter Begriffe, denen ich keine Aufmerksamkeit, auch keine Zeit geschenkt habe, selbst als Kind nicht, ich war vielleicht nie kindlich genug dazu?«[282] Und diese Sätze aus Nietzsches Spätschrift »Ecce Homo«, in der er noch einmal seine Lebensleistung reflektiert, sind noch vergleichsweise bescheiden. »Verwechselt mich vor allem nicht!«, schreibt er da. Oder: »Ich bin kein Mensch, ich bin Dynamit.« Kurze Zeit später implodierte Nietzsches Seele. In seinen letzten Tagen soll er, der Erfinder des Übermenschen, noch ein von einem Kutscher geschlagenes Pferd voller Mitgefühl umarmt haben. In seinem Zimmer tanzte er nackt dionysische Tänze. Der vielleicht sprachgewaltigste, musikalischste aller Philosophen starb in geistiger Umnachtung.

Friedrich Nietzsche (1844–1900) war stark von Schopenhauer beeinflusst. Auch er kämpfte gegen die »tiefsinnige Wahnvorstellung, (…) dass das Denken bis in die tiefsten Abgründe des Seins reiche (…).«[283] Der Wille zum Wissen habe die »gesunde, schöpferische Naturkraft« unterminiert. Das Vertrauen zum Leben sei dahin. Doch Nietzsche setzte nicht auf Schopenhauers Mitleid oder Resignation. Stattdessen propagierte er den »Übermenschen«, der alle Bindungen von sich abstreift und sich gleichsam neu erschafft.

Nietzsches »Übermensch« lebt vom »triumphierenden Gefühl der Macht«. Auf die Seele kann er folglich genauso verzichten wie auf das Selbst.

»Aber der Erwachte, der Wissende sagt: Leib bin ich ganz und gar, und nichts außerdem; und Seele ist nur ein Wort für ein Etwas am Leibe«, heißt es in Nietzsches »Also sprach Zarathustra«: »Werkzeug deines Leibes ist auch deine kleine Vernunft, mein Bruder, die du ›Geist‹ nennst, ein kleines Werk- und Spielzeug deiner großen Vernunft (...) ›Ich‹ sagst du und bist stolz auf dies Wort. Aber das Größere ist, woran du nicht glauben willst – dein Leib und seine große Vernunft: die sagt nicht Ich, aber tut Ich. (...) Hinter deinen Gedanken und Gefühlen, mein Bruder, steht ein mächtiger Gebieter, ein unbekannter Weiser – der heißt Selbst. In deinem Leibe wohnt er, dein Leib ist er.«[284]

Was will uns Nietzsche da sagen? Die Seele – nichts als »ein Etwas am Leibe«? Das Selbst – einfach nur unser Körper?

»Der Glaube an den Leib ist fundamentaler, als der Glaube an die *Seele*«, schreibt Nietzsche. Das »Subjekt«, das »Ich« gibt es für ihn nicht, es sei bloß etwas »Hinzugedichtetes, Dahinter-Gestecktes«: »Das ›Subjekt‹ ist nur eine Fiktion: es gibt das Ego gar nicht, von dem geredet wird, wenn man den Egoismus tadelt.«[285]

Nietzsche will alles zertrümmern, was die Philosophen über die Jahrhunderte aufgebaut haben: »Es gibt weder ›Geist‹, noch Vernunft, noch Denken, noch Bewusstsein, noch Seele, noch Wille, noch Wahrheit: alles Fiktionen, die unbrauchbar sind.«[286]

Für Nietzsche gibt es keinen Grund, dem Geist oder der Seele irgendeine Wirkung zuzuschreiben. »Das Nervensystem hat ein viel ausgedehnteres Reich: die Bewusstseinswelt ist hinzugefügt.« Und kann man statt einem einzigen Selbst nicht auch eine »Vielheit von Subjekten« annehmen, deren Zusammenspiel Denken und Bewusstsein zugrunde liegt? Die Philosophen, sagt Nietzsche, hätten den Fehler gemacht, aus dem Akt des Denkens auf einen »Denker« zu schließen. Doch die Vorstellung, »dass, wenn gedacht wird, es etwas geben muss, ›das denkt‹, ist aber einfach eine Formulierung unserer grammatischen Gewöhnung, welche zu einem Tun einen Täter setzt«.[287] Die Denker vor ihm hätten »ungeheure Fehlgriffe« gemacht. Dazu gehört für ihn die »unsinnige Überschätzung des Bewusstseins, aus ihm eine Einheit gemacht, ein Wesen gemacht: ›der Geist‹, ›die Seele‹, etwas, das fühlt, denkt, will (...)«.

Für Nietzsche gibt es folglich auch keine allwissende Instanz, die den Körper regiert wie einen Untertanen. Vielmehr fordert er, »dass wir den Beherrscher und seine Untertanen als *gleicher Art* verstehn, alle fühlend, wollend, denkend – und dass wir überall, wo wir Bewegung im Leibe sehen oder erraten, wir auf ein zugehöriges subjektives, unsichtbares Leben hinzuschließen lernen«. So sei Bewegung »Symbolik für das Auge«; sie deutet hin, dass etwas »gefühlt, gewollt, gedacht worden ist«.

Von reiner Selbstreflexion im Stile des »einsamen Spaziergängers« Rousseau hält Nietzsche nichts: »Das direkte Befragen des Subjekts über das Subjekt, und alle Selbst-Bespiegelung des Geistes hat darin seine Gefahren, dass es für seine Tätigkeit nützlich und wichtig sein könnte, sich falsch zu interpretieren. Deshalb fragen wir den Leib und lehnen das Zeugnis der verschärften Sinne ab: wenn man will, wir sehen zu, ob nicht die Untergebenen selber mit uns in Verkehr treten können.«[288]

Das Subjektive, unsere Erste-Person-Perspektive, scheint eine zentrale Rolle in unserem Leben zu spielen. Kann es wirklich sein, dass es sich bei unserem Ich-Gefühl bloß um eine Illusion handelt – um eine »grammatische Gewöhnung«, wie Nietzsche sagt? Haben wir die Seele nur erfunden? Sind wir doch nichts anderes als Leib?

Der Strom des Bewusstseins

»Die Seelentheorie ist komplett überflüssig, jedenfalls was die derzeit bekannten Tatsachen der bewussten Erfahrung betrifft«, schrieb der große amerikanische Psychologe und Philosoph William James. Noch schlechter als die Seele kommt das Selbst weg. Und für Kants »transzendentales Ich« hat James nur Spott übrig: »Das transzendentale Ich hat keine Eigenschaften, und von ihm kann nichts abgeleitet werden. Schon sein Name ist prätentiös. (…) Das Ich ist nur eine billige und schlechte Ausgabe der Seele.«[289]

William James (1842–1910) war Psychologe und Philosoph. Seine »Principles of Psychology« gehörten zu den einflussreichsten Werken der modernen Psychologie. Zugleich war James einer der Begründer einer philosophischen Richtung, die als »Pragmatismus« bezeichnet wird. Dabei geht es im Kern um die methodische Auffassung, dass Wahrheit nichts Absolutes ist, sondern sich an ihren praktischen Folgen misst. »Wahr« ist demnach alles, was sich als gut oder nützlich erweist. Seinen Studenten gab James einen sehr vernünftigen Rat: »Was Sie brauchen, ist eine Philosophie, die nicht nur ihre Fähigkeit zu verstandesmäßiger Abstraktion in Bewegung setzt, sondern auch einen positiven Zugang herstellen soll zu der wirklichen Welt menschlicher Lebendigkeit.«[290]

Nach James' pragmatischer Methode muss auch der Seelenbegriff irgendeine Art von praktischem Nutzen in der Wissenschaft haben. Aber weder substanzielle Seele noch Selbst, sagt James, erklären etwas. »Die aufeinanderfolgenden Gedanken sind die einzig intelligiblen und verifizierbaren Dinge, und die Korrelationen mit Hirnprozessen festzustellen ist das, was die Psychologie empirisch tun kann.«[291]

James geht daher von den empirischen Tatsachen aus. »Die erste Tatsache für uns, als Psychologen, besteht darin, dass irgendeine Art des Denkens vor sich geht.« James beginnt mit ganz einfachen Beobachtungen. »Mein Gedanke gehört zu meinen anderen Gedanken, und Ihr Gedanke zu Ihren anderen Gedanken.« Doch wir erleben unser Bewusstsein nicht als eine Abfolge von Gedanken – sondern als etwas Kontinuierliches, Fließendes.

James nennt es »Strom des Bewusstseins«.

Unsere Gedanken und Gefühle erleben wir als unsere eigenen. Daraus folgt für James eine zentrale These: »Das universelle Faktum des Bewusstseins ist nicht, dass Gefühle und Gedanken existieren, sondern ›Ich denke‹ und ›Ich fühle‹. Keine Psychologie kann daher die Existenz eines persönlichen Selbst auch nur irgendwie infrage stellen.«[292]

Aber was ist dieses Selbst?

James hat eine sehr »pragmatische«, lebensnahe Antwort: »Im weitesten Sinne ist das Selbst eines Menschen die Summe von allem, was er ›meins‹ nennt, nicht nur sein Körper und seine geistigen Fähigkeiten, sondern seine Kleider, sein Haus, seine Frau und Kinder, seine Vorfahren und Freunde, seine Reputation und seine Arbeit, sein Land, seine Pferde, seine Jacht und sein Bankkonto.«[293]

Das »soziale Selbst« ist für James die Anerkennung, die ein Mensch von seinen Mitmenschen erhält. Wir sind eben keine einsamen Wölfe, sondern wollen von anderen wahrgenommen werden. »Genau genommen hat ein Mensch so viele soziale Selbste wie es Individuen gibt, die ihn kennen und ein Bild von ihm in ihrem Geist tragen.«[294]

Mit dem »spirituellen Selbst« meint James unser subjektives »Inneres«, unsere psychischen Anlagen, unsere Begabungen, Vorlieben usw. Wenn wir über dieses Selbst nachdenken, dann »reflektieren« wir über uns – wir »denken uns selbst als Denker«. Dabei geschieht etwas Geheimnisvolles: Wir identifizieren einen bestimmten Teil unseres Bewusstseinsstroms als unser »inneres Zentrum« – als unser wahres Selbst.

Für die meisten Menschen ist dieses Selbst so etwas wie das »aktive Element unseres Bewusstseins«, sagt James. »Es ist das, was gutheißt oder ablehnt.« Es ist der »Sitz unseres Interesses«, die »Quelle von Anstrengung und Aufmerksamkeit« und der »Platz, von dem unser Wille ausgeht«. Aber was ist das? Eine immaterielle Seelensubstanz, eine Fiktion, ein imaginäres Etwas, das wir mit dem Pronomen Ich bezeichnen?

Für James gibt es eine unbestreitbare Tatsache: »Dieser zentrale Teil des Selbst wird gefühlt.« Wir spüren irgendwie, welcher Gedanke zu unserem Ich gehört und welcher nicht. »Die Ersten haben eine Wärme und Intimität, die den anderen völlig fehlt. Jene werden als kalt und fremdartig wahrgenommen, sie erscheinen uns nicht als Blutsverwandte, die uns ihre Grüße aus der Vergangenheit übermitteln.«[295]

Doch dieses Gefühl ist nichts Spirituelles, sagt James – wir nehmen es als körperlichen Vorgang wahr. Wir spüren die Bewegung unserer Augenlider, unseren Atem, die Bewegung unseres Mundes. Dieses Selbst, sagt James, bestehe »aus einer Fülle merkwürdiger Bewegungen im Kopf oder zwischen Kopf und Kehle«.[296]

Aber wie kann unser Bewusstsein erkennen, dass unser Selbst heute das gleiche Selbst ist wie gestern? Weil wir es mit der gleichen »Wärme und Intimität« erfassen, schreibt James. Auf diese Weise erkennen wir unser altes Selbst wieder und eignen es uns neu an. »Jeder von uns sagt sich, wenn er erwacht: Hier ist das alte Selbst wieder, genauso wie er sich sagt, hier ist das gleiche alte Bett, der gleiche alte Raum, die gleiche alte Welt.«[297]

James hat dafür ein schönes, »ur-amerikanisches« Bild. Unser Bewusstsein »markiert« einen Teil des Gedankenstroms mit dem Gefühl von Wärme und Intimität – wie Cowboys ihre Rinder mit einem Brandzeichen markieren, um sie von den Rindern anderer zu unterscheiden: »Die seelische Wärme ist ihr Herdenzeichen, die Markierung, der sie nicht entkommen können. Sie läuft durch sie wie ein Faden durch eine Perlenkette und macht sie zu einem Ganzen, das wir als Einheit betrachten, egal wie sehr sie sich untereinander unterscheiden.«[298]

Aber wer ist der »Besitzer« der Herde?

Nach James gibt es keinen Besitzer. Unser Denken hat keinen »Denker«, kein »Subjekt«, kein »Selbst«. Es gibt keine metaphysische Entität, die unser Ich ausmacht. Das Selbst ist einfach der »beurteilende Gedanke« unseres Bewusstseinsstroms – also jener Gedanke, der darüber entscheidet, ob ein anderer Gedanke zum »Selbst« gehört oder nicht. Eine substanzielle »Seele« oder ein »transzendentales Ich« gibt es nicht.

Der »Denker« ist nichts anderes als der Gedanke selbst.

James wollte die Idee der Seele zwar von der Wissenschaft fernhalten. Aber als Pragmatist fragte er sich auch nach den lebenspraktischen Konsequenzen des Seelenbegriffs.

»Die pragmatische Methode ist zunächst eine Methode, um philosophische Streitigkeiten zu schlichten, die sonst endlos wären. Ist die Welt eine Einheit oder eine Vielheit? Ist die Welt materiell oder geistig? Hier liegen Urteile über die Welt vor, die ebenso gut gelten als nicht gelten können und die Streitigkeiten darüber sind endlos«, schreibt James. Die pragmatische Methode bestehe in solchen Fällen darin, die praktischen Konsequenzen dieser Urteile zu untersuchen: »Was für ein Unterschied würde sich praktisch für irgendjemanden ergeben, wenn das eine und nicht das andere Urteil wahr wäre?«[299]

James hält die Vorstellung einer unsterblichen Seele zwar für eine metaphysische Fiktion. Dennoch spielt der Begriff für ihn eine wichtige Rolle in unserem Denken und Fühlen – auch wenn man ihn zur Erklärung psychischer Phänomene nicht braucht. James will den Seelenbegriff daher nicht völlig eliminieren. Nach seiner pragmatistischen Auffassung sollten wir uns nur fragen, welche »Konsequenzen« es hat, wenn wir solche Begriffe gebrauchen. Ich hätte dieses Buch wahrscheinlich nicht geschrieben, wenn ich nicht davon überzeugt wäre, dass der Seelenbegriff praktische Konsequenzen hat – dass es einen Unterschied macht, ob wir die Existenz einer Seele annehmen oder nicht.

James selbst scheute sich nicht vor spekulativen Überlegungen. Im Jahr 1897 hielt er sogar Vorlesungen zur Frage der Unsterblichkeit. Darin ging es unter anderem um das Problem, ob das Bewusstsein eines Menschen über das Aufhören der Hirnfunktionen hinaus existieren kann.[300]

James geht von der Frage nach dem Verhältnis zwischen Gehirn und Geist aus. Wenn alles Geistige nur eine »produktive Funktion« des Gehirns ist – wie Dampf, der von einem Teekessel produziert wird –, dann erlischt das Bewusstsein offenbar zusammen mit dem Gehirn: »Klarerweise, wenn diese Produktion die Funktion ist, dann muss auch die Seele sterben, wenn das Organ vergeht, weil die Produktion nicht weitergehen kann.« Allerdings kann man diese »Funktionalität« auch anders deuten. Es wäre nämlich möglich, sagt James, dass unser Gehirn eine Art Übertragungsinstrument sei, das von einem überindividuellen Bewusstsein durchströmt wird – wie ein Prisma, das von außen eindringende Lichtstrahlen bricht. Dahinter steht die alte Idee einer Weltseele – einer verborgenen spirituellen Energie, die wir anzapfen können.

James erläutert das mit einer Metapher: »Nehmen wir etwa an, dass das ganze Universum der materiellen Dinge (…) nur ein Schleier von Phänomenen ist, der die wahre Realität verbirgt und zurückhält.« An verschiedenen Stellen lässt dieser Schleier jedoch Lichtstrahlen durch. Unser Gehirn könnte, James zufolge, einer solchen durchlässigen Stelle des Schleiers gleichen. So wie eine Glaskuppel eingehendes Licht verzerrt, und so wie unsere Stimmorgane den Atem zur menschlichen Stimme formen, genauso »bricht die wahre Realität (…) durch unsere verschiedenen Gehirne in diese Welt, in allen möglichen eingeschränkten Formen, und mit all den Unvollkommenheiten und Wunderlichkeiten, die unsere endlichen Persönlichkeiten hier unten ausmachen«.[301] Wie »empfänglich« ein Gehirn für diesen Bewusstseinsstrom ist, hängt nach James von seinem Aktivitätsgrad ab. »Und wenn ein Gehirn schließlich aufhört zu funktionieren, oder verfällt, dann wird dieser besondere Strom des Bewusstseins (…) völlig aus dieser Welt verschwinden. Aber die Sphäre des Seins, die das Bewusstsein geliefert hat, wäre immer noch intakt; und in dieser realeren Welt (…) könnte das Bewusstsein in einer uns bekannten Weise weiterexistieren.«[302] Sehr ähnliche Vorstellungen haben heute einige Anhänger der Idee eines Quanten-Bewusstseins (vgl. Kap. 15).

Dieses Bewusstsein ist jedoch keine individuelle Seele mehr, sondern ein übergeordnetes geistiges Prinzip. »Wir müssen nur die Kontinuität unseres Bewusstseine mit einem Muttermeer annehmen, dessen Wellen gelegentlich über den Damm schwappen«, schreibt James.

Für James steht das individuelle Selbst in Verbindung mit einer Über-Seele – mit einem »größeren Selbst«, von dem auch spirituelle Erfahrungen ausgehen.[303] James glaubte sogar, dass diese übermenschliche Allseele eine Art »kollektives Unterbewusstsein« sein könnte, mit dem unsere individuellen Seelen in Verbindung stehen.

Es liegt eine gewisse Ironie darin, dass ausgerechnet die moderne »Psychologie« die Idee der »psyche« ablehnt – dass also ausgerechnet die »Seelen-Kunde« von einer »Seele« im traditionellen Sinne eigentlich nichts mehr wissen will. Während James noch ein Fenster offen ließ für Spekulationen, bekämpfte Sigmund Freud energisch jede Art von Metaphysik. Allerdings lässt sich nicht bestreiten, dass seine eigene, »wissenschaftliche« Seelen-Theorie selbst einen metaphysischen Kern hat – auch wenn die Psychoanalytiker das nicht gerne hören.

Titanic der Seele

Um Freuds Psychoanalyse zu verstehen, muss man vielleicht ein wenig die Wiener Seele begreifen. Diese Melange aus Minderwertigkeitskomplex und Größenwahn, aus Genie und Neurose, aus Traum und Wirklichkeit. Als Wiener darf ich mir diese kleine Bemerkung erlauben – sie kommt sozusagen aus tiefster Seele.

Sigmund Freud (1856–1939), Sohn eines jüdischen Wollhändlers, erlebte das Wien der Jahrhundertwende. Damals herrschte in der Stadt der konservative, antisemitische Bürgermeister Karl Lueger. Das Habsburgerreich stand kurz vor seinem endgültigen Zerfall. Doch zugleich war es eine Zeit künstlerischer Genies – von Musikern wie Gustav Mahler oder Arnold Schönberg, Malern wie Oskar Kokoschka und Gustav Klimt bis zu Schriftstellern wie Robert Musil. In der barocken, eleganten Kaiserstadt muss wohl eine dekadente Atmosphäre geherrscht haben. Die morbide Todessehnsucht der Wiener ist zwar ein vielgepflegtes Wien-Klischee – aber wie viele Klischees ist auch dieses nicht ganz falsch.

Freud war eigentlich Mediziner. Sein Ziel war eine naturwissenschaftlich fundierte Theorie über die Seele – nicht metaphysische Spekulation. Zeitlebens bekämpfte er aus seiner Sicht irrationale, religiös oder spirituell geprägte Auffassungen über die Seele. In seinem religionskritischen Buch »Die Zukunft einer

Illusion« spottete er etwa über den Spiritualismus seiner Zeit: »So wird ein Schatz von Vorstellungen geschaffen, geboren aus dem Bedürfnis, die menschliche Hilflosigkeit erträglich zu machen, erbaut aus dem Material der Erinnerungen an die Hilflosigkeit der eigenen und der Kindheit des Menschengeschlechts. (...) Im Zusammenhang lautet es: das Leben in dieser Welt dient einem höheren Zweck, der zwar nicht leicht zu erraten ist, aber gewiss eine Vervollkommnung des menschlichen Wesens bedeutet. Wahrscheinlich soll das Geistige des Menschen, die Seele, die sich im Lauf der Zeiten so langsam und widerstrebend vom Körper getrennt hat, das Objekt dieser Erhebung und Erhöhung sein.« Doch den Spiritualisten entgehe dabei, »dass die Erscheinungen und Äußerungen ihrer Geister nur Produktionen ihrer eigenen Seelentätigkeit sind«.[304]

Das menschliche Bewusstsein ist für Freud eine Art Eisberg, von dem nur die Spitze aus dem Wasser ragt. Sein größter Teil befindet sich unter der Oberfläche – wir können ihn nicht sehen. Das Schöne an der Metapher ist, dass sie (jedenfalls bei mir) sofort die Assoziation zum Untergang der Titanic weckt. Weil wir das Unbewusste nicht sehen können, fährt unsere Seele dagegen – und geht unter.

Zu den Vorgängen in unserem »Unbewussten« haben wir nur begrenzten oder gar keinen Zugang. Hier ist der Sitz des Irrationalen, verdrängter Triebe und Traumata, die unser Verhalten bestimmen. Im Unbewussten herrscht Schopenhauers blinder, amoralischer und unkontrollierbarer Wille.

Freud beschrieb den »psychischen Apparat« als dreiteiliges Modell. Die Seele setzt sich demnach aus »Es«, »Ich« und »Über-Ich« zusammen. Kaum zufällig erinnert das Modell an Platons berühmte Metapher des geflügelten Wagengespanns (vgl. Kap. 3). Das »Es« besteht für Freud aus Trieben und Instinkten, die nur auf ihre Befriedigung aus sind. Hier wirken Freuds berühmteste Triebe, der Lebenstrieb Eros und der destruktive »Todestrieb«. Das Über-Ich ist eine Kontrollinstanz, in der sich nach Freud der Einfluss unserer Eltern fortsetzt. Das Ich vermittelt in den Konflikten zwischen unseren Trieben und Wünschen und den Anforderungen der Außenwelt. Nur das Ich hat nach Freuds Modell Bewusstsein. Es strebt vor allem nach Lust und will Unlust vermeiden. Doch es muss ständig den Anforderungen von Es, Über-Ich und Realität genügen. Unser Selbst steht nach Freud also im Spannungsfeld gegensätzlicher Kräfte, die sozusagen in Schach gehalten werden müssen.[305] Ungelöste Konflikte und Traumata führen nach Freud letztlich zu Neurosen und anderen psychischen Krankheiten. Die Methode der Psychoanalyse zielt darauf ab, diese unbewussten Konflikte für das Bewusstsein zugänglich zu machen.

Freuds Theorie widerspricht praktisch in jedem Punkt dem Descartes'schen Seelenmodell.[306] Bei Descartes hat unser Denken vollen Zugang zum Selbst. Für Freud hingegen bleibt uns ein Großteil unserer eigentlichen Motive und Triebe verborgen. Für ihn ist die menschliche Seele keineswegs von Natur aus glücklich, wie etwa Rousseau dachte. Ganz im Gegenteil. Freud war wahrscheinlich ein noch größerer Pessimist als Schopenhauer: »Es [das Lustprinzip, T. V.] ist überhaupt nicht durchführbar, alle Einrichtungen des Alls widerstreben ihm, man möchte sagen, die Absicht, dass der Mensch glücklich sei, ist im Plan der Schöpfung nicht enthalten«, schrieb Freud.[307] Nach Freud ist unsere Seele nichts Lichtvoll-Göttliches, wie für Platon. Irgendetwas stimmt grundsätzlich nicht mit uns Menschen. Unsere seelischen Konflikte können wir bestenfalls eine Zeit lang unter Kontrolle halten – doch wir haben keine wirkliche Macht über sie.

Freuds Psychoanalyse hat in den letzten Jahrzehnten stark an Einfluss verloren. Ein Grund liegt darin, dass es starke Zweifel an ihrem wissenschaftlichen Fundament gibt. Viele Elemente der Freud'schen Theorie, wie etwa die Traumdeutung, gelten heute als nicht mehr haltbar. Allerdings glauben einige Hirnforscher, wie beispielsweise der Nobelpreisträger Eric Kandel, dass sich zentrale Vorstellungen der Psychoanalyse mit heutigen neurowissenschaftlichen Erkenntnissen verbinden lassen.

Ich fühle mich nicht kompetent, hier auf die Diskussion über den Wert der Freud'schen Psychoanalyse näher einzugehen. Aber es gibt eine Vorstellung bei Freud, die mich im Zusammenhang mit der Seele interessiert. Das ist die Idee, dass unsere Seele, unser Innerstes eine Art Höhle ist, in die wir hinuntersteigen können, um irgendwelche Dinge »über uns« herauszufinden. Sigmund Freud, selbst ein Antiquitätensammler, sah sich als eine Art Archäologe der Seele. Wenn wir nur tief genug hinuntergraben, so die Vorstellung, können wir unsere verdrängten, unbewussten Konflikte bewusst machen.

Ich muss gestehen, dass ich gegen diese Art Introspektion ein gewisses Misstrauen habe. Für mich steht dahinter nur eine andere Spielart dessen, was ich im letzten Kapitel »Super-Selbst« genannt habe – also die Vorstellung, dass jede Seele ein kleines Universum ist. Die deutschen Idealisten haben ihr Super-Selbst sozusagen über dem Boden aufgetürmt, während Freud es unter der Oberfläche vergraben hat. Als wäre jede Seele ein tief verborgenes Geheimnis, das wir bestenfalls ansatzweise lüften können.

Nietzsche hat es einmal so ausgedrückt: »Wehe der verhängnisvollen Neubegier, die durch eine Spalte einmal aus dem Bewusstseinszimmer heraus- und hinabzusehen vermochte.«[308]

Der Freud-Schüler Carl Gustav Jung (1875–1961) glaubte sogar an ein »kollektives Unbewusstes«, das die Erfahrungen der ganzen Menschheit spiegelt – und in allen Menschen gleich ist. Zwar haben wir nach Jung zu diesem Unbewussten keinen Zugang. Allerdings gibt es wiederkehrende Inhalte, »Archetypen«, die sich etwa in Märchen und Mythen über die Kulturen hinweg manifestieren. In den Mythen zeigt sich gleichsam das Wesen der Seele – etwa in mythischen Darstellungen von Naturvorgängen. »Es genügt dem Primitiven nicht, die Sonne auf- und untergehen zu sehen, sondern diese äußere Beobachtung muss zugleich auch ein seelisches Geschehen sein, das heißt die Sonne muss in ihrer Wandlung das Schicksal eines Gottes oder Helden darstellen, der, im Grunde genommen, nirgends anders wohnt als in der Seele des Menschen«, schreibt Jung. Bei mythisierten Naturvorgängen handle es sich daher um nichts anderes als Projektionen oder »symbolische Ausdrücke für das innere und unbewusste Drama der Seele«.[309]

Zu diesen Archetypen gehören der »Schatten«, der für die dunkle Seite des Ichs steht. Die »Persona« ist unsere Charaktermaske, die wir anderen zeigen, die Figur des »alten Weisen« der Archetyp des Sinns. Die »Anima« ist die weibliche Seite der Seele, die mit Gefühlen und Lebenskraft zu tun hat – für Jung der Archetyp des Lebens schlechthin. Das männliche Pendant »Animus« wiederum steht für unsere rationale Seite. Die archetypischen Bilder und Symbole schützen uns nach Jung vor dem unheimlichen Inneren unserer Seele: »Nie gebrach es der Menschheit an kräftigen Bildern, welche magischen Schutz verliehen gegen das unheimlich Lebendige der Seelentiefe. Immer waren die Gestalten des Unbewussten durch schützende und heilende Bilder ausgedrückt und damit hinausgewiesen in den kosmischen, außerseelischen Raum.«[310]

Die Tiefenpsychologen haben den Seelenbegriff beladen mit Bedeutungen, Symbolen und Interpretationen. Ihre Seele wirkt auf mich eher wie ein Frachtschiff als ein Schmetterling. Ist die Seele wirklich so schwer, so abgründig tief und geheimnisvoll?

Bleibt uns ihr Inneres zwangsläufig verborgen?

Es ist die Frage nach dem Inneren, die mich beschäftigt. Dass ich nicht weiß, was da in meinem Vater ist. Dass ich nicht hineinschauen kann in seine Seele. Dabei schauen wir doch überall hinein. Nichts ist mehr geheim in dieser Welt. Alles steht, so heißt es, im Internet. Allein die Seele twittert nicht. Dabei heißt es, schon die Schatten im Hades hätten »gezwitschert«. Sollte die Seele das einzig Verborgene, das wahrhaft Private sein?

KAPITEL 10

Das Bild der Seele

Duncan MacDougall war eigentlich Arzt am städtischen Krankenhaus von Haverhill, Massachusetts. Auch ihn beschäftigte die jahrtausendealte Frage nach der Seele. Doch er hatte zu dem Problem weniger einen philosophischen als einen praktischen Zugang. Mac Dougall wollte nicht über die Seele spekulieren, sondern ihre Existenz in einem Experiment beweisen.

Genauer gesagt, versuchte er das Gewicht der Seele zu bestimmen.

Und zwar aufs Gramm genau.

MacDougall hatte eine ebenso einfache wie ungewöhnliche Idee. Wenn die Seele tatsächlich existiert, so meinte er, dann muss sie etwas Körperliches sein. Seine Überlegungen waren gar nicht so dumm: »Es ist undenkbar, dass Persönlichkeit und ein Bewusstsein (...) existieren und dennoch keinen Raum einnehmen. Es ist unmöglich, sich gedanklich vorzustellen, dass etwas Unkörperliches eine Persönlichkeit hat; das wäre so, als würde man denken, dass Etwas aus Nichts entsteht, dass Leere eine Persönlichkeit besitzt, dass der Raum selbst mehr als der Raum ist, was widersprüchlich und absurd wäre.«[311]

Die Vorstellung, dass die Seele aus Materie besteht, hatten schon die materialistischen Philosophen der Antike. Neu war MacDougalls ziemlich hemdsärmeliger, man möchte fast sagen: typisch amerikanischer Ansatz, das Problem zu lösen. Wenn die Seele tatsächlich etwas Körperliches ist, dann muss sie auch ein Gewicht haben. Folglich musste man doch nur das Gewicht von Menschen kurz vor und kurz nach dem Tod bestimmen; die Differenz wäre dann das Gewicht der Seele, die im Todesaugenblick den Körper verlässt. Also brauchte es nur eine geeignete Waage – und sterbende Patienten.

In einem Protokoll notierte er: »Um 21:08, als mein Patient dem Tode nahe war, glich ich zum letzten Mal die Waage aus. (...) Um 21:10 starb der Patient plötzlich, und genau mit der letzten Bewegung seiner Atemmuskeln und im gleichen Moment mit der letzten Bewegung seiner Gesichtsmuskeln fiel das Ende des Waagbalkens auf die untere Begrenzungsmarke und blieb dort, ohne zurückzuschnellen, wie wenn ein Gewicht vom Bett weggenommen worden wäre. Um die Waage wieder auszugleichen, war später das Gewicht von zwei Silberdollar nötig, die zusammen $^3/_4$ Unzen wogen.«[312]

Später schrieb MacDougall euphorisch einem Kollegen: »Habe ich mit meiner Wiegevorrichtung den Stoff der Seele entdeckt? Ich denke schon, und ich werde es bestätigen und wieder und wieder bestätigen, wenn ich lang genug lebe.«

MacDougalls Experiment aus dem Jahr 1901 klingt derart makaber und absurd, dass es einem schwerfällt, darüber ohne ironischen Unterton zu schreiben. Allerdings finde ich, dass man gegenüber MacDougall nicht ungerecht sein sollte. Der Arzt wollte etwas entdecken. Und er machte sich die Sache nicht leicht. MacDougall führte Dutzende Experimente durch und versuchte sogar, seine eigene Theorie zu widerlegen.

MacDougall bestimmte das Durchschnittsgewicht der menschlichen Seele mit 21 Gramm. Schließlich kam er zu folgendem Resümee: »Ist es die Seelensubstanz? Es scheint mir so zu sein. Nach unserer Hypothese ist eine solche Substanz notwendig für die Annahme, dass die Persönlichkeit nach dem körperlichen Tod weiterbesteht, und hier haben wir einen experimentellen Beweis, dass eine Substanz, die ein Gewicht besitzt, im Tod den menschlichen Körper verlässt.«[313]

Allerdings konnte niemand sonst MacDougalls Ergebnisse je bestätigen. Seine Experimente gelten mittlerweile als Kuriositäten der Wissenschaftsgeschichte. Aus heutiger Sicht wirken sie wie eine Parodie auf die jahrhundertelange Suche der Philosophen nach einer Seelensubstanz – nach einem mysteriöses Etwas, das irgendwo tief in unserem Inneren wohnt und nach unserem Tod davonfliegt wie ein Schmetterling.

Von der antiken Seele über das Selbst bis zu Freuds Unbewussten: Immer schon hielten die Denker die Seele für etwas Verborgenes – für ein abgründiges Geheimnis, das bloß gelüftet werden muss. Diese Vorstellung spiegelt sich bis heute in unserer Intuition. Wenn ich über meinen Vater nachdenke, frage ich mich, was wohl »in seinem Inneren« vorgeht – als gäbe es da etwas zu entdecken. Etwas, das man zutage fördern könnte wie MacDougalls 21-Gramm-Seele.

Die Seele meines Vaters ist mir ein Rätsel. Aber genauso scheinen mir die Seelen anderer, gesunder Menschen manchmal »ein Rätsel« zu sein. Ich kann in sie ebenso wenig »hineinschauen« wie in das Innere meines Vaters. Woher weiß ich, dass ein Mensch, mit dem ich rede, überhaupt eine Seele hat? Dass er nicht einfach nur eine Simulation ist, eine Maschine?

Sind nicht alle Seelen sehr geheimnisvoll?

Die Wellen der Sprache

Der Philosoph Ludwig Wittgenstein (1889–1951) hielt die Begriffe von Seele und Selbst genauso für unsinnig wie das Freud'sche Unbewusste. Für ihn war da nichts »Verborgenes« oder »Geheimnisvolles«, das entschlüsselt werden müsste. Das heißt allerdings nicht, dass er dachte, Seele oder Selbst würden nicht existieren. Vielmehr glaubte er, man könne darüber nicht sinnvoll sprechen.

Ludwig Wittgenstein stammte wie Freud aus Wien. Er war Sohn eines reichen Stahlmagnaten, verzichtete aber auf sein Erbe. Nach einem Technikstudium begann er, sich mit philosophischen Grundlagenfragen zu beschäftigen. Er studierte ab 1911 Philosophie bei Bertrand Russell in Cambridge. Selbst sein Kriegstagebuch enthielt vor allem Notizen zu logischen Problemen. Seinen »Tractatus logico-philosophicus« beendete er während des letzten Fronturlaubs 1918. Bevor er an die Universität

Cambridge zurückging, arbeitete er in Österreich eine Zeit lang als Volksschullehrer. Schon damals galt er als Sonderling. Zum Beispiel korrigierte er die Arbeiten der Schüler nicht, sondern markierte die Fehler nur – und ließ die Kleinen selbst nach der richtigen Antwort suchen.

Wittgenstein arbeitete bis zur völligen Erschöpfung und verlangte das auch von anderen. Seine Strenge und beißende Kritik waren gefürchtet. Einmal soll er eine kranke Freundin, die ihm erklärt hatte, dass sie sich »wie ein Hund« fühle, angeherrscht haben: woher sie denn wisse, wie sich ein Hund so fühle. Zugleich war er selbst außerordentlich empfindlich für alle Störungen seines »seelischen« Gleichgewichts. Trotz seines extremen, selbstquälerischen Intellekts war Wittgenstein allerdings keineswegs humorlos. Wenige Tage bevor er an Prostatakrebs starb, besuchte er einen Freund und scherzte, es sei nicht er – sondern sein »Astralleib«. Seine letzten Worte soll er zur Frau seines behandelnden Arztes gesprochen haben: »Sagen Sie ihnen, dass ich ein wundervolles Leben gehabt habe.«[314]

Wittgenstein war einer der einflussreichsten Philosophen des 20. Jahrhunderts. Er gilt als Wegbereiter der sprachorientierten »analytischen Philosophie«, die vor allem in England und den USA enorme Bedeutung gewann. Diese Richtung geht von der Überzeugung aus, dass die Behandlung philosophischer Probleme auf einer Analyse der Begriffe – und damit letztlich der Sprache – gründen muss. Aus Sicht eines analytischen Philosophen hat es keinen Sinn, über ein Ding namens Seele zu spekulieren, wenn der Begriff Seele selbst unklar ist.

In seinem frühen Hauptwerk, dem »Tractatus logico-philosophicus«, vertrat Wittgenstein die These, dass sprachliche Sätze logische Abbilder der Wirklichkeit seien. Die Analyse der Sprache, so dachte er, sei zugleich eine Analyse der Welt. Das Traktat besteht aus durchnummerierten »Sätzen« wie ein Mathematiklehrbuch. Doch neben logischen Ableitungen finden sich darin auch geheimnisvolle metaphysische Sätze, über die viele Interpreten bis heute rätseln. Einige davon haben mit der »Seele« und dem »Ich« zu tun. Zum Beispiel: »Das Subjekt gehört nicht zur Welt, sondern es ist eine Grenze der Welt.« Oder: »Das philosophische Ich ist nicht der Mensch, nicht der menschliche Körper oder die menschliche Seele, von der die Psychologie handelt, sondern das metaphysische Subjekt, die Grenze – nicht ein Teil – der Welt.«

Die Grenze – das ist für Wittgenstein immer die Sprache. Über unsere Sprache kommt unser Denken nicht hinaus. Wir können die Welt nur mit Hilfe der Sprache beschreiben. Und wir können eben nicht alles *sagen*. Manches lässt sich nach Wittgenstein nur *zeigen*. Über metaphysische Fragen wie die Unsterblichkeit der Seele können wir nicht sinnvoll sprechen. Das heißt aber nicht, dass diese Dinge nicht existieren: »Es gibt allerdings Unaussprechliches. Dies *zeigt* sich, es ist das Mystische.« Und schließlich: »Wovon man nicht sprechen kann, darüber muss man schweigen.«[315]

Später distanzierte sich Wittgenstein radikal von seinen eigenen Ansichten aus dem Tractatus – vor allem von der Theorie, dass die Sprache ein Abbild der Welt sei. Unsere sprachlichen Ausdrücke, so erkannte Wittgenstein, sind nicht auf mysteriöse Weise mit der Wirklichkeit verbunden. Vielmehr liege die Bedeutung von Begriffen in ihrem richtigen Gebrauch in der Sprache. Wir verstehen einen Begriff, indem wir lernen, wie man ihn verwendet – so wie Kinder die Bedeutung des Worts »Spiel« erlernen, indem sie einfach spielen. Die Art dieses Gebrauchs nennt Wittgenstein »Sprachspiel«. Wittgenstein vergleicht das mit einem Spiel wie Schach. In der Sprache verwenden wir sprachliche Ausdrücke, im Schach Spielfiguren. Wenn man auf einen König zeigt und jemandem sagt, dass dies der König sei, so sagt man im Grunde nichts über die Figur.

Was die einzelnen Figuren »bedeuten«, verstehen wir nach Wittgenstein erst, wenn wir die Schachregeln kennen. Bei der Sprache ist es ähnlich. Ein Begriff wie »Seele« hat demnach keine metaphysische Bedeutung. Vielmehr verwenden wir den Begriff auf verschiedenste Weise in den unterschiedlichsten Zusammenhängen – wir spielen ein Sprachspiel. So kann ich das Wort Seele im philosophischen oder religiösen Kontext benutzen, aber auch im Zusammenhang mit psychischen Erkrankungen. Ich kann es im Alltag verwenden, in einer Werbebotschaft, in romantischen Liebeserklärungen und so weiter. Ein strenger »Wittgensteinianer« würde die Auffassung vertreten, dass man über die Seele nicht viel mehr sagen kann, als unseren tatsächlichen Gebrauch des Seelenbegriffs zu analysieren – und einen falschen Umgang mit dem Begriff aufzudecken.

Im Allgemeinen gehen wir davon aus, dass uns das »Innere« anderer Menschen verborgen ist. Wir können in ihre »Seele« eben nicht »hineinschauen«. Zugleich glauben wir, dass wir Zugang zu unserem eigenen Inneren haben – dass wir wissen, was wir wollen, fühlen, hoffen. Beide Auffassungen stellt Wittgenstein auf den Kopf. Für ihn beruhen sie auf einem falschen Umgang mit der Sprache.

Wenn Sie mich jetzt beim Schreiben sehen würden, kämen Sie vielleicht zum Schluss, dass ich heute schlecht gelaunt bin. In Wirklichkeit denke ich aber nur an meinen Abgabetermin. Insofern wissen wir tatsächlich nicht, was in anderen vorgeht. Wir können uns bei unseren Einschätzungen irren – oder jemand spielt uns etwas vor. Daraus ließe sich der Schluss ziehen, dass unsere inneren Empfindungen und Erlebnisse »privat« sind. Demnach könnten nur wir also wissen, dass wir ein bestimmtes inneres Erlebnis wie etwa Schmerzen haben.

Doch genau diese Annahme ist nach Wittgenstein falsch. Wäre sie richtig, könnte man sich nämlich vorstellen, dass jemand für sich eine »Privatsprache« entwickelt, die nur er verstehen kann – also eine Sprache, die sich auf seine unmittelbaren, privaten Empfindungen bezieht. Eine solche Privatsprache kann es aber nicht geben, sagt Wittgenstein. Der springende Punkt ist: Eine private Sprache müsste auf Regeln beruhen, die nur ich selber kenne. Dann hätte ich aber kein Kriterium, ob ich einen bestimmten Ausdruck auch richtig verwende. Angenommen, ich würde ein geheimes Tagebuch führen, in dem ich einen bestimmten wiederkehrenden Seelenzustand mit »grotig« bezeichne. Das Problem ist, dass ich mir nie sicher sein könnte, ob ich mich an die Verknüpfung des Worts mit dem Seelenzustand auch »richtig erinnere« – es könnte auch sein, dass es mir nur subjektiv so vorkommt. Im Prinzip könnte ich mit dem Wort »grotig« tun und lassen, was ich will. Es fehlt mir schlicht und einfach eine objektive Instanz, um meinen Umgang mit dem Begriff zu rechtfertigen.

Dieses sogenannte Privatsprachenargument Wittgensteins ist umstritten – und ich will darauf auch nicht weiter eingehen. Wesentlich ist für mich, dass Wittgenstein hier eine landläufige Vorstellung von »Privatheit«, von unserem »Inneren« auseinandernimmt. Nach Wittgenstein kann ich mich nicht auf irgendwelche inneren Empfindungen berufen, um zu erklären, warum ein Wort für mich eine bestimmte Bedeutung hat. Ich kann also nicht sagen: »Schmerz ist für mich, wenn ich soundso empfinde.« Und genauso wenig kann ich dann behaupten, dass ein anderer das gleiche Schmerzerlebnis hat wie ich. Schließlich könnten wir beide unter Schmerzen etwas völlig anderes verstehen.

Die Seele des anderen

»Angesichts des Umstands, dass wir die Psyche anderer Leute nicht unmittelbar wahrnehmen, gibt es offenbar keinen Grund zur Annahme, dass wir je zu unmittelbarer Kenntnis von Fremdpsychischem gelangen«, schrieb der britische Philosoph Bertrand Russell. »Woher weiß man denn, dass der Plattenspieler nicht denkt?«[316]

Russell glaubte allerdings, dass wir an das »Fremdseelische« über Analogien herankommen. Wenn ich bei mir selbst beobachte, dass bestimmte psychische Zustände mit einem bestimmten Verhalten zusammenhängen, kann ich bei Menschen, die sich ähnlich verhalten, auch auf ähnliche psychische Zustände wie bei mir schließen. Wittgenstein hält dieses Argument jedoch für »falsch aufgezäumt«. Wir pflegen einen Kranken nicht, »weil wir nach Analogie des eigenen Falles glaubten, auch er habe ein Schmerzerlebnis«. Vielmehr behandeln wir einfach die schmerzende Stelle. Was Wittgenstein sagen will, ist meiner Meinung nach, dass solche Reaktionen keine rationale Begründung brauchen.

Natürlich neigen wir alle dazu, »von uns auf andere« zu schließen. Zum Beispiel glauben wir, dass wir den Liebeskummer eines anderen verstehen, weil wir selbst schon Liebeskummer hatten. Und wenn ich über meinen Vater nachdenke, ertappe ich mich dabei, dass ich von meinem eigenen geistigen Zustand ausgehe. Zum Beispiel erlebe ich auch (öfter als mir lieb ist), dass mir irgendetwas nicht einfällt, dass ich einen Gegenstand nicht finde und Ähnliches. Daraus ziehe ich den Schluss, dass mein Vater unter seinem Zustand eigentlich schrecklich leiden muss.

Eigentlich könnte man denken, dass uns das »Innere«, das »Seelische« eines anderen Menschen zwangsläufig verborgen bleiben muss. Genau das ist nach Wittgenstein nicht der Fall. Es ist sogar genau umgekehrt: »Ich kann wissen, was der Andere denkt, nicht was ich denke. Es ist richtig zu sagen: ›Ich weiß, was du denkst‹ und falsch: ›Ich weiß was ich denke.‹«[317]

Nach Wittgenstein ist es unsinnig zu sagen: »Ich weiß, dass ich Schmerzen habe.« Es ist deshalb unsinnig, weil ich mich darin nicht irren kann. Ich *empfinde* einfach Schmerzen. Hingegen kann ich sehr wohl »wissen«, dass andere Schmerzen haben – etwa weil sie es sagen oder aufgrund ihrer Körpersprache: »Wen ich, mit offenbarer Ursache, sich in Schmerzen winden sehe, von dem denke ich nicht: seine Gefühle seien mir doch verborgen.«[318]

Wir können wissen, dass andere unter Schmerzen leiden, dass sie »fröhlich«, »traurig« oder »einsam« sind. Aber wir wissen das nicht deshalb, weil wir selbst die gleichen inneren Empfindungen hätten – sondern weil wir den richtigen Gebrauch dieser Begriffe kennen. Anders gesagt: Ich muss nicht in die Seele eines anderen Menschen blicken können, um zu wissen, dass er traurig ist.

Es reicht völlig zu sehen, dass er oder sie weint.

Wittgenstein erläutert das mit einem berühmten Beispiel. Angenommen, jeder hätte eine Schachtel, in der sich etwas befindet, das wir »Käfer« nennen. Keiner kann in die Schachtel eines anderen schauen, jeder weiß nur von seinem eigenen »Käfer«, was ein »Käfer« überhaupt ist. Nun könnte es sein, sagt Wittgenstein, dass jeder etwas anderes in seiner Schachtel hat; der Inhalt könnte sich sogar ständig verändern. Wenn das Wort »Käfer« bei den Leuten trotzdem einen bestimmten Gebrauch hat, dann müssten wir daraus schließen, dass das Wort »Käfer« offenbar kein Name eines Dings ist. Die Schachtel könnte sogar leer sein. Auf den tatsächlichen Inhalt kommt es nicht an, er ist schlicht irrelevant: »Durch dieses Ding in der Schachtel kann ›gekürzt werden‹; es hebt sich weg, was immer es ist.«[319] In Wittgensteins Beispiel repräsentieren die Schachteln den Körper, die »Käfer« einen Schmerzzustand. Genauso gut könnte der »Käfer« aber ein anderer seelischer Zustand sein.

Oder sogar die Seele selbst.

Unser Irrtum besteht nach Wittgenstein darin, dass wir uns auf den verborgenen Schachtelinhalt konzentrieren statt auf die Schachteln. So neigen wir dazu, auf die Existenz von etwas »Geistigem« zu schließen, wo wir nichts Körperliches sehen. Wittgenstein erläutert das am Beispiel des Zeigens auf eine Spielfigur. Wenn ich etwa auf einen »König« zeige, dann kann ich diese Handlung nicht als rein körperliche Handlung beschreiben. »Wo unsere Sprache uns einen Körper vermuten lässt, und kein Körper ist, dort möchten wir sagen, sei ein Geist.«[320]

Ähnlich schließen wir nach Wittgenstein auch auf ein Selbst. »Wir haben dann das Gefühl, dass wir in den Fällen, in denen ›ich‹ als Subjekt gebraucht wird, es nicht gebrauchen, weil wir eine bestimmte Person an ihren körperlichen Merkmalen erkennen; und daraus entsteht die Täuschung, dass wir dieses Wort gebrauchen, um von etwas Körperlosem zu sprechen, das jedoch seinen Sitz in unserem Körper hat.

In der Tat scheint dieses das eigentliche Ich zu sein – das, von dem gesagt wurde Cogito ergo Sum.« Daraus folgt für Wittgenstein jedoch nicht, dass das Wort Geist als solches keine Bedeutung hat: »Das Wort ›Geist‹ hat Bedeutung, das heißt es hat einen Gebrauch in unserer Sprache; aber wenn man das sagt, sagt man noch nicht, welche Art von Gebrauch wir von diesem Wort machen.«[321]

Wittgenstein bestreitet nicht, dass es eine Seele gibt. Er warnt nur davor, den Begriff leichtfertig zu verwenden. Philosophie, sagt Wittgenstein, sei ein »Kampf gegen die Verhexung unseres Verstandes durch die Mittel unserer Sprache«.

Gerade Wittgensteins Auffassungen über das »Fremdpsychische« sind Gegenstand endloser philosophischer Debatten, auf die ich mir hier natürlich nicht einlassen kann. Ich persönlich glaube durchaus, dass es »private« Gefühle gibt, die tatsächlich niemand erkennen kann – nicht zuletzt unbewusste Gefühle, die unser Verhalten beeinflussen.

Ich habe in diesem Buch schon mehrmals gesagt, ich wüsste nicht, was im »Inneren« meines Vaters heute vor sich geht. Aber weiß ich das wirklich nicht? Oder lasse ich mich irreführen von meinen Begriffen? Ist es wirklich so, dass ich »keine Ahnung« habe, ob er überhaupt noch ein »Selbst«, eine »Seele« hat? Und was will ich damit überhaupt ausdrücken? Dass ich mir nicht sicher bin, ob er noch ein Mensch ist oder nur mehr eine »Maschine«?

Einmal stellt Wittgenstein eine verblüffende Frage: »Ich glaube, dass er leidet – *Glaube* ich auch, dass er kein Automat ist?«[322] Doch diese Frage hat nach Wittgenstein keinen Sinn. »Denke ich sage von einem Freunde: ›Er ist kein Automat‹. Was wird hier mitgeteilt, und für wen wäre es eine Mitteilung? Für einen *Menschen*, der den Andern unter gewöhnlichen Umständen trifft? Was *könnte* es ihm mitteilen! (Doch höchstens, dass dieser sich immer wie ein Mensch, nicht manchmal wie ein Maschine benimmt.)«[323] Die Mitteilung, dass ein Mensch »kein Automat« ist, sagt also für sich genommen gar nichts. Wir wissen ja, dass er ein Mensch ist und kein Automat.

»Meine Einstellung zu ihm ist eine Einstellung zur Seele. Ich habe nicht die *Meinung*, dass er eine Seele hat.«[324] Was Wittgenstein hier sagen will, ist nach meiner Interpretation ungefähr Folgendes: Normalerweise würde es einem gar nicht in den Sinn kommen, dass ein Mensch eine Maschine ist. Daher ist es verfehlt, hier von einer »Meinung« sprechen – denn die kann schließlich richtig oder falsch sein. Eine »Einstellung« hingegen kann man zwar ablehnen oder bekämpfen, aber nicht widerlegen. »Das Zweifeln hat ein Ende«, sagt Wittgenstein. Man kann nicht alles infrage stellen.

Wenn jemand wie ein Mensch aussieht und sich auch so verhält, halten wir ihn unter normalen Umständen einfach nicht für eine Maschine – sondern für ein geistbegabtes, »beseeltes« Wesen. Menschen mit starrem Blick und roboterhaften Bewegungen mögen vielleicht wie Roboter auf uns wirken. »Aber nun versuch einmal im gewöhnlichen Verkehr, zum Beispiel auf der Straße, an dieser Idee festzuhalten! Sag dir etwa: ›Die Kinder dort sind bloße Automaten; alle ihre Lebendigkeit ist bloß automatisch.‹ Und diese Worte werden dir entweder gänzlich nichtssagend werden; oder du wirst in dir etwa eine Art unheimliches Gefühl und dergleichen erzeugen.«[325]

Nach Wittgenstein ist es daher falsch zu sagen, wir wüssten nicht, was in anderen vorgeht. »Es sind ganz *besondere Fälle*, in denen das Innere mir verborgen erscheint. Und die Unsicherheit, die sich so ausdrückt, ist nicht eine philosophische, sondern eine praktische und primitive.«[326]

Bei Wittgenstein findet sich ein auf den ersten Blick rätselhafter Satz: »Der menschliche Körper ist das beste Bild der menschlichen Seele.«[327] Wie immer bei Wittgenstein, kann man natürlich auch über diesen Satz endlos diskutieren. Meine sehr persönliche Interpretation ist die, dass es töricht ist, über die Seele meines Vaters zu spekulieren – also zu fragen, ob da noch mehr ist als sein zerstörtes Gehirn. Nach Wittgenstein muss ich einfach voraussetzen, dass er noch eine Seele oder irgendeine Art Selbst hat. Sonst könnte ich nicht zu ihm sprechen oder ihm über den Kopf streichen. Und meine Mutter könnte ihn nicht pflegen.

Wenn ich Wittgenstein richtig verstehe, dann fordert er zu einer Art intellektueller Selbstbeschränkung auf. Wir können das »Innere« eines anderen Menschen eben nicht unmittelbar wahrnehmen. Aber wir können uns immerhin am »Äußeren« orientieren – an seinen Aussagen, seiner Mimik und Gestik, an seinem Verhalten. Der Körper verbirgt nicht die Seele, wie Descartes dachte. Wir müssen nicht aufgrund äußerlicher Anzeichen »erraten«, was im verborgenen Inneren (also in der Seele) vor sich geht. Vielmehr wird die »Seele« im Körperlichen unmittelbar sichtbar.

Mein Vater runzelt die Stirn. Er bewegt die Hand. Er schaut mich an. Und meine Mutter berichtet mir, dass er, der frühere Journalist, während der Fernsehnachrichten immer bei Bewusstsein ist, als würde er zuhören.

Natürlich können wir nicht wissen, ob er den Inhalt der Nachrichten noch geistig erfasst. Aber das muss uns nach Wittgenstein auch nicht kümmern. Entscheidend ist, dass wir und andere mit ihm umgehen wie mit einem Menschen – und nicht wie mit einem lebenden Toten.

Das transzendente Ich

Während vor allem angloamerikanische Philosophen den sprachorientierten Weg Wittgensteins fortsetzten, versuchten einige europäische Denker wie Martin Heidegger, die existenzielle Grundsituation – und das wahre Selbst – des Menschen neu zu bestimmen. Ausgangspunkt war ein neuer Denkansatz, den der deutsche Philosoph Edmund Husserl (1859–1938) entwickelt hatte.

Husserl suchte nach Wegen, Erkenntnis über die Wirklichkeit zu gewinnen, ohne dabei metaphysische Voraussetzungen zu machen. Sein Leitspruch lautete: »Zurück zu den Sachen selbst« – damit meinte er das vorurteilsfreie Zurückgehen auf das »Gegebene« unserer Erfahrung. Eine solche unvoreingenommene Untersuchung der Wirklichkeit ist nicht einfach. Wir gehen ständig von unausgesprochenen Annahmen und Überzeugungen über die Realität aus. Um die Erfahrung systematisch von solchen »Vorurteilen« zu reinigen, entwickelte Husserl eine komplizierte Methode, die er »phänomenologische Reduktion« nannte. Die Idee ist, sämtliche Einstellungen und Hypothesen über die Wirklichkeit gewissermaßen »einzuklammern«, um das Augenmerk auf die eigentlichen »Phänomene« lenken zu können. Nur auf diese Weise, glaubt Husserl, enthüllt sich der eigentliche Sinn der Wirklichkeit. Eine besondere Rolle spielt dabei unsere Erste-Person-Perspektive. Wenn man verstehen will, welche Bedeutung ein Phänomen hat, muss man das Subjekt mit einbeziehen, dem dieses Phänomen »erscheint«. Angenommen, ich sehe irgendwo einen alten Koffer. Dann erscheint mir dieser Koffer nicht nur als Objekt, das so und so aussieht. Ich sehe ihn aus einer bestimmten Perspektive, zum Beispiel sehe ich nur die Vorderseite. Zugleich erinnert mich der Koffer vielleicht an frühere Reisen. Alle diese Vorgänge spielen sich in meinem Bewusstsein ab. Bei der von Husserl begründeten phänomenologischen Methode steht die Analyse des Bewusstseins im Vordergrund.

Mit der »phänomenologischen Reduktion«, so glaubt Husserl, können wir uns eine Art Selbstevidenz über unser Bewusstsein verschaffen. Wenn wir unser Ich systematisch »reduzieren«, also alle unsere Annahmen und Überzeugungen über die Welt und uns selbst zurückstellen, gelangen wir schließlich zum wahren, reinen Ich. Nach Husserl entdecken wir nämlich, dass alles Bewusstsein ein Bewusstsein »von etwas« ist – gleichgültig, ob dieses »etwas« tatsächlich existiert – eine Eigenschaft des Bewusstseins, die Husserl, wie sein Lehrer Franz Brentano, »Intentionalität« nennt.

Das erinnert nicht zufällig an Descartes Zweifel-Methode. Aber Husserl geht anders vor. Nach seiner Methode bezweifeln wir nicht, dass die Welt tatsächlich existiert. Wir enthalten uns nur aller vorgefassten Meinungen über sie. Husserl wirft Descartes Inkonsequenz vor – dass er die Seele mit dem Ich identifiziert, statt sie ebenfalls als Phänomen »einzuklammern«.

Was bei der »Reduktion« letztlich übrig bleibt, ist keine Seelensubstanz wie bei Descartes – sondern reine Selbsterfahrung.

Nach Husserl kann dieses »transzendentale Ich« sogar weiterexistieren, wenn die ganze Welt zerstört wird. Mit einem Ich im üblichen Sinne hat dieses Ich allerdings nichts zu tun. Husserl lehnt metaphysische Entitäten wie ein Ich oder eine Seele ab. An einer Stelle spricht er sich sogar für eine »Psychologie ohne Seele« aus.

In seinen früheren Werken verwendet Husserl den Begriff »Ich« für den Bewusstseinsstrom. Erfahrungen brauchen keinen »Besitzer«, kein »Ich«, das ihnen Einheit verleiht. Geistige Vorgänge passieren einfach. Wir können zwar zwischen der Wahrnehmung eines Baums und dem Baum selbst unterscheiden. Nach Husserl können wir aber nirgends ein Ich entdecken, das diese Wahrnehmung macht. »Nun muss ich freilich gestehen, dass ich dieses primitive Ich als notwendiges Beziehungszentrum schlechterdings nicht zu finden vermag«, schreibt Husserl.[328] Das Ich ist, wie bei David Hume, einfach ein »Bündel der Erlebnisse«. Nach Husserl können wir das Ich gar nicht denken, ohne es als Gegenstand zu denken. Dadurch hören wir aber bereits auf, es als Ich zu denken: »Ich-sein heißt nicht Gegenstand, sondern allem Gegenstand gegenüber dasjenige sein, dem etwas Gegenstand ist.«[329]

In seinen späteren Werken hat Husserl das konkrete Ich stärker in den Vordergrund gestellt. Das Ich ist für ihn etwas, das wir nicht logisch ableiten, sondern intuitiv erleben – in einer Gemeinschaft von Individuen, in einer »Lebenswelt«.

In diesem Zusammenhang bekommt auch die Seele für Husserl wieder eine Bedeutung, allerdings nicht als metaphysische Entität, sondern als bloßes Phänomen, als »Ergänzungsstück« zum Körper.

Husserl fragt sich, was es für »Seelen« heißt, in der Lebenswelt zu existieren, die Welt und sich selbst zu erfahren. Unsere Ich-Erfahrung, sagt Husserl, beruht auf unserer körperlichen Interaktion mit der Welt – auf dem »Walten« unserer Seele über den Leib. »Wie sehr der menschliche Leib auch zu den Körpern zählt, er ist doch ›Leib‹ – ›mein Körper‹, den ich ›bewege‹, in dem und durch den ich ›walte‹, den ich beseele.«[330]

Was ich zuallererst erlebe, ist nach Husserl nicht mein »Inneres«, meine »Seele« oder mein Ich. Vielmehr erlebe ich mein körperliches Agieren in der Welt. »Was Leiblichkeit eigenwesentlich ausmacht, erfahre ich nur an meinem Leib, nämlich an meinem ständig – und einzig in diesem Körper – unmittelbaren Walten (...) Alles sonstige Walten und überhaupt alle Ichbezogenheit auf der Welt ist dadurch vermittelt. (...) Nur mein waltendes Ichsein erfahre ich wirklich als es selbst, eigenwesentlich, und jedermann nur das seine. (...)« Und nur aus der Erfahrung unserer eigenen Körperlichkeit können wir nach Husserl »einen anderen Körper als Leib, worin ein anderes Ich waltend sich verkörpert, verstehen (...)«.[331]

Husserls »phänomenologischer« Ansatz hat enormen Einfluss auf die Philosophie des 20. Jahrhunderts ausgeübt. Von Martin Heidegger über Jean-Paul Sartre bis Maurice Merleau-Ponty: Alle diese Denker suchten nach einem Ich jenseits des metaphysischen Seelenbegriffs.

Martin Heidegger (1889–1976) beginnt beim alltäglichen menschlichen »Dasein«. Wir erledigen Dinge, wir machen unseren Job. Doch nach Heidegger existieren wir im Modus der »Uneigentlichkeit« – wir leben nicht authentisch, wir sind nicht wahrhaft wir selbst. »Eigentliches« Existieren bedeutet, uns aus dieser »Verfallenheit« des Alltags zurückzuholen. Das gelingt uns nach Heidegger nur, wenn wir den wahren Sinn unserer Existenz erkennen. Dieser Sinn liegt in der Zeitlichkeit unseres Daseins, in unserem »Sein zum Tod«. Unser eigentliches Sein drückt sich daher aus in der fundamentalen Erfahrung der Angst. Diese zeitlichen Grundstrukturen, die unsere Existenz bestimmen, nennt Heidegger »Sorge«.

Im Alltag erleben wir uns nicht als Ich, sagt Heidegger. Wir versuchen einfach nur, mit der Welt zurechtzukommen. Wir gehen im Alltag auf, in unseren Routinen und Gewohnheiten. Das Wort »Ich« gebrauchen wir daher in einem flüchtigen und uneigentlichen Sinn. In Heideggers etwas spezieller Sprache klingt das so: »Im Ich-Sagen spricht sich das Dasein als In-der-Welt-sein aus.«[332] Eigentlich meinen wir gar nicht das »Ich«, sondern das »Man«: »Im Ich spricht sich das Selbst aus, das ich zunächst und zumeist *nicht* eigentlich bin (...) Das Man-selbst sagt am lautesten und häufigsten Ich-Ich, weil es im Grunde *nicht eigentlich* es selbst *ist* und dem eigentlichen Seinkönnen ausweicht.«[333] Eigentliches Selbstsein bedeutet, sich dem »Sein zum Tod« und der damit verbundenen Angst zu stellen. »Das Dasein *ist eigentlich selbst* in der ursprünglichen Vereinzelung der verschwiegenen, sich Angst zumutenden Entschlossenheit. Das eigentliche Selbst*sein sagt als Schweigendes* gerade nicht ›Ich-Ich‹, sondern ›ist‹ in der Verschwiegenheit das geworfene Seiende, als welches es eigentlich sein kann.«[334] Etwas unheideggerisch ausgedrückt: Wenn wir wahrhaft wir selbst sein wollen, müssen wir uns von der Vorstellung eines bereits bestehenden Selbst lösen. »Die Sorge bedarf nicht der Fundierung in einem Selbst«, sagt Heidegger.[335]

Für die existenzialistischen Philosophen hat die menschliche Existenz keine »Essenz« – es gibt keine »menschliche Natur«, auf die wir uns berufen können. Der Mensch ist weder von sich aus »gut« noch »schlecht«, weder »sozial« noch »egoistisch«. Für den französischen Denker Jean-Paul Sartre (1905–1980) beruhen solche Hypothesen schlicht auf Selbsttäuschung. Letztendlich tun wir etwas, weil wir uns dafür entschieden haben. Für Sartre gibt es keine Entschuldigungen.

Nach seiner Auffassung gibt es keine »Seele« oder ein »Selbst«, mit dem wir unser Verhalten erklären können.

Unser Bewusstsein hat kein »Ich«. Das Ego ist »transzendent« – es liegt jenseits von uns selbst: »Für die meisten Philosophen ist das Ego ein ›Bewohner‹ des Bewusstseins (...). Wir wollen hier zeigen, dass das Ego weder formal noch material *im* Bewusstsein ist: es ist außerhalb, *in der Welt*; es ist ein Sein der Welt, wie das Ego anderer.«[336]

Für Sartre ist das Ich schlicht überflüssig. Wir brauchen es nicht für unsere Individualität. Und wir brauchen auch kein »transzendentales Ich«, das »alle unsere Vorstellungen begleitet«, wie Kant meinte. »Im Gegenteil, es ist das Bewusstsein, das die Einheit und die Personalität meines Ich ermöglicht. Das transzendentale Ich hat also keine Existenzberechtigung.«[337] Dieses Ich sei nicht nur überflüssig, sondern sogar schädlich, meint Sartre – es nehme dem Bewusstsein seine »Leichtigkeit« und »Durchlässigkeit«. Statt zu sagen »Ich habe Bewusstsein von diesem Stuhl«, reiche es aus zu sagen »Es gibt Bewusstsein von diesem Stuhl.«

Bewusstsein ist für Sartre nicht Selbst-Bewusstsein.

Es gibt kein Ich, das unser Bewusstsein bewohnt.

Nach Sartre machen wir diese Erfahrung jeden Tag: »Wenn ich einer Straßenbahn nachlaufe, wenn ich auf die Uhr schaue, wenn ich mich in die Betrachtung eines Porträts vertiefe, gibt es kein Ich. Es gibt Bewusstsein von-der-einzuholenden-Straßenbahn usw. (...) De facto bin ich also in die Welt der Objekte versenkt, sie sind es, die die Einheit meiner Bewusstseine konstituieren, die sich mit Werten, attraktiven und repulsiven Qualitäten präsentieren; aber ICH, ich bin verschwunden, ich habe mich vernichtet.«[338] Sartre prägte für ein Bewusstsein, das sich seiner selbst nicht bewusst ist, den Begriff »präreflexives Bewusstsein«. Allerdings erscheint das Ich auch auf dieser unreflektierten Ebene. Denn wenn man mich fragt, was ich gerade tue, wenn ich auf die Uhr schaue oder einer Straßenbahn nachlaufe, kann ich eine Antwort geben. Mit anderen Worten: Mein Ich geht außerhalb meines Bewusstseins seinen Aktivitäten nach.

Mein Ich *ist* das, was ich tue – nicht meine »Seele« oder mein »Selbst«. Wenn ich eine verwerfliche Handlung begehe, dann *bin* ich diese Handlung. Dahinter steht kein »Ich«, das ich dafür verantwortlich machen könnte. Auf der unreflektierten Ebene verlieren wir uns nach Sartre in der Welt. Doch das ändert sich, sobald wir mit anderen Menschen konfrontiert sind. Wenn mich jemand bei meiner Handlung beobachtet, werde ich mir bewusst, dass ich derjenige bin, der diese Handlung begeht. Sartre erläutert das am Beispiel eines Menschen, der durchs Schlüsselloch späht – bis er schließlich dabei beobachtet wird.

Ich »sehe« mich, weil man mich sieht.

Erst durch den »Blick des anderen« werden wir zu einem Ich.[339] Nach Sartre ist auch mein Vater noch eine Person. Er existiert, weil wir ihn sehen. Sein Blick ist *sein* Blick, weil er sich in unserem spiegelt.

»Die Welt ist nicht, was ich denke, sondern das, was ich lebe«, sagt der französische Philosoph Maurice Merleau-Ponty (1908–1961). Merleau-Ponty gab für mich nach Nietzsche die vielleicht radikalste Antwort auf Descartes, Kant und all die anderen Freunde eines kopflastigen Super-Egos. Für ihn gibt es keinen »inneren Menschen«, wie für Augustinus, der unser wahres Wesen bestimmt. Vielmehr besteht unser Selbst in der Auseinandersetzung mit der Welt. »Die Wahrheit ›bewohnt‹ nicht bloß den ›inneren Menschen‹, vielmehr es gibt keinen inneren Menschen: der Mensch ist zur Welt, er kennt sich allein in der Welt. Gehe ich, alle Dogmen des gemeinen Verstandes wie auch der Wissenschaft hinter mir lassend, zurück auf mich selbst, so ist, was ich finde, nicht eine Heimstätte innerer Wahrheit, sondern ein Subjekt, zugeeignet der Welt.«[340]

Doch dieses Zur-Welt-Sein lässt sich nicht auf unser Bewusstsein reduzieren. Für Merleau-Ponty gibt es nicht bloß die Kraft des Denkens, sondern auch eine »Kraft des Pulsschlages der Existenz«.[341] Das wahre Zentrum unserer Existenz ist nicht die »Seele«, nicht das »Selbst« oder ein »transzendentales Ich«.

Es ist unser Körper.

Mit unserem Körper beziehen wir uns auf die Welt. Für Merleau-Ponty ist der Körper das Subjekt, das »natürliche Ich«[342], wie er sagt. »Der Leib ist das Vehikel des Zur-Welt-Seins, und einen Leib haben heißt für den Lebenden, sich einem bestimmten Milieu zugesellen, sich mit bestimmten Vorhaben identifizieren und darin beständig sich engagieren.«[343] Der Leib, schreibt Merleau-Ponty, ist der »Angelpunkt der Welt«.[344]

Ist also der Körper unsere Seele? Unser Selbst, unser Ich nur eine Fiktion?

In der zweiten Hälfte des 20. Jahrhunderts riefen immer mehr Denker das »Ende des Selbst« aus. Der französische Philosoph Michel Foucault (1926–1984) etwa hielt die Vorstellung eines selbst-bestimmten Subjekts für eine Illusion. Nach Foucault sind wir nicht in der Lage, uns selbst zu verstehen. Unser

»wahres Selbst« ist ein unerreichbares Ideal. Daher sei es auch illusorisch zu glauben, dass etwa ein Schriftsteller seinen Lesern wirklich etwas über sich und seine Seele mitteilen könne. Nach Foucault steht nicht mehr der Autor im Mittelpunkt, sondern der Text – der sprachliche Diskurs. Der Autor selbst ist nach Foucault »tot«.

Für den postmodernen Philosophen Jacques Derrida (1930–2004) gibt es überhaupt nichts mehr außerhalb des Textes. Begriffe wie »Seele« oder »Selbst« sind nur mehr das »Zentrum« einer bestimmten, strukturierten Art, über uns zu sprechen – so wie der Begriff »Gott« das Zentrum eines religiösen Diskurses ist. Dadurch entsteht für uns, Derrida zufolge, die Illusion von Stabilität und Transparenz – als wäre immer klar, was mit dem Begriff gemeint ist. Genau das ist aber nicht der Fall. Alles was die Philosophie nach Derridas »dekonstruktivistischer« Auffassung leisten kann, ist, diese sprachlichen Strukturen – und damit die Illusion – aufzudecken.

Bei Begriffen wie »Postmoderne« oder »Dekonstruktion« denkt man an schwer verständliche Bücher und intellektuelle Feuilletondebatten. Alle diese Philosophen attackierten letztlich die prätentiöse, anmaßende Vorstellung eines »Super-Selbst«, das sich selbst als Quelle aller Erkenntnis, ja als Angelpunkt der Welt betrachtet – eine Vorstellung, die der amerikanische Philosoph Robert Solomon als »transzendentalen Schein« bezeichnet hat.[345]

Das Problem ist nur, dass von diesem Selbst am Ende nichts mehr übrig bleibt. Das Super-Selbst, das »transzendentale Ich«, das Absolute löst sich auf im Nichts. Nicht nur mein Vater hat demnach keine Seele, kein Selbst – sondern keiner von uns. Wir sind alle nur Teil eines großen Spiels mit Bedeutungen und Identitäten. Das scheint irgendwie gut zu unserer vernetzten Internetwelt zu passen. Im Netz kann jeder verschiedene Rollen spielen, beliebige Identitäten annehmen. Wozu braucht man noch ein Selbst, wenn man in jeden erdenklichen »Avatar« schlüpfen kann – also in einen Charakter in einem Computergame? Wozu überhaupt noch ein Selbst – geschweige denn eine Seele?

Mein Gefühl ist, dass wir ohne ein Selbst nicht leben können. Wir sind nicht nur Subjekte, sondern wir können gar nichts anderes sein. Allerdings glaube ich auch, dass wir keine »Super-Selbste« sein müssen. Zwischen einem Super-Selbst und einem Nichts gibt es noch Platz für ein bescheideneres, kleineres Selbst – ein Selbst, das gerade groß genug ist, um uns darin wiederzuerkennen.

Prinzip des Lebens, göttlicher Geist, immaterielle Substanz, das Selbst, der Bewusstseinsstrom, das Unbewusste – die Seele ist vieles schon gewesen. Heute gibt es eine neue Antwort, die viele für die letztgültige halten.

Die Seele ist nicht bloß 21 Gramm schwer, wie Duncan MacDougall dachte. Vielmehr wiegt sie zwischen 1250 und 1600 Gramm, je nach Körpergewicht. Sie ist keine immaterielle Substanz, sondern eine graue gallertartige Masse. Ein komplexes Wunderwerk aus über 100 Milliarden Nervenzellen. Wir nennen es unser Gehirn.

TEIL IV Gehirn.

KAPITEL 11

Sind wir niemand?

Mit Neurologen sollte man nicht über die Seele diskutieren. Diese Leute wissen, was schwere Hirnschäden mit uns anrichten. Wie Hirnkrankheiten unsere Persönlichkeit, unser Selbst vernichten können. Die Demenzerkrankung meines Vaters ist leider augenscheinlich der beste Beweis dafür.

Ohne unser Gehirn sind wir nichts.

Vor Jahren sprach ich einmal mit dem behandelnden Arzt meines Vaters. Es war eine deprimierende Erfahrung. Eigentlich ging es um die Frage, ob eine bestimmte Medikation für diese Art der Demenz angezeigt war oder nicht. Am Ende fühlte ich mich nur ratlos und leer. Der Eindruck, den mir der Neurologe vermittelte, war schlicht: Es ist eigentlich gleichgültig, welches Medikament der Vater bekommt. Man kann ohnehin nichts tun.

Sein Gehirn löst sich eben auf.

Ich mache dem Arzt keinen Vorwurf. Sicherlich hätte er einfühlsamer sein können. Aber aus seiner Sicht hatte er einfach Recht. Niemand weiß, wie man den Verfallsprozess stoppen kann. Und alle glauben zu wissen, was das bedeutet.

Ohne unser Gehirn sind wir nichts.

Sicher, man kann einen Demenzkranken pflegen bis zum Ende. Doch solche Patienten sind eben »Gemüse«, wie es im Ärztejargon manchmal heißt. Mit anderen Worten: Da ist nichts »Geistiges« mehr. Also auch kein »Selbst«, keine »Seele«.

Das ist kein unmenschlicher Zynismus der Ärzte, sondern einfach die fundamentale Erkenntnis der modernen Hirnforschung: ohne Gehirn kein Geist, kein Selbst.

Der Gedächtnisforscher und Nobelpreisträger Eric Kandel brachte es in einem Fachartikel einmal so auf den Punkt: »Alle geistigen Vorgänge, sogar die komplexesten psychologischen Prozesse, beruhen auf Operationen des Gehirns. Der zentrale Grundsatz dieser Lehre lautet, dass das, was wir Geist nennen, in einer Reihe von Funktionen unseres Gehirns besteht.«[346]

Deutsche Hirnforscher fassten es in einem »Manifest« im Jahr 2004 so zusammen: »Geist und Bewusstsein – wie einzigartig sie auch von uns empfunden werden – fügen sich also in das Naturgeschehen ein und übersteigen es nicht. Und: Geist und Bewusstsein sind nicht vom Himmel gefallen, sondern haben sich in der Evolution der Nervensysteme allmählich herausgebildet. Das ist vielleicht die wichtigste Erkenntnis der modernen Neurowissenschaft.«[347]

Die Beweise für diese Sicht sind auf den ersten Blick überwältigend.

Von Menschen mit schweren Hirnschäden weiß man, wie sehr Selbst und Persönlichkeit vom Gehirn abhängen. Der berühmteste dieser Fälle war jener des Eisenbahnarbeiters Phineas Gage. Im Jahr 1848 hatte der Mann einen schweren Unfall, bei dem eine Eisenstange seinen Kopf durchbohrte. Wie durch ein Wunder überlebte Gage – doch seine Persönlichkeit hatte sich völlig verändert. Aus einem ausgeglichenen, gelassenen Menschen war ein launischer, respektloser und starrsinniger Mann geworden, der plötzlich nicht mehr in der Lage war, vernünftige Entscheidungen zu treffen und für die Zukunft zu planen. Neurowissenschaftler haben Gages Gehirn erst in den neunziger Jahren des 20. Jahrhunderts rekonstruiert.[348]

Mit modernen bildgebenden Verfahren können Neurowissenschaftler heute dem Gehirn gleichsam beim Denken zuschauen. Eine dieser Methoden ist die funktionelle Magnetresonanztomografie (fMRT), die erst Mitte der 1990er Jahre entwickelt wurde. Damit misst man Veränderungen im Sauerstoffgehalt des Blutes, die durch den Energiebedarf von aktiven Nervenzellen bewirkt werden. Auf diese Weise lassen sich neuronale Aktivitäten im Gehirn heute millimetergenau lokalisieren. In einschlägigen

Experimenten setzt man Versuchspersonen bestimmten Reizen aus und kann dann beobachten, wie das Gehirn darauf reagiert. Mit Hilfe der fMRT fahnden die Hirnforscher heute nach »neuronalen Korrelaten«, also nach Aktivierungsmustern im Gehirn, die mit geistigen Vorgängen, mit Verhalten und Persönlichkeit zusammenhängen. Von Emotionen über Kaufverhalten, vom Lügen bis hin zu Träumen und religiösen Gefühlen: Tausende Studien zeigen heute, welche Hirnaktivitäten mit bestimmten geistigen und psychischen Prozessen zu tun haben. Eine »Seele« haben die Forscher dabei nicht gefunden – geschweige denn in der Zirbeldrüse, wie René Descartes vermutete. Und ein kleines Männchen auch nicht.

Die Hirnforschung kennt heute viele der neuralen Mechanismen, die mit geistigen Vorgängen zusammenhängen, von der Gedächtnisbildung bis zur Entstehung von Emotionen. Dabei zeigt sich immer deutlicher, dass das antike Bild einer »rationalen« Seele offenbar nicht stimmt. Platons Vorstellung von der Seele als Wagengespann, das von der Vernunft gelenkt wird, war eine schöne Illusion. Wir haben nicht immer die rationale Kontrolle über unser Denken und Handeln. Und genauso wenig ist das Denken immer bewusstes Denken, wie Descartes dachte. »Menschen sind sich häufig der Ursachen und Gründe für ihr eigenes Verhalten nicht bewusst«, schreibt etwa der Neuropsychologe John Bargh in seinem Buch »The new Unconscious«.[349]

Unter diesem Unbewussten verstehen die Forscher jedoch nicht die angeborenen, irrationalen Triebe Freuds, sondern Hirnvorgänge, die unser Verhalten beeinflussen, obwohl sie für das bewusste Denken nicht zugänglich sind. Einige Forscher sprechen vom »adaptiven Unbewussten«, um auf die Rolle unbewusster Vorgänge im evolutionären Anpassungsprozess hinzuweisen.[350]

Unbewusste Vorgänge im Gehirn steuern einen beträchtlichen Teil unseres Lebens. Viele Dinge erledigen wir gleichsam wie Roboter, die einfach nur ihr Programm abspulen. Das Unbewusste entlastet unser Gehirn: Würden wir über alles nachdenken müssen, kämen wir mit der Welt nicht zurecht. Rund elf Millionen Bits Information prasseln in jeder Sekunde auf das Gehirn ein. Doch nur einen winzigen Bruchteil davon verarbeitet das Gehirn bewusst. »Der Geist operiert am effizientesten, wenn er einen Großteil des anspruchsvollen Denkens an das Unbewusste delegiert, so wie ein moderner Jumbojet auf Autopilot fliegen kann, ohne dass es viel Input eines menschlichen, ›bewussten‹ Piloten braucht«, erklärt der Neuropsychologe Timothy Wilson. »Das adaptive Unbewusste ist beteiligt am Lernen, bei Entscheidung, Interpretationen, Bewertung und Zielsetzung – und der Verlust dieser Fähigkeiten wäre verheerend.«[351] Nach Wilson haben wir sogar zwei Arten des Denkens. Bewusst und planvoll arbeitet die eine, unbewusst und intuitiv die andere.

Das Unbewusste interpretiert und filtert die Informationen, die letztlich ins Bewusstsein vordringen. Wie effizient diese Mechanismen funktionieren, zeigen sogenannte Priming-Experimente, bei denen man Versuchspersonen subliminal, also unterhalb der Wahrnehmungsschwelle, bestimmte Informationen zukommen lässt – und dann beobachtet, wie sich diese unbewussten Informationen auf das Verhalten auswirken. Unter anderem zeigte sich, dass Menschen andere Personen deutlich negativer beurteilen, wenn man sie zuvor unbewusst mit negativen Attributen »gefüttert« hat.[352]

Unsere Emotionen spielen dabei eine zentrale Rolle. Dabei greifen wir auf evolutionsgeschichtlich alte Strukturen im Gehirn zurück. Emotionale Reaktionen wie Furcht warnten schon die Menschen der Frühzeit vor Gefahren – und brachten damit einen entscheidenden Vorteil im evolutionären Überlebenskampf. Die Hirnforscher wissen heute recht genau, wie dieser Mechanismus funktioniert: So umgehen einige »emotionale« Nervenbahnen jene Teile des Gehirns, die mit rationaler Bewertung zu tun haben. Wenn wir eine Gefahr wahrnehmen, kann der Verstand daher zunächst gar nicht tätig werden. Vielmehr schrillt das emotionale Alarmsystem. Erst danach senden die emotionalen »Zentren« die Informationen an die rationalen Teile des Gehirns.

Unsere Emotionen sind für einige Hirnforscher Repräsentationen körperlicher Zustände, mit denen unser Organismus auf bestimmte Situationen reagiert – etwa durch Herzrasen oder Schwitzen. Dabei findet ein komplexer Rückkoppelungsprozess zwischen Gehirn und Körper statt. Nach der Theorie des Hirnforschers Antonio Damasio von der Universität Iowa können Emotionen das Denken unterstützen, indem sie bestimmte Situationen mit »somatischen Markern« kennzeichnen – etwa mit einem »unguten Gefühl«.[353]

Viele Hirnforscher halten es wie Damasio heute für erwiesen, dass unbewusste emotionale Vorgänge auch unser scheinbar rationales Denken beeinflussen. So haben Menschen, deren emotionale Hirnzentren geschädigt sind, oft Schwierigkeiten, richtige Entscheidungen zu treffen – und zwar unabhängig von der Intelligenz.

Andere Persönlichkeiten

Damasio untersuchte einmal einen Patienten, den er »Elliott« nannte. Elliott war ein erfolgreicher Geschäftsmann und Familienvater. Doch eines Tages fanden Ärzte einen orangengroßen Tumor in seinem Vorderhirn. Bei der Operation konnte man zwar die Geschwulst entfernen. Doch Elliott war plötzlich ein anderer Mensch.

Auf den früher gewissenhaften, sorgfältigen Geschäftsmann war plötzlich kein Verlass mehr. Er konnte sich nicht mehr konzentrieren und hatte Mühe, selbst einfachste Entscheidungen zu treffen. Schließlich machte er Bankrott. Die Neurologen standen vor einem Rätsel. Elliotts intellektuelle Fähigkeiten waren vollkommen intakt. Bei einem Persönlichkeitstest zeigten sich allerdings massive Defizite im emotionalen Bereich. Offenbar waren bei der Operation Hirnregionen geschädigt worden, die mit emotionalen Reaktionen zu tun haben. Der Mann fühlte nichts mehr.[354]

Erst in den letzten Jahren haben Neuropsychologen damit begonnen, sich auch mit den desaströsen Auswirkungen von Demenzerkrankungen auf Persönlichkeit und Selbst zu beschäftigen. »Demenz ist nicht gerade das beliebteste Thema in der Philosophie der Psychiatrie«, schreiben die Autoren Julian Hughes, Stephen Louw und Steven Sabat in ihrem Buch »Dementia«, das Beiträge einer der wenigen Konferenzen zum Thema zusammenfasst: »Demenz ist nicht nur eine Hirnkrankheit. Sie betrifft die ganze Person.«[355]

Während bei der Alzheimer-Krankheit anfangs Gedächtnisstörungen im Vordergrund stehen, beginnt die frontotemporale Demenz, an der mein Vater leidet, häufig mit Persönlichkeitsveränderungen. Schäden in der rechten Hirnhemisphäre scheinen dabei eine besondere Rolle zu spielen. »Menschliche Selbsterfahrung beruht auf verteilten, aber unterscheidbaren neuralen Systemen«, schreiben die Neurologen Bruce Miller und William Seeley. »Diese Selbstrepräsentationen wurzeln in der rechten Hemisphäre und betreffen sowohl alltägliche wie sublimere Bedürfnisse.«[356]

Manche Patienten werden plötzlich taktlos, übertrieben witzig oder kindisch, zugleich aber oft starrsinnig und »anstrengend«. Sie überschreiten soziale Grenzen, können ihre Impulse nicht mehr kontrollieren.

Manche wechseln plötzlich ihre politische Gesinnung, ihre Religion oder den Job. In anderen Fällen verstärken sich politische oder religiöse Überzeugungen, die die Patienten schon vor Beginn ihrer Krankheit hatten. »Die Patienten verlieren die Fähigkeit, ihre persönliche, familiäre und soziale Verantwortung wahrzunehmen. Sie können nicht mehr mit Geld umgehen, nehmen womöglich an Gewinnspielen teil, spenden wahllos oder werfen einfach Geld aus dem fahrenden Auto! Ihnen fehlt die Einsicht in ihr Verhalten, sogar jenen Patienten, die das semantische Wissen haben, dass sie sich falsch verhalten und an FTD erkrankt sind.«[357]

Seeley und Miller berichten von einem Patienten, der auf die Frage, wie sich seine Krankheit auf seine Familie auswirkte, bloß meinte: »Nun, einige meiner Verhaltensweisen sind wirklich schwierig für meine Frau und meine Tochter.« Der Patient habe diese Antwort ohne jedes äußere Zeichen von Emotionen gegeben, schreiben die Forscher. Zwei Wochen zuvor war er in ein Pflegeheim gebracht worden, um seine neunjährige Tochter vor seinen sexuellen Belästigungen zu schützen.

Unter Seeleys und Millers Patienten war auch eine 54-jährige frühere Immobilienmaklerin mit einer vor allem rechtsseitigen »Dysfunktion« des Vorderhirns. Die Frau benutzte ein »Alter Ego« namens »Jenny«, von der sie auch in der dritten Person sprach, um ihr plötzlich rohes und aggressives Verhalten zu erklären.

Während sie selbst früher teure Designerkleidung und Schmuck bevorzugte, behauptete sie, dass »Jenny« nun billige Kleider und hässliche Schuhe bevorzuge. Ein 67-jähriger Geschäftsmann, bei dem ebenfalls vor allem die rechte Hirnhälfte geschädigt war, entwickelte sich von einer selbstkritischen, jähzornigen und knauserigen Persönlichkeit zu einem anscheinend entspannten, sorglosen und sexuell experimentierfreudigen Menschen.

Viele der Patienten können sogar sachlich über ihre Defizite berichten. Seeley und Miller: »Nichtsdestotrotz, wenn es darum geht, in der Welt zu agieren, fehlt ihnen die personale Einheit, die normalerweise unser langfristiges Selbst zusammenbindet.«[358]

Nicht nur Krankheiten zeigen, wie sehr das Gehirn unser Verhalten bestimmt. Amerikanische Neurochirurgen machten schon in den 1950er Jahren eine verstörende Beobachtung. Mit Elektroden hatten sie bestimmte motorische und sensorische Hirnregionen ihrer Versuchspersonen gereizt. Plötzlich machten die Probanden Bewegungen – ohne es bewusst zu wollen. Eine der Versuchspersonen meinte nur: »Ich habe das nicht getan. Das haben Sie getan.«[359]

Viele Jahre später lösten Resultate des Hirnforschers Benjamin Libet eine wilde Debatte unter Hirnforschern und Philosophen aus. Dabei ging es um nichts weniger als das Ende des freien Willens.

Die Vorgeschichte begann im Jahr 1965. In einem Experiment versuchten Forscher herauszufinden, welche Hirnaktivitäten einer körperlichen Bewegung unmittelbar vorausgehen.[360] Dazu leiteten sie elektrische Potenziale von der Kopfhaut ab, unmittelbar bevor ihre Probanden einen Finger bewegten. Die Messgeräte zeigten, dass die Hirnaktivität schon rund 0,8 Sekunden vor Beginn der Fingerbewegung anstieg. Diese Aktivität nennt man heute »Bereitschaftspotenzial«. Einige Hirnforscher dachten schon, man habe nun den neuronalen Mechanismus gefunden, der mit unserem bewussten Willen verbunden ist. Dieses Resultat zeigte allerdings nur, dass jeder bewussten Handlung Hirnaktivität vorausgeht.

Libet wollte klären, wann genau der bewusste Wille einsetzt – vor oder nach dem Bereitschaftspotenzial. Auch in seinem Experiment sollten die Versuchspersonen bewusst einen Finger bewegen. Doch diesmal stoppten die Forscher mit, wann genau die Probanden nach eigenen Angaben den Willen verspürten, ihren Finger zu bewegen. Das Ergebnis: Der bewusste Wille setzte erst 300 Millisekunden nach Beginn des Bereitschaftspotenzials ein. Offenbar löste nicht der Wille die Bewegung aus, sondern ein unbewusster Vorgang im Gehirn. Als das Ergebnis bekannt wurde, ließen sich einige Hirnforscher dazu hinreißen, das Ende des freien Willens zu proklamieren.

Der bewusste Wille sei eine Illusion, meint der US-Psychologe Daniel Wegner – wie der Trick eines Magiers, der einen Hasen aus dem Taschentuch zaubert. »Er ist eine Illusion in dem Sinne, dass die Erfahrung, eine Handlung bewusst zu wollen, kein direkter Hinweis darauf ist, dass hinter der Handlung auch tatsächlich ein bewusster Wille steht.«[361] In einem Experiment demonstrierte der Psychologe, wie leicht sich das Gefühl, Urheber einer Handlung zu sein, aushebeln lässt. In dem Versuch mussten zwei Personen zusammen mit Hilfe einer speziell entwickelten Maus einen Cursor steuern. Auf dem Bildschirm waren die Bilder verschiedener Gegenstände zu sehen. Über Kopfhörer hörten die Probanden die Namen der Gegenstände. Einer der beiden Probanden erhielt jedoch versteckte Instruktionen, den Zeiger auf ein bestimmtes Objekt zu bewegen. Wenn man dem anderen Teilnehmer nun den Namen dieses Gegenstandes sagte, bevor der Cursor das Ziel erreichte, dann glaubte dieser, dass er selbst den Cursor dorthin bewegt hatte.[362]

Gespaltene Gehirne, gespaltene Seelen?

Einige der faszinierendsten und zugleich verstörendsten Erkenntnisse gewannen die Hirnforscher durch sogenannte Split-Brain-Patienten. Bei schweren Epilepsieerkrankungen, bei denen keine andere Therapie mehr wirkt, durchtrennt man mitunter das sogenannte Corpus callosum, eine Verbindung zwischen den beiden Hirnhälften. Epileptische Anfälle entstehen durch unnatürliche elektrische Entladungen, die sich von einer Hirnhälfte auf die andere übertragen können. Durch die chirurgische Trennung der Hirnhälften versucht man die Ausbreitung dieser Anfälle im Gehirn zu verhindern. Diese Art der Operation wird seit den 1940er Jahren durchgeführt. Anfangs gab es große Bedenken angesichts der möglichen Konsequenzen eines solchen Eingriffs. So fürchtete man, die Trennung der Hirnhälften könnte zu einer gespaltenen Persönlichkeit führen.

Tatsächlich erwies sich die Behandlungsmethode jedoch als Erfolg. So nahmen die epileptischen Anfälle bei den meisten Patienten um 60 bis 70 Prozent ab – zugleich zeigten sie keinerlei Persönlichkeitsveränderung. Doch genau diese Tatsache stellte die Hirnforscher vor Rätsel. Michael Gazzaniga, einer der führenden Forscher auf diesem Gebiet: »Das war großartig, aber trotzdem rätselhaft. Warum haben Split-Brain-Patienten kein doppeltes Bewusstsein? Warum stehen die beiden Hirnhälften nicht in Konflikt miteinander, wer das Kommando führt? Oder hat eine Hälfte das Kommando? Ist das Bewusstsein und das Selbstgefühl tatsächlich in einer Hälfte des Gehirns?«[363]

In mehreren cleveren Experimenten versuchte Gazzaniga, der Sache auf den Grund zu gehen. Dabei machte sich der Forscher die Aufgabenteilung zwischen den beiden Hirnhälften zunutze. So ist die linke Hemisphäre auf Sprache und Symbolverarbeitung spezialisiert, während die rechte für die Verarbeitung nichtverbaler Informationen wie Bilder zuständig ist. Gleichzeitig arbeiten die Hirnhälften »seitenverkehrt« mit den Sinnesorganen zusammen. Die Information aus dem linken Sehfeld wird also von der rechten Hemisphäre verarbeitet und umgekehrt.

In seinen Experimenten versuchte Michael Gazzaniga, einen Konflikt zwischen den beiden Hirnhälften seiner Versuchspersonen auszulösen. In einem Fall spielte er das Kommando »Geh!« in das linke Sehfeld (also die rechte Hemisphäre) ein, ohne dass die linke Hemisphäre davon wusste. Daraufhin stand der Patient auf – seine rechte Hemisphäre hatte also richtig reagiert. Doch als man ihn fragte, warum er aufgestanden sei, gab er zur Antwort, er habe sich eine Flasche Mineralwasser holen wollen. Die linke, »rationale« Hirnhälfte hatte sich also eine »Erklärung« für das Verhalten zurechtgelegt. Ähnlich gelang es Gazzaniga, Patienten durch eine Aufforderung »Lachen!« an die rechte Hemisphäre zum Lachen zu bringen. Das Sprachzentrum in der linken Hemisphäre hatte zwar keine Ahnung, was der eigentliche Grund für das Lachen war. Trotzdem hatte es eine Erklärung: »Ihr Leute seid so lustig.«[364]

In einem anderen Experiment präsentierte Gazzaniga einem Split-Brain-Patienten zwei Bilder. Das eine Bild, das eine Hühnerkralle zeigte, wurde in das rechte Sehfeld eingespielt, für das die linke Hemisphäre »zuständig« ist. Das andere Bild, auf dem eine verschneite Straße zu sehen war, bekam hingegen nur das linke visuelle Feld zu sehen – also konnte es nur die rechte Hemisphäre verarbeiten. Die getrennten Hirnhälften bekamen also unterschiedliche visuelle Informationen. Keine der beiden wusste, welches Bild die andere »gesehen« hatte. Anschließend sollte die Versuchsperson aus einer Reihe von Bildern jene auswählen, die zu den eben gesehenen Bildern passten.

Nun wurde es einigermaßen bizarr: Der Proband griff mit der linken Hand nach dem Bild einer Schaufel und mit der rechten

Hand nach dem Bild eines Huhns. Auf die Frage, warum er sich für diese Bilder entschieden hatte, antwortete seine linke Hemisphäre (die von dem Schnee-Bild also nichts wissen konnte): »Oh, das ist einfach. Das Huhn passt zur Hühnerkralle. Und die Schaufel dient dazu, den Hühnerdreck wegzumachen.« Erstaunlich genug: Die linke Hirnhälfte hatte keine Ahnung, warum die linke Hand ausgerechnet das Bild der Schaufel genommen hatte. Aber statt einfach zu sagen, dass sie es nicht wusste, fabulierte sie eine Begründung zusammen, die zu ihrem Wissen passte – nämlich zu dem Foto von der Hühnerkralle.[365] Gazzaniga bezeichnet diesen Mechanismus in der linken Gehirnhälfte als »Erklärer« oder »Dolmetscher« (»interpreter«). Dieser Mechanismus überwacht nach Gazzaniga ständig, wie wir uns verhalten und auf die Umwelt reagieren. Und er zieht alle verfügbaren Informationen heran, um Ordnung in unsere Erfahrungen zu bringen: »Der Erklärer nimmt die eingehenden Informationen und fügt sie zu einer Geschichte zusammen, die Sinn macht, auch wenn sie völlig falsch sein mag.«[366] In einem Buch rief Gazzaniga sogar einmal das »Ende der Psychologie« aus, also das Ende der Wissenschaft von der Seele.

Diese Split-Brain-Experimente haben nicht nur die Philosophen ziemlich verwirrt. Gibt es also nicht nur keine Seele – sondern nicht einmal ein Selbst?

»Als einheitliches Objekt betrachtet, ist das Selbst anscheinend voller Widersprüche. Es ist gleichzeitig physisch und geistig, öffentlich und privat, es wird direkt wahrgenommen und falsch vorgestellt, es ist universell und kulturspezifisch«, meint der Psychologe Ulric Neisser. In einem berühmten Fachartikel unterschied er 1988 fünf »Selbste«.[367]

Das »ökologische Selbst« beruht auf der körperlichen Wahrnehmung der eigenen Person. Visuelle Informationen spielen dabei eine zentrale Rolle. Auch Babys sehen, was sie tun. Das Selbst ist einfach der Beobachtungspunkt: Kleine Kinder etwa halten sich bekanntlich manchmal die Augen zu und sagen: »Du kannst mich nicht sehen!« Anscheinend glauben sie, dass ihr Selbst irgendwo in der Augengegend liegt.

Das »interpersonale Selbst« hat mit unmittelbarer sozialer Interaktion zwischen Personen zu tun. Doch dabei findet noch kein sprachlicher Austausch statt, es geht um körperliche Wahrnehmung und um Emotionen. Babys erleben, wie sie gestreichelt werden, wie Mütter auf ihr Schreien reagieren oder ihren Gesichtsausdruck verändern. »Ökologisches« und »interpersonales« Selbst entwickeln sich nach Neisser schon in frühester Kindheit. Beide beruhen auf »objektiven« Informationen über die Gegenwart: Ich sehe, was ich gerade tue und mit wem – aber die Vergangenheit spielt noch keine Rolle.

Das »erweiterte Selbst« basiert auf unseren persönlichen Erinnerungen und Erfahrungen. Schon mit rund drei Jahren entwickeln Kinder ein »episodisches Gedächtnis«, also die Fähigkeit, sich daran zu erinnern, was sie in der Vergangenheit getan haben.

Das »private Selbst« besteht aus bewussten Erfahrungen, die nur uns selbst zugänglich sind – etwa unser inneres Erleben von Wahrnehmungen und Handlungen. Wir erinnern uns auch an innere Erfahrungen, etwa an Schmerzen, an Träume oder an Gedanken. Dieses »private Selbst« ist jenes Selbst, das für viele Philosophen über Jahrhunderte im Vordergrund stand – unser »Inneres«, unsere Gedanken- und Gefühlswelt.

Das »konzeptuelle Selbst« schließlich ist das Bild oder die »Theorie«, das bzw. die wir von uns selbst haben. Solche Selbstmodelle haben ihren Ursprung in unserem Sozialleben, etwa in den verschiedenen Rollen, die wir in der Gesellschaft spielen – vom Beruf bis zur Familie. Zugleich schreiben wir uns, ob zu Recht oder zu Unrecht, bestimmte Eigenschaften zu. Die eine hält sich für eine gute Köchin, der nächste für einen brillanten Anwalt oder tollen Liebhaber.

»Was wir über uns wissen, scheint paradox zu sein«, schreibt Neisser: »Es ist sowohl objektiv wie subjektiv, sozial und privat, klar und vage, abstrakt theoretisch und konkret.«[368] Letztlich ist es für Neisser das »konzeptuelle Selbst«, also unser Selbstbild als Person, die alle anderen Selbste zusammenhält: »Es macht das, indem es eine einigermaßen kohärente Darstellung von uns als Personen gibt, wenn wir mit unseren Mitmenschen interagieren; eine Darstellung, die fast immer strukturell gleich ist, wenngleich im Detail verschieden von der Beschreibung, die uns unsere Mitmenschen über uns geben würden.«

Viele Hirnforscher und Philosophen halten das Selbst heute für nichts als ein nützliches Konstrukt unseres Gehirns.

Ein Netz aus Geschichten

Stellen Sie sich vor, Sie sitzen in einem Café und warten auf jemanden. Sie nippen an Ihrem Cappuccino, blicken sich um, beobachten Menschen, denken an verschiedene Dinge. Das ist Ihr Bewusstseinsstrom in diesem Augenblick. Die Situation könnte Ihnen vorkommen wie eine Bühne, auf der vor dem »geistigen Auge« ihres Bewusstseins ein Geschehen abläuft – und Sie sind der Zuschauer. Es sieht irgendwie so aus, als wären Sie das Zentrum, als würde alles in Ihrem Geist zusammenlaufen. Mit anderen Worten: Es scheint, als wäre der Zuschauer Ihr Selbst. Der Philosoph Daniel Dennett hat dafür den Ausdruck »kartesianisches Theater«[369] geprägt, in Anspielung auf den Philosophen René Descartes. Doch der Eindruck des »Zuschauers« ist nach Dennett falsch – unser Selbst ist nur eine Fiktion.

Für Dennett ist das »Selbst« nichts genuin Menschliches, sondern einfach eine evolutionäre Weiterentwicklung. Sogar niedere Tiere müssen sich von anderen abgrenzen, um zu überleben. Die Unterscheidung zwischen Selbst und Welt, zwischen »Innen« und »Außen«, sei ein »fundamentales biologisches Prinzip«, sagt Dennett.[370] Und dieses grundlegende Prinzip findet sich bei uns Menschen auch heute noch. Etwa bei Ekelgefühlen: Wir haben kein Problem damit, unseren Speichel herunterzuschlucken – aber nur, solange er sich in unserem Körper befindet. Niemand würde ins Glas spucken und den Speichel dann trinken. Der Grund scheint mit unserer Wahrnehmung zu tun zu haben, dass etwas »fremd und verdächtig« ist, sobald es nicht mehr zu unserem Körper gehört. Viele Arten ziehen daher

Grenzen, um ihr »Selbst« zu schützen: Biber bauen Dämme, Spinnen weben Netze – und sie müssen darüber gar nicht nachdenken, die Natur hat sie darauf programmiert. Solche biologischen »Selbste« können ungeheuer komplex sein. So dachten einige Beobachter früher, jede Termitenkolonie habe eine Seele. Heute wissen wir, so Dennett, dass die »wundervolle Organisation« eines Termitenhaufens schlicht darauf beruht, dass Millionen Termiten, jede davon ein kleiner Automat, einfach »ihr Ding machen«, sagt Dennett. Menschen organisieren ihr Selbst nicht viel anders, meint Dennett. »So wundervoll ist die Organisation eines menschlichen Selbst, dass es für viele Beobachter schien, als hätte auch jeder Mensch eine Seele: einen gutwilligen Diktator, der von seinem Hauptquartier aus herrscht.«[371] Nur benutzen wir keine Spinnfäden, um unser »Revier« abzugrenzen – wir tun es mit Worten, die wir zu schützenden Netzen aus Geschichten oder »Narrativen« weben. Was wir für unser Selbst halten, ist für Dennett nicht unsere »Seele«, sondern einfach ein »Zentrum der narrativen Gravitation«[372] – also das Zentrum, in dem unsere Geschichten zusammenlaufen: »Unsere grundlegende Taktik des Selbstschutzes, der Selbstkontrolle und Selbstdefinition besteht nicht darin, Netze zu spinnen oder Dämme zu bauen, sondern Geschichten zu erzählen und vor allem, jene Geschichte zu fabrizieren und zu steuern, die wir anderen – und uns selbst – darüber erzählen, wer wir sind.« Doch das tun wir Dennett zufolge nicht bewusst. »Unsere Geschichten sind gesponnen, aber die meiste Zeit sind nicht wir es, die sie spinnen – die Geschichten spinnen uns. Unser menschliches Bewusstsein, und unser narratives Selbst, ist ihr Produkt, nicht ihre Quelle.«[373]

Der Mainzer Philosoph Thomas Metzinger stellte eine noch viel radikalere Behauptung auf. »Meine These ist, dass keine solchen Dinge wie ein Selbst in der Welt existieren: Niemand war oder hatte jemals ein Selbst.«[374] Was wir für unser Selbst halten, sagt Metzinger, ist ein »transparentes Selbstmodell«, das es uns erlaubt, uns als Ganzheit zu begreifen. »Transparent« ist es deshalb, weil wir durch das Modell sozusagen hindurchschauen.

Wir nehmen es selbst nicht wahr – sondern wir »sehen mit ihm« auf die Welt.

Metzinger hat dafür in einem Buch die Metapher des »Ego-Tunnels« geprägt. »Bewusstes Erleben gleicht einem Tunnel. (...) Was wir sehen und hören oder ertasten und erfühlen, was wir riechen und schmecken, ist nur ein kleiner Bruchteil dessen, was tatsächlich in der Außenwelt existiert. Unser bewusstes Wirklichkeitsmodell ist eine niedrigdimensionale Projektion der unvorstellbar reicheren und gehaltvolleren physikalischen Wirklichkeit, die uns umgibt und uns trägt.«[375]

In unserem Inneren gibt es also kein kleines Männchen, das sozusagen alle Fäden in der Hand hält: »Das Ego und der Tunnel sind in der natürlichen Evolution entstandene repräsentationale Phänomene – ein Produkt automatisch ablaufender, dynamischer Selbstorganisation auf vielen Ebenen. Letztlich ist subjektives Erleben ein biologisches Datenformat, eine innere Form des Gegebenseins, eine hochspezifische Weise der Präsentation von Information über die Welt, bei der diese so erscheint, als wäre sie das Wissen eines Ego.«[376]

Das klingt alles ziemlich abstrakt und schwer verständlich. Aber Metzinger ist ein hochkreativer, furchtloser Philosoph, der auch vor neurowissenschaftlichen Experimenten und unkonventionellen Selbstversuchen nicht zurückschreckt. So unterzog er sich selbst einem Experiment, das als sogenannte Gummihand-Illusion bekannt ist. Dabei erlebt eine Versuchsperson eine Gummihand nach einer gewissen Zeit als Teil ihres eigenen Körpers. Für Metzinger ist diese Illusion ein Beispiel für seine Theorie des »phänomenalen Selbstmodells« (PSM). Der philosophische Begriff »phänomenal« bezieht sich in diesem Zusammenhang auf die Art, wie wir die Welt subjektiv erleben. Nach Metzinger ist das subjektive Erleben bei der Gummihand-Illusion nichts anderes als das, was er das »phänomenale Selbstmodell« nennt – nämlich das »bewusste Modell des Organismus als Ganzem, welches vom Gehirn aktiviert wird. Der Inhalt dieses Selbstmodells ist das Ego.« Ein Ego-Tunnel ist nach Metzinger daher »ein Bewusstseinstunnel, der die zusätzliche Eigenschaft entwickelt hat, eine stabile Erste-Person-Perspektive zu erzeugen, eine subjektive Sicht auf die Welt«.[377]

Ludwig Wittgenstein unterschied einmal zwei Arten, das Erste-Person-Pronomen »Ich« zu gebrauchen – als Subjekt und als Objekt. Wenn ich das Wort »Ich« als Subjekt verwende, dann kann ich mich auf folgende Weise irren. Angenommen, ich sage: »Ich denke, dass es draußen regnet.« Dann mag ich mich zwar darin täuschen, dass es regnet. Aber ich kann mich nicht darin irren, dass »ich« es bin, der denkt, dass es regnet. Deshalb ist es nach Wittgenstein sinnlos, jemand zu fragen: »Sind Sie sicher, dass Sie es sind, der glaubt, dass es regnet?« Wenn man das Wort »ich« hingegen als Objekt verwendet, kann man sich hingegen sehr wohl täuschen. Im Fall der Gummihand-Illusion kann ich glauben, dass »ich« die Gummihand bewege – obwohl dies gar nicht der Fall ist. Die erste Variante bezeichnen Philosophen als »Immunitäts-Prinzip«: Wenn ich mich mit dem Pronomen »ich« auf mich selbst als Subjekt beziehe, dann kann ich mich nicht in der Person irren, auf die ich mich beziehe. Aber gibt es nicht Ausnahmen?

Man denkt da vielleicht an Schizophrenie-Kranke, die Stimmen hören. Doch das dramatischste Beispiel ist das sogenannte Cotard-Syndrom, bei dem Menschen schlicht ihre eigene Existenz leugnen. Nach Metzingers Auffassung kommen diese Patienten der Wahrheit, also der Nichtexistenz unseres Selbst, sozusagen näher als der Rest von uns.[378]

Bei sogenannten außerkörperlichen Erfahrungen erliegen Menschen der höchst realistischen Illusion, den eigenen Körper zu verlassen (in der Regel in der Form eines »Seelenkörpers« oder ätherischen Doubles) und sich außerhalb desselben zu bewegen. Metzinger hatte nicht nur selbst mehrere solcher »außerkörperlicher Erfahrungen« (OBE, »out-of-body-experience«), sondern nahm auch an Experimenten teil, in denen es tatsächlich gelungen ist, solche Zustände im Labor zu erzeugen. Für Metzinger existiert dieser »Feinstoffkörper« tatsächlich in gewissem Sinne – allerdings besteht er aus reiner Information im Gehirn. »Der Feinstoffkörper ist das Selbstmodell im Gehirn.«

Metzinger vertritt sogar die These, dass diese Klasse von Bewusstseinszuständen der Vorläufer unseres Seelen-Begriffs gewesen sein könnten (vgl. Kap. 1).

Metzinger: »Die Seele ist das OBE-PSM.«[379]

Wenn die alten Griechen das gewusst hätten!

Allerdings kann man sich fragen, ob Metzinger nicht selbst von einer klassischen Definition des Selbst als unveränderliche Substanz ausgeht, die für sich allein existieren kann.[380] Der Philosoph Paul Churchland hat es einmal etwas gelassener ausgedrückt als Metzinger: »Das Gehirn macht uns glauben, dass wir ein Selbst haben. Heißt das, dass das Selbst, für das ich mich halte, nicht real ist? Nein, es ist genauso real wie jede andere Aktivität des Gehirns. Es bedeutet jedoch, dass das Selbst kein ätherisches Stückchen eines ›Seelen-Stoffs‹ ist«.[381]

Nach Metzinger kann es, wie etwa das Cotard-Syndrom zeigt, auch Bewusstsein ohne ein Selbst-Gefühl geben. Allerdings ist diese Auffassung durchaus umstritten. Der Hirnforscher Antonio Damasio etwa meint: »Wenn ›Selbst-Bewusstsein‹ verstanden wird als ›Bewusstsein mit einem Selbst-Gefühl‹, dann wird alles menschliche Bewusstsein durch diesen Begriff abgedeckt – dann gibt es keine andere Art von Bewusstsein, so weit ich sehen kann.«[382] So lange ich Bewusstsein habe, ist auch mein Selbst präsent. Allerdings unterscheidet auch Damasio verschiedene Abstufungen des Selbst, die mit entsprechenden Stufen des Bewusstseins korrespondieren. Das »Kern-Selbst« ist für ihn schlicht das Gefühl, in diesem Augenblick »Ich« zu sein und niemand anderer. Dabei handelt es sich nach Damasio um ein rein biologisches Phänomen, es braucht dazu weder Sprache noch Gedächtnis, und ein Kern-Selbst haben auch einige Tiere. Erst Gedächtnis und Sprache ermöglichen ein »höheres« komplexeres Selbst.

Doch trotz aller Erkenntnisfortschritte können die Hirnforscher bis heute nicht erklären, wie bewusste Erfahrungen überhaupt zustande kommen. Und einige meinen sogar, dass wir eine solche Erklärung nie finden werden. Der amerikanische Philosoph Colin McGinn von der Rutgers University vertritt die Auffassung, dass »unser Intellekt nicht dafür gebaut ist, Bewusstsein zu verstehen«.[383] Es ist merkwürdig genug: Bewusstsein scheint einerseits die selbstverständlichste Sache der Welt zu sein. Wir müssen uns nicht anstrengen, um bewusste Erfahrungen zu machen – es passiert einfach. Dennoch gibt es irritierende Fragen. Was ist überhaupt Bewusstsein? Wie entsteht es? Wie kann überhaupt aus etwas »Körperlichem« wie unserem Gehirn etwas »Geistiges« entstehen? Die Fragen führen geradewegs zu dem so vertrackten Leib-Seele-Problem, mit dem sich die Philosophie des Geistes immer noch herumschlägt.

KAPITEL 12

Zwischen Geist und Materie

Wenn ich meinen Vater besuche, erlebe ich einen Mann mit schütterem weißem Vollbart, einen kranken Menschen, der in einem Rollstuhl sitzt und die meiste Zeit dämmrig vor sich hindöst. Ich nehme verschiedene Gerüche wahr. Ich habe die Empfindung, dass es in dem Raum warm ist. Ich streiche meinem Vater über den Kopf, halte ihm die Hand. Ich spüre seinen Atem, seine Nähe, seinen Puls. Ich habe einen Eindruck von seinem Zustand – ob es ihm halbwegs gutgeht oder nicht. Ich schaue meiner Mutter zu, wie sie ihm über die Magensonde Flüssignahrung einflößt. Höre, wie sie mit ihm spricht. Ich denke daran, wie sehr ich meine Mutter bewundere. Mir schießen Erinnerungen durch den Kopf. Ich spüre, wie Gefühle in mir hochsteigen. Als ich später im Auto sitze, oder auch Tage später, denke ich wieder an meinen Besuch. Rufe mir die Bilder und Eindrücke in Erinnerung. Sehe wieder den Mann mit dem schütteren Vollbart, der im Rollstuhl sitzt. Den demenzkranken Menschen, der mein Vater ist.

Jeden dieser Besuche erlebe ich auf bestimmte Weise. Ich habe Wahrnehmungen, Empfindungen, Gedanken und Gefühle. Die Erfahrung, meinen kranken Vater zu besuchen, hat für mich eine eigene subjektive Qualität. Sie ist das, was Philosophen eine »bewusste Erfahrung« nennen.

Hat mein Vater noch Bewusstsein? Wie ist es für ihn, wenn ich ihn besuche? Wenn er die Augen öffnet und den Blick auf mich richtet? Wenn ich ihm über den Kopf streiche? Wenn meine Mutter ihm Sondennahrung einflößt oder mit ihm spricht?

»Fühlt« sich all das für ihn überhaupt nach etwas an? Und wie fühlt es sich an, wenn es sich nach nichts anfühlt?

»Die Frage des Bewusstseins ist so verwirrend wie eh und je«, schreibt der amerikanische Philosoph David Chalmers. »Es scheint uns immer noch äußerst mysteriös, dass die Verursachung von Verhalten begleitet sein soll von einem subjektiven inneren Leben. Wir haben gute Gründe zu glauben, dass Bewusstsein aus physikalischen Systemen wie dem Gehirn entsteht, aber wir haben kaum eine Vorstellung davon, wie es entsteht, oder warum es überhaupt existiert. Wie kann es sein, dass ein physikalisches System auch *Erfahrungen macht*? (...) Uns fehlt nicht nur eine detaillierte Theorie, wir tappen völlig im Dunkeln darüber, wie das Bewusstsein in die Ordnung der Natur passt.«[384]

Die Probleme beginnen schon damit, »Bewusstsein« genau zu definieren. Jeder weiß zwar, was es bedeutet, das Bewusstsein zu verlieren – etwa während einer Ohnmacht oder in Vollnarkose. Die alten Griechen assoziierten das Bewusstsein intuitiv mit der »psyche«. So glaubten sie, dass die »Seele« bei einer Ohnmacht den Körper zeitweilig verlässt (vgl. Kap. 1). Unter Bewusstlosigkeit verstehen wir also einen Zustand, in dem wir weder denken noch fühlen oder wahrnehmen, in dem wir einfach »weggetreten« sind, obwohl die meisten Körperfunktionen weiterhin intakt sind.

Aber was heißt es, Bewusstsein zu haben? Offenbar spielen subjektive Erfahrungen dabei eine Schlüsselrolle. Wir sehen eine schöne Landschaft. Wir hören Musik. Riechen an einem alten Rotwein. Wir erleben Schmerzen. Wir denken an Dinge und Menschen, wir haben Empfindungen und Gefühle. Zugleich haben alle diese Erfahrungen für uns eine innere, subjektive Qualität – wir erleben sie auf eine bestimmte Weise, sie fühlen sich für uns nach etwas an. Diese subjektive Qualität scheint uns von den Dingen zu unterscheiden. Ein Stuhl macht keine solchen inneren Erfahrungen. Man kann nicht sagen, »wie es ist«, ein Stuhl zu sein. Und zwar nicht bloß deshalb, weil man es nicht weiß. Sondern weil ein Stuhl eben nach allgemeiner Überzeugung kein »Bewusstsein« hat. Der US-Philosoph John

Searle hat eine recht nachvollziehbare Bewusstsein-Definition gefunden: »Bewusstsein besteht aus inneren, qualitativen, subjektiven Zuständen und Prozessen der Wahrnehmung und Empfindung.«[385]

Aber warum gibt es Bewusstsein? Und wie passen solche »inneren, qualitativen, subjektiven Zustände« überhaupt zu unserem Bild der physikalischen Welt?

Das Rätsel des Bewusstseins steht in enger Verbindung zum Leib-Seele-Problem, mit dem sich die Philosophen seit Descartes herumschlagen – also zur Frage, in welcher Beziehung das »Materielle« zum »Geistigen« steht. David Chalmers unterscheidet zwischen einem »leichten« und einem »schweren« Teil des Leib-Seele-Problems. Der »leichte« Teil besteht für ihn darin zu erklären, wie ein physisches System überhaupt geistige und psychische Vorgänge hervorbringen kann: Wie kann es sein, dass ein Haufen Materie wie das Gehirn lernen oder sich erinnern kann? Zu erklären, wie etwa Erinnerungen im Gehirn gespeichert und abgerufen werden, ist eine Sache. Die moderne Hirnforschung ist da schon sehr weit. Das andere ist die subjektive Qualität unserer Erfahrungen. »Der schwierigste Teil des Geist-Körper-Problems ist die Frage: Wie kann ein physisches System bewusste Erfahrungen hervorbringen?«[386]

Nach Ansicht vieler Philosophen hat Descartes ein ziemliches Desaster hinterlassen – nämlich die dualistische Trennung von Geist und Materie. Demnach zerfällt unsere Welt in zwei grundverschiedene Reiche. Auf der einen Seite steht der immaterielle, freie und unzerstörbare Geist. Auf der anderen die materielle, vergängliche Körperwelt, die physikalischen Gesetzen unterliegt. »Descartes' Auffassungen haben zu endlosen Debatten geführt und es ist fair zu sagen, dass er uns mehr Probleme als Lösungen hinterlassen hat«, meint John Searle.[387] Das berühmteste Problem aus Descartes' Erbschaft ist eben das Leib-Seele-Problem. Die Kernfrage dabei lautet, wie sich Körper und Geist gegenseitig kausal beeinflussen können. Wie kann eine Entscheidung meines Geistes zur Bewegung eines körperlichen Objekts führen – etwa dazu, dass ich meine Hand hebe? Und umgekehrt: Wie ist es möglich, dass ein körperlicher Schmerz ein rein geistiges Phänomen wie einen Gedanken hervorruft?

Descartes konnte dieses Problem bekanntlich nicht lösen. Mit seiner eigenen Vermutung, dass Körper und Geist in der Zirbeldrüse im Gehirn interagieren, machte er sich für Jahrhunderte lächerlich. Die große Mehrzahl der Philosophen hält den Substanzdualismus heute für nicht mehr vertretbar. Am dualistischen Weltbild hängt allerdings die alte Idee einer immateriellen Seele, die unabhängig vom Körper existieren und unseren Tod überdauern kann.

Doch der Dualismus scheint irgendwie »auf verlorenem Posten« zu stehen, wie etwa der Philosoph Daniel Dennett meint. Einer der Gründe liegt darin, dass das dualistische Weltbild offenbar den Erkenntnissen der modernen Naturwissenschaft widerspricht. In der Physik geht man davon aus, dass die Gesamtenergie bzw. Masse im Universum konstant ist. Als »Dualist« muss man aber die Existenz einer wie immer gearteten spirituellen Energie annehmen. Das würde aber bedeuten, dass das Gesetz der Energieerhaltung falsch wäre. Zugleich scheint die Hirnforschung zu belegen, dass menschliches Bewusstsein nicht ohne die neuronalen Prozesse im Gehirn möglich ist.

John Searle fasst die Argumente gegen den Substanzdualismus so zusammen: »Erstens konnte bisher niemand eine vernünftige Erklärung liefern, welche Beziehung zwischen den beiden Bereichen besteht. Zweitens ist der Dualismus schlicht unnötig. Man kann alle subjektiven und alle objektiven Tatsachen erklären, ohne zwei Bereiche anzunehmen. Drittens schafft der Dualismus untolerierbare Schwierigkeiten. Mit dieser Sicht ist es unmöglich zu erklären, wie geistige Zustände physische Zustände verursachen können.« Der Dualismus bleibe zwar eine logische Möglichkeit, sagt Searle: »Es ist eine logische Möglichkeit, wenn auch eine extrem unwahrscheinliche, dass unsere Seelen weiterexistieren, wenn unsere Körper zerstört sind.«[388]

Nichts als Materie?

Die plausibelste Alternative zu einem dualistischen Weltbild scheint heute eine Art von Materialismus zu sein – also die Ansicht, dass letztlich alles auf materielle Vorgänge zurückgeht. Daniel Dennett drückt es so aus: »Die vorherrschende Sicht ist der Materialismus: Es gibt nur eine Art Stoff, nämlich Materie – den physischen Stoff der Physik, Chemie und Physiologie – und der Geist ist auf irgendeine Weise nichts anderes als ein physisches Phänomen. Kurz gesagt, der Geist ist das Gehirn.«[389]

In einem materialistischen Weltbild kann es natürlich auch keine immaterielle Seelensubstanz geben. Allerdings gibt es verschiedene Spielarten des Materialismus.

Die »härteste« Form ist die Auffassung, dass Geist und Gehirn das Gleiche sind. Was wir für geistige Vorgänge halten, sind nichts anderes als physikalische Zustände unseres Gehirns. Doch diese Auffassung, die man als »Identitätstheorie des Geistes« bezeichnet, läuft nicht nur unseren Intuitionen diametral zuwider. Demnach wäre ein bestimmter Gedanke einfach identisch mit einem Aktivierungsmuster im Gehirn. Aber offensichtlich hat der Gedanke Eigenschaften, die neuronale Aktivitäten nicht besitzen. Vor allem hat er einen »intentionalen Gehalt« – er bezieht sich also auf etwas in der Welt.

Nach allgemeiner Auffassung können körperliche Zustände keine Träger von Bedeutung sein.[390] »Intentionale Gehalte haben keine Entsprechung im Gehirn«, meint etwa der Philosoph Robert Spaemann: »Sonst müssten wir die Infinitesimalrechnung ebenso in einem Gehirn ablesen können, wie ein Streichquartett von Mozart oder Michelangelos Pieta Rondanini. (...) Man muss diese Dinge nur beim Namen nennen, um ihre Absurdität zu erkennen.«[391]

Eine andere Spielart ist die »funktionalistische« Auffassung. Nach dieser Theorie haben geistige Zustände bestimmte »Funktionen« in kausalen Beziehungen. Angenommen, ich habe eine Schmerzempfindung. Diese Empfindung ist die Folge einer Gewebeverletzung. Zugleich führt meine Empfindung dazu, dass sich mein Gesicht verzerrt. Das Schmerzempfinden selbst ist dann kein mysteriöses geistiges Etwas, sondern einfach ein Zustand, der eine bestimmte Rolle in einer Ursache-Wirkung-Beziehung spielt. Geistige Zustände ähneln demnach technischen Geräten wie Uhren oder Thermostaten, die eine bestimmte Funktion haben. Auf ihre »Zusammensetzung« kommt es nicht an. Eine Uhr kann groß oder klein, aus Plastik, Metall oder aus Holz sein – entscheidend dafür, dass es sich um eine Uhr handelt, ist ihre Funktion, die Zeit anzuzeigen. Die funktionalistische Auffassung spielt eine zentrale Rolle in der Künstliche-Intelligenz-Forschung. Die Kernidee besteht darin, dass das Gehirn nichts anderes als ein Computer ist – und dass sich der Geist zum Gehirn so verhält wie Software zur Hardware. Ein geistiger Zustand ist demnach einfach das Ergebnis einer vom Gehirn durchgeführten »Berechnung«.

Alle materialistischen Auffassungen haben allerdings letztlich das Problem, dass sie subjektive geistige Zustände nicht erklären können.

Der amerikanische Philosoph Thomas Nagel überlegte einmal, wie es denn wäre, eine Fledermaus zu sein. Angenommen, wir wüssten alle erdenklichen wissenschaftlichen Fakten über Fledermäuse, die man wissen kann – von ihrem Nervensystem bis zum Echolotprinzip, mit dem sie kommunizieren. Wir könnten alle funktionalen Mechanismen kennen, die im Fledermausleben eine Rolle spielen. Nach Nagel wüssten wir dennoch immer noch eins nicht: wie es ist, eine Fledermaus zu sein. Der Grund ist einfach der, dass wir keine Fledermäuse sind, also nicht an der Decke hängen und unsere Beute per Ultraschall orten. Mit anderen Worten: Das »Bewusstsein« einer Fledermaus lässt sich nicht auf physische Fakten reduzieren. Bewusstsein besteht in subjektiver Erfahrung. Was uns ganz einfach fehlt, ist »der besondere Blickwinkel« einer Fledermaus, also wie es sich anfühlt, eine Fledermaus zu sein. Das Bewusstsein, sagt Nagel, »ist das, was das Leib-Seele-Problem wirklich unlösbar macht«.[392]

Ein ähnliches Argument stammt von dem Philosophen Frank Jackson. Angenommen, wir lebten im Jahr 3500 und wüssten schlicht alles über die Hirnprozesse, die für geistige Prozesse verantwortlich sind. Jetzt stellen wir uns eine allwissende Neurowissenschaftlerin namens Mary vor. Insbesondere weiß sie alles über die Neurophysiologie der Farbwahrnehmung. Allerdings lebt sie von Geburt an in einem schwarz-weiß eingerichteten Raum. Sie hat noch nie die Farbe Rot gesehen. Obwohl sie alles darüber weiß, wie Rot-Wahrnehmung zustande kommt, wüsste sie trotzdem nicht, wie es ist, die Farbe Rot zu sehen. Dieses »Wie-es-ist«-Gefühl bezeichnen Philosophen als »Qualia«.[393]

Mit Argumenten wie diesen versuchen Philosophen zu zeigen, dass Geist nicht auf Materie »reduziert« werden kann. Aber was sind geistige Zustände dann? Ist der Dualismus doch nicht so falsch? Gibt es womöglich noch eine Chance für eine immaterielle Seele?

Die meisten Philosophen und Hirnforscher gehen heute davon aus, dass Bewusstsein auf Hirnprozessen beruht – ohne allerdings mit diesen identisch zu sein. Eine verbreitete Auffassung ist die sogenannte Supervenienz-These. Hinter dem abschreckenden Begriff verbirgt sich eine im Kern relativ einfache Idee. Ein Phänomen A »superveniert« auf dem Phänomen B, wenn A von B vollständig festgelegt wird – wenn also jede Veränderung von A mit einer Veränderung von B verbunden ist. Jede Veränderung meines geistigen Zustandes muss mit einer Veränderung meines Hirnzustandes einhergehen. Wenn ich also erst an dieses Buch denke (Gedanke A) und dann daran, dass ich den Müll nach draußen bringen muss (Gedanke B), dann muss zugleich eine entsprechende Veränderung in meinem Gehirn stattfinden – von »Hirnzustand A« auf »Hirnzustand B«. Das Bewusstsein »superveniert« demnach auf neuronalen Prozessen, behält aber seinen »mentalen« Charakter. Damit ist das Leib-Seele-Problem aber immer noch nicht gelöst.

Die Zombies kommen

David Chalmers hat sich ein cleveres Argument ausgedacht, um zu zeigen, dass unser Bewusstsein über unsere Hirnprozesse hinausreicht. Dabei geht es um »Zombies« – allerdings nicht um die Untoten aus einschlägigen Horrorfilmen, sondern um ein philosophisches Konstrukt. Ein Zombie ist demnach ein Wesen, das mit mir physisch völlig identisch ist, von den Zehen bis zu den Nervenzellen im Gehirn – allerdings fehlt ihm jegliche bewusste Erfahrung. Man könnte sich eine Welt vorstellen, sagt Chalmers, die exakt identisch ist mit unserer Welt. Mit einem Unterschied: Statt uns laufen darin unsere Zombie-Zwillinge herum. Diese sehen nicht nur aus wie wir, sie sind auch »funktional« mit uns identisch – sie würden die gleichen Bäume sehen wie wir, das Gleiche schmecken oder tasten. Aber sie hätten keine bewusste Erfahrung. Was sie erleben, hätte keinerlei subjektive Qualität für sie, es würde sich nach nichts »anfühlen«. Im Inneren eines Zombies wäre es einfach finster.

Ein Zombie hätte nicht den Funken einer Seele.

Natürlich zielt Chalmers Überlegung nicht darauf ab, dass solche »Zombies« tatsächlich existieren. Es geht um eine metaphysische Möglichkeit. Zombies sind *denkbar*. Man könnte sich sogar ein Universum vorstellen, das nur von Zombies bevölkert ist. Wenn Zombies denkbar und daher »metaphysisch« möglich sind, dann kann der Geist nicht mit dem Gehirn oder einer Hirnfunktion identisch sein. Und dann kann das Bewusstsein auch nicht auf dem Gehirn »supervenieren«. Eine Variante dieses Arguments läuft sogar darauf hinaus, dass nicht nur die Supervenienz-These, sondern die materialistische Auffassung überhaupt falsch ist.

Chalmers will damit nicht sagen, dass Geist und Materie verschiedene Substanzen im Sinne von Descartes sind. »Der Dualismus, auf den ich abziele, ist eine Art Eigenschaftsdualismus: Bewusste Erfahrung umfasst Eigenschaften eines Individuums, die nicht in den physischen Eigenschaften dieses Individuums enthalten sind, obwohl diese gesetzlich von diesen Eigenschaften abhängen können. Bewusstsein ist ein Bestandteil der Welt, der über die physischen Bestandteile der Welt hinausreicht.«[394]

Ein weiteres Argument gegen den Reduktionismus hat der Philosoph Saul Kripke entwickelt. Es richtet sich gegen die »Identitätsthese«, nach der geistige Vorgänge identisch mit Hirnprozessen sind.

Nach Kripke muss jede Identität »notwendig wahr« sein. Das bedeutet nach seiner Theorie, dass sie in jeder logisch möglichen Welt gelten muss – andernfalls ist sie eben nicht wahr. Ein Beispiel: Aristoteles ist identisch mit dem Lehrer von Alexander dem Großen. Nun könnte man sich eine Welt vorstellen, in der Aristoteles nicht der Lehrer von Alexander dem Großen war. Diese Identität ist also nur »kontingent« wahr, das heißt, es könnte theoretisch auch anders gewesen sein. Hingegen ist die Person »Aristoteles« in jeder logisch möglichen Welt »Aristoteles«. Ebenso ist »Wasser« in jeder logisch möglichen Welt »H_2O«. Solche Begriffe, die sich in jeder möglichen Welt auf den gleichen Gegenstand beziehen, nennt Kripke »starre Designatoren«.[395]

Nach der Identitätsthese sind nun geistige Vorgänge identisch mit Hirnvorgängen. Also wäre etwa »Schmerz« nichts anders als das »Feuern von C-Fasern«. Aber wenn diese Identität wirklich gelten würde, sagt Kripke, dann müsste sie eben »notwendig wahr« sein – also in allen logisch möglichen Welten gelten. Nun kann man sich aber leicht eine Welt vorstellen, in der es »Schmerz« gibt, der nicht auf dem »Feuern von C-Fasern« beruht. Und umgekehrt könnten in dieser Welt C-Fasern »feuern«, ohne dass dies auch nur irgendwas mit Schmerzen zu tun hätte. Das Gleiche gilt natürlich nicht bloß für Schmerzen, sondern für jede Art von geistigen Zuständen. Daraus folgt für Kripke, dass geistige Zustände mit Hirnzuständen nicht notwendig identisch sind. Dies bedeutet aber wiederum, dass sie aus philosophischer Sicht voneinander verschieden sind.

Meine Kurzzusammenfassung aller dieser Argumente gegen den Materialismus ist die: Offenbar stimmt etwas nicht mit der materialistischen oder »reduktionistischen« Sicht. Anscheinend lässt sich das Geistige nicht auf das Physische reduzieren.

Man kann allerdings auch die Ansicht vertreten, dass das Leib-Seele-Problem eigentlich gar nicht mehr existiert – so wie der Philosoph John Searle: »Das berühmte Leib-Seele-Problem, die Quelle von derart vielen Kontroversen über die letzten zwei Jahrtausende, hat eine einfache Lösung. (...) Hier ist sie: Geistige Phänomene werden durch neurophysiologische Prozesse im Gehirn verursacht und sind selbst Eigenschaften des Gehirns.«[396] Searle nennt seine Auffassung »biologischer Naturalismus«. Für ihn gehören geistige Zustände genauso zu den biologischen Phänomenen wie die Verdauung. Bewusstsein ist für Searle einfach eine Eigenschaft des Gehirns – so wie es eine Eigenschaft von Wasser ist, flüssig zu sein.

Eine richtig »harte« dualistische Auffassung im Sinne eines Descartes traut sich heute kaum noch ein ernst zu nehmender Denker zu vertreten. Zu den Ausnahmen zählt der britische Philosoph John Foster, der sogar die Position von Descartes selbst ausdrücklich verteidigt. Sein Argument für ein immaterielles Selbst, also für eine Seele, ist so raffiniert, dass ich es hier wiedergeben möchte.

Nach Foster besteht die »substanzdualistische« Auffassung aus drei Sichtweisen. Die erste lautet, dass geistige Vorgänge etwas fundamental anderes sind als körperliche und auch nicht auf diese zurückgeführt werden können (These 1). Die zweite besagt, dass geistige Vorgänge immer ein geistiges Subjekt erfordern – dass also jeder Gedanke einen »Denker« braucht (These 2). Die dritte läuft darauf hinaus, dass diese Subjekte selbst nichts Körperliches sein können (These 3).

Foster geht davon aus, dass zumindest These 1 und These 2 vertretbar sind. Zunächst sei es schlicht unmöglich, geistige Vorgänge nicht Subjekten zuzuordnen. Der Begriff von Schmerz ohne einen Leidenden, eines Gedankens ohne Denker, bleibe für das »Auge unserer Intuition« unverständlich, meint Foster. Folglich hält er These 2 für richtig. Zweitens entspreche es auch unserer Intuition, dass geistige und körperliche Vorgänge grundverschieden sind. Foster stimmt also auch These 1 zu. So weit, so gut. Nur mit These 3 tun wir uns offenbar schwer.

Nun kommt Fosters Trick. Ein »Dualist«, der die ersten beiden Thesen für richtig hält, so meint er, muss auch die dritte akzeptieren, dass also der »Denker«, das geistige Subjekt, selbst etwas Immaterielles ist. Rein logisch könnte zwar auch ein materielles Ding geistige Vorgänge hervorbringen. Die Schwierigkeit liegt nach Foster allerdings darin zu sagen, was für eine Art Ding das sein könnte. Der »Dualist« müsste nämlich erklären können, wie ein körperliches Ding ein Subjekt geistiger Fähigkeiten sein kann (was er nach These 2 ja annimmt). Da er aber auch These 1 akzeptiert hat, wonach das Geistige nicht aufs Körperliche reduzierbar ist, muss er sich bei seiner Erklärung auf die physischen Eigenschaften beschränken. Das Problem ist allerdings, dass die Kenntnis der physischen Eigenschaften einfach nicht ausreicht, um zu erklären, wie dieses materielle Ding ein Subjekt geistiger Aktivitäten sein kann. Daraus folgt nach Foster, dass unter der Voraussetzung von These 1 und 2 auch These 3 richtig sein muss – dass das »geistige Subjekt« also selbst etwas Immaterielles ist. Also eine Seele.

Kaum eine Auffassung sei so unpopulär wie der Substanzdualismus, schreibt der Religionsphilosoph Richard Swinburne, der unter anderem für seine »Gottesbeweise« bekannt ist[397]: »Heutzutage bekommt man mehr Sympathien für Argumente für die Existenz Gottes als für Argumente, die für die Existenz der Seele sprechen.« Swinburnes Argument für die Immaterialität der Seele hat zwei Teile. Im ersten geht es darum zu zeigen, dass unser Wissen, was mit einem Körper passiert, uns kein Wissen darüber gibt, was mit der Person geschieht. Im zweiten Schritt will Swinburne zeigen, dass Personen auch ohne Körper existieren können.

Für sein Argument benutzt Swinburne das Beispiel einer hypothetischen Hirntransplantation. Angenommen, man würde einer Person A eine Hirnhälfte entnehmen und einer anderen Person B einpflanzen, deren Gehirn entfernt wurde. Swinburne nimmt an, dass beide Hemisphären die exakt gleichen Funktionen haben. Nun scheint es, als wären durch die Operation zwei getrennte Personen entstanden, die beide die gleichen Erinnerungen und die gleiche Persönlichkeit hätten wie die »Ausgangsperson«. Allerdings können nicht beide identisch mit dieser sein – schließlich führen sie ja getrennte »geistige Leben«. Durch die Operation würde also mindestens eine neue Person entstehen, allerdings wüssten wir nicht, welche von beiden das ist. Obwohl uns also genau bekannt ist, was mit dem Gehirn passiert ist, könnten wir nicht sagen, was mit der Person passiert ist. Swinburne schließt daraus, dass Person und Körper nicht dasselbe sind.

Noch bizarrer ist Swinburnes Gedankenexperiment, mit dem er zeigen will, dass eine Person ohne Körper existieren kann. Angenommen, ein Mann wacht morgens auf und stellt fest, dass er seinen Körper nicht mehr bewegen kann. Wann immer er sich bewegen will, bewegen sich die entsprechenden Körperteile seiner Frau. Dieser Unglückliche hat also keinen eigenen Körper mehr. Trotzdem hat er Bewusstsein. Wenn es aber logisch möglich ist, dass eine Person auch ohne Körper existiert, dann muss es einen unkörperlichen Teil dieser Person geben, der weiterbestehen kann. Daraus folgt für Swinburne, dass eine Person aus zwei Teilen besteht – nämlich aus Körper und »Seele«.[398]

Allerdings räumt auch Swinburne ein, dass diese Seele auf das Gehirn angewiesen ist. »Die Seele ist wie eine Glühlampe, und das Gehirn wie ein Lampensockel. Wenn man die Glühbirne auf den Sockel schraubt und den Strom aufdreht, wird das Licht scheinen. Wenn der Sockel beschädigt ist oder der Strom ausgeschaltet, wird das Licht nicht scheinen. Genauso wird die Seele ›funktionieren‹, also ein mentales Leben haben, wenn sie an ein funktionierendes Gehirn angeschlossen ist.«[399]

Ich muss leider gestehen, dass ich diese »dualistischen« Argumente für eine immaterielle Seele nicht sehr überzeugend finde. Letztlich laufen sie doch wieder darauf hinaus,wie bei Descartes, irgendeine Art von »Gespenst« in unserem Inneren zu postulieren. Andererseits ist auch die These, dass unsere subjektiven Erfahrungen auf elektrochemischen Prozessen im Gehirn beruhen, schwer zu akzeptieren.

Eine andere Antwort auf das Leib-Seele-Problem ist der Panpsychismus, also die uralte Idee, wonach alles Bewusstsein hat – also irgendwie »beseelt« ist. Panpsychistische Ideen hatte schon der Naturphilosoph Thales von Milet (vgl. Kap. 1), und im 17. Jahrhundert bauten Leibniz und Spinoza darauf großartige Systeme auf. Und auch heute noch »flirten« immer wieder Philosophen mit panpsychistischen Ideen. Einer der Gründe ist die fundamentale Rolle von Information in der physikalischen Welt. Die moderne Variante des Panpsychismus beruht auf der Idee, dass die Verarbeitung von Information mit Erfahrungen verbunden ist. Da alle physikalischen Vorgänge letztlich mit Informationsverarbeitung zu tun haben, muss es demnach auch überall bewusstseinsähnliche Vorgänge geben. Auf Basis einer panpsychistischen Auffassung lässt sich das Rätsel des Bewusstseins natürlich leicht lösen: Bewusstsein war eben immer schon da – es bildet sozusagen die Innenseite der Materie.

So gesehen hat selbst ein Thermostat eine minimale Form von Bewusstsein, wie der Philosoph Chalmers meint – auch wenn er keinerlei geistige Fähigkeit besitzt. Er »erlebt« einfach nur, wie er die Heizung an- oder ausschaltet.[400] Allerdings steht der Panpsychismus, so faszinierend die Idee ist, nach Ansicht vieler Philosophen auf eher schwachen Beinen. John Searle etwa meint: »Bewusstsein ist nicht verteilt wie Marmelade auf einem Brot. Es kommt in diskreten Einheiten. Wenn der Thermostat Bewusstsein hat, wie ist es mit seinen Teilen? Hat jede Schraube ein eigenes Bewusstsein? Jedes Molekül? Und wenn ja, wie hängt deren Bewusstsein mit dem Bewusstsein des ganzen Thermostaten zusammen?«[401]

»Wir sollten also Atomen keine inneren oder psychischen oder bewussten Zustände zuschreiben: Die Emergenz des Bewusstseins ist ein Problem, das durch eine panpsychistische Theorie nicht umgangen oder entschärft werden kann«, meinte der britisch-österreichische Philosoph Karl Popper. Zusammen mit dem Hirnforscher John Eccles hat Popper vor über 30 Jahren selbst eine sehr interessante »dualistische« Sicht auf das Leib-Seele-Problem entwickelt.

Mem-Seelen

Nach dem von Popper entwickelten Modell gibt es drei verschiedene Schichten der Wirklichkeit, die er »Welt 1«, »Welt 2« und »Welt 3« nennt. »Welt 1« ist einfach die Welt physikalischer Zustände, also die körperliche Welt. »Welt 2« ist die Welt geistiger und psychischer Zustände, also die Welt unserer Gedanken und Gefühle. Das Leib-Seele-Problem scheint somit zunächst auf die Frage hinauszulaufen, wie diese beiden Welten aufeinander einwirken. Popper postuliert aber noch eine dritte Welt – die Welt der »Erzeugnisse des menschlichen Geistes«. Dazu gehören Kunstwerke, Bücher, wissenschaftliche Theorien, Theaterstücke, Popsongs und vieles mehr. Viele dieser Gegenstände, etwa Bücher, sind auch materielle Gegenstände. Ihr geistiger »Gehalt« aber gehört nach dieser Theorie zur Welt 3.[402]

Popper stellte die These auf, dass nicht nur Welt 1 und Welt 2, also Körper und Geist miteinander interagieren, wie Descartes dachte. Vielmehr wirken auch Welt 2 und Welt 3 zusammen. Ein Bildhauer könnte etwa durch ein neues Werk andere zur Nachahmung anregen. Seine Idee (Welt 3) würde die Gedanken anderer (Welt 2) beeinflussen – und dadurch in weiterer Folge zur Schaffung einer neuen Skulptur (Welt 1) führen.[403]

Was Popper unter »Welt 3« versteht, ist nicht ganz leicht zu erklären. In gewisser Weise entspricht sie Platons Welt der Ideen. Allerdings besteht »Welt 3« nicht aus vergöttlichten Begriffen wie dem »Schönen« oder dem »Guten« selbst. Poppers Bewohner der Welt 3 sind vielmehr Gegenstände, die wir »gemacht« haben. Wir erfassen sie nicht durch Kontemplation, sondern durch praktisches Tun.

Zur Welt 3 gehören nicht bloß geistige Erzeugnisse, die es schon gibt – sondern auch solche, die es noch nicht gibt. Das könnte etwa die Lösung für ein noch gar nicht entdecktes Problem sein. Popper und Eccles vertreten die Auffassung, dass solche »nichtmaterialisierten Gegenstände« nichtsdestoweniger real sind – »denn sie sind mächtige Werkzeuge zur Veränderung von Welt 1«.

Poppers Hypothese lautet nun: Unser Selbst ist nicht in Welt 2 verankert, also in der Welt der subjektiven geistigen Zustände – sondern in Welt 3. Der Grund liegt darin, dass alle Denkvorgänge aus Denkinhalten bestehen – und diese Denkinhalte gehören zur Welt 3. Der Mensch fungiert also als Bindeglied zwischen der »physischen« Welt 1 und Welt 3. Darin liegt für Popper auch der Schlüssel zur Lösung des Leib-Seele-Problems: Gegenstände der Welt 3 haben nur über das menschliche Eingreifen eine Wirkung auf Welt 1.

Unser Ich gehört nicht dem Gehirn, sagt Popper – es ist vielmehr genau umgekehrt. Das Ich sei kein bloßes Subjekt: »Es ist vielmehr unglaublich reich. Wie ein Steuermann beobachtet und handelt es gleichzeitig. Es ist tätig und erleidend, erinnert sich der Vergangenheit und plant und programmiert die Zukunft; es ist in Erwartung und disponiert.« Das Ich ist ein »Zentrum der Aktion«, meint Popper: »Und es verdankt diese Ichheit weitgehend der Wechselwirkung mit anderen Personen, mit dem Ich anderer und mit der Welt 3.«[404] Mit anderen Worten: Das Ich ist keine rein geistige Substanz irgendwo in unserem Inneren – sondern Teil eines Beziehungsgefüges.

Die Frage ist natürlich, wie genau Geist und Gehirn interagieren. Popper und Eccles glaubten, dass diese Interaktion in einer spezialisierten Zone der dominanten linken Hirnhälfte stattfindet, die sie als Liaison-Hirn bezeichnen. Die Idee ist, dass der Geist diese Hirnregionen nach interessanten Ereignissen »abtasten« und auch aktiv modifizieren kann. Der Geist hat dabei den »Vorrang«, meint Eccles: »Es wird vorgeschlagen, dass der selbstbewusste Geist aktiv damit beschäftigt ist, nach Hirnereignissen zu suchen, die gegenwärtig in seinem Interesse liegen, die Operation der Aufmerksamkeit, doch er verkörpert auch das integrierende Agens, indem er die Einheit der bewussten Erfahrung aus all der Vielfalt der Hirnereignisse aufbaut. Sogar noch wichtiger ist, dass ihm die Rolle zugeteilt ist, Gehirnereignisse gemäß seinem Interesse oder Wunsch aktiv zu modifizieren.«[405] Eccles hat später sogar einen quantenphysikalischen Ansatz entwickelt, um seine Theorie zu untermauern. Allerdings ließ sich seine Theorie nie bestätigen.

In den letzten Jahren haben einige Denker die Drei-Welten-Theorie in neuer Form wiederbelebt. Was Popper unter »geistigen Erzeugnissen« der Welt 3 verstand, bezeichnen heute eine Reihe von Wissenschaftlern als »Meme«. Darunter versteht man kulturelle Informationen, die durch Imitation weitergegeben werden. Geprägt hat den Begriff der Zoologe Richard Dawkins in seinem 1976 erschienenen Buch »Das egoistische Gen«, in dem er das »Mem« als eine Art Einheit der kulturellen Vererbung einführte.

Wie die Gene die Grundbausteine des Lebens sind, so fungieren die Meme als Grundbausteine von Geist und Kultur. »Beispiele für Meme sind Melodien, Gedanken, Schlagworte, Kleidermoden, die Art, Töpfe zu machen oder Bögen zu bauen. So wie Gene sich im Genpool vermehren, indem sie sich mit Hilfe von Spermien oder Eizellen von Körper zu Körper fortbewegen, verbreiten sich Meme im Mempool, indem sie von Gehirn zu Gehirn überspringen, vermittelst durch einen Prozess, den man im weitesten Sinne als Imitation bezeichnen kann.«[406] Meme sind demnach »Replikatoren«, deren einziger Daseinszweck darin besteht, Kopien von sich selbst herzustellen. Wie die Gene, unterliegen auch die Meme einem evolutionären Selektionsprozess – sie kämpfen also um ihr Überleben. Als Vehikel dient ihnen dabei das menschliche Gehirn.

Der Philosoph Daniel Dennett hat sogar die These aufgestellt, dass unser Bewusstsein selbst ein »riesiger Komplex von Memen«[407] ist. Nach seiner Auffassung bilden die Meme eine Art Software einer »virtuellen Bewusstseins-Maschine«, die auf der neuronalen Hardware des Gehirns läuft. Der Begriff »virtuelle Maschine« kommt aus dem Computerjargon und meint ein Programm, das einen physischen Computer nachahmt – eine Art Rezept aus Hunderttausenden von Instruktionen an die Hardware. Im Gehirn entspricht dieses Programm den »Einstellungen« von Millionen oder Milliarden synaptischer Verbindungen zwischen den Neuronen.

Auf einem normalen Computer muss man neue Software einfach nur in den Hauptspeicher laden. Die Bewusstseins-Software in unserem Gehirn hingegen »installieren« wir nach Dennett durch Lernprozesse. Ist die Seele also ein Computerprogramm, das sozusagen den Geist der Menschheit anzapft – wie einst den universellen »aktiven Intellekt« des islamischen Denkers Averroes?

Aus meiner Sicht spricht eine sehr einfache Intuition gegen die »reduktionistische« Auffassung, wir seien nichts als unser Gehirn: Wir erleben uns einfach nicht als »neuronale Wesen«. Wir laufen nicht als Gehirne durch die Welt. Und wir erleben uns nicht als starre Maschinen. Vielmehr verändern wir uns, wir lernen, wir machen Erfahrungen. Dabei bewegen wir uns ständig zwischen Poppers drei Welten, zwischen der körperlichen und unserer geistigen Welt – und jener »Welt 3« der Gedanken und Ideen, der »Meme«, die uns beeinflussen und verändern. Offenbar bestimmen nicht neuronale Prozesse allein, was wir tun, wer wir sind. Unser Bewusstsein scheint irgendwie »größer« zu sein als unser Gehirn. Und offenbar wirkt der Geist auch zurück auf jene Schaltkreise und Netzwerke, die unser Denken, unsere Gefühle hervorbringen.

KAPITEL 13

Seelen-Wandlung

Irgendetwas Schlimmes muss im Mutterleib passiert sein. Doch was es war, weiß niemand genau. Als Michelle Mack zur Welt kam, fehlte ihr eine Hälfte des Gehirns.

Heute führt Mack ein relativ normales Leben. Der amerikanische Neuropsychiater Norman Doidge besuchte die junge Frau, um herauszufinden, zu welchen Anpassungsleistungen das menschliche Gehirn imstande ist. »Obwohl sie nur ihre rechte Gehirnhälfte hat, ist Michelle alles andere als ein verzweifeltes Wesen, das mühsam auf der Intensivstation am Leben erhalten wird«, schreibt Doidge in seinem Buch »Neustart im Kopf«. »Selbst heute käme ein Neurologe ohne eine Aufnahme des Gehirns vermutlich nicht darauf, dass ihr eine Gehirnhälfte fehlt. Ich frage mich, wie viele Menschen wohl mit einem halben Gehirn gelebt haben, ohne dass sie selbst oder irgendjemand anders es bemerkt hat.«[408]

Michelle Mack arbeitet halbtags und geht regelmäßig mit ihrer Familie ins Kino. Dies alles kann sie, erklärt Doidge, weil ihre rechte Gehirnhälfte die Aufgaben der linken übernommen hat – und etwa Sprachfunktionen auf die rechte Seite verlegt worden sind. Bestimmte Formen des abstrakten Denkens fallen ihr zwar schwer, und nach Doidge hat Mack auch Probleme, sich in fremden Umgebungen zurechtzufinden. »Doch ihr Seelenleben ist intakt, sie liest, betet und liebt. Sie spricht normal, außer wenn sie frustriert ist. Sie verfolgt die Nachrichten, sieht Basketball und geht wählen. Ihr Leben ist ein Beleg dafür, dass das Ganze mehr ist als die Summe seiner Teile und dass ein halbes Gehirn nicht einen halben Geist bedeutet.«[409]

Aber wie ist das möglich? Wenn der Geist auf dem Gehirn beruht: Wie kann dann ein Mensch mit einem halben Gehirn seinen Geist, sein Selbst bewahren?

Die Antwort, so glauben viele Hirnforscher, liegt im Phänomen der Neuroplastizität – in der wundersamen Wandelbarkeit des Gehirns. »Seit wenigen Jahren verbreitet sich eine revolutionäre Erkenntnis, die lange für unmöglich gehalten wurde: Das menschliche Gehirn kann sich verändern«, schreibt Doidge.[410] Und diese Revolution werde »tiefgreifende Auswirkungen« auf unser Verständnis vom Menschen haben.

Das Gehirn ist demnach keine starre Maschine, sondern ein dynamischer Prozess. Ständig organisiert es sich um, knüpft neue Schaltkreise und Verbindungen. Hirnareale können sich ausdehnen und neue Aufgaben übernehmen. Und heute wissen die Forscher, dass das Gehirn beschädigte Regionen wiederherstellen – und sogar noch im Erwachsenenalter neue Nervenzellen produzieren kann. Offenbar reagiert das Gehirn permanent auf die Umwelt, auf neue Anforderungen und Erfahrungen.

Die faszinierendste Erkenntnis besteht jedoch darin: Wie eine Reihe von Experimenten gezeigt haben, können geistige Vorgänge auch physikalische Strukturen im Gehirn verändern – der Geist kann also zurückwirken auf die Materie. Doch das widerspricht nicht nur der alten Vorstellung eines unveränderbaren, fest verdrahteten Gehirns. Die Neuroplastizität könnte auch ein neues Licht auf das Leib-Seele-Problem werfen.

Unsere Hirnstrukturen, so dachte man lange, determinieren die geistigen Vorgänge – aber nicht umgekehrt. Nach dieser traditionellen Auffassung hat der Geist keinen direkten Einfluss auf das Gehirn. Der Neuropsychologe und Nobelpreisträger Roger Sperry stellte diese Sicht bereits in den 1960er Jahren infrage. Nach seiner Theorie ist der Geist eine »emergente« Eigenschaft des Gehirns, die zwar auf Hirnprozessen beruht, aber sich nicht darauf reduzieren lässt. Es handle sich um kein passives »Epiphänomen« der Hirnverarbeitung, sondern vielmehr um einen »aktiven und integralen Teil des zerebralen Prozesses, der mächtige kausale Wirkungen im Zusammenspiel von Hirnoperationen ausübt«.[411] Zwischen Geist und Gehirn, so vermutete Sperry, besteht eine Wechselbeziehung. Und der Geist führt dabei sogar Regie »in dem Sinne, dass die geistigen Phänomene die Phänomene der Physiologie und Biochemie transzendieren«.

Der Geist ist nach Sperry daher mehr als die »Summe der Teile« des Gehirns. Er steht an der »Spitze der Hirnhierarchie« – wie das berühmte Allsehende Auge auf der Pyramidenspitze, das auf Dollarscheinen abgebildet ist. Der Geist hat das Oberkommando über das Gehirn – nicht umgekehrt. Sperry nannte diese Auffassung »Mentalismus«.

Zu seinen Lebzeiten hat man Sperry trotz seines Nobelpreises für diese Ideen in der Forschergemeinde eher belächelt. Er bemühte sich zwar zu erklären, dass er keineswegs eine immaterielle »Seele« oder geheimnisvolle übernatürliche Kräfte postulierte. Dennoch ruinierte er durch seine Ideen, an die er bis zu seinem Tod glaubte, beinahe seinen guten Ruf.

Der Hirnforscher Benjamin Libet knüpfte vor einigen Jahren an Roger Sperrys Mentalismus-Theorie an. Seine Idee ist, unser bewusstes subjektives Erleben so aufzufassen, »als ob es ein Feld wäre, das durch geeignete, aber vielfältige neuronale Aktivitäten des Gehirns erzeugt wird«.[412] Ein solches Feld, sagt Libet, würde »eine Kommunikation innerhalb der Gehirnrinde ohne neuronale Verbindungen und Bahnen ermöglichen« – und auf Hirnaktivität kausal einwirken.

Ein solches Feld könnte daher eine Vermittlungsrolle zwischen den physischen Hirnprozessen und unserem subjektiven Erleben spielen. Libet hat dafür den Begriff »bewusstes mentales Feld« (BMF) geprägt. »Das mutmaßliche BMF würde keiner Kategorie bekannter physikalischer Felder, wie elektromagnetische, Schwerkraftfelder etc. angehören. Das bewusste mentale Feld wäre eine phänomenologisch unabhängige Kategorie, es ist nicht in Begriffen irgendwelcher beobachtbarer physikalischer Ereignisse oder irgendeiner bekannten gegenwärtigen physikalischen Theorie beschreibbar. So wie bei allen subjektiven Ereignissen würde das BMF nur durch subjektive Erfahrung feststellbar sein und nur der Person zugänglich, die die Erfahrung hat.«[413] Libet sieht diese Hypothese als Erweiterung von Sperrys »emergentem Mentalismus«. Die BMF-Hypothese sei keine dualistische Theorie, meint Libet. »Das BMF existiert nicht ohne das Gehirn. Es ist eine emergente Eigenschaft eines geeigneten Systems neuronaler Aktivitäten.«[414]

Libet glaubt, dass seine BMF-Theorie auch die Einheit unserer Bewusstseinserfahrung erklären kann. Tatsächlich gehen die meisten Forscher heute davon aus, dass es keinen lokalisierten »Sitz« des Bewusstseins im Gehirn gibt. Libet: »Wir sind gezwungen, eine globalere Repräsentation des Bewusstseins und des Selbst in Betracht zu ziehen, die von irgendwelchen Hirnarealen, die nach großen Schädigungen noch hinreichend sind, erzeugt werden. Das BMF würde die Art von globalen Attributen liefern, die für die subjektive Einheit und für die Person, die sich der geistigen Inhalte bewusst ist, notwendig sind.«

Libet hat sogar ein ziemlich abenteuerliches Experiment vorgeschlagen, mit der man seine Theorie testen könnte. Die Idee ist, einen bestimmten Teil des lebenden Gehirns von der Kommunikation mit dem übrigen Gehirn abzuschneiden. »Eine geeignete elektrische oder chemische Aktivation des isolierten Gewebes sollte ein bewusstes Erlebnis erzeugen oder beeinflussen, auch wenn das Gewebe keine neuronalen Verbindungen mit dem Rest des Gehirns hat. Die Kommunikation würde dann in Form eines Feldes stattfinden müssen, das nicht auf Nervenbahnen angewiesen ist.« Das Problem ist, dass ein solches Experiment sehr schwierig durchzuführen und mit Risiken verbunden wäre. Eine entsprechende Operation müsste unter Lokalbetäubung erfolgen und würde natürlich zur Schädigung von Hirngewebe führen. Nur bestimmte Patienten kämen für einen solchen Eingriff überhaupt infrage. »Einen kooperativen Neurochirurgen zu finden, der Zugang zu solchen Patienten hat, hat sich als ein entmutigendes Unterfangen herausgestellt.«[415] Libet bringt seine BMF-Theorie sogar mit der Seele in Verbindung. »Es gibt keine direkten Belege, die der möglichen Existenz einer cartesischen Seele widersprechen. Es gibt aber auch keine Belege, die einem nichtphysischen Phänomen widersprechen, das nicht vom Gehirn abtrennbar ist (wie in meiner BMF-Theorie). Es gibt aber auch noch keine bestätigenden Belege.«[416]

Man kann sich fragen, warum viele Wissenschaftler in höherem Lebensalter beginnen, sich spekulativen oder spirituellen Fragen zuzuwenden. Libet war bereits 88 Jahre alt, als sein Buch »Mind Time« erschien, Roger Sperry und John Eccles (der eine ähnliche Theorie aufgestellt hat, siehe Kap. 12) waren ebenfalls schon ältere Herren. Eine naheliegende, aber bösartige Unterstellung wäre, dass einfach ihre geistigen Kräfte nachlassen. Eine andere Erklärung, die mir nicht nur sympathischer, sondern auch plausibler erscheint, ist die folgende: Ältere Wissenschaftler stehen meist nicht mehr unter Konkurrenzdruck. Ihre wissenschaftlichen Erfolge nimmt ihnen niemand mehr weg. Daher können sie es sich leisten, die Dinge aus einer größeren Perspektive zu betrachten. Im Unterschied zu jüngeren Fachkollegen müssen sie nicht um ihre Karriere fürchten, wenn sie aus dem »Mainstream« ausscheren – und, wie Libet, Sperry oder Eccles, unkonventionelle Positionen vertreten.

Alle diese Theorien gelten bis heute als eher exotische Minderheitenpositionen. Gleichwohl zeigen die Forschungen zur Neuroplastizität, dass die Vorstellung einer Wechselbeziehung zwischen Geist und Gehirn nicht ganz falsch ist. Dabei brauchte es Jahrzehnte, bis sich die Erkenntnis durchsetzte.

In den Anfängen der modernen Neurowissenschaften verglich man das Gehirn mit einer Maschine, in der jeder Teil seine genau festgelegte Funktion hat. Im 19. Jahrhundert begannen die Anatomen, Hirnfunktionen zu lokalisieren und detaillierte Karten der Hirntopografie zu erstellen – von den Spracharealen und Seh- und Hörzentren bis zu den motorischen Arealen. Anscheinend gab es für jede Körperfunktion ein eigenes Kommandozentrum im Gehirn. Noch 1913 meinte der spanische Nobelpreisträger Ramon y Cajal, die Hirntopografie eines erwachsenen Menschen sei »fest, abgeschlossen, unveränderbar«.

Erst in den 1970er Jahren geriet dieses Bild ins Wanken.

Der US-Forscher Michael Merzenich führte damals einige ziemlich grausame Tierexperimente durch. So setzte er einem

Affen Elektroden ins Gehirn, um die Region in der Hirnrinde zu lokalisieren, die für die Steuerung der Hand zuständig ist. Danach amputierte der Forscher den Mittelfinger des Tiers. Nach einiger Zeit zeigte sich, dass die Hirnregion für die Steuerung des Fingers verschwunden war. Dafür hatten sich die Areale, die für die anderen Finger verantwortlich sind, ausgedehnt. In einem anderen Versuch nähte Merzenich zwei Affenfinger zusammen, so dass der Affe sie nur zusammen bewegen konnte. Daraufhin verschmolzen zwei ursprünglich getrennte Areale zu einer Einheit.[417] Ähnliche Veränderungen beobachtete man später bei Gitarren- und Geigenspielern. Offenbar führt die häufige Wiederholung eines Verhaltens zu »plastischen« Veränderungen im Gehirn.

Heute wissen die Forscher, dass sich ganze Hirnregionen »reprogrammieren« lassen. Wie mehrere Experimente gezeigt haben, kann etwa bei blinden Menschen die unausgenützte Sehregion im Gehirn andere Funktionen übernehmen.

Bei einem Experiment der US-Hirnforscherin Helen Neville mussten blinde Versuchspersonen in einem schalldichten Raum Töne aus verschiedenen Richtungen voneinander unterscheiden. Die Blinden lösten die Aufgabe deutlich besser als die Sehenden. Doch während des Experiments war nicht das Hörareal in ihrem Gehirn aktiv, sondern die visuelle Region in der Hirnrinde. Es hatte den Anschein, als würden die blinden Versuchspersonen die Töne sehen. Offenbar kann der visuelle Kortex bei blinden Menschen sogar höhere kognitive Aufgaben wie Sprachverarbeitung übernehmen.[418]

Als wissenschaftliches Phänomen gilt der türkische Maler Esref Armagan. Obwohl Armagan von Geburt an blind ist, malt er realistische Bilder von Gebäuden und Landschaften, die er nur aus Beschreibungen kennt. Als der Hirnforscher Alvaro Pascual-Leone von der Harvard Medical School Armagans Gehirn mit bildgebenden Verfahren untersuchte, machte er eine erstaunliche Entdeckung: Der visuelle Kortex, also die für die Verarbeitung von Sehreizen zuständige Hirnregion, war genauso aktiv wie bei einem normal sehenden Menschen – obwohl sie noch nie einen visuellen Reiz empfangen hat. Anscheinend sieht das Gehirn von Armagan mentale Bilder.[419]

Pascual-Leone wollte herausfinden, wie schnell sich das Gehirn neu organisieren kann. Dazu verband er normalsichtigen Versuchspersonen die Augen und ließ sie tagelang wie Blinde leben. Zwischendurch mussten die Probanden verschiedene Aufgaben lösen. Währenddessen scannten die Forscher ihr Gehirn. Der visuelle Kortex der Versuchspersonen übernahm schon nach wenigen Tagen neue Aufgaben, etwa die Verarbeitung von akustischen Reizen oder Tastreizen. »Das Potenzial des erwachsenen Gehirns, sich neu zu programmieren, ist weit größer als bisher gedacht«, schrieb Pascual-Leone in seinem Fachaufsatz.[420]

Pascual-Leone gehört zu den führenden Forschern auf dem Gebiet der Neuroplastizität. In mehreren Experimenten konnte er demonstrieren, wie rein geistige Vorgänge zu strukturellen Veränderungen im Gehirn führten. In seinem Labor mussten Versuchspersonen zunächst über längere Zeit ein einfaches Klavierstück üben. Bei anschließenden Untersuchungen zeigten sich deutliche Veränderungen in ihren motorischen Hirnregionen. Jene Regionen, welche die Fingerbewegungen steuerten, waren größer geworden – und hatten benachbarte Gebiete in der Hirnrinde einfach »verschluckt«.

Die Forscher bauten das Experiment daraufhin aus. Diesmal bekam eine Probandengruppe die Aufgabe, sich die Klavierübung einfach nur vorzustellen, ohne die Finger zu bewegen. Erstaunlicherweise kam es auch bei dieser Gruppe zu den gleichen Hirnveränderungen wie bei jenen, die tatsächlich aktiv am Klavier geübt hatten.

Bei ihren Experimenten machten die Forscher eine weitere interessante Beobachtung. Zu »plastischen« Hirnveränderungen kam es nur, wenn sich die Probanden auf ihre Aufgaben konzentrierten – nicht hingegen, wenn sie abgelenkt waren. Anscheinend hängt Neuroplastizität also mit Aufmerksamkeit zusammen.

Pascual-Leone hält die Neuroplastizität für eine schlaue Erfindung der Evolution, mit der sich das Gehirn laufend an Umweltveränderungen anpassen kann. »Plastizität ist letztlich der effizienteste Weg, um die begrenzten Ressourcen des Gehirns zu nutzen.«[421]

Offenbar können sich auch die Gehirne psychisch kranker Menschen reorganisieren. »Es gibt keinen Zweifel mehr, dass Psychotherapie zu messbaren Veränderungen im Gehirn führen kann«, schrieb der Hirnforscher Eric Kandel in einem Fachaufsatz. So zeigen Gehirnaufnahmen bei Depressionspatienten, dass sich durch erfolgreiche Psychotherapie auch das Gehirn wieder dem Zustand gesunder Personen angleicht.

Auch Meditation kann anscheinend das Gehirn dauerhaft verändern. Der französische Molekularbiologe Mathieu Ricard, der seit 30 Jahren buddhistische Meditation praktiziert, nahm an einem dieser Experimente teil. Im Labor ließ er sich Elektroden auf die Kopfhaut setzen und begann mit Meditation. Dabei zeigte sich eine hohe Aktivität sogenannter Gamma-Wellen. Bei Ricard verschwand dieses Gamma-Signal nicht einmal in den Unterbrechungen zwischen den Experimenten.

Die hochfrequenten Gamma-Wellen entstehen, wenn das Gehirn mehrere Sinneseindrücke mit großer Aufmerksamkeit verarbeitet – etwa wenn wir auf der Straße in einer Menschenmenge einen Bekannten wiedererkennen.

Der Hirnforscher Wolf Singer glaubt, dass diese Wellen im Zusammenhang mit Bewusstseinsprozessen stehen: »Wir vermuten, dass die Synchronisierung dieser oszillierenden Nervenzellaktivität das Bindungsproblem lösen könnte; das Problem, wie die vielen verteilten Operationen im Gehirn selbstorganisierend so gebunden werden, dass daraus – ohne Dirigent im Kopf – kohärente Wahrnehmung und Entscheidungen entstehen könnten.«[422]

Die Meditation beeinflusst offenbar nicht nur die Hirnaktivitäten während der Übung, sondern verändert bestimmte Hirnfunktionen auch dauerhaft – etwa solche, die mit Aufmerksamkeit zu tun haben. »Menschen mit Meditationserfahrung weisen eine verkürzte Aufmerksamkeitslücke auf. Sie können ihre Aufmerksamkeit in viel kürzeren Abständen auf schnell aufeinanderfolgende Reize konzentrieren«, meint Singer.[423]

Lange Zeit dachte man, dass sich die Nervenzellen im erwachsenen Gehirn nicht erneuern können – ganz im Unterschied zu anderen Körperzellen. Unsere Haut wächst nach, Knochen heilen wieder zusammen, und eine nach Alkoholmissbrauch angegriffene Leber kann sich regenerieren. Doch da sich Neuronen im Unterschied zu anderen Zellen nicht teilen, hielt man die Neubildung von Nervenzellen im Gehirn lange für ausgeschlossen. Außerdem schien eine solche Neurogenese der Vorstellung eines festverdrahteten Gehirns zu widersprechen. Zerstörtes Hirngewebe schien unwiederbringlich verloren zu sein. Die Therapie von Patienten mit Hirnschäden oder neurogenerativen Erkrankungen wie der Demenz galt deshalb als aussichtsloses Unterfangen. Doch dieses Bild hat sich relativiert. Zwar glaubt heute niemand, dass die zerstörten Zellen im Gehirn meines Vaters einfach wieder nachwachsen könnten. Allerdings weiß man inzwischen, dass sich aus neuronalen Stammzellen neue Nervenzellen bilden können.

Der Neurowissenschaftler Fernando Nottebohm wollte herausfinden, warum manche Singvogelarten in der Lage sind, ihre Gesangsmelodien jede Saison zu verändern. Bei seinen Untersuchungen stellte er fest, dass die Gehirne der Vögel offenbar für jede »Gesangssaison« neue Nervenzellen produzieren.

Amerikanische Forscher setzten Mäuse einer »angereicherten« Umgebung mit vielen Reizen, wie Spielzeug und Laufrädern, aus. Als sie schließlich die Gehirne der Tiere nach 45 Tagen untersuchten, zeigte sich, dass in ihrem Hippocampus, einer für Lernen und Gedächtnisbildung zuständigen Region, 40 000 neue Nervenzellen entstanden waren. Das Volumen des Areals war um 15 Prozent gewachsen. Und bei älteren Mäusen, die zehn Monate in einer stimulierenden Umgebung gelebt hatten, war die Zahl der Neuronen im Hippocampus sogar um das Fünffache gestiegen.[424]

Heute weiß man, dass die Bildung neuer Nervenzellen auch im menschlichen Gehirn möglich ist – jedenfalls in einigen wenigen Hirnregionen wie dem Hippocampus.

Unser Gehirn ist also ein höchst wandlungsfähiges Organ. Jeder Gedanke, jeder Lernprozess, jede neue Erfahrung scheint Schaltkreise im Gehirn zu verändern. Und wie die Meditationsstudien zeigen, lassen sich diese Veränderungen durch mentales Training sogar gezielt herbeiführen. Die Entdeckung der Neuroplastizität bildet ein Gegengewicht zu der Ansicht, dass Verhalten und Persönlichkeit durch unsere Hirnstrukturen und damit letztlich durch unsere Gene unabänderlich festgelegt sind.

Es ist dieses Mantra, das viele Hirnforscher heute bei jeder Gelegenheit verkünden. Von unseren Entscheidungen über den Charakter bis zur Moral: Unser Gehirn bestimmt, wer wir sind, was wir wollen und was wir tun.

Der DNA-Entdecker und Nobelpreisträger Francis Crick hat es in seinem Buch »Was die Seele wirklich ist« 1994 so formuliert: »Sie, all Ihre Freuden und Leiden, Ihre Erinnerungen, Ihre Ziele, Ihr Sinn für Ihre eigene Identität und Willensfreiheit – bei alldem handelt es sich in Wirklichkeit nur um das Verhalten einer riesigen Ansammlung von Nervenzellen und dazugehörigen Molekülen.«[425]

Ehrlich gesagt, schien mir diese Sichtweise immer schon entweder lächerlich trivial oder in einem fundamentalen Sinn falsch zu sein. Jedenfalls finde ich Cricks Hypothese in keiner Weise »erstaunlich«, wie der Originaltitel seines Buches (»The Astonishing Hypothesis«) behauptet. Viel »erstaunlicher« fände ich die Auffassung, dass es nicht so wäre, wie Crick sagt.

Kein vernünftiger Mensch bestreitet heute, dass Wahrnehmungen, Gedanken und Gefühle mit Hirnprozessen zusammenhängen. Doch was mich an Cricks Zitat stört, ist das Wort »nur« – also die Behauptung, dass wir »nur« eine »Ansammlung von Nervenzellen« sein sollen. Dass wir also nichts weiter sind als unser Gehirn.

Ich habe kein Problem damit, dass meine Gedanken und Gefühle auf neuronalen Vorgängen beruhen. Doch ich hätte große Schwierigkeiten, mich als »mein Gehirn« zu sehen. Ich bin definitiv nicht nur »mein Gehirn«. Und genauso wenig ist mein Vater »nur« sein Gehirn. Unsere Gehirne sind Teil von uns.

Ein wichtiger Teil – aber eben »nur« ein Teil.

Ich habe ein Gehirn. Aber ich bin nicht mein Gehirn.

Gut, aber wer bin ich dann? Bloß eine Illusion?

Oder bin ich ständig etwas anderes?

Die Wandelbarkeit des Gehirns stellt anscheinend nicht nur den Neurodeterminismus infrage – sondern auch unsere traditionelle Vorstellung vom Selbst. »Wie können wir die Kontinuität und Beständigkeit unseres Selbst mit der Tatsache in Einklang bringen, dass sich unser Gehirn ständig verändert, dass Zellen sterben und neue Zellen entstehen?«, fragt etwa der Hirnforscher Richard Davidson.[426]

Wenn es nach vielen Hirnforschern und Philosophen geht, sind wir ohnehin alle »multiple Selbste«. Der Philosoph Galen Strawson hat einmal 25 verschiedene Selbst-Konzepte gezählt – vom »kognitiven Selbst« und »Kern-Selbst« über das »verkörperte«, »fiktionale«, »narrative«, »interpersonale«, »private«, »soziale« und »verbale« bis zum unvermeidlichen »philosophischen Selbst«. Können wir wirklich alle diese »Selbste« – und man könnte auf eine noch weit höhere Zahl kommen als Strawson – zugleich sein? Ehrlich gesagt, glaube ich nicht, dass mein Selbst mit so vielen »Selbsten« zurechtkäme! Und ich verstehe jeden, der Philosophie manchmal lebensfremd und abgehoben findet. Mein ganz persönliches Selbst sagt mir, dass etwas an dieser Selbst-Inflation nicht stimmen kann.

Ich möchte es ganz unphilosophisch ausdrücken: Es mag ja alle diese »Selbste« geben – aber mein Selbst ist das, was ich jeden Tag erlebe.

Ein bescheidenes Selbst

Nach Galen Strawson ist unser »Selbstgefühl« einfach eine Tatsache. Für ihn beruht unsere subjektive Erfahrung, unsere »Lebenswelt« auf unseren inneren, geistigen Vorgängen. »Es scheint mir, dass die zentrale Art unserer Selbsterfahrung darin besteht, dass wir uns als geistige Wesen erleben – Sexsüchtige, Sportler und Supermodels eingeschlossen.«[427] Was immer wir tun, sagt Strawson, wir haben zumindest eine Art Hintergrundbewusstsein der geistigen Vorgänge in unserem Inneren. Strawson wirft vielen seiner Kollegen vor, dass sie diese Intuitionen unterschätzen, weil sie nicht in die Falle des Leib-Seele-Dualismus von Descartes tappen wollen: »In ihrem Eifer, ›anti-kartesisch‹ oder Ähnliches zu sein, vergessen sie völlig, was es heißt, ein gewöhnliches menschliches Leben zu führen. Sie vergessen die profunde und beständige Innerlichkeit eines Großteils der Alltagserfahrung, ihr gefühlte Verborgenheit und Privatheit. Sie vergessen, dass innere geistige Vorgänge, die als solche erlebt werden, in unserer Auseinandersetzung mit der Welt ständig präsent sind, egal wie wenig sie ihnen nachhängen – beim Schwimmen, beim Diskutieren, beim Baden.«[428]

Strawson denkt seit vielen Jahren über die Frage des Selbst nach. In seinem letzten Buch »Selves« (deutsch: Selbste) argumentiert er ausführlich, warum unser Selbst-Gefühl uns nicht trügt – warum also ein Selbst tatsächlich existiert.

Strawson geht das Problem grundsätzlich an: »Selbst wenn ich weiß, dass ich ein durch und durch physisches Ding bin, bleibt vieles unbekannt. Demnach bin ich ein Tier, ein Mensch, ein physisches Ding. Aber was bin ich noch? Ich bin ein Subjekt der Erfahrung, und ich weiß, dass ich existiere. (...) Bin ich auch ein Selbst? Nur wenn Selbste existieren. Existieren sie? Das kommt darauf an, was man mit ›Selbst‹ meint.«[429]

Ein Selbst, sagt Strawson, ist nicht das Gleiche wie ein Mensch, sondern vielmehr »eine Art bewusste, innere Präsenz«. Strawson geht aber nicht von einer immateriellen Seele aus. Vielmehr fragt er sich, welche Eigenschaften für unser Selbst essenziell sind. Muss dieses Selbst wirklich eine Persönlichkeit haben? Muss es ein Akteur sein – also handeln können?

Strawson kommt zum Schluss, dass nur einige wenige Eigenschaften für das Selbst zentrale Bedeutung haben. Erstens muss es ein Ding im philosophischen Sinne sein. Das bedeutet unter anderem, dass es nicht bloß eine Eigenschaft von etwas anderem ist. Zweitens muss es etwas Geistiges sein. Drittens gibt es nur ein Selbst und nicht mehrere. Viertens muss dieses Selbst Erfahrungen machen können. Ein »minimales« Selbst mit diesen vier Eigenschaften nennt Strawson »Sesmet« (subjecthood, mentality, thinghood, singleness).

Über diese Definition kann man natürlich streiten. Viele von uns würden mindestens Persönlichkeit und Charakter zu den Eigenschaften eines Selbst hinzunehmen. Allerdings gibt es gute Gründe, die für Strawsons »bescheidene« Selbst-Definition sprechen. Unsere Persönlichkeit mag für unser Selbstbild wichtig sein. Aber ich kann mich auch als Selbst erleben, ohne dass meine Persönlichkeit dabei eine Rolle spielt. Ich kann zum Beispiel völlig erschöpft oder tief in abstrakte Gedanken versunken sein. Depressive Menschen erleben sogar über längere Zeiträume einen Verlust ihrer Persönlichkeit. Trotzdem haben sie noch ein Selbst. Ein Selbst-Bewusstsein zu haben, heißt für Strawson schlicht, sich als »Ich« denken zu können.

Für Strawson ist unser Selbst allerdings nichts Beständiges. Unsere Selbsterfahrung beruht nicht darauf, dass wir heute der »Gleiche« sind wie gestern oder morgen. Für Strawson ist das Selbst etwas Flüchtiges – etwas, das kommt und geht. Nach seiner Auffassung haben wir viele solche kurzlebigen Selbste. Wir machen eben nicht ständig bewusste Erfahrungen. Vielmehr erleben wir Strawson zufolge unser Selbst als »wiederholte Rückkehr ins Bewusstsein von einem augenblicklich vollkommen unbewussten Zustand«. Das ist meiner Ansicht nach ein sehr nachvollziehbarer Gedanke. Nicht zuletzt die Hirnforschung hat gezeigt, welche zentrale Rolle unbewusste, automatische Vorgänge in unserem Leben spielen. In solchen Augenblicken haben wir nach Strawson eben kein Selbst. Es ist so, als würde unser Bewusstsein immer wieder neu »starten«, sagt Strawson. Es gibt kein kontinuierliches Bewusstsein, das durch Aussetzer unterbrochen wird. Vielmehr bricht das Bewusstsein gleichsam »aus dem Nichts« herein. Strawson nennt solche Selbste »flüchtige« oder auch »dünne« Selbste.

Strawson knüpft im Grunde bei Descartes an. Denken ist bewusste Erfahrung. Ich denke, mache eine bewusste Erfahrung

– also bin ich. Cogito, ergo sum. Allerdings schließt Strawson daraus nicht, dass es ein immaterielles, beständiges »denkendes Ding«, eine Seele gibt. Für Strawson gibt es nur eine Abfolge von bewussten Erfahrungen, ähnlich wie für William James (vgl. Kap. 9).

Diese Sicht führt zu einer auf den ersten Blick recht merkwürdigen Konsequenz. Strawsons flüchtiges Selbst ist letztlich nichts anderes als der Inhalt einer bewussten Erfahrung. Diese Erfahrungen existieren unzweifelhaft. Also existiert auch unser Selbst!

Salopp gesprochen: Wir sind das, was wir erleben.

Das klingt zunächst bizarr. Wie kann das Subjekt identisch sein mit seinem Inhalt? Wenn ich Strawson richtig verstehe, meint er Folgendes: Angenommen, ich habe eine bewusste Wahrnehmung von einem Baum. Dann ist mein »dünnes Selbst« weder ein mysteriöses Geistwesen noch mein Gehirn, sondern nichts anderes als der subjektive Charakter meiner Wahrnehmung. Die Wahrnehmung des Baums fühlt sich für mich auf eine bestimmte, unverwechselbare Weise an – sie ist ein »lebender Inhalt«, sagt Strawson. Diese Erfahrung kann nicht ohne ein Subjekt existieren. Umgekehrt existiert aber auch das Subjekt nicht ohne die Erfahrung und die Erfahrung nicht ohne ihren konkreten Inhalt. Letztlich müssen Subjekt, Erfahrung und Erfahrungsinhalt nach Strawson ein und dasselbe sein.

Ich gestehe, dass diese Argumentation schwer zu verdauen ist. Was hat ein solches »dünnes«, »charakterloses«, »unbeständiges« Selbst noch mit uns zu tun? Ist das überhaupt noch ein Selbst – oder einfach nur eine der abgehobenen Abstraktionen, die Philosophen so lieben?

Persönlich kann ich mit Strawsons Argument einiges anfangen. Dieses Selbst ist eben kein monströses »Super-Selbst« – sondern etwas sehr Bescheidenes. Auf gewisse Weise kommt mir dieses Selbst gar nicht abstrakt, sondern fast bodenständig und sehr menschlich vor. Dieses Selbst hat nichts zu tun mit unseren manchmal überzogenen Vorstellungen von Individualität. Es ist weder eine komplexe Persönlichkeit noch der rationale

Denker in uns. Und mir hilft Strawsons Theorie zu verstehen, warum auch ein schwer demenzkranker Mensch wie mein Vater trotz aller Defizite noch ein Selbst haben kann.

Offen gesagt, glaube ich nicht, dass mein Vater noch eine Persönlichkeit hat. Ich kann mir auch nicht vorstellen, dass er noch zu konsistenten Denkprozessen imstande ist, und ebenso wenig kann ich noch ein Gefühlsleben bei ihm erkennen. Lächeln kann er schon sehr lange nicht mehr. Allerdings halte ich es für möglich, dass mein Vater noch vereinzelte bewusste Erfahrungen macht – Erfahrungen, die er als seine eigenen empfindet.

Geistige Zyklopen

Der Neuropsychiater Todd Feinberg ging der Frage nach, was wir aus Demenzerkrankungen und anderen neurologischen Krankheiten über das Selbst lernen können. In seinem kürzlich erschienen Buch »From Axon to Identity« zieht er aus zahlreichen Fallstudien den Schluss, dass das »Selbst« keine physische Komponente des Gehirns ist – sondern vielmehr ein Prozess.

Feinberg untersuchte zum Teil bizarre Störungen, die aus schweren Hirnschäden resultieren. Da sind etwa Patienten, die standhaft behaupten, dass ein bestimmter Körperteil, ein Arm oder ein Bein, nicht zu ihnen gehört. Andere können sich selbst im Spiegel nicht wiedererkennen oder entwickeln abseitige Wahnvorstellungen. Wie Feinberg beobachtete, haben viele dieser Störungen große Ähnlichkeiten mit kindlichen Projektionen und Fantasien – etwa wenn Kinder einen imaginären Spielgefährten erfinden.

Die Ursache dieser Störungen sieht Feinberg in einem Ungleichgewicht zwischen rechter und linker Hirnhälfte. Die rechte Hemisphäre scheint dabei eine zentrale Rolle für die Beziehung unseres Selbst zur Welt zu spielen. Eine Schädigung kann dazu führen, dass die Einheit unseres Selbst auseinanderfällt. Das zeigt nach Feinberg unter anderem eine besonders gespenstische Störung, das sogenannte Syndrom der »anarchischen Hand«. Dabei scheint eine Hand eines Patienten einfach zu machen, was sie »will«. In einem Fall etwa behauptete eine Patientin, dass ihre eigene Hand gegen ihren Willen versucht habe, sie zu erdrosseln – und nur mit Gewalt daran gehindert werden konnte. Diese Störung kann etwa bei Split-Brain-Patienten auftreten, deren Hirnhälften chirurgisch getrennt wurden.

Nach Feinberg beruht unser Selbst auf einer Hierarchie von Hirn-Netzwerken. Höhere und niedrigere Ebenen sind dabei funktional, aber nicht physisch miteinander verbunden. In dieser Hierarchie gibt es keine Zentralinstanz, die alle anderen Ebenen steuert. Feinberg glaubt, dass unsere subjektive Erfahrung wie ein geistiges »Zyklopenauge« funktioniert: Wenn wir eine visuelle Wahrnehmung machen, sehen wir nicht zwei Bilder, sondern bloß eins. Wir haben nicht das Gefühl, als hätten wir zwei Augen – sondern es scheint uns, als hätten wir eins mitten auf der Stirn. Das Gehirn integriert sozusagen die Bilder aus beiden Augen zu einem einzigen »Zyklopenbild«.[430] Dazu fügt es die beiden Bilder aber nicht physisch zusammen. Vielmehr erzeugt es aus den Informationen der Bilder eine neue, höhere Bedeutung – nämlich das dreidimensionale Bild, das wir sehen.

Analog integrieren die höheren Ebenen der Hirnhierarchie die Vorgänge auf den unteren Ebenen, indem sie ihnen eine bestimmte Bedeutung zuweisen. »Eine einzige Muskelfaser in Ihrer Zunge könnte auf genau die gleiche Art feuern, egal ob Sie einen Hamlet-Monolog darbieten oder sich einen Krümel von der Oberlippe lecken. Auf den untersten Ebenen der Hierarchie wissen die einzelnen Zellen nicht, warum sie tun, was sie tun. Nur durch den höheren Zweck der Handlung werden die Zellen zu einer bedeutungsvollen, einheitlichen Aktion zusammengebunden.«[431]

Auch Feinbergs Selbst ist nach meinem Empfinden ein »kleines«, bescheidenes, ja fast unscheinbares Selbst. Es maßt sich nicht an, eine denkende Substanz zu sein, ein Erkenntnissubjekt, ein »transzendentales Ich«, eine Leibniz'sche Monade oder irgendwas anderes. Es ist überhaupt kein »Ding«.

Es ist ein Prozess.

»Das Ich, das Es und das Über-Ich existieren genauso wenig wie das Selbst«, schreibt Feinberg. »Wir können uns als besondere Identitäten betrachten – ich bin, du bist, wir sind –, aber in Wahrheit ist das Selbst eine Funktion, flüchtig und in einem ständigen Fluss der Veränderung. Obwohl wir uns selbst als Dinge erleben, als feste Entitäten, die einen physischen Platz in der Welt bewohnen, sind wir in Wirklichkeit ein Prozess, ein kontinuierliches Entfalten in der Zeit – ein ständiges Werden.«[432]

Nach Feinberg sind wir also nicht unser Gehirn.

Wir sind das, was unser Gehirn tut.

Kann die Lösung wirklich so einfach sein? Sind wir jahrhundertelang bloß einem Missverständnis aufgesessen, indem wir an ein beständiges inneres Wesen glaubten – an eine Seele oder ein Selbst?

Nach Feinberg hat mein Vater kein Selbst mehr. Doch genau genommen hat er nie eines besessen – genauso wenig wie jeder von uns. So betrachtet, hat er sein Selbst auch nicht verloren. Das »Gespenst in der Maschine« hat einfach nie existiert.

Ohne Zweifel »tut« sein Gehirn noch etwas. Mein Vater ist nicht tot. Er lebt. Manchmal bewegt er die Hand. Oder er reißt die Augen auf und schaut. Nach Feinbergs Theorie muss ich nicht darüber spekulieren, ob da im Inneren meines Vaters noch ein Selbst wohnt.

Der Blick meines Vaters *ist* sein Selbst.

Ich habe das Gefühl, als wäre meine Suche nach der Seele an einem Wendepunkt angelangt. Eine immaterielle Seelensubstanz scheint es nicht zu geben, sagen die Philosophen und Hirnforscher. Genauso fragwürdig ist aber unsere Vorstellung von einem beständigen Selbst, das irgendwo in uns wohnt. Aber heißt das auch, dass die Seele gar nicht existiert? Oder müssen wir unsere Seelen-Vorstellung nur verändern – unsere alten, zerzausten Begriffe mit neuem Inhalt füllen?

Ich gestehe, dass mich meine Suche manchmal zur Verzweiflung treibt. Alles Fragen muss irgendwann ein Ende haben. Es wäre eine böse Ironie, würde uns die unsterbliche Seele dazu bringen, unser ganzes Leben über sie nachzudenken – um am Ende immer noch nicht zu wissen, ob sie existiert oder nicht. Vielleicht hätte ich meine Seelen-Expedition längst abgebrochen oder sie den Philosophieprofessoren überlassen, wenn ich nicht das Gefühl hätte, dass die Frage eine tieferen Sinn hat – einen Sinn, der nicht nur mit der Unsterblichkeit zu tun hat, sondern mit unserem Dasein hier auf Erden.

Mit der Frage, was es heißt, ein Mensch zu sein.

TEIL V Seele?

KAPITEL 14

Der Buddha in uns

Es gibt Tage, an denen mir Zweifel kommen. Womöglich jage ich einem Phantom nach. Einem Trugbild, einem Gespenst, einer Wunschvorstellung, die uns nur nicht loslässt. Vielleicht ist die Seele meines Vaters einfach nur mein Hirn-Gespenst.

Einerseits scheint alles gegen die Existenz einer immateriellen Seele zu sprechen. Keiner hat je ihren Sitz gefunden. Die moderne Wissenschaft braucht sie schlicht nicht, um Leben oder geistige Vorgänge zu erklären. Aus Sicht der Hirnforschung beruht alles »Seelische« letztlich auf elektrochemischen Prozessen in unserem Gehirn. Zudem scheint die Existenz von Seele ein dualistisches Weltbild vorauszusetzen, in dem der Geist unabhängig vom Körper existieren kann. Doch der Dualismus steht, wie es aussieht, auf verlorenem Posten.

Andererseits kann auch die Hirnforschung bislang nicht erklären, wie subjektive Erfahrungen und Bewusstsein entstehen. Unsere geistigen Vorgänge, so glauben viele Philosophen, lassen sich nicht auf physische Prozesse reduzieren. Auch wenn wir akzeptieren, dass das Geistige letztlich auf Hirnvorgängen beruht, scheint unser Geist doch irgendwie »mehr« zu sein als unser Gehirn. Zugleich wird immer klarer, dass unser Geist auf das Gehirn zurückwirkt – dass geistige Vorgänge das Gehirn sogar physikalisch verändern können.

Die Existenz der Seele lässt sich weder beweisen noch widerlegen. An die Seele, so scheint es, kann man glauben oder eben nicht. Damit könnte man es bewenden lassen – und die Frage an die Religionen delegieren, die für das »Spirituelle« zuständig sind. Glauben kann man ja bekanntlich alles Mögliche. Warum also nicht auch an eine unsterbliche Seele?

Für mich ist das eine ziemlich unbefriedigende »Lösung«. Ich halte nichts davon, ungelöste Fragen einfach zu reinen Glaubensangelegenheiten zu erklären, die sich einer rationalen Diskussion entziehen. Das ist allerdings ein etwas missverständlicher Punkt, den ich näher erläutern muss.

Ich habe nicht nur tiefen Respekt vor spirituellen Überzeugungen. Vielmehr glaube ich sogar, dass es eine Art Selbstevidenz religiöser Vorstellungen gibt, die keiner rationalen Begründung bedarf. Die christliche Hoffnung etwa braucht für mich keinen Vernunftbeweis. Sie ist einfach eine religiöse Vorstellung, die einem Trost spenden kann – oder auch nicht.

Beim Thema Seele sehe ich es etwas anders.

Die Frage nach der Seele stellt sich nicht nur in religiösen Zusammenhängen. Sie berührt in einem tiefen Sinne unser Menschsein, unabhängig von der jeweiligen spirituellen Überzeugung. Nach meiner Auffassung geht es dabei weniger um eine religiöse als um eine philosophische Frage. Es ist für mich kein Zufall, dass sich die größten Denker jahrhundertelang daran abgemüht haben. Und selbst die frömmsten Philosophen wie ein Augustinus oder ein Thomas von Aquin waren sich bewusst, dass sie sich in der Frage der Seele eben auf kein christliches Dogma berufen können. Kurz gesagt: Beim Thema Seele kommen wir, wenn wir es uns nicht ganz leicht machen wollen, ums Nachdenken nicht herum.

Als Chefredakteur des *P.M.-Magazins* habe ich Menschen kennengelernt, die an Ufos glauben, an übernatürliche Phänomene und mysteriöse mentale Energien. Ich bin kein dogmatischer Gegner solcher Theorien. Allerdings glaube ich, dass ungewöhnliche Behauptungen besonders starke Beweise brauchen.

Wenn jemand meint, dass Telepathie möglich ist, dass man Zimmerpflanzen mit Gedankenkraft zum Wachsen bringen kann, dann muss er diese Beweise eben liefern. Ansonsten bin ich der Meinung des Philosophen David Hume, der im Zusammenhang mit Wundern den Grundsatz aufstellte, »dass kein Zeugnis genügt, um ein Wunder zu konstatieren, es sei denn, das Zeugnis sei solcher Art, dass seine Falschheit wunderbarer wäre als die Tatsache, die es zu konstatieren trachtet«.[433]

Ich glaube nicht, dass irgendwo ein esoterisches Geheimwissen über die Seele existiert – auch wenn einschlägige Bücher das immer wieder behaupten. Wer die Frage nach der Existenz einer »Seele« heute neu aufrollen will, muss meiner Ansicht nach mindestens drei Fragen beantworten.

Die erste lautet, was wir mit dem Seelenbegriff überhaupt meinen. Wir gebrauchen den Begriff ja ständig in allen möglichen Zusammenhängen. Manchmal meinen wir damit Emotionen, manchmal etwas Romantisches, manchmal einfach unser »Inneres« – was immer das genau ist. Meinen wir eine immaterielle Substanz, die unseren körperlichen Tod überdauert? Reden wir von einem Selbst, das unsere persönliche Identität garantiert? Oder meinen wir eine überindividuelle Weltseele oder ein Welt-Bewusstsein?

Die zweite Frage ist, welchen Nutzen eine solche »Seelen-Hypothese« hat. Eine Hypothese muss irgendetwas erklären, sonst ist sie schlicht überflüssig. Es muss irgendeinen Unterschied machen, ob die Seele existiert oder nicht. Vernünftige Hirnforscher würden sich ja nicht zur Behauptung versteigen, dass sie die Nichtexistenz der Seele bewiesen hätten. Sie würden nur behaupten, dass ihre Erkenntnisse über das Gehirn mentale Vorgänge besser erklären können.

Die dritte Frage ist natürlich die »ontologische« Frage, ob dieses mysteriöse »Ding« Seele tatsächlich existiert – und wenn ja, um welche Art Ding es sich handelt.

In diesem Kapitel geht es um eine radikal andere Seelenvorstellung – um eine Vorstellung, die noch älter ist als unsere westliche. Es geht um die Vorstellung der indischen Philosophie, dass eine individuelle Seele oder ein Selbst gar nicht existiert.

Die meiste Resonanz in meiner journalistischen Laufbahn bekam ich auf einen Artikel im *P.M.-Magazin* über die »Unsterblichkeit der Seele«. Die Ausgabe verkaufte sich nicht bloß außergewöhnlich gut. Ich bekam auch Hunderte E-Mails von Lesern, die mir ihre Gedanken und persönlichen Erfahrungen zum Thema mitteilten. Darunter waren viele bewegende Geschichten. Ich erinnere mich an die Mail eines Familienvaters, der mir ausführlich schilderte, wie plötzlich ein Mobiltelefon aus der Küchenspüle läutete. Der Anruf, so berichtete der Mann, kam von der Seele seiner verstorbenen Tochter.

Ich bin weit davon entfernt, mich über solche Geschichten lustig zu machen. Offen gesagt, berührte mich die Vorstellung, dass eine Seele im Jenseits einfach zum Handy greifen könnte, um ihre Hinterbliebenen anzurufen. Die kleine Geschichte zeigt mir auch, wie untrennbar der Seelenglaube in unserer Kultur mit der Vorstellung eines individuellen Selbst verbunden ist. Das Seltsame daran war nur: Eigentlich ging es in meinem *P.M.*-Artikel nicht um unsere traditionelle, westliche Vorstellung einer individuellen Seele – sondern vor allem um die buddhistische Gedankenwelt des »Tibetischen Totenbuchs«. Und nach diesen Vorstellungen gibt es weder eine Seele noch ein Selbst.

Ich habe mir die indischen Vorstellungen von den Upanishaden bis zum Buddhismus bewusst für den letzten Teil in diesem Buch aufgespart. Die indische Philosophie ist für mich eine ganz eigene Gedanken- und Begriffswelt, die sich mit westlichen Vorstellungen schwer vergleichen lässt. Die Seele dieser Philosophie ist nach meinem Empfinden auch ganz anders gestimmt. Ich bin weit davon entfernt, diese Gedankenwelt wirklich zu begreifen, ihre »Gestimmtheit« tief zu fühlen. Aber wenn wir ernsthaft über die Seele nachdenken, können wir nicht ignorieren, dass eine jahrtausendealte Denktradition die Sache ganz anders sieht als wir.

Das wahre Selbst

Schon Arthur Schopenhauer studierte fasziniert die »Upanishaden«, eine Erweiterung der älteren vedischen Philosophie. Die Mythen und Parabeln handeln von der Suche nach dem Wesen der Welt – und nach dem wahren Selbst. »Es geht darum, das Erste Sein, das All-Eine zu erfassen und zu begreifen, das allein die Welt, das Leben und das Geschick des Menschen zu erklären vermag«, schrieb der Religionswissenschaftler Mircea Eliade.[434] Dieses Eine ist »unvorstellbar, unbegrenzt ewig«, etwas Unermessliches, »das Leben, Welt und Bewusstsein trägt«. Das Wort für dieses Eine ist Brahman. Das Brahman ist die »ganze Welt«. Doch zugleich hat es eine spirituelle Natur: »Verstand ist sein Stoff, der auch sein Leib, Glanz seine Erscheinungsform, Wahrheit ist sein Entschließen, der Äther sein Selbst. Es ist allwirkend, allwünschend, voll jeglichen Duftes, voll jeglichen Geschmackes, all dies umfassend, wortlos, achtlos.« Gleichzeitig ist das Brahman aber auch »das Atman im Inneren des Herzens«.[435]

Das Atman ist der »Atem«, die »Seele«. Er sei »feiner als ein Reis- oder Gersten- oder Senf- oder Hirsekorn«, heißt es in den Texten, und zugleich doch »größer als die Erde, größer als der Luftraum, größer als der Himmel, größer als die Welten«.[436]

In den Upanishaden geht es um das geheimnisvolle Verhältnis zwischen Atman und der Weltseele Brahman – um die »Identität zwischen dem wahren Selbst und dem universalen Sein« (Eliade). Im Tod vereinigt sich das Atman des »Wissenden« mit dem Brahman. Die Seelen der Unwissenden aber unterliegen dem Kreislauf der Seelenwanderung (samsara).

In einer berühmten Geschichte geht es um die Suche nach dem wahren Selbst.[437] »Alle Welten und alle Wünsche erlangt der, der das Selbst findet und erkennt«, sagt Prajapati, der Weltschöpfer. Als der Gott Indra und der Dämon Virocana davon erfahren, kommen sie mit Brennholz zu Prajapati – und weichen ihm als Schüler nicht mehr von der Seite.

Als Prajapati sie schließlich fragt, was sie denn eigentlich wollen, erzählen sie ihm von ihrer Suche nach dem Selbst. Daraufhin hält er sie mit einer falschen Antwort zum Narren: »Betrachtet euch in einem Gefäß voll Wasser. Was ihr von euch darin nicht wahrnehmet, das sagt mir.« Sie betrachteten sich in einem Gefäß voll Wasser. Prajapati sprach zu ihnen: »Was seht ihr?« Sie sprachen: »Heiliger, wir sehen uns hier ganz, bis zu den Haaren und Nägeln, im Bilde.« Daraufhin trägt ihnen Prajapati auf, sich schöne Kleider anzuziehen und nochmals in das Gefäß zu schauen. »Prajapati sprach darauf zu ihnen: ›Was sehet ihr?‹ Sie sprachen: ›Ganz so, wie wir, o Herr, schön geschmückt, mit schönen Kleidern angetan und geputzt sind, so sind diese beiden (im Spiegelbild) schön geschmückt, mit schönen Kleidern angetan und geputzt.‹«

Wieder erklärt ihnen Prajapati, ihr Spiegelbild sei das Selbst. Und wieder ziehen die beiden beruhigt vondannen. »Prajapati blickte ihnen nach und sprach: Ohne das Selbst wahrgenommen zu haben, ohne das Selbst gefunden zu haben, ziehen sie dahin.« Später erkennt Indra, dass er getäuscht wurde – dass sein Spiegelbild nicht das unsterbliche Selbst sein kann. Als er deshalb zurückkehrt, narrt ihn Prajapati ein weiteres Mal.

Diesmal erklärt er Indra, das Selbst sei eine Traumgestalt. Wieder lässt sich Indra täuschen, erkennt seinen Irrtum und kehrt abermals zurück. Nun will ihm Prajapati gar weismachen, das wahre Selbst sei der traumlose Schlaf. Doch wie Indra erkennt, kann das auch nicht das Selbst sein. Schließlich verspricht Prajapati, ihm doch noch die Wahrheit zu sagen, falls er weitere fünf Jahre bei ihm bleibt. Diesmal lohnt sich Indras Geduld. Prajapati belehrt ihn: »Sterblich ist dieser Leib und vom Tode umfangen. Er ist der Sitz des unsterblichen, körperlosen Selbst, dem Atman. Umfangen von Freud und Leid ist es, solange es in einem Körper wohnt. (...) Wenn es aber körperlos ist, berühren es Freude und Leid nicht. (...) Die Götter verehren dieses Selbst: darum sind alle Welten und alle Wünsche für sie gewonnen. Aller Welten und aller Wünsche wird der teilhaftig, der dieses Selbst findet und erkennt.«

Das Selbst der Upanishaden ist etwas Verborgenes. Ein Geheimnis tief in unserem Innern – in unserem Herzen: »Feiner als ein Atom, größer als groß wohnt der Atman in der (Herzens-) Höhlung des Geschöpfes. Der aller Wünsche Ledige erblickt, von allem Leid befreit, durch die Gnade des Schöpfers die Größe des Atman.« Doch dieses Selbst ist ungreifbar. Es ist »feiner als ein Atom«, »ohne Laut, ohne Gefühl, ohne Farbe, ohne Veränderung«, wie es in den Texten heißt: »Nicht kannst du den Seher des Sehens sehen, nicht den Hörer des Hörens hören, nicht den Denker des Denkens denken, nicht den Erkenner des Erkennens erkennen. Das ist dein Selbst, das allem innewohnt.«

Durch Vernunft und Gelehrsamkeit allein lässt sich das Selbst nicht begreifen. Das gewöhnliche Bewusstsein hat zu ihm keinen Zugang: »Das Selbst wohnt verborgen in allen Wesen und offenbart sich nicht. Aber es zeigt sich der eindringenden feinen Erkenntnis feiner Denker.«[438] Möglich ist diese Erkenntnis nur durch Meditation über die Seinsweise des Brahman. Dabei geht es darum, die eigenen mentalen Prozesse als Naturphänomene zu verstehen – also den inneren Zusammenhang von Geist und Natur zu begreifen, die ja beide nur verschiedene Manifestationen des »Einen« sind. Diese Form der Erkenntnis lässt sich in den Upanishaden nur bildhaft beschreiben: »Es ist so, wie man von einer angeschlagenen Trommel die nach außen dringenden Töne nicht packen kann, man aber durch das Packen der Trommel oder des Trommelschlägers den Ton packt (...).«[439]

Das »Geheimnis« der Upanishaden liegt also in der Verbindung zwischen dem Atman und Brahman, dem universalen Seinsprinzip. Das verborgene Selbst ist in jedem Menschen das Gleiche – es ist nichts anderes als das Brahman.[440] Das Selbst der Upanishaden ist also ein sehr unpersönliches Selbst. Es verbirgt sich hinter der Maske unserer individuellen Persönlichkeit: »Ihr sehet in diesem über alle sich verbreitenden Atman immer nur auf das Einzelne und esset eure Speise. Wer aber diesen über alle sich verbreitenden Atman als klein wie eine Spanne und als unendlich groß verehrt, der isst Speise in allen Welten, in allen Wesen, in allen Atmans.«[441]

Einerseits gefällt mir die Vorstellung, dass unser Selbst sozusagen nichts »Besonderes« ist. Dass wir alle das gleiche Selbst haben – und dass dieses Selbst wiederum eine Manifestation des All-Einen ist. Andererseits haben diese Vorstellungen bei aller Poesie, die durch die indischen Texte weht, etwas Abstrakt-Unpersönliches für mich, das mit unserem westlichen Bild von Individualität schwer in Einklang zu bringen ist. Ist ein Selbst, das für uns alle das gleiche Selbst ist, überhaupt noch ein Selbst? Hat es noch etwas Subjektives – so etwas wie eine persönliche Perspektive? Die Vorstellung, dass mein Vater das gleiche Selbst hat wie ich, und dass unser beider Atman mit der Weltseele Brahman identisch sein soll, fasziniert mich intellektuell. Doch sie geht mir nicht nahe, sie löst keine Gefühle in mir aus. In gewisser Weise lässt mich unser Atman/Brahman persönlich kalt. Zugleich wirkt diese Vorstellung vom Selbst auf mich merkwürdig unentschlossen. Wenn das Selbst nichts Persönliches ist, dann kann man gleich drauf verzichten. Wie es der Buddhismus tut.

Das Nicht-Selbst

Nach buddhistischen Vorstellungen ist nichts in unserer Welt von Dauer, alles ist vergänglich und wandelbar – und damit auch unwesentlich. Das Leiden entsteht, wenn wir uns an das Vergängliche »anhaften«, wenn wir es für die eigentliche Wirklichkeit halten – darin besteht die fundamentale Unwissenheit des Menschen. Die Lehre vom »Edlen Achtfachen Pfad« ist letztlich der buddhistische Weg, das »Anhaften« am Vergänglichen und damit das Leiden zu überwinden.

Aus buddhistischer Sicht sind alle Dinge und Phänomene in der Welt miteinander verbunden und damit auch voneinander abhängig. Weder Dinge noch Lebewesen können für sich allein existieren. Der wahre Charakter der Realität besteht in ihrer Leerheit (»sunyata«).[442] Das heißt nicht, dass gar nichts existiert – es heißt nur, dass die Welt anders ist, als sie unserem Bewusstsein erscheint. Alle unsere Begriffe sind nur geistige Projektionen. Aus der fundamentalen »Leerheit« folgt, dass auch kein autonomes, dauerhaftes Selbst oder eine »Seele« existiert. Das ist die Lehre vom »Nicht-Ich« oder An-Atman, mit der sich der Buddhismus in direkten Widerspruch zur früheren indischen Philosophie bringt. Der Buddha drückte es so aus: »Leer sind alle gestalteten Dinge –/wenn einer das erkennt durch Weisheit,/dann wendet er sich ab vom Leid; dies ist der Weg zur Läuterung. Ohne Selbst sind alle gestalteten Dinge, wenn einer das erkennt aufgrund von Weisheit/dann wendet er sich ab vom Leid; dies ist der Weg zur Läuterung.«[443]

Nach der Lehre des Buddha bestehen Körper und Geist aus fünf Bestandteilen, den sogenannten Aggregaten. Das erste Aggregat ist die äußerlich wahrnehmbare Form, dazu gehören nicht nur materielle Eigenschaften, sondern auch Geräusche, Gerüche oder Geschmack. Das zweite Aggregat sind die Gefühle von Freude oder Schmerz. Das dritte ist die Fähigkeit, zwischen Dingen zu unterscheiden. Wie das Gefühl begleitet diese Fähigkeit alle Bewusstseinszustände. Das vierte Aggregat besteht aus verschiedenen Emotionen wie Zorn, Eifersucht oder Reue und diversen anderen Zuständen wie etwa Schlaf. Das fünfte schließlich ist das Bewusstsein, das sich wiederum aus sechs Formen zusammensetzt – von der sinnlichen Wahrnehmung bis zum Denkbewusstsein.[444]

Alle diese »Aggregate«, aus denen eine Person besteht, sind unbeständig – sie verändern sich in jedem Augenblick. Zugleich gibt es kein dauerhaftes »Selbst«, das die Aggregate steuert oder zusammenhält. Der Dalai Lama erklärt das so: »Wenn wir mit der Theorie des Nicht-Selbst den Atman, das Selbst verneinen, so verneinen wir damit ein Selbst mit einer eigenständigen substanziellen Existenz. Es gibt kein unabhängiges, aus sich bestehendes Selbst. Das Selbst, die Person, existiert nur in Abhängigkeit von den körperlichen und geistigen Aggregaten.«[445]

Für den Buddhismus ist die Person ein Prozess von geistigen und physischen Komponenten, der vom Karma bestimmt wird – also vom Prinzip, dass alles, was einem Menschen widerfährt, eine Ursache in seinem früheren Handeln hat. Auch das Bewusstsein verändert sich zwar ständig, doch es existiert als Kontinuum über die Zeit hinweg. Der Tod ist nach dieser Vorstellung nichts anderes als die Bewegung des Bewusstseins von einem Körper zu einem anderen. Es ist das Bewusstsein, das die Kontinuität von einer Geburt zur nächsten ermöglicht.[446] Buddhisten vergleichen diesen Vorgang mit dem Anzünden einer Kerze an einer anderen.

Unser Bewusstsein ist normalerweise voller Sinneseindrücke und »verunreinigt« von unserem Anhaften an die vergängliche Welt. Doch seine wahre Natur ist »Leerheit«. Das Ziel besteht letztlich darin, das Bewusstsein zu »reinigen«, also von allen dualistischen Projektionen zu befreien – und damit auch von der trügerischen Illusion des Selbst. Das ist der Bewusstseinszustand des Nirvana. Wer diesen Zustand erreicht, erzeugt kein Karma mehr – er ist selbst zum Buddha geworden.

Ende des 8. Jahrhunderts soll der tibetische König den buddhistischen Meister Padmasambhava in sein Land geholt haben, um einheimische Geister und Dämonen zu vertreiben. Der Guru versteckte spirituelle »Schätze« im tibetischen Hochland, um sie vor dem Zugriff von Ungläubigen zu schützen – verschlüsselte Schriften, die erst später geborgen werden sollten. Acht Jahrhunderte später fand der Legende nach der Mystiker Karma Lingpa die alten Texte – darunter einen mit dem Titel »Große Befreiung durch Hören im Zwischenzustand« (tibetisch »Bardo Thödol«), heute als das »Tibetische Totenbuch« bekannt.

Das »Totenbuch« beschreibt drei Zwischenzustände oder »Bardos« zwischen Tod und Wiedergeburt. »Die verschiedenen Bardos sind nichts anderes als die verschiedenen Bewusstseinszustände unseres Lebens«, schreibt der Lama Anagarika Govinda: »Es ist nicht ein Führer für die Toten, sondern für solche, die den Tod überwinden und den Vorgang des Sterbens in einen Akt der Befreiung verwandeln wollen.«[447] Im ersten Bardo erlebt das Bewusstsein eine Lichtvision, das »Klare Licht« oder den »Inneren Glanz«. Dabei ruht es vollkommen in sich, es gibt keine dualistische Trennung von Subjekt und Objekt – sondern nichts anderes als »Leerheit«. Aber nur ein vorbereitetes Bewusstsein kann diesen Zustand aushalten. Sonst tritt es in den zweiten Zwischenzustand, den »Bardo des Erwachens« ein. Darin hat das Bewusstsein verschiedene Visionen. Doch bei diesen Erscheinungen handelt es sich um Projektionen. Wenn das Bewusstsein sich selbst als Quelle dieser Visionen erkennt, kann es die Angst überwinden – und seine Einheit bewahren. Gelingt ihm das nicht, tritt es in den Zustand des »Werdens« oder der »Wiedergeburt« ein. Nun werden die Ängste immer größer, der Tote fühlt sich einsam und verfolgt von finsteren Dämonen. Auch diese Erscheinungen sind nur Illusionen des Bewusstseins. Noch einmal hat das Bewusstsein die Chance, zur Einsicht zu gelangen – und doch noch ins Nirvana einzugehen. Doch wenn es auch diese Gelegenheit nicht nützt, kann es sich der Wiederverkörperung nicht mehr erwehren. Das Leben in der vergänglichen Welt und damit das Leiden beginnt von neuem. Der Psychologe C. G. Jung witterte im »Tibetischen Totenbuch« die »archetypischen Inhalte des Unbewussten«. Das Buch schildere einen »umgekehrten Initiationsweg, der gewissermaßen im Gegensatz zu den christlichen eschatologischen Erwartungen den Abstieg ins physische Werden vorbereitet«.[448]

Im Sterben durchlaufen wir nach buddhistischer Vorstellung die gleichen Stufen wie in fortgeschrittenen Stadien der Meditation. Der Münchner Religionswissenschaftler und Buddhismus-Forscher Michael von Brück: »Wer in der Meditation diese Stadien kennengelernt und ihre Kontrolle durch aufmerksame Lenkung der Bewusstseinskräfte in dem jeweiligen Stadium geübt hat, kann den gesamten Sterbeprozess mit bewusster Klarheit vorweg erleben.«[449]

Die buddhistische Vorstellung vom Nicht-Selbst hat aus meiner Sicht einige offenkundige Vorzüge: Was man nicht besitzt, kann man auch nicht verlieren. Zugleich ist der psycho-physische Strom der Buddhisten etwas sehr Subtiles und Nuanciertes. Die alte westliche Vorstellung einer immateriellen, einfachen, unteilbaren Seelensubstanz wirkt dagegen fast plump. Einige zeitgenössische Philosophen, die sich mit Fragen der persönlichen Identität beschäftigen, haben sich vom Buddhismus inspirieren lassen. Dazu gehört Derek Parfit, Professor für Philosophie am All Souls College der Universität Oxford. Parfit hat in den 1970er Jahren einen provozierenden Ansatz formuliert, der buddhistischen Vorstellungen sehr nahe kommt – und bis heute kontrovers diskutiert wird. Leider haben ausgerechnet jene modernen Philosophen, die sich mit der Frage der persönlichen Identität beschäftigen, einen sehr abstrakten und »unpersönlichen« Argumentationsstil entwickelt. Ihre Argumente beruhen meist auf ebenso abseitigen wie komplizierten Gedankenexperimenten – ein Kontrastprogramm zur bildreichen Poesie der Inder.

Beam me up!

Stellen Sie sich zum Beispiel vor, Sie steigen in einen Teletransporter. Sie müssen nur einen grünen Knopf drücken. Dann beamt Sie die Maschine in Lichtgeschwindigkeit zum Mars. Für eine Stunde verlieren Sie Ihr Bewusstsein. Der Teletransporter zerstört Ihren Körper auf der Erde, während er den exakten physiologischen Zustand aufzeichnet und die Daten zum Mars überträgt. Dort erzeugt ein »Replikator« einen neuen Körper und ein neues Gehirn. Als Sie auf dem Mars wieder aufwachen, merken Sie keinen Unterschied. Sogar der Schnitt vom Rasieren heute Morgen ist noch zu sehen.

Da die Teletransportation so gut funktioniert, machen Sie öfter solche Trips zum Mars. Eines Tages teilt Ihnen das Teletransportations-Unternehmen mit, dass es ein neues Angebot gibt. Teleportation ist nun auch möglich, ohne dass auf der Erde Ihr Gehirn und Ihr Körper zerstört werden müssen. Als einer der ersten Kunden dürfen Sie den neuen Scanner benutzen. Man stellt Ihnen die Möglichkeit in Aussicht, sich zum Mars teletransportieren zu lassen – und dann via Funk ein Gespräch mit sich selbst zu führen. Doch nun gibt es ein Problem. Ein Angestellter des Unternehmens erklärt Ihnen, dass die Replikation zwar funktioniert, doch leider wird dabei Ihr Herz beschädigt. Während Sie auf dem Mars gesund bleiben, müssen

Sie auf der Erde mit einem Herzversagen in den nächsten Tagen rechnen.

Teletransportation ist nicht bloß ein beliebtes Science-Fiction-Motiv, bekannt etwa aus »Raumschiff Enterprise«. Quantenphysiker können heute bereits den Informationszustand einzelner Atome von einem Ort zum anderen »teletransportieren«. Doch bei Derek Parfits Geschichte geht es um ein philosophisches Gedankenexperiment. Was passiert bei einer solchen Teletransportation mit unserem Selbst? Bleiben wir die gleiche Person, wenn wir den grünen Knopf drücken – oder entsteht da bloß eine Kopie von uns, während wir sterben?

Man kann in dieser Frage durchaus verschiedener Meinung sein. Im ersten Szenario wird die Person auf der Erde beim »Beamen« zerstört. Das macht es mir leichter zu glauben, dass die Replikation tatsächlich »ich« bin. Im zweiten Szenario am Ende der Geschichte überlappt sich jedoch mein Leben auf der Erde mit meinem Leben auf dem Mars. Parfit nennt das den »Abzweigungs-Fall«. Die »Abzweigung« meines Lebens auf der Erde endet in wenigen Tagen, während meine Replikation auf dem Mars weiterexistiert. Offenbar ist meine Mars-Replikation nicht »ich«.

Parfit schreibt: »Da ich mit meiner Replikation sprechen kann, scheint es klar zu sein, dass er nicht ich ist. Obwohl er genauso ist wie ich, ist er eine Person, und ich bin eine andere. Wenn ich mich steche, spürt er nichts. Wenn ich meine Herzattacke habe, spürt er sie genauso wenig. Und wenn ich tot bin, lebt er noch Jahrzehnte weiter.«[450] Mit anderen Worten: Wenn ich glaube, dass mein Mars-Doppelgänger jemand anderer ist als ich, dann stehen meine Aussichten auf der Erde nicht besonders gut – dann sterbe ich nämlich einfach, während mein Doppelgänger weiterexistiert. Doch genau diese Sicht bestreitet Parfit. Der Philosoph vertritt die These, dass eine solche Teletransportation, bei der der Körper erst zerstört und dann repliziert wird, »fast genauso gut ist wie gewöhnliches Weiterleben«.[451]

Parfits vieldiskutierte These lautet, dass unsere »persönliche Identität für das Weiterleben keine Rolle spielt«. Mit anderen

Worten: Wir können auch ohne unser Selbst weiterleben – und damit sogar in einer gewissen Weise zufrieden sein.

Das scheint zunächst allen unseren Intuitionen zu widersprechen. Welchen Wert sollte ein Leben nach dem Tod für uns haben, wenn es nicht »wir« sind, die da weiterexistieren? Was kümmert's mich, ob irgendwo ein Doppelgänger von mir weiterlebt, wenn ich selbst tot bin?

Nach unserer landläufigen Vorstellung muss persönliche Identität eindeutig festgelegt sein. Eine Person ist entweder »ich« oder jemand anderer. Doch die Frage nach der Identität ist nach Parfit nicht immer zu beantworten – es kann sogar eine »leere« Frage sein. Angenommen, ein Verein existiert für einige Jahre, dann löst er sich auf. Nach einigen Jahren gründen einige der Mitglieder einen neuen Klub mit dem gleichen Namen und den gleichen Regeln. Handelt es sich nun um den gleichen oder bloß um einen ähnlichen Verein? Diese Frage ist für Parfit genauso wenig beantwortbar, also »leer«, wie jene, ob eine Person in der Zukunft die gleiche Person ist wie die Person heute.[452]

Eine »Seele« oder ein »Selbst« spielt in Parfits Überlegungen keine Rolle. Für ihn gibt es keine Entität jenseits von Gehirn und Körper. Nach seiner Auffassung gibt es keinen »Besitzer«, dem unsere Erfahrungen und Erinnerungen gehören. Das Selbst ist für Parfit eine Illusion – eine Redensart. Wir können Gedanken und Gefühle eines Menschen auch beschreiben, ohne uns auf einen »Denker« zu beziehen. Entscheidend ist vielmehr die Kontinuität unserer Erfahrungen. Eine Person ist für Parfit, ähnlich der buddhistischen Auffassung, nichts anderes als ein Strom von psycho-physischen Ereignissen. Das Selbst spielt keine Rolle, solange gewisse psychologische Verbindungen gewahrt bleiben – also Erinnerungen, Charakterzüge, Überzeugungen usw.

Nach einer gängigen Vorstellung können wir uns nur an unsere eigenen Erfahrungen erinnern. Unsere Erinnerung setzt, wie es scheint, unsere persönliche Identität voraus – dass also »wir« es sind, die sich an etwas erinnern, und nicht jemand anderer. Doch Parfit bestreitet diese Sicht. In seinem Buch hat er den Begriff der »Quasi-Erinnerung« (»q-Erinnerung«) geprägt.

Die Idee ist einfach.

Eine »normale« Erinnerung impliziert, dass derjenige, der sich an eine Erfahrung erinnert, auch derjenige ist, der diese Erfahrung gemacht hat. Wenn ich mich erinnere, dass ich gestern eine Pizza gegessen habe, dann impliziere ich damit, dass ich selbst es war, der die Pizza gegessen hat – und nicht jemand anderes. Bei einer »Quasi-Erinnerung« hingegen reicht es, dass jemand diese Erfahrung gemacht hat. Wenn ich mich »q-erinnere«, eine Pizza gegessen zu haben, dann heißt das nur, dass ich mich daran erinnere, dass jemand (nicht notwendigerweise ich) eine Pizza gegessen hat.

Parfit erläutert das an einem hypothetischen Beispiel.[453] Angenommen, Jane bekommt Gedächtnisspuren von Paul eingepflanzt. Nun erinnert sie sich scheinbar an das Erlebnis von Paul, wie er in Venedig einen Blitzeinschlag in zwei Gebäude erlebte. Und sie weiß, dass es nicht sie war, die dieses Erlebnis hatte, sondern Paul. Trotzdem wüsste sie, wie es für Paul an diesem Tag war, diesen Blitzschlag zu erleben. Natürlich ist das wieder eines dieser Gedankenexperimente, das die heutigen Philosophen so lieben. Angenommen, eine Person hätte nicht bloß einige »q-Erinnerungen« eines anderen Menschen, sondern ganze Ketten solcher Verbindungen. Dann hätten wir nach Parfit auch ein Kriterium dafür, was die Verbindung zwischen meiner Person heute und meiner Person zu einem späteren Zeitpunkt ausmacht – ohne dass wir uns dabei auf ein »Selbst« beziehen müssen.

Im Unterschied zu anderen Philosophen hält Parfit die körperliche Kontinuität nicht für notwendig für ein persönliches Weiterleben. Angenommen, eine Person hat zwar ein gesundes Gehirn, aber der Körper wäre von Krebsmetastasen zerfressen. Die einzige Überlebenschance besteht darin, das Gehirn in einen anderen, gesunden Körper zu transplantieren. Wahrscheinlich würden die meisten Menschen einer solchen Radikaloperation zustimmen, meint Parfit.

Im Allgemeinen halten wir Menschen auch nach Schönheitsoperationen noch für die gleichen Personen. Und selbst im Falle von Transsexualität gehen wir nicht davon aus, dass die Person vor der Geschlechtsumwandlung gestorben ist – sondern wir nehmen an, dass es eine Kontinuität von Persönlichkeitsmerkmalen, Erinnerungen und Erfahrungen gibt, die die Person vor und nach der Operation verbindet.

Im Fernsehen gibt es eine Reality-Show, deren absonderliche Idee darin besteht, Menschen körperlich neu zu erfinden. Meist geht es um Leute, die offenkundig unter ihrem Aussehen leiden. Unter dem Einsatz aller chirurgischen und kosmetischen Möglichkeiten wird das äußere Erscheinungsbild verändert, bis sie sich nach Monaten schließlich wieder im Spiegel betrachten und vor ihre Angehörigen treten dürfen. Die Sendung suggeriert natürlich, dass hier ein »anderer Mensch« erschaffen wird.

Ähnliche Eingriffe ins Gehirn würden wir hingegen ganz anders sehen. Allerdings scheint die Wichtigkeit unseres Gehirns in erster Linie von seinen Funktionen abzuhängen. Wäre es möglich, diese Funktionen zu ersetzen – etwa durch Hirnimplantate – könnten wir theoretisch auch auf diesen Teil des Körpers verzichten.

Unsere persönliche Identität beruht nach Parfit nicht auf einem stabilen Selbst, sondern auf der Kontinuität unserer psychischen und physischen Zustände. Durch den Tod, sagt Parfit, reißt diese Kette von Verbindungen ab. »Statt zu sagen: ›Ich werde tot sein‹, sollte ich vielmehr sagen: ›Es wird keine zukünftigen Erfahrungen geben, die mit meinen heutigen Erfahrungen in Verbindung stehen.‹«[454] Parfit glaubt, dass der Tod durch diese neue Sicht »weniger deprimierend« wird. Die Angst vor dem eigenen Tod ist für Parfit »keineswegs natürlich oder instinktiv«. Vielmehr werde sie gestärkt durch unser Festhalten an der Vorstellung einer persönlichen Identität: »Wenn wir diese Überzeugungen aufgeben, sollten sie geschwächt werden.«[455]

Angenommen, ich wäre todkrank, und man würde eine Hälfte meines Gehirns in den Körper eines anderen transplantieren. Diese Person hätte dann meine Erinnerungen, meine Erfahrungen, meine Persönlichkeit – nach dem »psychologischen Kriterium« wäre diese Person ich. Wäre die Person mein Zwillingsbruder, würde sie auch noch so aussehen wie ich. Also könnte ich in diesem anderen Körper weiterexistieren, selbst wenn meine verbleibende Hirnhälfte bei der Operation zerstört würde. Doch was passiert, wenn sie nicht zerstört wird? Man könnte sich den Fall vorstellen, sagt Parfit, dass nicht bloß die eine, sondern beide Hirnhälften in jeweils einen anderen Körper transplantiert werden. Mit anderen Worten: Mein Gehirn würde sich teilen wie ein Amöbe. Aber was geschieht mit mir? Überlebe ich gar nicht? Überlebe ich als eine der beiden Personen? Oder womöglich als beide Personen?[456]

Dass ich gar nicht überlebe, kann nicht stimmen. Schließlich hat die Operation mit einer Hirnhälfte ja funktioniert. Es kann aber auch nicht der Fall sein, dass ich nur als eine der beiden Personen überlebe. Schließlich sind beide Hirnhälften ja identisch – und damit auch die beiden resultierenden Personen. Warum sollte ich eher als der eine überleben als der andere? Damit bleibt nach Parfit nur eine Möglichkeit: Wir müssen akzeptieren, dass wir in diesem Gedankenexperiment als zwei Personen überleben. Nun könnte es aber sein, sagt Parfit, dass die beiden Personen, die mit meinen Hirnhälften herumlaufen, vollkommen getrennte Leben führen, ihr Aussehen verändern, ja einander nicht einmal wiedererkennen. Offenbar müssen wir zugeben, dass es sich um zwei verschiedene Personen handelt. Das macht die Angelegenheit aber nur noch bizarrer. Denn nach dieser Version ist denkbar, dass wir sogar als zwei verschiedene Personen überleben.

Das wirft aber unser Konzept der persönlichen Identität ziemlich über den Haufen. Denn nach Parfit müssen wir nicht bloß anerkennen, dass wir als zwei verschiedene Personen überleben – sondern sogar, »dass die Teilung genauso gut ist wie gewöhnliches Überleben«.

Ich gebe gern zu, dass solche Gedankenexperimente einigermaßen gewöhnungsbedürftig sind. Allerdings zeigen sie für mich einen wichtigen Punkt. Wenn Parfits Argument stimmt, dann kann ich die Demenzkrankheit meines Vaters als einen Prozess sehen, bei dem er zwar sukzessive immer mehr Fähigkeiten verliert, aber dennoch als Person weiterexistiert. Es könnte nämlich sein, dass er immer noch gewisse Erinnerungen hat, die sich in seinem Gehirn mit früheren Erinnerungen verbinden. Das wäre zwar nicht das, was wir uns unter einem »Selbst« vorstellen. Aber immerhin würde noch etwas Persönliches von ihm existieren – ein kleines Rinnsal aus seinem Bewusstseinsstrom.

Natürlich ist das nicht die Art von Hoffnung, die wir gemeinhin mit einer unsterblichen Seele verbinden. Andererseits scheinen Parfits Ideen ebenso wie die indischen Vorstellungen gut zu einem neuen Bild der Wirklichkeit zu passen, in dem die Unterscheidung von Geist und Materie immer mehr an Bedeutung verliert. Das »Eine« der Upanishaden, die »Leerheit« der Buddhisten, der psychophysische »Strom« – alle diese Vorstellungen haben große Ähnlichkeit zur bizarren Welt der Quantenphysik.

KAPITEL 15

Der Quanten-Geist

Es gibt uralte Ideen, die immer wieder auftauchen – allerdings in neuer Form. Die Vorstellung einer Weltseele geht eigentlich schon auf Plotin und auf indische Vorstellungen zurück. Die heutigen Anhänger ähnlicher Ideen stützen sich nicht auf metaphysische Spekulationen, sondern auf die moderne Quantenphysik.

Kann es sein, dass die Seele keine immaterielle Substanz ist, wie die Philosophen jahrhundertelang erfolglos zu beweisen suchten – sondern eben ein Quantenphänomen? Ist das Gehirn meines Vaters bloß der defekte »Empfänger« eines »nicht-lokalen Quanten-Bewusstseins«? Existieren unsere Seelen jenseits von Raum und Zeit als »Wahrscheinlichkeitswellen« in einem universellen »Quantencode«?

Immer wenn es um die Idee einer »Quanten-Seele« oder eines »Quanten-Bewusstseins« geht, fliegen die wissenschaftlichen Fachbegriffe tief. Dann hat man den Eindruck, einer Physikvorlesung beizuwohnen. Und natürlich, so heißt es, ist alles wissenschaftlich erwiesen. Schließlich basiert es auf einer unzweifelhaft richtigen Theorie. Wenn schon Laser und CD-Spieler auf der Basis von Quanteneffekten funktionieren – warum dann nicht auch unsere Seele?

Meine Suche nach der Seele führt in diesem Kapitel in einen etwas heiklen Bereich, in dem sich Wissenschaft und Esoterik nicht immer klar unterscheiden lassen. Ich habe einerseits eine instinktive Abneigung dagegen, Naturwissenschaft und Spiritualität miteinander zu vermischen. Andererseits kann auch ich mich dem faszinierenden Weltbild der Quantenphysik nicht entziehen. Allerdings glaube ich, dass man es sich dabei nicht zu leicht machen sollte. In Anbetracht der vielen offenbar falschen »metaphysischen« Seelen-Theorien bin ich auch bei »quantenphysischen« Argumenten misstrauisch – gerade wenn es um grundlegende Fragen wie das Leben nach dem Tod geht. Ich will erst versuchen zu erklären, worum es bei der Quantenphysik überhaupt geht.

Welt der Möglichkeiten

Der Physiker und Nobelpreisträger Richard Feynman erklärte die Quantenphysik einmal so: »Quantenmechanik ist die Beschreibung des Verhaltens von Materie und Licht in allen Einzelheiten, insbesondere der Vorgänge in atomaren Dimensionen. In sehr kleinen Dimensionen verhalten sich die Dinge überhaupt nicht so wie etwas, von dem wir direkte Erfahrung haben. Sie verhalten sich nicht wie Wellen, nicht wie Teilchen, nicht wie Wolken oder Billardkugeln, Gewichte an Federn oder irgendetwas, was wir je gesehen haben.«[457]

Nach der klassischen Physik ist das Verhalten eines physischen Objekts durch seinen Anfangszustand und die Naturgesetze vollständig festgelegt. Demnach kann man im Prinzip genau vorhersagen, wo etwa eine Billardkugel unter einer bestimmten Krafteinwirkung hinläuft. Dieses Bild beruht auf einer rein »materialistischen« Beschreibung physikalischer Vorgänge. Der menschliche »Beobachter« spielt dabei keine Rolle.

Seit der Entdeckung der Quantenphysik weiß man, dass das »klassische« Bild zwar in grober Annäherung »richtig«, aber auf fundamentale Weise falsch ist. Die klassische Physik reicht zwar, um das Verhalten »makroskopischer« Objekte hinreichend präzise zu beschreiben. Doch in der Welt des Allerkleinsten zeigt sich, dass die Realität in Wahrheit ganz anderen und ziemlich bizarren Gesetzen folgt. Niels Bohr, einer der Begründer der Quantenphysik, soll einmal gesagt haben: »Wer über die Quantenphysik nicht entsetzt ist, der hat sie nicht verstanden.«

Die Quantenphysik geht auf eine Entdeckung des deutschen Physikers Max Planck im Jahr 1900 zurück. In einem Experiment untersuchte er die Frequenzverteilung von elektromagnetischer Strahlung, die aus einem kleinen Loch eines Behälters kam. Nach der klassischen Physik hätte diese Verteilung von der jeweiligen Temperatur des Behälters abhängen müssen. Doch das war nicht der Fall. Wie Planck entdeckte, ließen sich die Messdaten nur erklären, wenn man annahm, dass die Energie in bestimmten »Paketen« abstrahlt, wobei die Energiemenge eines solchen Pakets proportional zur jeweiligen Frequenz der Strahlung ist. Diese »Pakete« nannte Planck »Quanten«, und der Proportionalitätsfaktor ist die berühmte Planck'sche Konstante.

Später fand man mathematische Strukturen, die das Verhalten mikrophysikalischer Systeme auf »Quanten-Basis« zwar richtig beschrieben, aber mit der klassischen Physik einfach nicht kompatibel waren. Die Rechenmethoden »funktionierten« – aber das Mysteriöse ist, dass man bis heute nicht genau weiß, warum.

In der Quantenwelt scheint eine fundamentale Unsicherheit zu herrschen. Man kann nicht alle Eigenschaften eines Systems gleichzeitig messen – etwa Geschwindigkeit und Ort eines Elektrons. Misst man das eine, geht das andere verloren. Das Verhalten eines Teilchens lässt sich nur mit einer gewissen Wahrscheinlichkeit bestimmen. Solange man keine Messung durchführt, scheint es sich in vielen Zuständen gleichzeitig zu befinden. Das Teilchen verhält sich wie eine Wolke, es besteht sozusagen aus Möglichkeiten, aus all den Zuständen, die es potenziell annehmen könnte. Ein bestimmter mathematischer Formalimus, eine sogenannte Wellenfunktion sagt uns, wo ein Elektron sein könnte – aber nicht, wo es tatsächlich ist. Erst wenn man das System beobachtet, also eine Messung durchführt, lässt es sich gleichsam auf einen Zustand »festnageln« – aus der Unsicherheit wird Sicherheit. Aus den seltsamen Gesetzen der Quantenwelt folgen noch eine Reihe weiterer scheinbar widersinnige Phänomene. Eines der bizarrsten ist die »Verschränktheit« oder »Nicht-Lokalität«. »Verschränkte« Teilchen haben bestimmte Eigenschaften, die über Raum und Zeit hinweg miteinander verbunden sein können – ein Effekt, den Einstein als »spukhafte Fernwirkung« bezeichnete.

All diese merkwürdigen Dinge folgen aus den mathematischen Beschreibungen. Doch bis heute streiten die Quantenphysiker darüber, wie diese Beschreibungen zu interpretieren sind.

Nach der Quantenphysik besteht die physikalische Welt nicht aus Materiestückchen, sondern aus Tendenzen und Möglichkeiten. Das klingt bizarr genug. Doch das Merkwürdigste ist die Rolle, die der »Beobachter« dabei spielt.

Nach der klassischen Physik ist der Beobachter am Geschehen unbeteiligt. Ein physikalisches System folgt einfach den Naturgesetzen – ob jemand dabei »zuschaut« oder nicht. Doch in der Quantenphysik spielt die Beobachtung eine zentrale Rolle. Erst die Messung legt den Zustand eines quantenphysikalischen Systems fest. Solange dieses System, etwa ein Elektron, nicht gemessen wird, ist es nur eine Wolke von Möglichkeiten. »Die Messung, die Verwandlung des Potenziellen in etwas Tatsächliches, ist ein Akt der Wahl – der Wahl zwischen möglichen Ergebnissen. Nach der Messung gibt es Wege, die nicht genommen wurden. Vor der Messung sind alle Wege möglich – man kann sogar sagen, dass alle Wege zugleich genommen werden«, schrieb John Archibald Wheeler, einer der größten Physiker des 20. Jahrhunderts.[458] Wheeler entwickelte in seinen späten Jahren die Hypothese, dass Information die Grundlage des ganzen Universums sei – »it from bit«. Die Grundidee ist einfach. Jede Messung, jede »Registrierung« eines Ereignisses in der Quantenwelt ist eine Ja/Nein-Entscheidung – dabei entsteht ein Bit Information. »Das Universum und alles, was darin ist, könnte aus Myriaden solcher Ja-Nein-Entscheidungen, also ›Bits‹, entstanden sein. Es ist die Registrierung, sei es durch eine Person, ein Gerät oder ein Stück Glimmer (alles, was Information speichern kann) – das die Potenzialität in Aktualität verwandelt. (...) Information könnte nicht nur etwas sein, was wir über die Welt *lernen*. Es könnte auch das sein, was die Welt *erschafft*.«[459]

Wheeler ist wie andere Physiker der Meinung, dass es für die Messung nicht unbedingt einen *bewussten* Beobachter braucht. Einige Wissenschaftler sind allerdings anderer Auffassung. Aus ihrer Sicht ist das Bewusstsein sogar die Grundlage der Quantenphysik. Und manche, wie der Physiker Henry Stapp, glauben sogar, dass unser Bewusstsein nur als Quantenphänomen verstanden werden kann.

Die Macht des Beobachters

Nach der »Kopenhagener Deutung« macht die Quantenphysik einfach Vorhersagen über die statistische Wahrscheinlichkeit, mit der ein physikalisches Ereignis eintrifft. Wir können aber nicht sagen, was zwischen zwei Beobachtungen passiert. Nach dieser Interpretation gibt es einen Dualismus zwischen der Natur und dem beobachtenden System aus Körper und Geist, also dem Wissenschaftler, der mit seinen Messgeräten eine bestimmte experimentelle Situation schafft. Der Wissenschaftler legt durch seine bewusste, freie Entscheidung die experimentellen Fragen fest. Das Festlegen der Fragen spielt sich dabei im Kopf des Beobachters ab. Die mathematische Theorie sagt nur, mit welcher Wahrscheinlichkeit bestimmte »Antworten« bei dem Experiment herauskommen.

Der Physiker Henry Stapp vertritt auf dieser Grundlage eine Auffassung, die er »interaktiver Quanten-Dualismus« nennt.[460] Stapp glaubt, dass sich damit die Schwierigkeiten des klassischen Dualismus vermeiden lassen. Eine davon besteht darin, die Interaktion zwischen Geist und Materie zu erklären. Ein zweiter Einwand lautet, dass die physikalische Welt »kausal geschlossen«, das Verhalten jedes Dings vollständig »deterministisch bestimmt« sei. Physikalische Phänomene lassen sich nach dieser Auffassung also vollständig aus physikalischen Ursachen erklären – geistige Entitäten hätten demnach gewissermaßen nichts zu tun. Stapp glaubt, dass sich beide Einwände entkräften lassen. Denn nach der Quantenphysik ist die physikalische Realität eben nicht in sich kausal geschlossen. Vielmehr braucht sie dafür den menschlichen Beobachter. Ohne das Geistige ist die physikalische Realität unvollständig.

Stapp stützt sich dabei unter anderem auf einen der Mitbegründer der Quantentheorie, den genialen Mathematiker John von Neumann. In seinem Buch über die mathematischen Grundlagen der Quantentheorie zeigte er, dass nur ein bewusster Beobachter (also keine Maschine) tatsächlich eine Beobachtung durchführen kann. Das Kernargument ist, dass sich alle physischen Messapparaturen selbst in einem quantenphysikalischen Überlagerungszustand mit dem beobachteten System befinden. Ist das Bewusstsein selbst ein quantenphysikalisches Phänomen?

Eine solche Theorie hat etwa der bekannte Physiker Roger Penrose vorgeschlagen. Bewusste Erfahrungen könnten demnach auf Gravitationseffekten winziger Hirnpartikel auf die unmittelbare Umgebung des Gehirns beruhen. Doch dieser Ansatz gilt als höchst umstritten.

Das Problem vieler Theorien ist schlicht das Gehirn. »Viele Ansätze werden schon durch die Tatsache ausgeschlossen, dass das lebende Gehirn groß, warm und feucht ist und stark mit der Umgebung interagiert«, schreibt Stapp. »Die erste und sehr stringente Anforderung an jede ernsthafte Theorie ist, dass sie in dieser ›quantenfeindlichen‹ Umgebung funktioniert.«[461]

Tatsächlich haben die Forscher zumindest einen quantenphysikalischen Effekt entdeckt, der eine Rolle bei der Entstehung von Bewusstsein spielen könnte. Bei Quantenexperimenten hat sich gezeigt: Wenn man die gleiche Beobachtung eines Quantensystems ausreichend schnell wiederholt, dann bekommt man irgendwann immer das gleiche Ergebnis – das Teilchen friert gewissermaßen in seinem Zustand ein. Dieser »Quanten-Zeno-Effekt« tritt auch dann ein, wenn gleichzeitig physikalische Kräfte einwirken, die den Zustand des Teilchens eigentlich verändern müssten. Der Beobachter steuert das »Timing« durch seine bewusste Entscheidung und beeinflusst damit tatsächlich das Verhalten des Quantensystems. Auf analoge Weise, glaubt Stapp, könnte eine schnelle Abfolge identischer geistiger Akte eine Art Handlungsanleitung erzeugen, die eine entsprechende Hirnaktivität erzeugt.

Tunnel zum Licht

Mit Hilfe der Quantenphysik wollen einige Forscher auch sogenannte Nahtoderlebnisse erklären, bei denen Betroffene oft Lichtvisionen und andere extreme Bewusstseinszustände erleben. Der niederländische Kardiologe und Nahtodforscher Pim van Lommel bringt diese Erlebnisse sogar mit einer Art unsterblicher »Quanten-Seele« in Verbindung: »Aufgrund prospektiver Studien zur Nahtoderfahrung, neuerer Erkenntnisse der neurophysiologischen Forschung und der Entdeckungen der Quantenphysik bin ich zu der festen Überzeugung gelangt, dass das Bewusstsein weder an eine bestimmte Zeit noch an einen bestimmten Ort gebunden ist.«[462]

Der Arzt und Nahtodforscher Raymond Moody unterschied einmal zwölf verschiedene Elemente von Nahtoderfahrungen (NTE). Dazu gehören unter anderem überwältigende Gefühle von Glück und tiefem Frieden, außerkörperliche Erfahrungen, der Aufenthalt in einem dunklen Raum, die Wahrnehmung wundervoller Landschaften, die Kommunikation mit Verstorbenen, die Begegnung mit Lichtwesen oder Tunnelerlebnisse, bei denen die Betroffenen das Gefühl haben, mit hoher Geschwindigkeit zum Licht gezogen zu werden.

Zu diesen Erlebnissen gehört aber auch die schlichte Erkenntnis, tot zu sein. In einem Bericht heißt es: »Es ist seltsam, dass ich überhaupt nicht überrascht war und auch sonst kein Gefühl hatte. Ganz nüchtern dachte ich: So, jetzt bin ich tot. Das ist es also, was wir Tod nennen.«[463]

Ich muss gestehen, dass ich viele dieser Schilderungen faszinierend finde. Wie in Nahtoderlebnissen plötzlich die Schmerzen verschwinden. Wie Menschen das Gefühl haben, dass sie ihren Körper verlassen, plötzlich schwerelos werden und von der

Decke hinunter auf ihren eigenen Körper blicken: »Ich fühlte, wie ich meinen Körper losließ und anfing, in die Höhe zu steigen. Durch das Dach hindurch. Über das Krankenhaus. Alles wurde immer kleiner, und das Tempo nahm erheblich zu. (...) Ich war so aufgewühlt, dass ich es nicht in Worte fassen kann. Mich überkam ein Gefühl des Friedens, das ich auf Erden nie empfunden hatte. (...) Ein vollkommen überwältigendes Gefühl der Liebe, nicht der irdischen Liebe (...) sondern einer Liebe, die ich nicht beschreiben kann. Ich sah über mir ein helles Licht, und auf dem Weg zu ihm hörte ich herrliche Musik und sah Farben, die ich zuvor noch nie gesehen hatte (...).«[464]

Es gibt zahllose Erlebnisberichte dieser Art.

In seinem Buch »Endloses Bewusstsein« schreibt van Lommel: »Eine Nahtoderfahrung ist ein außergewöhnlicher Bewusstseinszustand, der in einer Phase entsteht, in der ein körperlicher Tod droht oder wirklich eintritt oder Todesangst empfunden wird. Demografische, psychologische und physiologische Faktoren erklären nicht, warum manche Menschen eine NTE erleben und andere nicht.«[465] Im Rahmen einer Langzeitstudie befragte van Lommel 344 Herzpatienten, die bereits klinisch tot gewesen waren. 62 dieser Patienten, also 18 Prozent, berichteten, dass sie Nahtoderfahrungen gemacht hätten. Das Ergebnis wurde 2001 in der angesehenen medizinischen Fachzeitschrift *The Lancet* veröffentlicht.

Das grundsätzliche Problem solcher Studien liegt darin, mögliche physiologische Ursachen dieser Erlebnisse auszuschließen. So kann etwa akuter Sauerstoffmangel im Gehirn ebenso zu Halluzinationen führen wie die Einnahme bestimmter Medikamente. Zugleich wissen die Hirnforscher heute, dass außerkörperliche Erfahrungen mit bestimmten Hirnvorgängen zusammenhängen – und sogar gezielt ausgelöst werden können. Erst kürzlich zeigte eine Studie an der Universität von Maribor (Slowenien), dass Patienten mit höherem CO_2-Gehalt im Blut signifikant häufiger Nahtoderfahrungen machen als andere.[466]

Als problematisch haben sich auch Schilderungen über Nahtoderlebnisse erwiesen, bei denen Menschen berichteten, dass sie trotz Ausfalls ihrer Hirnfunktionen Dinge in der Umgebung wahrnehmen konnten – etwa das Geschehen im Operationsraum. So konnte eine Patienten angeblich trotz nicht vorhandener Hirnaktivität und verbundener Augen eine Knochensäge beschreiben, die während der Operation auf dem OP-Tisch lag. Aber auch in solchen Fällen lassen sich andere Erklärungen nicht ausschließen. Um letztlich doch zu beweisen, dass Nahtoderfahrungen sozusagen authentisch sind, lassen sich einschlägige Forscher immer neue Dinge einfallen. So platzierte ein US-Neurologe im OP einen Laptop unterhalb der Decke, so dass ein Patient den Monitor nicht sehen kann – außer er verlässt tatsächlich seinen Körper. Aber auch solche trickreichen Experimente haben die Nahtodforschung bisher nicht weitergebracht.

Man muss den Nahtodforschern zugutehalten, dass sie sich um wissenschaftliche Seriosität und um Abgrenzung von der Esoterik bemühen. Ich habe persönlich nichts gegen diese Art Forschung – solange sie ihre Ergebnisse nicht überinterpretiert. Ich zweifle nicht daran, dass solche außergewöhnlichen Bewusstseinszustände existieren. Die Frage ist nur, was sich daraus ableiten lässt. Tatsache ist eben, dass nicht nur sterbende Menschen solche Erlebnisse haben. Schon aus diesem Grund kann man Berichte über Nahtoderfahrungen meiner Ansicht nach nicht als Beweis für die Unsterblichkeit der Seele heranziehen.

Kardiologe Pim van Lommel beruft sich auf das quantenphysikalische Phänomen der »Verschränktheit« oder »Nicht-Lokalität«. Auch das Bewusstsein, so glaubt van Lommel, sei ein solches nichtlokales Quantenphänomen: »Auf der Grundlage der erwähnten prospektiven Studien zu Nahtoderfahrungen, der aktuellen Ergebnisse der neurophysiologischen Forschung und der Konzepte der Quantenphysik kann das Bewusstsein meiner festen Überzeugung nach nicht an einem bestimmten Ort lokalisiert werden. Auch nicht im Gehirn. Es ist in Form von Wahrscheinlichkeitswellen nichtlokal, also überall, präsent.« Das Gehirn und der Körper fungieren van Lommel zufolge nur als »Empfangsstation« für diese Informationen – ähnlich wie ein Fernsehgerät, das Informationen aus elektromagnetischen Feldern empfängt und zu Bildern und Tönen dekodiert.[467]

Einen noch exoterischen Ansatz vertritt der Physiker und Buchautor Markolf H. Niemz in seinem Buch »Lucy im Licht«. Die Seele habe wesentliche Gemeinsamkeiten mit dem Licht. Beide seien masselose Teilchen mit quantenphysikalischen Eigenschaften. Wenn wir sterben, so glaubt Niemz, entweicht die Seele mit Lichtgeschwindigkeit aus dem Körper, damit sie ins Jenseits übergehen kann. Durch die quantenphysikalische Verschränktheit seien alle Seelen zu einem großen Ganzen verbunden – dem Ursprungszustand Licht.

Natürlich sind das alles unbewiesene Spekulationen. Van Lommels Ansatz erinnert allerdings stark an die alte Idee einer Weltseele, mit der sich auch der große, als Metaphysiker unverdächtige Psychologe und Philosoph William James anfreunden konnte.

Im Prinzip habe ich nichts gegen spekulative Theorien über die Seele. Wie dieses Buch zeigt, besteht die ganze Philosophiegeschichte aus solchen Theorien. Mein Problem beginnt dort, wo die Wissenschaft in fragwürdiger Weise dazu benutzt wird, spirituellen Überzeugungen oder esoterischen Theorien mehr Suggestionskraft zu verleihen. So muss heute die Quantenphysik zur Erklärung aller möglichen »übernatürlichen« Phänomene herhalten, von Geistheilungen bis zur Telepathie – und eben unserer Fortexistenz nach dem Tod. So mysteriös und faszinierend uns die Quantenwelt auch zu Recht erscheinen mag: Daraus folgt nicht, dass auch jedes mysteriöse, »unerklärliche« Phänomen ein Quantenphänomen ist. Wie schmal der Grat zur Pseudowissenschaft ist, zeigt sich etwa daran, dass van Lommel seine Theorie eines »verschränkten« Quanten-Bewusstseins mit erst recht umstrittenen Experimenten »untermauert«, die angeblich Telepathie beweisen sollen.

Es gibt noch einen anderen, wichtigeren Punkt. Kaum zufällig lassen sich van Lommel und andere Anhänger eines »Quanten-Bewusstsein« nicht auf die Frage ein, was dieses Bewusstsein nach unserem körperlichen Tod eigentlich sein soll. Was hat eine solche Quanten-Seele noch mit uns zu tun? Worin besteht das Verlockende, als Wahrscheinlichkeitswelle weiterzuexistieren?

Heute inspiriert die Quantenphysik nicht nur Wissenschaftler und Philosophen, sondern auch eine neue Mystik-Bewegung. Eine besondere Rolle spielte dabei der Film »What the Bleep do we know«. Untermalt von effektvollen Computergrafiken, brachten darin diverse Wissenschaftler die Quantenphysik mit spirituellen Fragen in Verbindung. Seither gibt es regelmäßig Kongresse zu den Themen von »What the Bleep do we know«.

Ein Vertreter dieser Quantenmystiker ist etwa der indischstämmige Physiker Amit Goswami. In seinen Büchern geht er von einer »monistischen« Vorstellung aus, wobei er die Quantenphysik mit spirituellen Ideen und Begriffen aus der Hirnforschung verbindet: Nicht Materie, sondern Bewusstsein sei die Grundlage allen Seins. Dieses Bewusstsein manifestiere sich in Lebewesen wie uns Menschen: »Wir sind dieses Bewusstsein. Alle Welt der Erfahrung, einschließlich Materie, ist die materielle Manifestation von transzendenten Formen des Bewusstseins.«

In seinem Buch »Physics of the Soul« beschreibt Goswami die Seele als »Quantenmonade« aus (Quanten-)Erinnerungen und Charaktertendenzen, die als reine Potenzialität durch die Quantenwelt treibt, bis sie sich wieder neu materialisiert. Goswami beruft sich dabei auf das »Tibetische Totenbuch« (vgl. Kap. 14) und verschiedene buddhistische Vorstellungen ebenso wie auf Nahtoderlebnisse, Engel und Telepathie. Goswami behauptet sogar, dass einzelne Inkarnationen über das Phänomen der Quanten-Nichtlokalität miteinander verbunden sind und Informationen austauschen können. Wie das alles genau funktionieren soll, erklärt Goswami in seinem Werk nicht.

Ob eine solche Quanten-Seele physikalisch überhaupt möglich ist, weiß bis heute niemand. Der Physikprofessor und Buchautor Thomas Görnitz fasst es so zusammen: »Wir besitzen bis heute keine Kenntnis über mögliche Wechselwirkungen von Informationen ohne Träger. (…) Daher ist bislang die Anbindung eines Bewusstseins an ein Gehirn als notwendig anzusehen.«

Allerdings könne man »die Existenz solcher Gebilde auch nicht prinzipiell ausschließen, die uns bekannten Naturgesetze verbieten diese Vorstellungen nicht«.[468] Die Verbindung von Quantenphysik mit Philosophie und Spiritualität ist jedenfalls nicht neu. Schon die Begründer der Theorie waren für mystische Vorstellungen empfänglich. Erwin Schrödinger meinte, dass die »mysteriöse Grenze zwischen Subjekt und Objekt« gar nicht existiere: »Subjekt und Objekt sind eins.« Für den Urgrund der Wirklichkeit hielt er das »Psychische«, den Geist.[469]

Wer ein wenig mystisches Empfinden hat, kann es vielleicht so sehen wie der Quantenphysiker Hans-Peter Dürr, Träger des Alternativ-Nobelpreises. Materie gebe es gar nicht, erklärte Dürr einmal in einem Interview mit dem *P.M.-Magazin* die bizarre Welt der Quantenphysik so: »Es gibt nur ein Beziehungsgefüge, ständigen Wandel, Lebendigkeit. Wir könnten es auch Geist nennen.« Die wahre Realität ist für Dürr ein reines Informationsfeld, ein Quantencode. Es ist das, was die Inder das »Eine« nennen – ein geistiges Ganzes, in dem wir letztlich alle am Ende aufgehen: »Was wir Diesseits nennen, ist ja eigentlich die Schlacke, die Materie, also das, was greifbar ist. Das Jenseits ist alles Übrige, die umfassende Wirklichkeit, das viel Größere. Das, worin das Diesseits eingebettet ist. Insofern ist auch unser gegenwärtiges Leben bereits vom Jenseits umfangen. Wenn ich mir also vorstelle, dass ich während meines diesseitigen Lebens nicht nur meine eigene kleine Festplatte beschrieben habe, sondern immer auch etwas in diesen geistigen Quantenfeldern abgespeichert habe, gewissermaßen im großen Internet der Wirklichkeit, dann geht dies ja mit meinem körperlichen Tod nicht verloren. In jedem Gespräch, das ich mit Menschen führe, werde ich zugleich Teil eines größeren, geistigen Ganzen. In dem Maße, wie ich immer auch ein Du war, bin ich, wie alles andere auch, unsterblich.«[470]

Dürr besitzt die Gabe, auf sehr warme, fast berührende Weise über seine Auffassung der Quantenphysik zu sprechen. Statt von Teilchen oder Wellen redet er etwa von »Wirkchen« oder »Passierchen«, um das Prozesshaft-Lebendige der Quantenwelt auszudrücken. Allerdings habe ich das Gefühl, dass man den nichtdualistischen Vorstellungen der indischen Philosophie nahestehen muss, um solche »geistigen Quantenfelder« tatsächlich als eine Form der Unsterblichkeit sehen zu können. Beim ewigen Leben denken die meisten von uns wohl eher an ein engelgleiches Dasein im Himmel, an das Wiedersehen mit verstorbenen Verwandten und Freunden, an die Auferweckung der Toten und vielleicht auch an Formen der Reinkarnation. Die Frage der Seele scheint untrennbar verbunden zu sein mit der Hoffnung auf ein Jenseits – und auf Erlösung.

KAPITEL 16

Der Flug des Schmetterlings

Eines Tages saßen wir in einem Krankenhauscafé und fragten uns, ob es nun zu Ende gehe. Meinem Vater ging es schlecht. Sehr schlecht.

Er hing an der Sauerstoffmaske und atmete schwer. Sein Körper zitterte. Er hatte hohes Fieber. Irgendwas auf der Lunge, sagten die Ärzte. Und zuckten mit den Schultern. Viele Krankenhäuser, sagt meine Mutter, würden Demenzpatienten am liebsten gleich wieder nach Hause schicken.

In den letzten Jahren fragte ich mich einige Male, ob es nicht besser wäre, wenn es zu Ende wäre. Besser für ihn. Und besser für meine Mutter, die ihn nun seit über sechs Jahren rund um die Uhr pflegt.

Ich würde meinen Vater gerne fragen, wie er es sieht. Ob er sich als Belastung empfindet. Ob er lieber tot wäre – oder ob er will, dass es ewig so weitergeht. Ich wüsste gern, was er sich wünscht und erwartet, was er hofft und was er fürchtet. Weiß er überhaupt, dass er sterben wird? Ahnt er es? Kann er es irgendwie fühlen? Und was, wenn er es nicht weiß, ahnt oder fühlt? Würde der Tod für ihn überhaupt einen Unterschied machen? Könnte er im Jenseits wieder sprechen? Würde Gott oder wer auch immer seinen Geist, seine Persönlichkeit wiederherstellen?

Für die frühen Griechen war die Seele einfach das Leben. Wir heutigen Menschen denken dabei eher an die Zeit danach – an die Frage, was mit uns nach dem körperlichen Tod geschieht. Rund 52 Prozent der Deutschen, so ergab eine vom *Spiegel* 2007 in Auftrag gegebene Studie, glauben an eine Art der Fortexistenz nach dem Tod – von christlichen Vorstellungen bis zur Seelenwanderung.

Platons Sokrates freute sich auf den Tod, weil er auf die Loslösung der Seele vom Körper hoffte. In der »Apologie«, seiner Verteidigungsrede, überlegte er zum Beispiel, ob der Tod etwas »Gutes« sei: »Denn eins von beiden ist das Totsein, entweder so viel als nichts sein noch irgendeine Empfindung von irgendetwas haben, wenn man tot ist; oder, wie auch gesagt wird, es ist eine Versetzung und ein Umzug der Seele von hinnen an einen anderen Ort. Und ist es nun gar keine Empfindung, sondern wie ein Schlaf, in welchem der Schlafende auch nicht einmal einen Traum hat, so wäre der Tod ein wunderbarer Gewinn (...). Ist aber der Tod wiederum wie eine Auswanderung von hinnen an einen anderen Ort und ist das wahr, was gesagt wird, dass dort alle Verstorbenen sind, was für ein größeres Gut könnte es wohl geben als dieses?«[471] Sogar die erste Alternative, also nach dem Tod einfach bloß ein »Nichts« zu sein, ist für Sokrates besser, als überhaupt keine Perspektive zu haben.

Platon sah den Tod als Befreiung des Geistes vom Körper. Nach dem Tod, so dachte er, kann sich der Geist endlich aufs Denken konzentrieren – auf die reine philosophische Kontemplation. Eine ähnlich »abgehobene« Vorstellung hatten viele christliche Denker. Augustinus etwa meinte, dass wir im Himmel keinerlei Erinnerung ans irdische Leben haben, sondern völlig im Schauen Gottes aufgehen. Die Idee, dass im Himmel gegessen werden könnte, hielt er für abstoßend.

Man kann es aber auch so sehen wie der Materialist Epikur in seinem berühmten Sophisma: »Das angeblich schaurigste aller Übel also, der Tod, hat für uns keine Bedeutung; denn solange wir noch da sind, ist der Tod nicht da, stellt sich aber der Tod ein, sind wir nicht mehr da.«[472]

Im Großen und Ganzen kann man sich drei Möglichkeiten eines Weiterlebens nach dem körperlichen Tod vorstellen. Die erste ist eine unkörperliche Fortexistenz der »Seele«, also jene Form von Unsterblichkeit, an die über Jahrhunderte die Philosophen von Platon bis Descartes glaubten. Die zweite Variante ist die Seelenwanderung, also die Neuverkörperung der »Seele« oder des Bewusstseinsstroms. Die dritte Möglichkeit ist die Wiederauferstehung des Körpers. Eine weitere Möglichkeit wäre die Idee einer ewigen Wiederkehr – also die Idee, dass sich alles nach einem gewissen Zyklus wiederholt.

Szenario 1: Leben als Geist

Ist eine unkörperliche Existenz überhaupt möglich? Und was würde es bedeuten, als rein geistiges Wesen weiterzuexistieren?

Das Problem ist, dass dieses Szenario offenbar allen wissenschaftlichen Erkenntnissen zuwiderläuft. Aus Sicht der Hirnforschung beruht alles Geistige letztlich auf Hirnvorgängen. Zugleich wissen wir, wie massiv sich Hirnschäden auf unsere geistigen und psychischen Fähigkeiten auswirken. Die Krankheit meines Vaters ist leider auch ein starkes Indiz gegen die Vorstellung einer unkörperlichen Existenz. Allerdings könnte die »materialistische« Auffassung, wonach der Geist auf dem Gehirn beruht, natürlich einfach falsch sein – oder jedenfalls irreführend. Es könnte sich zum Beispiel herausstellen, dass die Vorstellung einer Art Quanten-Seele, die außerhalb des Gehirns existieren kann, doch nicht so abwegig ist. Die Frage ist allerdings, was eine solche Seele noch mit uns zu tun hätte – mit unserer Persönlichkeit, unseren Erinnerungen, unseren Gefühlen. Können wir uns eine solche Existenz überhaupt vorstellen?

Ich mache mal einen Versuch – eine Art finales Gedankenexperiment, das in gewisser Weise dort beginnt, wo Descartes aufgehört hat.

Angenommen, mein Körper würde sich plötzlich auflösen. Erst verschwinden die Arme und Beine. Plötzlich könnte ich weder etwas anfassen noch laufen. Dann löst sich mein Rumpf auf. Ich spüre meinen Körper nicht mehr. Ich bin nur mehr mein Kopf. Nun verschwinden meine Ohren. Meine Augen. Meine Nase. Mein Mund. Ich kann meine Umgebung nicht mehr wahrnehmen. Ich kann weder sehen noch hören, riechen, tasten oder schmecken. Und natürlich kann ich auch nicht mehr sprechen. Schließlich verschwindet auch noch der Rest. Zurück bleibt ein Haufen Kleider. Ich bin nur noch Geist, Seele – nennen Sie es, wie Sie wollen.

Aber welche Fähigkeiten und Eigenschaften hätte ich ohne meinen Körper noch? Wie könnte ich sehen, hören oder sprechen?

Wie würde sich diese Situation für mich anfühlen?

Fühlt sie sich überhaupt nach etwas an?

Ohne die Lichtrezeptoren in unseren Augen wäre etwa Sehen unmöglich. Nun könnte ich mir eine andere, »übersinnliche« Art des Sehens vorstellen, die mir die gleichen Informationen liefert. Doch mangels Körper würde mir jeglicher Orientierungspunkt fehlen. Zugleich fragt sich, wie ich mich ohne meine Muskeln bewegen, ohne Ohren hören – und ohne Stimme mit anderen kommunizieren könnte. Ohne die Rückkoppelung zu meinem Körper könnte ich auch keine Gefühle empfinden. Für alle diese Fähigkeiten (oder wenigstens einige davon) müsste es irgendeine Art von »übersinnlichem« Ersatz geben. Andernfalls wäre meine immaterielle Seele zu einem ziemlich traurigen Dasein verurteilt – als blinder, taubstummer und bewegungsunfähiger Geist ohne jede Möglichkeit, mit anderen in Kontakt zu treten. Diese Art von »ewigem Leben« wäre nach meinem Empfinden die Hölle.

Wäre ich als rein geistiges Wesen noch die gleiche Person? Hätte ich überhaupt noch ein Selbst?

Der britische Philosoph Peter Strawson hat einmal argumentiert, dass solche Wesen keine Personen sein können. Einem Geist können wir nämlich keine individuellen Eigenschaften zuschreiben. Dazu müssten wir die Möglichkeit haben, ein solches Wesen zu identifizieren, also von anderen zu unterscheiden und wiederzuerkennen – das können wir nach Strawson aber nur, wenn dieses Wesen körperliche Eigenschaften hat.[473] Wenn Strawsons These stimmt, dann könnte meine »Seele« die »Seele« meines Vaters ohne Körper nicht einmal wiedererkennen. Und wir hätten keine Möglichkeit, unsere »Seelen« überhaupt mit »uns« in Verbindung zu bringen – mit unseren Gesprächen, unseren Erinnerungen, unseren Konflikten.

Die Vorstellung einer unkörperlichen Fortexistenz nach dem Tod kommt mir wenig realistisch vor. Doch vor allem scheint sie mir nicht sehr erstrebenswert. Sie bringt nicht nur keine Erlösung. Diese Form der Unsterblichkeit ist für mich auch kein Leben mehr.

Ludwig Wittgenstein hat das in seinem »Tractatus« so ausgedrückt: »Die zeitliche Unsterblichkeit der Seele des Menschen, das heißt also ihr ewiges Fortleben auch nach dem Tode, ist nicht nur auf keine Weise verbürgt, sondern vor allem leistet diese Annahme gar nicht das, was man immer mit ihr erreichen wollte. Wird denn dadurch ein Rätsel gelöst, dass ich ewig fortlebe? Ist denn dieses ewige Leben dann nicht ebenso rätselhaft wie das gegenwärtige? Die Lösung des Rätsels des Lebens in Raum und Zeit liegt *außerhalb* von Raum und Zeit.«[474]

Szenario 2: Seelen auf Wanderschaft

Die Seelenwanderung sei das »einzige System«, dem die Philosophie überhaupt Beachtung schenken dürfe, meinte der schottische Philosoph David Hume.[475] Tatsächlich glaubten viele große Geister an die Seelenwanderung, von Pythagoras und Platon bis zu Arthur Schopenhauer. Und bis heute berührt viele die Vorstellung, sie könnten schon einmal gelebt haben. Einschlägige »Rückführungen« und »Reinkarnationstherapien«, bei denen angeblich die Erinnerung an die frühere Existenz hervorgeholt wird, scheinen jedenfalls emotional sehr bewegend zu sein. Und immer noch mühen sich einige unverdrossene Wissenschaftler ab, einschlägige Berichte aus dem früheren Leben zu verifizieren. Solche Geschichten können tatsächlich verblüffend sein. Da ist etwa der Fall des afrikanischen Jungen, der die Namen aller Bewohner eines anderen Dorfes kennt, obwohl er nie dort gewesen ist. Oder das einjährige Mädchen aus dem Libanon, das eines Tages die Eltern anruft und ihnen mitteilt, dass es sich im früheren Leben einer Herzoperation in den USA unterziehen musste. Und so weiter. Auf über 2000 Seiten trug der amerikanische Psychiater Ian Stevenson 1997 penibel recherchierte Fälle zusammen. Die Indizien reichen von angeblichen detaillierten Ankündigungen der Wiedergeburt bis zu Geburtsmalen. Doch einen wirklichen Beweis gibt es bis heute nicht.

Die traditionelle indische Lehre von der Seelenwanderung stützt sich laut dem Münchner Religionswissenschaftler Michael von Brück auf vier zentrale Argumente.[476] Erstens wird die Reinkarnation in den heiligen Schriften gelehrt. Zweitens ermöglicht sie eine Erklärung der Ungleichheit unter den Menschen. Drittens entspricht sie dem Zeugnis der Erleuchteten, die durch ihre intensivere Wahrnehmung das Erleben früherer Existenzen ins Bewusstsein heben können. Vor allem aber sorgt die Seelenwanderung für moralischen Ausgleich in der Welt.

Im irdischen Leben gibt es keine wahre Gerechtigkeit. Deshalb muss die Vergeltung aller Taten über den Tod hinweg erfolgen. Nach den indischen Vorstellungen verbürgt das Gesetz des Karmas den Zusammenhang aller Erscheinungen: Alles was wir tun, hat Konsequenzen, jede Ursache hat eine Wirkung – wenn nicht in diesem, so im nächsten Leben.

Der Dichter Gotthold Ephraim Lessing hat seine Vorstellung von der Seelenwanderung so beschrieben: »Warum sollte ich nicht so oft wiederkommen, als ich neue Kenntnisse, neue Fertigkeiten zu erlangen geschickt bin? Bringe ich auf einmal so viel weg, dass es der Mühe wiederzukommen etwa nicht lohnet? Die Erinnerung meiner vorigen Zustände würde mir nur einen schlechten Gebrauch des Gegenwärtigen zu machen erlauben. Und was ich auf jetzt vergessen *muss*, habe ich denn das auf ewig vergessen?«[477]

Der Glaube an die Seelenwanderung hat verschiedene Formen. Die Platonisten vermuteten, dass die unzerstörbare Seele einen neuen Körper annimmt – allerdings nach einer Zwischenperiode, in der die Seele eine unkörperliche Existenz führt. Nach buddhistischer Auffassung ist es der psycho-physische Strom, der sich neu verkörpert, in verschiedenen hinduistischen Schulen das Selbst.

In der »Bhagavad Gita« heißt es, dass das verkörperte Selbst – das »Atman« – einen neuen Körper bekommt, wenn der alte Körper abgenutzt ist: »So wie ein Mensch abgetragene Kleidung wegwirft und neue, andere anlegt, so wirft das verkörperte Selbst die verbrauchten Körper weg und verbindet sich mit anderen, die neu sind.«

Auch bei der Seelenwanderung stellt sich die Frage, was mit unserem Selbst passiert. Wenn ich als anderer Mensch wiedergeboren werde – erkenne ich mich dann noch als gleiche Person wieder? Welche Verbindungen gibt es zum früheren Leben? Und worin genau besteht die Kontinuität?

Auf den ersten Blick erscheint die Idee der Seelenwanderung ziemlich unplausibel. Wir wissen heute, in welchem Ausmaß unsere Persönlichkeit von unseren Genen wie von der Umwelt geprägt werden. So betrachtet, ist es sehr unwahrscheinlich, dass ich in meinem neuen Leben die gleiche oder auch nur eine ähnliche Person sein werde wie in meinem früheren Leben. Und man kann sich zu Recht fragen, warum wir uns nicht an unsere früheren Leben erinnern können – ein Problem, auf das schon Philosophen wie John Locke oder David Hume hingewiesen haben.

Ohne ein Selbst mit Persönlichkeit und Gedächtnis macht die Wiedergeburtslehre offenbar keinen Sinn. Das scheint aber der traditionellen hinduistischen Vorstellung zu widersprechen, dass nicht den individuellen Seelen, sondern nur dem »Atman«, das nicht dem Kreislauf der Wiedergeburt unterliegt, wahre Realität zukommt. Nach dieser Vorstellung wäre es auch schwer zu erklären, wie die individuelle Seele, die wiedergeboren wird, zu jenen Bewusstseinszuständen gelangen soll, von denen aus sie ihre früheren Leben überblicken kann.

Die vedantische Theorie löst diesen Widerspruch auf ziemlich radikale Weise. Nach diesen Vorstellungen gibt es nämlich keine Unzahl von Seelen, die im Geburtenkreislauf umherwandern – sondern bloß eine einzige. Der Philosoph Shankara formulierte es so: »In Wahrheit wird kein anderer als der Herr (ishvara) wiedergeboren.« Nur der persönliche Gott unterzieht sich den verschiedenen Stufen der Reinkarnation. In der »Bhagavad Gita« heißt es: »Ein ewiger Teil von mir existiert in der Welt der Seelen als je individuelle Seele. Sie zieht die Sinne und den Verstand, als sechsten Sinn, an sich, die in der Natur bereits existieren. Wenn der Herr einen Körper annimmt und wenn er ihn wieder verlässt, dann nimmt er diese mit sich und geht weiter, so wie der Wind die Düfte von ihrem Entstehungsort mit sich fortträgt.«[478]

Es ist demnach also Gott selbst, der sich in den Lebewesen der Wirklichkeit immer wieder aufs Neue manifestiert. Das individuelle Karma eines Menschen geht dabei in höchst »subtiler« Weise auf die nächste Existenz über. Dahinter steht die Vorstellung, dass es nur eine Realität gibt – dass Körper und Geist ein Kontinuum bilden. Der sogenannte subtile Körper bildet ein Zwischenstadium und setzt sich zusammen aus allen psychisch-geistigen Kräften eines Menschen und seinen Lebensenergien. Alle unsere Aktivitäten hinterlassen Abdrücke oder Spuren (»samskaras«) in dieser Matrix. Der subtile Körper existiert nach dem Tod weiter, um sich – durch die Fähigkeit Gottes zur Wiedergeburt – neu zu inkarnieren. Die »samskaras« bestimmen dabei gewisse Dispositionen, die sich gemäß dem Karma auf das nächste Leben auswirken – und schaffen damit Kontinuität zwischen den Inkarnationen. Es ist also das durch das Karma geprägte Wesen eines Menschen, das sich schließlich wieder in einem neuen Lebewesen verkörpert.

Diese hochkomplexen Vorstellungen der Seelenwanderung sind für uns westlich geprägte Menschen schwer zu begreifen. Schon das holistische, also ganzheitliche Weltbild der Vedanta-Philosophie ist unserer Kultur fremd. Mir persönlich fällt es schwer, die verschiedenen Ebenen der Realität als Einheit zu sehen, die sich durch den Grad ihrer »Subtilität« unterscheiden.

Szenario 3: Wiedererweckung der Toten

Das Christentum lehnt die Vorstellung der Seelenwanderung bekanntlich ab. Zum einen lässt sich die Hoffnung auf Wiedergeburt nicht aus der Bibel ableiten. Im Gegenteil, sie widerspricht sogar der biblischen Vorstellung von der Auferweckung des Leibes. Zum anderen meinen christliche Theologen, dass die Idee der Seelenwanderung die Einmaligkeit und Unwiederholbarkeit des Lebens verkennt. Darüber hinaus lehnt das Christentum die dualistische Trennung zwischen Körper und Seele ab – das Ziel ist daher auch nicht die Unsterblichkeit der Seele, wie viele glauben. »Der biblische Gedankengang setzt dem gegenüber die ungeteilte Einheit des Menschen voraus«, schreibt der heutige Papst Joseph Ratzinger in seiner »Einführung in das Christentum«: »Die Auferweckung der Toten (nicht der Körper!), von der die Schrift redet, handelt demgemäß vom Heil des *einen*, ungeteilten Menschen, nicht nur vom Schicksal einer (womöglich noch sekundären) Hälfte des Menschen. Damit ist nun auch schon klar, dass der eigentliche Kern des Auferstehungsglaubens gar nicht in der Idee der Rückgabe der Körper besteht, auf die wir ihn aber in unserem Denken reduziert haben. (...) Die Unsterblichkeitsidee, welche die Bibel mit dem Wort von der Auferstehung ansagt, meint eine Unsterblichkeit der ›Person‹, des *einen* Gebildes Mensch.«[479]

Die Hoffnung der Christen beruht auf der Wiederauferstehung Christi. Dabei geht es nicht um das Weiterleben der Seele oder um die Rückkehr der Toten ins Leben, sondern um eine Art Verwandlung – um die »Erweckung« des Menschen zu einer transzendenten Existenz: »Wenn das Neue Testament von Auferweckung spricht, dann nicht von der natürlichen Fortdauer einer von unseren leiblichen Funktionen unabhängigen Geist-Seele. Es meint dann vielmehr – auf der Linie jüdischer Theologie – die Neuschaffung, Verwandlung des ganzen Menschen durch Gottes lebensschaffenden Geist«, schreibt der Theologe Hans Küng.[480]

Der Papst sagt in seiner Enzyklika »Spe Salvi«, was er unter dem ewigen Leben versteht: »Es wäre der Augenblick des Eintauchens in den Ozean der unendlichen Liebe, in dem es keine Zeit, kein Vor- und Nachher mehr gibt.« Einige christliche Philosophen beschäftigen sich dennoch ernsthaft mit der Frage, ob eine körperliche Wiedererweckung der Toten möglich ist. Auf den ersten Blick scheint es, als würde dieses Szenario viele der Probleme beseitigen, die mit einer Fortexistenz der Seele oder mit Seelenwanderung verbunden sind. Als verkörperte Person würden wir unsere Erfahrungen und Erinnerungen behalten – wir hätten im zukünftigen Leben also kein »Identitätsproblem«. Und selbst ein hartgesottener Materialist könnte an diese Form der Unsterblichkeit glauben. Allerdings haben schon die Debatten der Kirchenväter gezeigt, dass es auch bei der Auferweckung einige Schwierigkeiten gibt: Hätten wir im zukünftigen Leben tatsächlich den gleichen Körper? Wäre es der gesunde, vitale Körper unserer Jugend – oder der angegriffene Körper kurz vor unserem Tod?

Der Philosoph Peter van Inwagen hat die metaphysischen Möglichkeiten einer Wiedererweckung ausgelotet: »Stellen Sie sich vor, dass Gott anbietet, Sokrates von den Toten zu erwecken. Wie soll er das anstellen? Wie soll es sogar der Allmacht gelingen, eine Person zurückzubringen, die vor langer Zeit gelebt hat und zum Staub zurückgekehrt ist? Deren einstige Atome seit Jahrtausenden relativ gleichmäßig über die Biosphäre verteilt sind?«[481] Ein Dualist, sagt van Inwagen, hat es vergleichsweise leicht. Aus seiner Sicht gäbe es gar keine Notwendigkeit, Sokrates wiederzubeleben – schließlich ist dessen Seele ja unsterblich. Allenfalls könnte Gott seine Seele mit einem neuen Körper ausstatten. Ein Materialist hätte mehr Probleme. Schließlich könnte ja auch Gott nichts anderes tun, als den Körper von Sokrates neu zusammenzusetzen. Das Problem daran ist, dass es sich dabei um eine Kopie handeln würde.[482]

Eine Möglichkeit, die van Inwagen selbst einmal vorgeschlagen hat, wäre die folgende: Gott hätte ein physisches Duplikat des toten Sokrates oder seines Gehirns erschaffen, es reparieren und irgendwo in der anderen Welt deponieren können – um ihm am Tag der Wiedererweckung wieder neues Leben einzuhauchen. »Das hat niemanden überzeugt«, sagt van Inwagen.

Einige Kritiker hätten protestiert, dass er die Wiedererweckung zu einer neuen Art des Lebens mit herkömmlicher Wiederbelebung verwechsle. Doch van Inwagen wehrt sich: »Aber wenn ich davon spreche, dass Gott einem Leichnam das Leben wiederschenkt, dann will ich damit nur implizieren, dass er dafür sorgt, dass ein toter Organismus zu einem lebenden Organismus wird. Ich sage nicht, dass der nun wieder lebende Organismus in der Art des alten Lebens lebendig ist. (...) Nach der Auferstehung sind wir immer noch aus Up-Quarks, Down-Quarks und Elektronen zusammengesetzt; aber sie werden ein wenig anders organisiert sein.«[483] Heute glaubt van Inwagen, dass Gott nicht den ganzen Körper aufbewahren würde – sondern nur einen Rest, ein »nacktes Samenkorn«, wie es im Korintherbrief heißt: »Gesät wird ein irdischer Leib, auferweckt ein überirdischer Leib.«[484] Etwas ketzerisch könnte man meinen, Gott müsste eigentlich nur unsere DNA aufbewahren.

Vor einigen Jahren traf ich Menschen, die an eine Wiedererweckung glauben – allerdings nicht durch Gott, sondern durch die moderne Wissenschaft. Die »Extropianer« sind radikale Zukunftsoptimisten, die davon überzeugt sind, dass wir mit Hilfe moderner Technik eines Tages die Grenzen des Menschseins überwinden können. Einige von ihnen haben sogar Verträge mit Unternehmen, die nach ihrem Tod ihren Körper oder ihr Gehirn in flüssigem Stickstoff konservieren sollen. Ihre Hoffnung ist, dass es in Zukunft möglich sein wird, ihren Körper und ihr Gehirn zu reparieren – und zwar mit Hilfe von Nanotechnologie. Nach ihrer Vorstellung würden dann Armeen molekularer Roboter in ihr Gehirn ausschwärmen, Zellen und neurale Verbindungen wiederherstellen – Atom für Atom.

Das klingt zwar bizarr. Doch ich muss gestehen, dass ich die Vorstellung nicht völlig abwegig finde. Die Idee, das eigene Gehirn zu konservieren, kommt mir vor wie eine Wette auf zukünftige Möglichkeiten, bei der man nichts (außer Geld) zu verlieren hat – jedenfalls als Anhänger der Unsterblichkeit. Wenn die Sache »funktioniert«, wird man von den Toten wiedererweckt. Funktioniert es nicht, dann spielt es auch keine Rolle.

Die Idee der »Extropianer« beruht natürlich ganz auf dem Menschenbild der modernen Hirnforschung. Demnach sind wir nichts anderes als unser Gehirn – eine »Ansammlung von Nervenzellen«, wie es DNA-Entdecker Crick ausdrückte. Wenn dieses Bild stimmt, dann reicht es auch, ein totes Gehirn wiederherzustellen, um eine Person wieder zum Leben zu erwecken. Man könnte mein Gehirn auch in einen anderen Körper transplantieren – und ich bliebe trotzdem dieselbe Person. Die nanotechnische Restaurierung des Gehirns wäre dann eine Art Wiedererweckung der Toten, Hirntransplantationen die moderne Form der Seelenwanderung. So betrachtet, hätte mein Vater nur rechtzeitig eine Kopie seines gesunden Gehirns anfertigen lassen müssen – dann bräuchte man es ihm jetzt nur einzusetzen. Es braucht nicht viel Sensibilität, um solche futuristischen Szenarien unheimlich zu finden. Man muss sich nur vorstellen, irgendwann in 300 Jahren womöglich auf einem OP-Tisch aufzuwachen – in einer Welt, mit der man nicht das mindeste zu tun hat. Ein Extropianer erklärte mir allerdings, dass er das schon aus wissenschaftlicher Neugier extrem spannend fände.

Auch zutiefst materialistische Wissenschaftler wie Richard Dawkins träumen offenbar von der Unsterblichkeit. In seinem Buch »Das egoistische Gen« schreibt Dawkins: »Wenn wir einmal sterben, so können wir zwei Dinge hinterlassen: Gene und Meme. Wir sind als Genmaschinen konstruiert, dazu geschaffen, unsere Gene zu vererben. Aber dieser Aspekt von uns wird in drei Generationen vergessen sein.« Mit jeder Generation, sagt Dawkins, halbiere sich der Beitrag unserer Gene – bis man ihn irgendwann vernachlässigen könne. »Unsere Gene mögen unsterblich sein, aber die Sammlung von Genen, die jeder Einzelne von uns darstellt, muss zwangsläufig auseinanderbröckeln. Wir sollten Unsterblichkeit nicht in der Fortpflanzung suchen.«[485]

Allerdings gibt es nach Dawkins eine ernst zu nehmende Alternative – nämlich die Verbreitung unserer »Meme« (vgl. Kap. 12): »Wenn ich einen Beitrag zur Kultur der Welt leiste, wenn ich einen guten Gedanken habe, eine Melodie komponiere, eine Zündkerze erfinde oder ein Gedicht schreibe, so kann dieser Beitrag noch lange, nachdem meine Gene sich im gemeinsamen Genpool aufgelöst haben, unversehrt weiterleben. Von Sokrates mögen heute (...) vielleicht noch ein oder zwei Gene auf der Welt leben oder auch nicht, aber wen interessiert das schon? Die Memkomplexe von Sokrates, Leonardo da Vinci, Kopernikus und Marconi sind immer noch ungeschwächt.«

Den Tod überleben

Von Woody Allen stammt allerdings die berühmte Bemerkung: »Ich möchte die Unsterblichkeit nicht durch meine Arbeit erreichen – sondern dadurch, dass ich nicht sterbe.« Ich glaube, vielen Menschen im Westen geht es ähnlich. Wir wollen unser Selbst behalten, unsere individuelle Persönlichkeit. Wir wollen uns nicht einfach auflösen im Nichts – und auch nicht im kosmischen Ganzen. »Unsterblichkeit zu denken, das ist auch philosophische Poesie, das Plädoyer für eine grundsätzlich träumerische, vom analysierten Ding zum unfassbaren Ganzen des Daseins sich aufschwingende Sicht auf Leben und Tod«, formuliert der Autor Mathias Schreiber.[486]

Aber was, wenn es keine »Seele« gibt, die losgelöst vom Körper existieren kann? Und wenn auch die Hoffnung auf eine Wiedererweckung von den Toten vergebens ist? Müssen wir dann einfach zur Kenntnis nehmen, dass mit dem Tod »alles aus« ist?

Der Philosoph Mark Johnston von der Universität Princeton hat in seinem Buch »Surviving Death« begründet, warum wir trotzdem auf ein Leben nach dem Tod hoffen dürfen. Seine spektakuläre These lautet: Moralisch gute Menschen, die sich am Wohl anderer orientieren, können den Tod überwinden – und zwar im wörtlichen Sinne.

Johnston geht von einer Vorstellung vom »Guten« aus, die in vielen religiösen Systemen verbreitet ist: Ein guter Mensch ist jemand, der sein eigenes Selbst zurückstellt und sich an den Bedürfnissen anderer orientiert. Er ist also ein Altruist – ob in der

Form der Agape (lat. caritas), also der christlichen Nächstenliebe, oder der buddhistischen Ethik. Wenn wir dem Ideal des Altruismus folgen, entwickeln wir nach Johnston eine neue Beziehung zu uns selbst. Wir geben unseren Egoismus auf und identifizieren uns mehr und mehr mit dem Wohl anderer Menschen. Unser eigenes Selbst wird immer kleiner. Nach Johnston entwickeln wir dadurch eine neue Identität – eine Identität, die buchstäblich unseren Tod überdauert. Allerdings kommen wir nicht in den Himmel. Vielmehr gehen wir auf im »Vorwärtsdrang der Menschheit«.

Der komplexe Gedankengang ist nicht ganz einfach zu verstehen.

Johnston geht von zwei zentralen Ideen aus. Die erste ist, dass wir »proteische«, also wandelbare Wesen sind. Der mythische Meergott Proteus besaß die Fähigkeit, die Zukunft vorherzusagen. Doch um sich Fragen zu entziehen, schlüpfte er in alle möglichen Tiergestalten. Ähnlich können auch wir unser Wesen verändern, glaubt Johnston. Welche Identität wir letztlich realisieren, hängt dabei von unseren zukunftsgerichteten Vorstellungen und Interessen ab.

Die zweite Idee läuft darauf hinaus, dass wir unsere Vorstellung eines dauerhaften Selbst aufgeben müssen – und zwar deshalb, weil dieses Selbst keine rationalen Motive für unser Handeln liefern kann.

Dieser Gedanke wirkt zunächst etwas bizarr. Wir gehen doch davon aus, dass wir heute die »gleiche Person« sind wie morgen oder in zehn Jahren. Dabei tun wir nach Johnston etwas, was er als »offloading« oder »Abladen« bezeichnet: Wir wissen zwar eigentlich nicht, was unser Selbst ausmacht – aber wir tun einfach so, als wüssten wir es. Das Gleiche machen wir auch im Alltag, wenn wir Objekte oder andere Personen identifizieren: Solange der Baum vor meinem Fenster da ist, gehe ich davon aus, dass es derselbe Baum wie gestern ist oder vor drei Wochen – auch wenn er in Wirklichkeit etliche Äste verloren hat. Und wenn wir nach vielen Jahren einen alten Freund wiedersehen, nehmen wir selbstverständlich an, dass es sich immer noch um die gleiche

Person handelt, auch wenn er in der Zwischenzeit ein paar Haare weniger auf dem Kopf, seinen Job gewechselt und zehn Kilo zugelegt hat.

Wir wenden also nicht ständig irgendwelche körperlichen oder sonstigen »Identitätskriterien« an, um uns davon zu überzeugen, dass ein Objekt oder eine Person weiterexistiert. Bei unserem eigenen »Selbst« machen wir es nach Johnston genauso. Das Problem ist nur, dass das »Abladen« in diesem Fall nicht funktioniert, weil das Selbst eben nichts Substanzielles ist. Am äußeren Erscheinungsbild eines Baums können wir uns orientieren. Wir würden es merken, wenn morgen plötzlich nicht mehr eine Fichte vor unserem Fenster stünde, sondern ein Ahornbaum. Aber woran sollen wir erkennen, ob unser Selbst über die Zeit hinweg das gleiche Selbst bleibt? Wir können es nicht. Daraus folgt für Johnston aber, dass wir unser Selbst nicht zur Rechtfertigung zukünftiger Handlungen heranziehen können. Die einzige vernünftige Alternative besteht daher darin, sich an den Interessen anderer zu orientieren – also im Altruismus.

Angenommen, ich fasse den Entschluss, mich in den nächsten fünf Jahren vorrangig auf meine berufliche Karriere zu konzentrieren. Dann ist das nach Johnston nicht bloß eine egoistische, sondern auch eine irrationale Entscheidung.

Nach Johnston lassen wir uns von unserer täglichen Erfahrung täuschen. Wir glauben, dass wir tatsächlich der Mittelpunkt der Welt sind: »Solange wir leben, sind wir selbst um uns herum; jedes Mal wenn wir aufwachen, sind wir da, gleichzeitig mit den Erscheinungen der Welt. Und wir tun so, als wäre die Welt anders, wenn wir nicht da wären.«[487] Doch diese Perspektive, sagt Johnston, sei irreführend. In Wirklichkeit seien wir alle in dieser Welt nur nebensächlich.

Unser »Superlativ-Selbst«, wie Johnston es nennt, dient allerdings nicht nur als Träger unserer Identität. Wir rechtfertigen damit auch unsere egozentrischen Interessen. Wenn wir dieses Konzept eines beständigen Selbst aufgeben, verliert auch der Tod seinen Schrecken: »Warum sollte ich mich, in einer besonderen egozentrischen Weise, um das Weiterbestehen eines Menschen in der Zukunft sorgen, wenn der Gedanke keinen Sinn macht, dass es sich bei diesem Menschen um MICH handelt – in dem Sinn, auf den es ankommt, also im subjektiven Sinn?«[488] Johnston geht sogar noch einen Schritt weiter: »Unsere Schlussfolgerung sollte dann sein, dass unser ureigener Tod unmöglich, weil radikal undefiniert ist. Das Fehlen geistiger Substanzen eliminiert nicht nur die Grundlage für die Hoffnung auf ein Leben nach dem Tod, es eliminiert auch den Tod, den wir am meisten gefürchtet haben. Wenn man es sorgfältig durchdenkt, geht die Ablehnung der Seele Hand in Hand mit der Ablehnung des Selbst, zumindest wenn das Selbst als Rechtfertigung für unser besonderes Eigeninteresse benutzt wird, das die Evolutionsgeschichte in uns eingepflanzt hat.«[489]

Ohne ein Selbst, ohne eine Seele geht uns unser Tod nichts an. Und nach Johnston haben wir sogar eine reale Möglichkeit, über unser physisches Ende hinaus zu existieren. Als »proteische« Wesen können wir durch unseren eigenen Tod »hindurchsehen«, indem wir uns an den Interessen anderer orientieren statt an unseren eigenen – indem wir also altruistisch handeln. Johnstons Argument läuft darauf hinaus, dass es letztlich nicht unsere individuellen Persönlichkeiten sind, die über den Tod fortdauern – sondern unsere wandelbare, »proteische« Person, die eben viele Identitäten annehmen kann.

Die zentrale Idee von Johnston lautet: Wenn ich mich heute schon mit den zukünftigen Interessen einer Person nach einem bestimmten Ereignis derart identifizieren kann, dass ich diese Interessen bereits heute in meine eigene Zukunftsperspektive einbaue – dann kann ich das Ereignis »überleben«. Und zwar auch dann, wenn dieses »Ereignis« mein eigener Tod ist. Nach Johnstons Theorie könnte die Person meines Vaters weiterexistieren, auch wenn seine individuelle Persönlichkeit ausgelöscht ist.

Wenn ich weiß, dass ich an Demenz erkranken und irgendwann meine geistigen Fähigkeiten völlig verlieren werde, kann ich bestimmte Vorkehrungen für die späteren Phasen der Krankheit treffen, etwa für die Unterbringung in einem Pflegeheim meiner Wahl sorgen – und damit als Person »überleben«, obwohl ich meine individuelle Persönlichkeit völlig verloren hätte. Nun könnte man sich ein Medikament vorstellen, das Demenz heilt und die Erinnerungsfähigkeit wiederherstellt – allerdings wären die Erinnerungen an die Zeit vor der Krankheit unwiederbringlich verloren. »Viele Demenzpatienten würden dann neue und blühende individuelle Persönlichkeiten entwickeln. Sie wären Beispiele für Menschen, die eine Art Reinkarnation in einem einzigen Leben erlebt haben.«[490]

Aber wie können wir den eigenen Tod überleben? Johnston erläutert das mit einem Gedankenexperiment.

Angenommen, es gibt ein Volk, das sich mit Hilfe von Teletransportation fortbewegt. Diese »Teletransporter« wissen, dass die Maschinen ihre Körper erst zerstören – und dann exakte Kopien erzeugen. Sie glauben auch nicht daran, dass ihre »Seele« von einem Ort zum anderen »gebeamt« wird. Aber sie besitzen die Fähigkeit, sich mit ihren künftigen Kopien vollkommen zu identifizieren – die Teletransportation ist für sie einfach nur eine schnelle Art der Fortbewegung. Ein anderes Volk, die »Menschen«, sieht das anders. Sie halten Teletransportation für glatten Selbstmord. Nun könnte man sich vorstellen, dass die »Teletransporter« eine Art Training anbieten, bei dem die »Menschen« lernen, sich mit ihren Kopien genauso zu identifizieren wie die »Teletransporter«. Ein »menschlicher« Absolvent dieses Trainings, argumentiert Johnston, würde daher die Teletransportation »überleben«.

Johnston will darauf hinaus, dass wir unseren Charakter gleichsam »rekonfigurieren« können, indem wir uns am Wohl anderer orientieren – und nicht an einer »metaphysischen Rechtfertigungsinstanz« wie der Seele oder dem Selbst. Johnston schreibt: »Das Ideal der Agape zu leben, lässt uns weiterleben im Vorwärtsdrang der Menschheit und nicht (oder nicht speziell) in den übernatürlichen Räumen des Himmels, selbst wenn solche Räume existieren und von den Erben unserer Seelen bewohnt wären.«[491]

Selbst wenn es ein Weiterleben der Seele oder des Selbst nach dem Tod gäbe, wäre das nach Johnston für unser Leben also moralisch irrelevant: »Unsere vorrangige Zukunft nach dem Tod wäre hier auf der Erde im Vorwärtsdrang der Menschheit.«[492]

Ein radikaler Altruist, der sich an Agape orientiert, verkörpert sich nach Johnston nicht bloß in einem Organismus – sondern in allen heutigen und zukünftigen Lebewesen.

Angenommen, irgendwo auf der Welt gab es einmal eine wirklich gute Person – sagen wir, eine Art Gandhi. Dann ist diese Person auch in meinem Organismus verkörpert. Deswegen bin ich aber nicht mit dieser Person identisch. Wenn ich nun weiter mein egozentrisches Weltbild verfolge, mich also nur an den zukünftigen Interessen meiner Persönlichkeit orientiere, werde ich nach Johnstons Theorie aufhören zu existieren, wenn mein Körper stirbt – nicht aber der gute Mensch, der sich in mir verkörpert hat: »Wenn es jemals eine gute Person gegeben hat, wird seine zukünftige Verkörperung nicht bedroht durch die Begrenztheit Ihrer Verkörperung. Er ist nicht identisch mit Ihnen. Er ist temporär verkörpert durch den gleichen menschlichen Organismus, der auch Sie verkörpert. Er wird reinkarniert im Vorwärtsdrang der Menschheit – und Sie werden es nicht.«[493]

An Johnstons Idee einer »moralischen Reinkarnation« gefällt mir, dass sie Konsequenzen für unser diesseitiges Leben hat. Man kann sie vielleicht als Versuch einer rationalen Begründung für Altruismus und Nächstenliebe sehen. Diese Idee von »Unsterblichkeit« hat natürlich nichts mit unseren traditionellen Vorstellungen von einem Jenseits zu tun. Dieses »Jenseits« ist das Diesseits – eine von Menschen, nicht von Geistern bevölkerte Welt.

Bei manchen philosophischen Büchern finde ich es schade, dass sie nicht über einschlägige Fachzirkel hinaus wahrgenommen werden. Das liegt meist nicht an der Komplexität der Argumente, sondern an einer philosophischen Ausdrucksweise, die nur für »Eingeweihte« verständlich ist. Johnstons Buch »Surviving Death« ist für mich so ein Fall. Sein Ansatz bietet vielleicht Hoffnung für Menschen, die nicht an eine unsterbliche Seele oder an die Wiederauferstehung glauben. Zugleich verträgt sich seine Theorie aber auch mit allen religiösen Überzeugungen.

Johnstons Überlegungen über unser »proteisches Wesen« passen für mich gut in eine Zeit, in der viele ihren Glauben an absolute Wahrheiten verloren haben. Unsere Informationsgesellschaft scheint einen flexiblen und anpassungsfähigen, »proteischen« Menschentyp hervorzubringen, wie der amerikanische Psychologe Robert J. Lifton meinte. Ständig übernehmen wir neue Aufgaben, wir schlüpfen in andere Rollen, wechseln unsere Beziehungen. Nichts scheint mehr festzustehen, alles ist in Bewegung.

Das Web hat die Möglichkeit geschaffen, virtuelle Identitäten zu erfinden, sich mit anderen Menschen zu vernetzen, in neuen Gemeinschaften aufzugehen. Millionen Computerspieler verbringen den Großteil ihrer Zeit in virtuellen Parallelwelten, in denen sie jemand anderer sind als im wirklichen Leben.

Das Web hat in gewisser Hinsicht auch eine spirituelle Dimension. Einige Internet-Vordenker halten es für eine Art kollektive Hyperintelligenz – für eine moderne Variante des Averroes'schen Weltintellekts. Die Autorin Margaret Wertheim zog in ihrem Buch »Himmelstür zum Cyberspace« einmal interessante Parallelen zwischen dem Web und religiösen Vorstellungen. Unter anderem vergleicht sie das Netz mit der christlichen Vision der himmlischen Stadt, also des »Neuen Jerusalem«, von dem das Neue Testament spricht.

Nach der Offenbarung des Johannes wird die Stadt am Ende der Apokalypse erschaffen. Sie soll aus Gold und Edelsteinen bestehen und von einem gleißenden Licht erfüllt sein: »Die Stadt braucht weder Sonne noch Mond, die ihr leuchten. Nacht wird es dort nicht mehr geben. Denn die Herrlichkeit Gottes erleuchtet sie und ihre Leuchte ist das Lamm. Die Völker werden in diesem Licht einhergehen, und die Könige der Erde werden ihre Pracht in die Stadt bringen. Ihre Tore werden den ganzen Tag nicht geschlossen (...).«[494]

Wie die himmlische Stadt, so schreibt Wertheim, sei auch der Cyberspace ein Ort, an dem Menschen aller Nationen zusammenkommen können – zumindest theoretisch: »Der Traum einer globalen Gemeinschaft ist eine der primären Fantasien der ›Cyberspace-Religion‹« – einer technologischen Version des Neuen Jerusalem. Man sollte vielleicht hinzufügen, dass laut Offenbarung auch »nichts Unreines« und keine Gräuel oder Lügen in die Stadt dürfen. Insofern hinkt der Vergleich vielleicht doch etwas.

Natürlich ist das Web kein »himmlischer« Ort – man denke nur an all den Müll, der da herumliegt. Eher ist es etwas sehr Menschliches.

Vielleicht kann man es als eine Art »Seelen-Raum« sehen. Viele von uns offenbaren darin ihre Gedanken und Gefühle, tauschen sich mit anderen aus, suchen nach Partnern – oder einfach nur nach Menschen, die ihre Interessen teilen. Und bekanntlich hinterlässt jeder von uns im Netz seine persönlichen Spuren. Und zwar für alle Ewigkeit. Wenn man will, kann man seine »Identität« auf Facebook auch als eine Art von Unsterblichkeit betrachten. Das meine ich nicht nur metaphorisch.

Das Web ist in gewisser Hinsicht der ideale Lebensraum für »proteische« Wesen. Ein Raum, in dem wir zumindest theoretisch mit der ganzen Menschheit verbunden sind. Der US-Autor David Weinberger hat es einmal so ausgedrückt: »Das Web ist eine Welt, die wir füreinander geschaffen haben.«

Das Web beruht zwar auf Technik. Doch eigentlich dreht sich alles um Menschen – also um Seelen. Ich denke an die Millionen von Nutzern, die in sozialen Netzwerken ihr Wissen, ihre Gedanken und Gefühle, ihre Erfahrungen, ja sogar ihr Leben mit anderen teilen. So gesehen repräsentiert das Web das, was der Philosoph Johnston den »Vorwärtsdrang der Menschheit« nennt.

Nach Johnston brauchen wir weder Seele noch Selbst, um unsterblich zu werden. Wenn wir Altruismus und Nächstenliebe leben, uns mit den Interessen anderer identifizieren, verliert unser Tod seine Bedeutung. Als »proteische« Wesen gehen wir letztlich auf in allen zukünftigen Menschen. Insofern könnten wir tatsächlich auch im Internet weiterexistieren.

Doch irgendetwas stimmt für mich nicht an diesem Bild.

Wir erleben unseren Tod nicht aus der Perspektive der Menschheit – sondern aus unserer eigenen. Wir haben einen persönlichen Blickwinkel. Einen subjektiven Standpunkt. Eine Erste-Person-Perspektive.

Johnstons Theorie hat mich zwar vom Ideal der Agape überzeugt. Auch ich würde gern aufgehen im »Vorwärtsdrang der Menschheit«. Doch sterben möchte ich trotzdem nicht.

Auch wenn ich, objektiv gesehen, in dieser Welt nur eine Nebensache bin, würde ich gerne weiterexistieren. Und ich glaube, dass es den meisten von uns genauso geht – jedenfalls solange sie gesund sind und sich noch etwas erhoffen vom Leben.

Ich glaube, dass dieser subjektive Blickwinkel etwas Einzigartiges ist. Etwas, das uns zu Personen macht. Etwas, das uns unterscheidet von den Dingen. Etwas, das mein Vater hat, aber ein Computer nicht.

Ein Etwas, das ich gerne »Seele« nennen möchte.

KAPITEL 17

Das Haus der Seele

Stellen Sie sich ein riesiges Haus vor – ein Haus mit Hunderten von Zimmern. Vielleicht steht es mitten in der Stadt, vielleicht in einem Dorf, vielleicht am Waldrand.

Es steht einfach irgendwo.

In diesem Haus gibt es geräumige Salons, Bibliotheken und Spielzimmer. Von den sonnendurchfluteten Terrassen blickt man weit ins Land. An den Wänden hängen Bilder, die Geschichten erzählen. Einige Zimmer sind möbliert, warm und gemütlich, andere kahl und leer, ohne Heizung und elektrisches Licht. In manchen fensterlosen Kammern liegt bloß verstaubtes altes Zeug herum.

Es ist ein labyrinthisches, verwinkeltes Haus, in dem man leicht verlorengehen kann. Manche Flure führen im Kreis, andere nirgendwo hin. Es gibt unzählige Treppen und Türen; und es gibt Räume, die noch nie jemand betreten hat. Manchmal dringen aus ihnen seltsame Geräusche. Auch der Spuk gehört zu diesem Haus, zu seiner besonderen Atmosphäre.

Es ist ein einzigartiges Haus.

Ein Haus mit Charakter.

Überall wehen Erinnerungen durch das Haus. Jeder Stuhl, jedes Bild, jeder Teppich weiß etwas über die Vergangenheit. Über gute und schlechte Zeiten, über Hoffnung und Enttäuschung, über Träume, Liebe und den Hauch von Glück.

Das Haus hat einen Besitzer. Ständig läuft er durch sein Haus. Er streicht die Fassade, pflanzt Bäume im Garten, richtet Zimmer ein, reißt Wände nieder, hängt Bilder auf. Er tut und macht, repariert, verändert und gestaltet. Kaum hat er eine Arbeit beendet, steht schon wieder die nächste an. Das ganze Haus ist in Bewegung. Der Besitzer weiß, dass er mit seinem Haus nie fertig sein wird. Und doch kann er nicht anders. Das Haus ist alles, was er hat.

Im Laufe der Zeit beginnt das Haus zu verfallen. Die Fassade bröckelt, das Dach hält dem Regen nicht mehr stand. Die Treppen werden morsch, durch zerbrochene Fensterscheiben pfeift der Wind. Irgendwann stürzen die ersten Wände ein. In den Salons türmt sich der Schutt. Ganze Trakte werden ebenso unbenutzbar wie die riesigen Terrassen. Es gibt kaum noch Besucher, die es wagen, das Haus zu betreten.

Ganz allmählich verwandelt es sich in eine Ruine.

Nur noch wenige Zimmer sind dem Besitzer geblieben. Klein und karg sind sie, durch die winzigen Fensterluken dringt kaum Licht. Das Sichtfeld des Besitzers ist stark eingeschränkt. Er kann die Berge nicht mehr sehen, die Stadt, das Leben auf der Straße. Er sieht nur mehr einen kleinen Ausschnitt davon. Und doch ist ihm der Ausblick vertraut.

Es ist immer noch *sein* Haus.

Schließlich kauert der Besitzer im letzten noch verbliebenen Raum. Es ist eine finstere Kammer, eng wie ein Verlies. Nur durch einen kleinen Spalt fallen Lichtstrahlen herein. Verzweifelt drückt der Besitzer sein Auge an die Ritze, um einen Blick nach draußen zu erhaschen. Doch der Spalt ist zu schmal. Die Außenwelt schrumpft zusammen auf einen verschwommenen Fleck. Vielleicht fängt der Besitzer zu halluzinieren an. Vielleicht weiß er gar nicht mehr, wo er sich befindet.

Doch es ist immer noch *sein* Haus.

Am Ende stürzt die Ruine endgültig in sich zusammen.

Das Haus zerfällt zu Staub.

Oder zu Asche.

Was bleibt, das ist der Ort, an dem das Haus einst stand.

Das Haus ist für mich unser riesiges Selbst. Es beschäftigt uns das ganze Leben lang, es treibt uns um, es lässt uns nicht los. Wie hegen und pflegen es, auch wenn wir nie damit fertig werden – wie der »Besitzer« in meiner kleinen Geschichte. Das

Haus ist uns so wichtig, dass wir uns nicht vorstellen können, es zu verlieren. Das letzte Zimmer des Hauses – das ist vielleicht jenes, das mein demenzkranker Vater bewohnt.

Am Ende meiner Suche nach der »Seele« möchte ich eine scheinbar verrückte Behauptung aufstellen. Ich glaube tatsächlich, dass es eine »Seele« gibt, die unseren Tod überdauert. Doch diese Seele ist weder unser Geist noch unser Selbst. Sie lebt überhaupt nicht in unserem Inneren. In meinem Haus gibt es kein Zimmer, in dem die Seele wohnt. Unsere Seele existiert außerhalb von uns.

Bevor ich das erläutere, muss ich Ihnen mein Haus näher erklären. Es besteht aus einem »Äußeren«, also aus Mauerwerk und Fassaden und einem »Inneren« – aus den Räumen und all dem Mobiliar, das der »Besitzer« im Laufe der Zeit zusammengetragen hat. Das »Äußere« können wir uns natürlich als einen Körper vorstellen. Das »Innere« – das ist unser Geist, mit all seinen lichten und dunklen Zimmern. Aber das ist ein sehr oberflächliches Bild von meinem Haus.

Ich behaupte, dass das Haus noch aus einem Dritten besteht. Das ist seine besondere »Atmosphäre«, das gewisse »Etwas«, das dieses Haus einzigartig macht. Ich denke, dass jeder Besitzer eines älteren Hauses ungefähr weiß, was ich damit meine. Es sind all die Erinnerungen, die Geschichten und Erlebnisse, die das Haus bis in die letzten Winkel durchwehen. Natürlich hängt diese Atmosphäre davon ab, dass bestimmte Dinge in dem Haus physisch existieren. Wenn das Haus zusammenstürzt, gibt es diese Dinge nicht mehr. Dieses Haus ist kein Geisterhaus. Es lebt wahrscheinlich kein Gespenst darin – keine immaterielle Substanz, die alle Zeiten überdauert.

Doch es gibt etwas, das von dem Haus bleibt, obwohl es eigentlich nicht zum Haus gehört. Das ist der Ort, auf dem es stand. Der besondere Blickwinkel. Die einzigartige Perspektive, die mit diesem Ort untrennbar verbunden ist.

Mein Vorschlag ist, die Seele als eine solche »Perspektive« zu sehen – als eine Art besonderen Blickwinkel auf die Welt.

Die Frage ist natürlich, was man sich darunter vorstellen kann.

Zuallererst: Diese Perspektive ist etwas Einzigartiges. Nur Sie haben diese Perspektive, diesen besonderen Blickwinkel. Niemand sonst. Diese Perspektive ist kein Ding. Aber sie hat eine Qualität. Sie fühlt sich nach etwas an – eben wie die Aussicht, die man nur von einem bestimmten Punkt aus hat. Diese Perspektive hat eine »Stimmung«, eine »Atmosphäre«, eine »Farbe« oder einen »Klang«. Und sie hat eine »Geschichte«. Vielleicht kann man sie sich auch, nach der Metapher meines Hauses, als eine Art »Genius Loci« denken – als die geistige Atmosphäre an einem bestimmten Ort.

Die Perspektive ist jedoch nichts Transzendentes, nichts Überirdisches. Sie existiert real – in Raum und Zeit, in unserer Welt. Mein Vater hat sie, ein Computer nicht. Eine Perspektive zu haben, unterscheidet für mich ein »etwas« von einem »jemand«.

Ich sitze an meinem Computer und schreibe. Gerade quäle ich mich mit meinen Gedanken. Ich habe Zweifel, reagiere empfindlich auf Störungen. Ich fühle mich müde und einsam. Mein Horizont ist der Bildschirm.

Ungefähr so würde ich meinen derzeitigen Bewusstseinszustand beschreiben. Mein subjektives Empfinden meiner Situation, meinen »Ausblick« auf die Welt. Aber natürlich ist das nicht die ganze Geschichte. In meiner momentanen Situation steckt noch viel mehr.

Offensichtlich lebe ich – jedenfalls glaube ich das. Ich bin ein menschliches Wesen. Ich habe einen Körper. Ein Gehirn. Ich bin ein 42-jähriger Journalist und Autor. Ich treffe Freunde. Ich führe eine Fernbeziehung. Seit einigen Monaten nun denke ich über die Seele nach. Und so weiter.

Kurz gesagt: Ich führe ein bestimmtes Leben in dieser Welt. Und während ich am Computer sitze und schreibe, befinde ich mich eben an einem bestimmten Punkt dieses Lebens. Auf gewisse Weise steckt diese »Lebenssituation« in meinem augenblicklichen Bewusstseinszustand – in meinem Versunkensein, meiner Müdigkeit, meiner Einsamkeit. Allerdings in komprimierter, sozusagen eingefalteter Form. Das »Eingefaltete« ist meine »Perspektive«, mein besonderer Blickwinkel auf die Welt.

Der Ort, an dem mein Haus steht. Meine Seele. Darüber erhebt sich mein riesiges Selbst.

Mein Bewusstseinszustand ist das, was der Philosoph John Searle als »ontologisch subjektiv« bezeichnet. Er existiert nur für mich. Nur ich kann meine augenblickliche Müdigkeit, meine Einsamkeit empfinden. Niemand sonst. Aber was ist mit meiner Perspektive? Mit dem, was ich meine Seele nenne?

Meine These ist, dass diese Seele auch für andere zugänglich ist. Dass sie nicht in unserem Kopf ist – sondern draußen in der Welt, wo Menschen sind.

Aber wie soll das möglich sein? Geht die Seele meines Vaters etwa irgendwo auf der Straße spazieren? Ist das nicht ein völlig abwegiger, ja abstruser Gedanke?

Vor einiger Zeit fand ich einen Brief meines Vaters wieder, den er mir in einer früheren Phase der Krankheit geschrieben hatte. Als ich ihn wieder las, rannen mir irgendwann die Tränen herunter. Der Brief berührte mich weniger durch seinen eher nüchternen Inhalt. Es war für mich einfach nur so, als stünde plötzlich mein Vater vor mir. Als würde er aus jedem Wort, aus jedem Satz zu mir sprechen.

Ein Hirnforscher könnte vermutlich genau sagen, was sich in diesem Augenblick in meinem Gehirn abgespielt hat. Wie der Rückkoppelungsprozess zwischen Emotionen und Körper funktioniert hat. Wie der Brief als Abrufreiz für bestimmte Erinnerungen wirkte, die wiederum meine emotionalen Zentren aktivierten. Hätte ich den Brief in der Röhre eines Magnetresonanztomografen gelesen, hätte man genau sehen können, welche neuronalen Aktivitäten bei mir stattfanden.

Doch es gibt etwas, das der Hirnforscher nicht erklären könnte. Das ist die Bedeutung, die der Brief für mich hat. Und zwar nur für mich. Für jeden anderen wäre der Brief einfach ein Brief, den ein Vater an seinen Sohn geschrieben hat. Für mich ist es der Brief *meines* Vaters. Wenn ich nicht da wäre, gäbe es diese Bedeutung nicht. Für mich aber spricht daraus mein Vater. Sein besonderer Blickwinkel, seine Perspektive.

Seine Seele.

Als wäre der Brief, dieses beschriebene Stück Papier, nicht bloß »etwas«, sondern »jemand« – nämlich mein Vater.

Doch da ist etwas Merkwürdiges. Im Grunde ist es einfach nur ein Brief. Ein materielles Ding. Sehr wahrscheinlich kann sich mein Vater nicht mehr erinnern, dass er diesen Brief je geschrieben hat. In seinem heutigen Zustand könnte er ihn weder lesen noch seinen Inhalt verstehen. Vermutlich könnte er den Brief nicht einmal als seinen eigenen Brief identifizieren. Der Brief wäre wohl etwas völlig Fremdes für ihn – wenn überhaupt etwas. Und doch spricht er durch diesen Brief zu mir. Er löst etwas in mir aus, bringt mich zum Nachdenken, ja sogar zum Heulen. Es ist, als würde seine Seele in dem Brief weiterexistieren. Als gäbe es noch immer seinen Blickwinkel, seine Perspektive – obwohl sein Haus nur noch eine Ruine ist.

Die kleine Geschichte über mein »Seelen-Haus« wirft eine naheliegende Frage auf: Wer ist eigentlich der ominöse »Besitzer« des Hauses? Und was geschieht mit ihm, wenn das Haus in sich zusammenstürzt? Einige Philosophen glauben, dass es in Wirklichkeit keinen solchen »Besitzer« gibt. Ich bin anderer Auffassung. Wir können uns das Haus zwar »besitzerlos« vorstellen. Doch ohne den Besitzer wäre das Haus kalt und leer. Es hätte kein Leben.

Der Irrtum liegt meines Erachtens nicht darin anzunehmen, dass das Haus einen »Besitzer« hat. Der Irrtum ist zu glauben, dass die »Seele« oder das »Selbst« der Besitzer sein müsse. Meine persönliche Antwort lautet, dass der »Hausbesitzer« einfach unser Leben ist – unsere Existenz in dieser Welt.

Jeder Mensch, jedes Leben interagiert mit der Welt. Wir verändern die physische Realität. Wir haben Beziehungen mit anderen. Unsere Gedanken und Gefühle üben Einfluss auf andere Menschen aus – und umgekehrt. Ich möchte diese (bewussten und unbewussten) Wechselwirkungen zwischen einem Menschen und der Welt als »biografisches Feld« bezeichnen. Im Grunde ist dieses »Feld« der objektive Unterschied, den unsere Existenz (abgesehen von unserer körperlichen Anwesenheit) in der Welt macht.

Dieses Feld hat ein Zentrum – unser Leben, soweit es mit der Welt interagiert. Ich nenne das ein »Zentrum der biografischen Gravitation«. Das klingt etwas hochtrabend, aber ich möchte damit zum Ausdruck bringen, dass es auf das »Biografische«, auf unser Leben ankommt. Nach Descartes existiere ich auch, wenn ich mich der Kontemplation hingebe – wenn ich also nur denke. Sein »denkendes Ding«, seine Seele oder Geist, muss nicht physisch leben, um zu existieren. Was ich ein »biografisches Gravitationszentrum« nenne, kann hingegen nur existieren, wenn es eine »Biografie« hat – wenn es also lebt. Der Begriff »Gravitationszentrum« soll ausdrücken, dass es sich dabei um einen zentralen Bezugspunkt handelt.

Dieses Zentrum ist für mich kein einsamer Denker. Es ist unsere »Biografie«.

Unser Leben in dieser Welt.

Das Zentrum ist der Ort, an dem mein Haus steht. Nur müssen wir uns darunter etwas Vierdimensionales vorstellen. Das Zentrum existiert in Raum und Zeit. Es verändert sich ständig – wie unser Leben.

Ich glaube, dass dieses biografische Feld eine »Richtung« hat. Diese Richtung ist eben unsere Perspektive, unser besonderer Blickwinkel auf die Welt. Meine These lautet, dass diese Perspektive nicht »in unserem Inneren« ist, in unserem Geist oder Gehirn, sondern in dem biografischen Feld, das wir um uns, um unser Leben herum erzeugen – in unseren Beziehungen mit anderen, in unserer Interaktion mit der Welt. Diese Perspektive, diese »Seele«, existiert in einem ganz bestimmten Sinn – sie existiert für einen Menschen in meinem biographischen Feld.

Die Seele ist nach meiner Auffassung nicht das Ich. Vielmehr ist das Ich in der Seele »zuhause«, wie es die Philosophin und Nonne Edith Stein einmal ausgedrückt hat. Nach meinem Verständnis ist es überall da, wo ich *bewusst* mit der Welt interagiere. Dieses Ich kann mein biographisches Feld, meine Perspektive verändern. Es kann mein Leben formen und gestalten. Mein Gehirn ist nur ein Mittel dazu. Weder die Seele noch das Ich *ist* das Gehirn.

Externes Bewusstsein

Jahrhundertelang gingen die Denker davon aus, dass geistige Prozesse in unserem Inneren stattfinden. Heute gibt es eine Reihe von Philosophen, die diese Auffassung auf die eine oder andere Weise bestreiten. Diese Strömung bezeichnet man im Fachjargon als »Externalismus«. Im Kern geht es dabei um die Auffassung, dass der menschliche Geist gewissermaßen über das Gehirn hinausreicht – dass geistige Prozesse also auch außerhalb unseres Kopfes stattfinden können.

Eines dieser Argumente hat mit der Bedeutung von Begriffen zu tun. Im Allgemeinen gehen wir davon aus, dass das, was in unserem Kopf vorgeht, auch ausschlaggebend dafür ist, was wir meinen und worauf sich unsere Begriffe beziehen. Die Annahme ist, dass ich die Bedeutung des Wortes »Tisch« irgendwie in meinem Geist gespeichert haben muss, um den Begriff richtig verwenden zu können. Doch der Philosoph Hilary Putnam argumentierte, wieder einmal mit einem Gedankenexperiment, warum diese Auffassung nicht richtig sein kann.[495]

Angenommen, es gäbe einen Planeten Zwillingserde, auf dem Doppelgänger von uns existieren, die in allem mit uns identisch sind, von ihrer körperlichen Verfassung bis zu ihren geistigen und psychischen Zuständen – außer in einem: Während für uns Wasser die chemische Verbindung H_2O ist, ist Wasser auf Zwillingserde eine andere chemische Verbindung XYZ – obwohl sich die beiden Flüssigkeiten oberflächlich in allen Eigenschaften gleichen. Während also bei uns Flüsse und Seen mit H_2O gefüllt sind, sind sie auf Zwillingserde voll mit XYZ. Nun nehmen wir an, die Bewohner von Zwillingserde hätten keine Ahnung von Chemie. Das Wort »Wasser« verwenden sie für die Flüssigkeit, bei der es sich in Wahrheit um XYZ handelt. Also würde sich der Begriff »Wasser« auf verschiedene Substanzen beziehen, obwohl der geistige Zustand unserer Doppelgänger laut Annahme genau gleich dem unsrigen ist. Folglich kann die Bedeutung der Begriffe nicht allein »in unseren Köpfen« liegen.

Das klingt nach einer philosophischen Spitzfindigkeit. Doch der Punkt ist: Nach Putnam können wir einen Begriff wie »Wasser« zuverlässig verwenden, auch ohne etwas von Chemie zu verstehen. Wir wissen einfach »aus der Praxis«, was Wasser ist – und wir vertrauen darauf, dass wir das Gleiche meinen wie die Fachleute. Mit anderen Worten: Wir verlassen uns auf andere. Der Gebrauch unserer Begriffe ist eingebettet in unsere Umwelt.

Einige Philosophen gehen noch einen großen Schritt weiter. Sie behaupten nämlich, dass nicht nur Bedeutungen, sondern auch die geistigen Prozesse selbst in der Umwelt stattfinden. Dabei müssen wir nur an die moderne Technik denken: Ich selbst weiß zum Beispiel praktisch keine Telefonnummern mehr auswendig. Wozu auch – schließlich habe ich sie alle in meinem Handy gespeichert. Nach Auffassung der Philosophen David Chalmers und Andy Clark übernimmt das Handy einfach meine Gedächtnisfunktionen – also einen Teil meiner mentalen Aktivitäten. Ich betreibe sozusagen geistiges »Outsourcing«.[496]

Ein Beispiel: Inga hört von einer neuen Ausstellung in der Pinakothek der Moderne in München. Für einen Augenblick denkt sie nach, in welcher Straße sich das Museum befindet – dann erinnert sie sich und geht in die Barer Straße.

Otto hingegen leidet an Demenz. Er benutzt ein Notizbuch, um sein Leben besser zu strukturieren. Wenn er neue Informationen aufnimmt, notiert er sie. Alte Informationen ruft er ab. Als er von der Ausstellung hört, konsultiert er sein Notizbuch – und läuft zur richtigen Adresse.

»Das Notizbuch spielt für Otto die gleiche Rolle, die das Gedächtnis für Inga spielt«, schreiben Clark und Chalmers. Die eine stützt ihren Glauben, dass sich das Museum in der Barer Straße befindet, auf das Gedächtnis, der andere auf sein Notizbuch. Nun könnte man sich einen Zwilling von Otto vorstellen, der sich in nichts von Otto unterscheidet – außer in seinem Notizbuch. Dort ist nämlich statt der Barer Straße fälschlicherweise die Leopoldstraße angegeben.

Folglich hat Zwillings-Otto eine andere Überzeugung als Otto, obwohl beide den gleichen geistigen Zustand haben. Daraus folgt, dass eine Überzeugung offenbar »nicht im Kopf« ist. »Ob eine bestimmte Information als Überzeugung zählt oder nicht, hängt von der Rolle ab, die sie spielt, und es gibt keinen Grund, warum die relevante Rolle nur von innerhalb des Körpers gespielt werden kann«, schreiben Clark und Chalmers. Natürlich könnte man viele Beispiele finden, in denen uns etwa technische Geräte geistige Aktivitäten abnehmen – man denke nur an Navigationssysteme, ohne die zumindest ich nirgendwohin finden würde. Aber nicht nur technische Geräte »erweitern« sozusagen unseren Geist. Auch andere Menschen tun das. Ich hoffe, mein Vater verzeiht mir, dass ich ihn für das folgende »Gedankenexperiment« benutze.

Ich nehme einmal an, mein Vater erkennt mich nur aufgrund eines Bildes in seinem Notizbuch. Nun nehme ich an, dass es einen Zwillingsvater gibt, der sich im gleichen geistigen Zustand befindet. Nur ist dummerweise das Bild in seinem Notizbuch vertauscht – und deshalb erkennt er mich nicht. Mit anderen Worten: Ob mich mein Vater erkennt oder nicht, hängt nicht von einem Vorgang in seinem Kopf ab, sondern von dem Notizbuch.

Wenn ich meinen Vater besuche, versucht meine Mutter öfters, ihn auf mich aufmerksam zu machen: »Schau, das ist der Thomas.« Manchmal hebt er dann den Kopf und schaut. Nun stelle ich mir die gleiche Situation mit einer Person vor, die in allem meinem Vater gleicht. Nur ist diesmal nicht meine Mutter da, sondern eine andere Person, die mich mit jemand anderem verwechselt und sagt: »Schau, der XY ist da.« In diesem Fall hebt der Zwillingsvater nicht den Kopf. Meine Mutter möge mir vergeben: Aber in diesem Fall spielt sie die gleiche Rolle wie sein Notizbuch. Sie »erweitert« sozusagen die geistigen Fähigkeiten meines Vaters.

Bedeutet ein »erweiterter Geist« auch ein erweitertes Selbst? »Es scheint so«, glauben Chalmers und Clark: »Die meisten von uns akzeptieren bereits, dass das Selbst die Grenzen des Bewusstseins überschreitet; meine dispositionellen Überzeugungen zum Beispiel bestimmen in einem tiefen Sinn, wer ich bin.

Wenn das so ist, dann können diese Grenzen auch jenseits unserer Haut liegen.« Die Information in Ottos Notizbuch zum Beispiel ist ein zentraler Teil seiner Identität als kognitives, verstandesbegabtes Wesen. Offenbar müsse man Otto als »erweitertes System« sehen – als »Verbindung eines biologischen Organismus mit externen Ressourcen«.

Das klingt natürlich schrecklich kühl. Es ist auch etwas unbefriedigend. Man kann sich irgendwie noch vorstellen, geistige Vorgänge gleichsam »outzusourcen«. Aber was ist mit unseren subjektiven Empfindungen, mit unserem Bewusstsein, mit unserem Ich-Gefühl? Wie sollen die außerhalb von uns selbst existieren?

Durch die Jahrhunderte hätten die meisten Philosophen diese Vorstellung für abwegig gehalten. Die Seele, der Geist, so dachten sie, wohnen in uns. In unserem »Haus«, innerhalb unserer vier Wände – nicht irgendwo außerhalb. Die Hirnforschung geht im Grunde von der gleichen Vorstellung aus, meint der amerikanische Philosoph Alva Noë von der Universität von Kalifornien, Berkeley: »Die etablierte Neurowissenschaft geht von der Descartes'schen Doktrin aus, dass es ein Ding in uns gibt, das denkt und fühlt. Wo sie mit Descartes bricht, ist die Vermutung, dass dieses denkende Ding das Gehirn ist.«

Allerdings kann auch die Hirnforschung nicht erklären, wie Bewusstsein und subjektive Erfahrung zustande kommen »Derzeit haben wir kein besseres Verständnis, wie aus einem ›riesigen Verband von Nervenzellen und ihren verbundenen Molekülen‹ Bewusstsein entsteht, als wir verstehen würden, wie ein übernatürlicher Seelen-Stoff das leisten könnte«, schreibt Noë in seinem Buch »Out of Our Heads«.[497] Die funktionelle Bildgebung etwa, das wichtigste Instrument der Hirnforschung, liefere »keinerlei direkte Informationen über Bewusstsein und Kognition«.[498] Genauso wenig kann man aus Experimenten, bei denen bestimmte Erfahrungen durch Hirnstimulation ausgelöst werden, den Schluss ziehen, dass Bewusstsein auf dem Gehirn beruht.

Nach der traditionellen Auffassung sind wir in unserem innersten Wesen Denker. Doch diese kopflastige, »intellektualistische« Auffassung hält Noë für falsch. Bewusstsein ist für ihn keine alleinige Leistung unseres Gehirns. »Bewusstsein erfordert das Zusammenwirken von Gehirn, Körper und Welt. (…) Bewusstsein ist nichts, was innerhalb von uns passiert: Es ist etwas, das wir aktiv machen, in unserer dynamischen Interaktion mit der Welt um uns herum. (…) Gehirne allein haben keinen Geist, Menschen (und andere Tiere) haben einen.«[499] Das Gehirn »erzeugt« kein Bewusstsein: »Das Subjekt der Erfahrung ist kein Stück unseres Körpers. Wir sind nicht unser Gehirn. Das Gehirn ist vielmehr ein Teil von dem, was wir sind.«[500]

Noë beruft sich dabei selbst auf Ergebnisse der Hirnforschung. So zeige die Plastizität unseres Gehirns, »dass das Gehirn nicht die ganze Geschichte unserer geistigen Entwicklung sein kann«.[501] Wie eine Reihe von Experimenten bewiesen hat, kann ein und dasselbe Hirnareal verschiedene Funktionen übernehmen, die mit bewussten Erfahrungen zusammenhängen. Regionen, die zuvor fürs Hören zuständig waren, können plötzlich Sehreize verarbeiten – und umgekehrt. Und trotz zerstörter Sprachzentren können Menschen sprechen lernen. Noë zieht daraus den Schluss, dass Bewusstsein offenbar nicht allein von der damit verbundenen Hirnaktivität abhängt – sondern von Vorgängen außerhalb.

Unser Gehirn ist für bewusste Erfahrungen zwar notwendig, aber nicht ausreichend. Wir brauchen das Zusammenwirken mit der Welt außerhalb. Ohne Gehirn könnten wir zwar nicht sehen, sagt Noë, aber wir könnten auch nicht sehen, wenn es keine Objekte gäbe. Noë hat dafür einen schönen Vergleich. Das Gehirn erzeuge das Bewusstsein nicht, wie ein Ofen Hitze erzeugt. Vielmehr sei es eher eine Art Musikinstrument: »Instrumente machen Musik nicht von selbst. Sie versetzen Menschen in die Lage, Musik zu machen.«[502]

Unser Geist ist nicht einfach ein Spiegel der Welt, wie Descartes dachte. Wir sind kein »denkendes Ding«, das einer Außenwelt gegenübersteht. Vielmehr interagieren wir mit der Welt. Unsere Gewohnheiten und erlernten Fähigkeiten spielen dabei eine zentrale Rolle. Die Welt gehört zu uns. Bewusstsein ist kein geheimnisvoller Vorgang, der irgendwo in uns stattfindet, sagt Noë. Wir schaffen es vielmehr durch unser Handeln, »wie ein Stück improvisierte Musik« – durch unsere Interaktion mit der Welt. Gehirn, Körper und Welt wirken dabei zusammen: »Wir sind in und von dieser Welt.«[503]

Ich glaube, dass auch die Seele in diesem Sinne »in der Welt« ist – und zwar in unserer irdischen Welt. Wenn wir um unseren Vater herum sind, dann ist seine Seele mitten unter uns.

Das Haus steht nicht allein. Es ist ein Teil der Welt.

Ein Teil von uns.

Der Blick meines Vaters geht nicht einfach »ins Leere«. Wir sitzen um ihn herum und freuen uns, wenn er die Augen öffnet und schaut. Was auch immer sich in seinem zerstörten Gehirn abspielt, was auch immer er tatsächlich »denkt« oder »fühlt«: Wir sind es, die ihm eine Intention zuschreiben. Auf gewisse Weise liegt der subjektive Gehalt seines Blicks nicht in seinem Inneren – sondern in uns.

Ob mein Vater seine kontrahierte Hand bewegt, ob er die Stirn runzelt oder hustet – alle diese Äußerungen bekommen durch uns, durch seine »Umgebung«, Bedeutung. Irgendeine Restaktivität seines Gehirns mag diese Äußerungen ausgelöst haben. Aber sein Gehirn, sein Körper ist eben nur ein Teil von dem, was er ist.

Ich glaube, dass Seelen letztlich nur in solchen empathischen Beziehungen mit anderen existieren können. Der jüdische Philosoph Martin Buber hat das so ausgedrückt: »Geist in seiner menschlichen Kundgebung ist Antwort des Menschen an sein Du. (...) Geist ist nicht im Ich, sondern zwischen Ich und Du. Er ist nicht wie das Blut, das in dir kreist, sondern wie die Luft, in der du atmest. Der Mensch lebt im Geist, wenn er seinem Du zu antworten vermag. Er vermag es, wenn er in die Beziehung mit seinem ganzen Wesen eintritt. Vermöge seiner Beziehungskraft allein vermag der Mensch im Geist zu leben.«[504]

Die Seele, die ich meine, ist genügsam und bescheiden. Sie ist kein »denkendes Ding«, kein »transzendentales Ich«, kein Super-Ego. Diese Seele ist weder ein »himmlisches Gewächs«

noch ein »Gespenst in der Maschine«. Sie existiert nicht in einer abgehobenen Parallelwelt, nicht im »Himmel«, sie ist mitten unter uns.

Sie ist auch nichts Verborgenes. Jeder kann sie sehen.

Ich halte es für falsch zu glauben, dass wir prinzipiell nicht wissen können, was in Menschen wie meinem Vater vor sich geht. Wir können es wissen. Meine Mutter weiß, wann es meinem Vater gutgeht und wann nicht. Empathie heißt für mich nicht, nach dem »Inneren« eines Menschen zu fragen – sondern uns vielmehr am »Äußeren«, also am Verhalten zu orientieren.

»Der Körper ist das beste Bild der Seele«, sagte Wittgenstein. Vielleicht ist dies das Klügste, was jemals über die Seele gesagt wurde.

Der Blick meines Vaters *verrät* nichts über seine Seele.

Sein Blick *ist* seine Seele.

Auch aus dem letzten Zimmer seines Hauses schaut er noch auf die Welt. Der Blick aus diesem Zimmer verbindet ihn mit uns. Sein »biografisches Feld« ist schwach geworden. Aber es ist immer noch da. Es geht nicht von seinem Geist aus, sondern von seinem Leben. Aber was ist, wenn er nicht mehr lebt?

Wenn die These stimmt, dass unsere Seele nicht »in uns« ist, sondern außerhalb, dann können wir uns selbst, unseren Körper wie unseren Geist, auch aus der Welt wegdenken. Unsere Seele würde immer noch existieren.

Sie wäre vielleicht nicht unsterblich, aber sie würde so lange fortexistieren, wie unser »biografisches Feld« wirkt. Meine Seele ist kein Schmetterling. Und doch kann sie fliegen. In dieser, nicht in einer anderen Welt. Meine Seele fliegt nicht in den Himmel, sondern direkt über unseren Köpfen. »Die Unsterblichkeit der Seele ist ein Postulat der Liebe«, schreibt der Philosoph Robert Spaemann.[505]

Ich glaube, dass meine Suche nach der Seele zu einer Antwort auf zwei der drei Fragen geführt hat, die ich in Kapitel 14 gestellt habe. Ich glaube sagen zu können, was ich unter der Seele verstehe. Ich habe wenigstens eine Vermutung, dass diese

Seele tatsächlich existiert. Die dritte Frage lautete, wozu wir eine Seele überhaupt brauchen – was der Begriff heute noch leisten kann.

Ich habe darauf drei Antworten. Erstens glaube ich, dass uns der Begriff helfen kann, ein »etwas« von einem »jemand« zu unterscheiden. Das Zweite ist: Wir brauchen den Begriff der Seele, weil unsere Selbste so riesig, so komplex, so unersättlich sind. Kaum zufällig sprechen manche Psychologen, also »Seelenkundler«, heute vom »erschöpften Selbst«, das mit den Anforderungen der Welt nicht mehr zurande kommt. Eine einfache, genügsame, bescheidene Seele, die nicht zum Therapeuten muss, finde ich zumindest eine ganz schöne Idee. Meine dritte Antwort hat mit meinem Vater zu tun. Ich glaube, dass wir Wege finden müssen, um mit Millionen demenzkranken Menschen in unserer Gesellschaft respektvoll und menschlich umzugehen. Es könnte uns vielleicht leichterfallen, wenn wir uns an einem Seelenbegriff orientieren, der das Leben in den Vordergrund stellt – und nicht den Geist oder das Selbst.

Eine Frage bleibt noch. Was machen wir mit dem Haus, mit unserem riesigen Ich, das unter der Last seiner Bedeutung ächzt? Einfach abreißen? Mein Gefühl ist, dass wir es stehen lassen sollten. Ich glaube, wir können auf seine Wärme nicht verzichten, auf all die Geschichten und Erinnerungen, auf die Macken und den Spuk. Aber vielleicht können wir irgendwann ein neues Haus bauen. Ein kleineres, bescheideneres Haus – schon allein, um Energie zu sparen. Ein Haus, das gerade groß genug ist, um darin zu wohnen.

Anmerkungen

1 Metzinger, T. (2009): S. 346
2 Ebd.: S. 291
3 Eliade, M. (1992): Bd. 1, S. 23
4 Ebd.: S. 25
5 Peter Riviere: Shamanism and the unconfined soul, in: Crabbe, J. (1999): S. 83 ff.
6 Eliade, M. (1974): S. 14
7 Barresi, J./Martin, R.: S. 11
8 Metzinger, T. (2003): The pre-scientific concept of the Soul; http://sammelpunkt.philo.at:8080/877/
9 Eliade, M. (1992): S. 95 ff.
10 Brück, M. v.: Ewiges Leben oder Wiedergeburt? (2007): S. 72 f.
11 Eliade, M. (1992): S. 303
12 Röllig, W.: S. 138
13 Ebd.
14 Ebd.: S. 114
15 Bremmer, J. N. (1993): S. 9 ff.
16 Ebd.: S. 14 ff.
17 Ebd.: S. 73 f.
18 Bremmer, J. N. (1999): S. 6 f.
19 Zit. n. Eliade, M. (1992): S. 270
20 Ebd.
21 Kerényi, K. (1976)
22 Ebd.: S. 334
23 Friedell, E.: S. 84
24 Nietzsche, F. (1999): S. 28 f.
25 Rohde, E.: S. 295
26 Kirk, G./Raven, J. E./Schofield, M.: Frgm. 91, S. 104
27 Ebd.: Frgm. 89, S. 104
28 Ebd.: Frgm. 160, S. 173
29 Brück, M. v. (2007): S. 90 f.
30 Kirk, G./Raven, J. E./Schofield, M.: Frgm. 190, S. 198
31 Ebd.: Frgm. 217, S. 217
32 Ebd.: Frgm. 219
33 Ebd.: Frgm. 220, S. 217
34 Ebd.: Frgm. 230, S. 223
35 Ebd.: Frgm. 229
36 Ebd.: Frgm. 238, S. 227
37 Ebd.: S. 227
38 Ebd.: Frgm. 233, S. 225
39 Ebd.: Frgm. 231, S. 223
40 Zit. n. MacDonald, P.: S. 30
41 Kirk, G./Raven, J. E./Schofield, M.: Frgm. 232, S. 223
42 Bremmer, J. N. (1993): S. 25 ff.
43 MacDonald, P.: S. 23
44 Harrison, J. E.: S. 473 ff.
45 Vgl. Eliade, M. (1992): Bd. 1, S. 159 ff.
46 Ebd.: S. 169
47 Ebd.
48 Eliade, M. (1992): Bd. 2, S. 154
49 Russell, B.: S. 51
50 Eliade, M. (1992): Bd. 2, S. 170 f.
51 Kirk, G./Raven, J. E./Schofield, M.: Frgm. 274, S. 252

52 Ebd.: Frgm. 261, S. 243
53 Ebd.: Frgm. 417, S. 351
54 Ebd.: Frgm. 348, S. 317
55 Ebd.: Frgm. 401, S. 346
56 Ebd.: Frgm. 400, S. 345
57 Ebd.: Frgm. 399, S. 345
58 Pindar: Fragment 131b (Snell/Maehler)
59 Plutarch: S. 117 f.
60 Bremmer, J. N.: Die Karriere der Seele: Vom antiken Griechenland ins moderne Europa http://theol.eldoc.ub.rug.nl/FILES/root/2009/Karriere/Bremmer-Karriere.pdf S. 503
61 Platon: Alkibiades, 131a
62 Platon: Phaidon, 63a
63 Ebd.: 66a
64 Whitehead, A. N.: S. 91
65 Platon: Phaidon, 70a
66 Beckermann, A.: S. 24 ff.
67 Platon: Phaidon, 115c
68 Platon: Phaidros, 246d
69 Ebd.: 246b
70 Ebd.: 247b
71 Platon: Politeia, 588d–589b
72 Ebd.: 611d–e
73 Platon: Timaios, 87a
74 Ebd.: 88c
75 Ebd.: 30c
76 Ebd.: 90a
77 Ebd.: 90b
78 Platon: Gorgias, 493a
79 Aristoteles: De Anima, 402a
80 Ebd.: 403a
81 Ebd.: 408b
82 Ebd.: 413a
83 Ebd.: 413a
84 Ebd.: 430a
85 Barresi, J./Martin, R.: S. 24
86 Ebd.: S. 24 ff.
87 Epiktet: S. 27
88 Lukrez: Drittes Buch, 155–165, S. 183
89 Ebd.: 210–225, S. 185–187
90 Ebd.: 400–405, S. 199
91 Ebd.: 830, S. 233
92 Ebd.: 885, S. 237
93 Ebd.: 855, S. 235
94 Ebd.: 870, S. 237
95 Russell, B.: S. 302
96 Barresi, J./Martin, R.: S. 61
97 Halfwassen, J.: S. 24
98 Zit. n. Zintzen, C.: Bemerkungen zur neuplatonischen Seelenlehre, in: Jüttemann, G. et al.: S. 47
99 Plotin: III 4,3,21–27
100 Plotin: IV 8,7–8, S. 21
101 Ebd.
102 Ebd.: IV 8,3–4, S. 11
103 Plotin: V 3,17, S. 127
104 Plotin: IV 8,6, S. 3
105 Augustinus (1987): S. 263
106 Augustinus (1987): S. XII ff.
107 Ebd.: S. 401
108 Ebd.: S. 403
109 Ebd.: S. 405
110 Ebd.: S. 409
111 Augustinus (1983): S. 123
112 Augustinus (2001): X/8.11, S. 113
113 Augustinus (1987): S. 175
114 Augustinus (1995): 13.24, S. 146
115 Kersting, W.: Augustinus über die Seele. In: Jüttermann, G. et al.: S. 66
116 Augustinus (1987): S. 501
117 Ebd.: S. 501
118 Augustinus (1995): 14.5, S. 163
119 Kersting, W.: Augustinus über die Seele. In: Jüttermann, G. et al.: S. 66
120 Augustinus (1987): S. 629
121 Ebd.

122 Augustinus (1995): 11.26, S. 43
123 Augustinus (2001): X/10.14, S. 119
124 Augustinus (1987): S. 525
125 Ebd.: S. 499
126 Ebd.: S. 553
127 Ebd.: S. 169
128 Augustinus (1995): 13.2, S. 107
129 Augustinus (2001): S. xx
130 Ebd.
131 Augustinus: (2001): VIII/6.9, S. 23
132 Ebd.
133 Kersting, W.: Augustinus über die Seele. In: Jüttermann, G. et al.: S. 66
134 Sorabji, R.: S. 222
135 MacDonald, P. S.: S. 165 ff.
136 Ebd.: S. 166
137 Barresi, J./Martin, R.: S. 84
138 Sven Knebel: Scientia de Anima. In: Jüttemann, G. et al.: S. 128
139 MacDonald, P. S.: S. 185
140 Barresi, J./Martin, R.: S. 99
141 Kenny, Anthony: Body, Soul and Intellect in Aquinas. In: Crabbe, J.: S. 33 ff.
142 Zit. n. Perler (2006): S. 12
143 Descartes, R. (1997): S. 15
144 Ebd.: S. 9
145 Descartes, R. (1986): S. 63
146 Descartes, R. (1997): II/7, S. 31
147 Ebd.: IV/2, S. 55
148 Descartes, R. (1996): S. 9
149 Descartes, R. (1986): S. 77
150 Ebd.: S. 81
151 Ebd.: S. 83
152 Ebd.
153 Ebd.: S. 87
154 Ebd.: S. 93
155 Ebd.: S. 99
156 Ebd.: S. 189
157 Brief an Mersenne. In: Descartes, R. (1986): S. 219
158 Descartes, R. (1997): S. 91 f.
159 Zit. n. Perler (2006): S. 223
160 Ebd.: S. 93
161 Descartes, R. (1986): S. 195
162 Ebd.: S. 197
163 Descartes, R. (1997): Art. 30 ff., S. 51 ff.
164 Ebd.: Art. 112, S. 171
165 Ebd.: Art. 52, S. 93
166 Ebd.: Art. 41, S. 69
167 Ebd.: Art. 50, S. 89
168 Ryle, G.: S. 15
169 Zit. n. Beckermann, A.: S. 46
170 Lutz, B.: S. 693
171 Stewart, M.: S. 30
172 Russell, B.: S. 578
173 Spinoza, B. d.: S. 7
174 Spinosa, B. d.: IV/Prop. 45 Anm., S. 459
175 Ebd.: S. 533
176 Ebd.: II/Prop. 7, S. 109
177 Ebd.: II/Prop. 13 Anm., S. 125
178 Ebd.: II/Prop. 23, S. 155
179 Ebd.: III/Prop. 2 Anm., S. 233
180 Ebd.: III/Prop. 2 Anm., S. 227
181 Spinosa, B. de (1991): S. 110
182 Spinosa, B. de (1999): V/Prop. 31, S. 575
183 Ebd.: III/Vorw., S. 221
184 Ebd.: III/Prop. 9 Anm., S. 243
185 Ebd.: III/Prop. 11 Anm., S. 245
186 Ebd.: V/Prop. 42, S. 593
187 Ebd.: V/Prop. 42 Anm., S. 595
188 Ebd.: II/Prop. 13 Anm., S. 125
189 Stewart, M.: S. 110
190 Ebd.: S. 41
191 Herbert Breger: Die Seele nach Leibniz. In: Nickl, P./Terizakis, G.
192 Leibniz, G. W. (1965): Bd. 1, S. 441

193 Ebd.: S. 75
194 Ebd.: S. 471
195 Ebd.: S. 431
196 Ebd.: S. 467
197 Ebd.: S. 433
198 Ebd.: S. 243 ff.
199 Ebd.: S. 473
200 Ebd.: S. 215
201 Ebd.: S. 155
202 Ebd.: S. 155 ff.
203 Barresi, J./Martin, R.: S. 3
204 Locke, J.: Zweites Buch, S. 415
205 Ebd.: S. 419
206 Ebd.: S. 432
207 Ebd.: S. 425
208 Ebd.: S. 426
209 Ebd.: S. 436
210 Ebd.: S. 426
211 Hume, D. (1989): Tl. IV, Abschn. 6, S. 325
212 Ebd.: Teil IV, Abschn. 6, S. 326
213 Ebd.: Teil IV, Abschn. 6, S. 327
214 Ebd.: S. 327
215 Ebd.: S. 329
216 Reid, Thomas.: Of Identity. In: Perry, J.: S. 107
217 Ebd.: S. 114
218 Ebd.: S. 109
219 Ebd.: S. 110
220 Berkeley, G.: § 2, S. 36
221 Ebd.
222 Berkeley, G. (1996): S. 176
223 Hume, D. (1984): S. 79 ff.
224 Ebd.: S. 80
225 Ebd.
226 Ebd.: S. 80 ff.
227 Ebd.: S. 84
228 Ebd.: S. 85
229 Ebd.
230 Ebd.
231 Ebd.: S. 85
232 Ebd.: S 86
233 Ebd.: S. 87
234 Lutz, B. (2003): S. 615
235 Rousseau, J. J. (1985): S. 37
236 Rousseau, J. J. (2003): S. 7
237 Ebd.: S. 92
238 Ebd.
239 Safranski, R.: S. 13
240 Zit. n. Safranski, R.: S. 22
241 Jochen Hörisch: Die Romantische Seele. In: Jüttermann, G. et al.: S. 259
242 Joseph von Eichendorff, »Mondnacht«
243 Safranski, R.: S. 393 f.
244 Johann Wolfgang von Goethe, »Gesang der Geister über den Wassern«
245 Zit. n. Jüttemann, G. et al.: S. 260
246 Zit. n. Geier, M.: S. 110
247 Zit. n. Jüttemann, G. et al.: S. 260
248 Zit. n. Lutz, B.: S. 353
249 Zit. n. Höffe, O.
250 Kant, I. (1982): S. 11
251 Ebd.
252 Ebd.: S. 25
253 Kant, I. (1977): A 113,114, S. 189
254 Ebd.: B 76,77, S. 98
255 Ebd.: B 132,133, S. 136
256 Kant, I. (1982): Bd. 2, A 382, S. 384
257 Kant, I. (1982): Bd. 2, A 364, S. 372
258 Ebd.
259 Kant, I.: (1982): KrV, Bd. 1, B 157, S. 152
260 Ebd.: S. 33
261 Kant, I. (1974): A 220, S. 252
262 Ebd.
263 Safranski, R.: S. 83
264 Barresi, J./Martin, R.: S. 185
265 Heinrich Heine: Zur Geschichte der Religion und

Philosophie in Deutschland (1834): S. 41 http://www.digbib.org/Heinrich_Heine_1797/Zur_Geschichte_der_Religion_und_Philosophie_in_Deutschland
266 Ebd.: S. 275
267 Zit. n. Safranski, R.: S. 82
268 Hegel, G. W. F. (1981): S. 24
269 Hegel, G. W. F. (1986): S. 9
270 Hegel, G. W. F. (1981): S. 67
271 Ebd.: S. 145 ff.
272 Schopenhauer, A. (1986): Bd. I, S. 157
273 Ebd.: S. 389
274 Ebd.: S. 403
275 Ebd.: S. 452
276 Schopenhauer, A. (1986): Bd. II, S. 256
277 Ebd.: S. 257
278 Ebd.: S. 309
279 Schopenhauer, A. (1986): Bd. I, S. 482
280 Schopenhauer, A. (1991): S. 253 ff.
281 Zit. n. Lutz, B.: S. 657
282 Nietzsche, F. (2005): S. 30
283 Nietzsche, F. (1999): S. 99
284 Nietzsche, F. (1976): S. 37 f.
285 Nietzsche, F. (1996): 370 bzw. S. 251
286 Ebd.: 480 bzw. S. 336
287 Ebd.: 485 bzw. S. 338
288 Ebd.: 492 bzw. S. 342 f.
289 James, W. (1890): Vol. I, S. 365
290 Zit. n. Lutz, B.: S. 341
291 James, W. (1890): S. 350
292 Ebd.: S. 226
293 Ebd.: S. 291 ff.
294 Ebd.: S. 294
295 Ebd.: S. 331
296 Ebd.: S. 301
297 Ebd.: S. 334
298 Ebd.: S. 333 f.
299 James, W. (1994): S. 27 f.
300 James, W. (1898): Human Immortality. www.des.emory.edu/mfp/jimmortal.html
301 Ebd.
302 Ebd.
303 James, W. (2002): S. 512
304 Freud, S. (1927): Die Zukunft einer Illusion. www.uni-potsdam.de/u/philosophie/texte/freud/freud1.htm
305 Freud, S. (1940): Abriss der Psychoanalyse. In: Freud, S. (2009): S. 42 ff.
306 Solomon, R.: S. 145
307 Freud, S. (1996): S. 42
308 Nietzsche, F. (1873): Über Wahrheit und Lüge im außermoralischen Sinne. http://www.philo.de/lv/xml/examples/nietzsche_wul.html
309 Jung, C. G.: S. 10
310 Ebd.: S. 15
311 Zit. n. Feinberg, T.: S. 205
312 Fisher, L.: S. 23
313 Feinberg, T.: S. 207
314 Monk, R.: S. 612
315 Wittgenstein, L. (1984): Tractatus, S. 85
316 Zit. n. Savigny, E. v./Scholz, O. R.
317 Wittgenstein, L. (1984): Phil. Unters., S. 565
318 Ebd.: S. 568
319 Ebd.: 293, S. 373
320 Ebd.: 35, 36, S. 258
321 Wittgenstein, L. (1984): Das Blaue Buch, S. 110
322 Wittgenstein, L. (1984): Phil. Unters., S. 495
323 Ebd.
324 Ebd.

325 Ebd.: S. 420 bzw. S. 412
326 Wittgenstein, L. (1984): Bemerkungen über die Philosophie der Psychologie, S. 316
327 Wittgenstein, L. (1984): Phil. Unters., S. 496
328 Husserl, E.: B 361 bzw. 374
329 Ebd.: B 361 bzw. S. 373
330 Husserl, E.: Die Krisis der Europäischen Wissenschaften und die Transzendentale Phänomenologie § 60
331 Ebd.: § 62
332 Heidegger, M.: S. 321
333 Ebd.: S. 322
334 Ebd.
335 Ebd.
336 Sartre, J.-P. (1997): S. 39
337 Ebd.: S. 45
338 Ebd.: S. 51
339 Sartre, J.-P. (2009): S. 457 ff.
340 Ebd.: S. 7
341 Ebd.: S. 104
342 Ebd.: S. 243
343 Ebd.: S. 106
344 Ebd.
345 Solomon, R.: S. 3
346 Zit. n. Hughes, J. et al.: S. 7
347 Das Manifest. In: Gehirn & Geist 6/2004
348 Damasio, A. (2006): S. 3 ff.
349 Bargh, J.: S. 37
350 Wilson, T.: S. 23 ff.
351 Ebd.: S. 6
352 Bargh, J.: S. 37 ff.
353 Damasio, A. (2006): S. 173 ff.
354 Ebd.: 34 ff.
355 Hughes, J. et al. (2006): S. vii
356 Seeley, W./Miller, B.: Disorders of the Self in Dementia. In: Feinberg, T. (2005): S. 147–160
357 Ebd.
358 Ebd.
359 Wegner, D.: S. 45
360 Ebd.: S. 50 ff.
361 Ebd.: S. 2
362 Ebd.: S. 74 ff.
363 Gazzaniga, M.: S. 290
364 Ebd.: S. 294
365 Ebd.
366 Ebd.
367 Ulric Neisser: Five Kinds of Self-Knowledge. In: Philosophical Psychology, vol. 1, No. 1, 1988
368 Ebd.
369 Dennett, D.: S. 107
370 Ebd.: S. 414
371 Ebd.: S. 416
372 Ebd.: S. 410
373 Ebd.: S. 418
374 Metzinger, T. (2004): S. 1
375 Metzinger, T. (2009): S. 21
376 Ebd.: S. 23
377 Ebd.: S. 28
378 Metzinger, T. (2004): S. 456 f.
379 Ebd.: S. 127
380 Zahavi, D.: S. 103
381 Ebd.
382 Damasio, A. (1999): S. 19
383 McGinn, C.: S. 9
384 Chalmers, D. (1996): S. xi
385 Zit. n. Feinberg, T. (2009): S. x
386 Chalmers, D. (1996): S. 25
387 Searle, J.: S. 16
388 Ebd.: S. 132
389 Dennett, D.: S. 33
390 Metzinger, T. (2007): S. 29
391 In: Nickl, P./Terizakis, G.: S. 60
392 Nagel, T.: What is it like to be a bat? In: Chalmers, D. (2002): S. 219 f.
393 Jackson, Frank: Epiphenomenal Qualia. In: Ebd. (2002): S. 273
394 Chalmers, D. (1996): S. 125
395 Kripke, S.: S. 144 f.

396 Zit. n. Feinberg, T. (2009): S. 208
397 Swinburne, R.: S. ix
398 Ebd.: S. 145
399 Ebd.: S. 310
400 Chalmers, D. (1996): S. 293 ff.
401 Searle, J.: S. 150
402 Popper, K./Eccles, J.: S. 61 ff.
403 Ebd.: S. 62
404 Ebd. S. 156 f.
405 Ebd.: S. 449
406 Dawkins, R.: S. 309
407 Dennett, D.: S. 210 ff.
408 Doidge, N.: S. 252 ff.
409 Ebd.
410 Ebd.: S. 11
411 Zit. n. T. Feinberg: Neural Hierarchies of the self. In: Feinberg, T. (2005): S. 35 f.
412 Libet, B.: S. 212
413 Ebd.
414 Ebd.: S. 228
415 Ebd.: S. 223
416 Ebd.: S. 273
417 Begley, S.: S. 32 f.
418 Ebd.: S. 95
419 Ebd.: S. 101
420 Ebd.: S. 152
421 Alvaro Pascual-Leone et al.: The Plastic Human Brain Cortex. Annu. Rev. Neurosci. 2005, 28:377–401
422 W. Singer: Die Abenteuer des Bewusstseins. In: *Frankfurter Allgemeine Zeitung*, 29. 4. 2008
423 Ebd.
424 Doidge, N.: S. 245
425 Zit. n. Schnabel, U.: S. 487
426 Zit. n. Begley, S.: S. 71
427 Galen Strawson: The Sense of Self. In: Crabbe, J.: S. 129
428 Strawson, G.: S. 26
429 Ebd.: S. 5
430 Feinberg, T. (2009): S. 179 ff.
431 Ebd.: S. 180
432 Ebd.: S. 210
433 Hume, D. (2003): S. 149
434 Eliade, M. (1992): S. 225
435 Upanishaden: S. 99
436 Ebd.
437 Ebd.: S. 126 ff.
438 Ebd.: S. 167
439 Ebd.: S. 90
440 Ganeri, J.: S. 31
441 Upanishaden: S. 107
442 Brück, M. v.: Einführung in den Buddhismus (2007): S. 240
443 Der Weg. In: Vom rechten Leben, S. 47
444 Lopez, D.: S. 25
445 Dalai Lama: S. 30
446 Brück, M. v. (2007): S. 181
447 Das Tibetische Buch der Toten: S. 19
448 In: Das Tibetanische Totenbuch: S. 53
449 Brück, M. v.: Ewiges Leben oder Wiedergeburt? (2007): S. 228 f.
450 Parfit, D.: S. 201
451 Ebd.: S. 215
452 Ebd.: S. 213
453 Ebd.: S. 220
454 Ebd.: S. 281
455 Parfit, D.: Personal Identity and Survival. In: Perry, J.: S. 220
456 Parfit, D.: S. 255 ff.
457 Feynman, R.: S. 17
458 Wheeler, J.: S. 339 f.
459 Ebd.
460 Stapp, H.: Quantum Mechanical Theories of Consciousness. In: Chalmers, D. (2002): S. 300–311
461 Ebd.: S. 306
462 Lommel, P. v.: S. 22
463 Ebd.: S. 46
464 Ebd.: S. 54

465 Ebd.: S. 141
466 Klemenc-Ketis, Z. et al.: The effect of carbon dioxide on near-death experiences in out-of-hospital cardiac arrest suvivors. Critical Care 2010, 14: R56
467 Ebd.: S. 283
468 Görnitz, T.: S. 332
469 Schrödinger, E.: S. 127
470 H. P. Dürr: Am Anfang war der Quantengeist. *P.M.-Magazin* 05/2007
471 Platon: Apologie 40 d
472 Zit. n. Langenhorst, G.: S. 68
473 Strawson, P.: S. 100 ff.
474 Wittgenstein, L. (1984): 6.4312 bzw. S. 84
475 Hume, D. (1984): S. 80
476 Brück, M. v. (2007): S. 283 ff.
477 Zit. n. Küng, H.: S. 84
478 Brück, M. v. (2007): S. 279
479 Ratzinger, J. (2005): S. 331
480 Küng, H.: S. 145
481 Peter van Inwagen: »Ich erwarte die Auferstehung der Toten«, in: Brüntrup, G. et al. (2010): S. 209–225
482 Ebd.
483 Ebd.: S. 217
484 1. Kor 15,44
485 Dawkins, R.: S. 320
486 Schreiber, M.: S. 143
487 Johnston, M.: S. 138
488 Ebd.: S. 179
489 Ebd.: S. 180
490 Ebd.: S. 262
491 Ebd.: S. 293
492 Ebd.
493 Ebd.: S. 331
494 Offb 21,23–25
495 Putnam, H.: S. 41 ff.
496 Andy Clark und David J. Chalmers: The Extended Mind. In: Chalmers, D. (2002): S. 643 ff.
497 Noë, A.: S. 6
498 Ebd.: S. 23
499 Ebd.: S. 10
500 Ebd.: S. 7
501 Ebd.: S. 52
502 Ebd.: S. 64
503 Ebd.: S. 186
504 Buber, M.: S. 49
505 Spaemann, R.: S. 173

Literatur

Aristoteles: Über die Seele. Hamburg 1998
Augustinus: Bekenntnisse. Frankfurt am Main 1987
Augustinus: De Vera Religione. Ditzingen 1983
Augustinus: De Trinitate. Hamburg 2001
Augustinus: Vom Gottesstaat. München 2007
Bargh, John: The New Unconscious. Oxford 2005
Barresi, John/Martin, Raymond: The Rise and Fall of Soul and Self. New York 2006
Beckermann, Ansgar: Das Leib-Seele-Problem. Stuttgart 2007
Begley, Sharon: Train your Mind, Change your Brain. New York 2007
Berkeley, George: Eine Abhandlung über die Prinzipien der menschlichen Erkenntnis. Ditzingen 2005
Bremmer, Jan N.: The Early Greek Concept of the Soul. Princeton 1993
Bremmer, Jan N.: Greek Religion. Cambridge 1999
Brück, Michael von: Ewiges Leben oder Wiedergeburt? Freiburg 2007
Brück, Michael von: Einführung in den Buddhismus. Frankfurt am Main 2007
Brüntrup, G./Rugel, M./Schwartz, M. (Hrsg.): Auferstehung des Leibes – Unsterblichkeit der Seele. Stuttgart 2010
Buber, Martin. Ich und Du. Heidelberg 1979
Chalmers, David: The Conscious Mind. Oxford 1996
Chalmers, David: Philosophy of Mind. Oxford 2002
Corcoran, Kevin (Hrsg.): Soul, body and survival. Ithaca 2001
Crabbe, James: From Soul to Self. London 1999
Crone, Katja/Schnepf, Robert/Stolzenberg, Jürgen: Über die Seele. Frankfurt am Main 2010
Dalai Lama. Die Buddha-Natur. Grafing 2002
Damasio, Antonio: Descartes' Error. London 2006
Damasio, Antonio: The Feeling of What Happens. London 1999
Dawkins, Richard: Das egoistische Gen. Reinbek 2000
Dennett, Daniel: Consciousness Explained. London 1991
Descartes, René: Discours de la Methode. Hamburg 1997
Descartes, René: Meditationen über die Erste Philosophie. Ditzingen 1986

Descartes, René: Die Leidenschaften der Seele. Hamburg 1997
Doidge, Norman: Neustart im Kopf. Frankfurt am Main 2007
Eliade, Mircea: Geschichte der religiösen Ideen. Freiburg 1992
Eliade, M.: Schamanismus und archaische Ekstasetechnik. Frankfurt/M. 1974
Epiktet: Anleitung zum glücklichen Leben. Düsseldorf 2006
Feinberg, Todd: From Axon to Identity. New York/London 2009
Feinberg, Todd/Keenan, Julian Paul: The Lost Self. Pathologies of the Brain and Identity. Oxford 2005
Feynman, Richard: Vorlesungen über Physik. Bd. III. Quantenmechanik. Oldenburg 1999
Fisher, Len: Der Versuch, die Seele zu wiegen. Köln 2005
Freud, Sigmund: Abriss der Psychoanalyse. Frankfurt am Main 2009
Freud, Sigmund: Das Unbehagen in der Kultur. Frankfurt am Main 1996
Friedell, Egon: Kulturgeschichte Griechenlands. München 1992
Ganeri, Jonardon: The Concealed Art of the Soul. Oxford 2007
Gazzaniga, Michael S.: Human. New York 2008
Geier, Manfred: Kants Welt. Reinbek 2003
Görnitz, Thomas: Der kreative Kosmos. Heidelberg 2008
Halfwassen, Jens: Plotin. München 2004
Harrison, Jane Ellen: Prolegomena to the study of Greek religion. Princeton 1991
Hegel, Georg Wilhelm Friedrich: Phänomenologie des Geistes. Frankfurt am Main 1981
Hegel, Georg Wilhelm Friedrich: Enzyklopädie der philosophischen Wissenschaften III. Frankfurt am Main 1986
Heidegger, Martin: Sein und Zeit. Tübingen 2001
Höffe, Otfried: Immanuel Kant. München 2007
Hughes, Julian/Louw, Stephen/Sabat, Steven R.: Dementia. Mind, meaning and the person. Oxford 2006
Hume, David: Ein Traktat über die menschliche Natur. Hamburg 1989
Hume, David: Die Naturgeschichte der Religion. Hamburg 1984
Husserl, Edmund: Logische Untersuchungen. Hamburg 2009
James, William: The Principles of Psychology. Dover 1890
James, William: Der Pragmatismus. Hamburg 1994
James, William: The Variety of Religious Experience. Amherst 2002
Johnston, Mark: Surviving Death. Princeton 2010
Jung, Carl Gustav: Archetypen. München 2008
Jüttemann, G./Sonntag, Michael/Wulf, Christoph: Die Seele. Göttingen 2005
Kant, Immanuel: Kritik der Reinen Vernunft. Frankfurt am Main 1982
Kant, I.: Schriften zur Metaphysik und Logik. Frankfurt am Main 1977
Kant, Immanuel: Kritik der Praktischen Vernunft. Frankfurt am Main 1974
Kerényi, Karl: Dionysos. Archetypal Image of Indestructible Life. Princeton 1976

Kirk, Geoffrey S./Raven, John E./Schofield, Malcolm: Die vorsokratischen Philosophen. Stuttgart 2001
Kripke, Saul: Naming and Necessity. Cambridge 1980
Küng, Hans: Ewiges Leben? München 2007
Langenhorst, Georg (Hrsg.): Ewiges Leben – Oder das Ende einer Illusion. Berlin 2010
Leibniz, Gottfried Wilhelm: Philosophische Schriften. Frankfurt am Main 1996
Libet, Benjamin: Mind Time. Frankfurt am Main 2007
Locke, John: Versuch über den menschlichen Verstand. Bd. 1. Hamburg 2006
Lopez, Donald: The Story of Buddhism. San Francisco 2001
Lommel, Pim v.: Endloses Bewusstsein. Düsseldorf 2009
Lukrez: De Rerum Natura. Ditzingen 1973
Lutz, Bernd (Hrsg.): Metzler Philosophen Lexikon. Stuttgart 2003
McCulloch, Gregory: The Life of the Mind. New York 2003
MacDonald, Paul S.: History of the Concept of Mind. Farnham 2003
McGinn, Colin: Wie kommt der Geist in die Materie? München 2005
Merleau-Ponty, M.: Phänomenologie der Wahrnehmung. Berlin 1966
Metzinger, Thomas: Being No One. Cambridge 2004
Metzinger, Thomas: Der Ego-Tunnel. Berlin 2009
Metzinger, Thomas: Das Leib-Seele-Problem. Paderborn 2007
Monk, Ray: Wittgenstein. Stuttgart 1990
Nickl, Peter/Terizakis, Georgios (Hrsg.): Die Seele: Metapher oder Wirklichkeit. Bielefeld 2010
Nietzsche, Friedrich: Also sprach Zarathustra. Frankfurt am Main 1976.
Nietzsche, Friedrich: Der Wille zur Macht. Stuttgart 1996
Nietzsche, Friedrich: Ecce Homo. München 2005
Nietzsche, Friedrich: Die Geburt der Tragödie. München 1999
Noë, Alva: Out of Our Heads. New York 2009
Parfit, Derek: Reasons and Persons. Oxford 1984
Perler, Dominik: René Descartes. München 2006
Perry, John: Personal Identity. Berkeley 2008
Platon: Sämtliche Werke. Reinbek 2004
Plotin: Seele-Geist-Eines. Hamburg 1990
Plutarch: Die Kunst zu leben. Frankfurt am Main 2000
Popper, Karl/Eccles, John: Das Ich und sein Gehirn. München 2008
Putnam, Hilary: Vernunft, Wahrheit und Geschichte. Frankfurt am Main 1990
Ratzinger, Joseph: Einführung in das Christentum. München 2005
Ratzinger, Joseph: Eschatologie. Regensburg 2007
Rohde, Erwin: Seelencult. Freiburg 1894
Röllig, Wolfgang: Das Gilgamesch-Epos. Ditzingen 2009
Rousseau, Jean-Jacques: Bekenntnisse. Frankfurt am Main 1985
Rousseau, Jean-Jacques: Träumereien eines einsamen Spaziergängers. Ditzingen 2003

Russell, Bertrand: Philosophie des Abendlandes. Zürich 1950
Ryle, Gilbert: The Concept of Mind. Chicago 1949
Safranski, Rüdiger: Romantik. München 2007
Sartre, Jean-Paul: Die Transzendenz des Ego. Reinbek 1997
Sartre, Jean-Paul: Das Sein und das Nichts. Reinbek 2009
Savigny, Eike von/Scholz, Oliver. R. (Hrsg.): Wittgenstein über die Seele. Frankfurt am Main 1995
Schnabel, Ulrich: Die Vermessung des Glaubens. München 2008
Schopenhauer, Arthur: Die Welt als Wille und Vorstellung. Frankfurt am Main 1986
Schopenhauer, Arthur: Parerga und Paralipomena II. Zürich 1991
Schreiber, Mathias: Über die Unsterblichkeit der Seele. München 2008
Schrödinger, Erwin: What is Life? Cambridge 2006
Schulte, Joachim: Wittgenstein. Eine Einführung. Ditzingen 1989
Searle, John: Mind. A brief introduction. Oxford 2004
Solomon, Robert: Continental Philosophy since 1750. Oxford 2009
Sorabji, Richard: Self. Chicago 2006
Spaemann, Robert: Personen. Stuttgart 2006
Spinoza, Baruch de: Abhandlung über die Verbesserung des Verstandes. Hamburg 2003
Spinoza, Baruch de: Ethik in geometrischer Ordnung dargestellt. Hamburg 1999
Spinoza, Baruch de: Kurze Abhandlung von Gott, dem Menschen und dessen Glück. Hamburg 1991
Stewart, Matthew: The Courtier and the Heretic. New York/London 2006
Strawson, Galen: Selves. Oxford 2009
Strawson, Peter: Individuals. London/New York 2006
Swinburne, Richard: The Evolution of the Soul. Oxford 1986
Das Tibetanische Totenbuch. Düsseldorf/Zürich 2003
Das Tibetische Totenbuch. München 2008
Upanishaden. München 2003
Vom rechten Leben. Buddhistische Lehren aus Indien und Tibet. Frankfurt am Main/Leipzig 2007
Wegner, Daniel: The Illusion of Conscious Will. Cambridge 2002
Wheeler, John: Geons, Black Holes and Quantum Foam. New York/London 1998
Whitehead, Alfred North: Prozess und Realität. Frankfurt am Main 1979
Wilson, Timothy: Strangers to Ourselves. Cambridge 2002
Wittgenstein, Ludwig: Werkausgabe Band 1. Tractatus logico-philosophicus. Philosophische Untersuchungen. Frankfurt am Main 1984
Wittgenstein, Ludwig: Werkausgabe Band 5. Das Blaue Buch. Frankfurt am Main 1984
Zahavi, Dan: Subjectivity and Selfhood. Cambridge 2005

Register